国家社会科学基金重大项目研究成果：
改革开放以来我国经济增长理论与实践研究（15ZDA007）

改革开放以来
中国产业结构转型与经济增长

刘伟　张辉　黄昊　著

中国计划出版社

图书在版编目（CIP）数据

改革开放以来中国产业结构转型与经济增长 / 刘伟，张辉，黄昊著. -- 北京 : 中国计划出版社，2017.2
ISBN 978-7-5182-0548-6

Ⅰ. ①改… Ⅱ. ①刘… ②张… ③黄… Ⅲ. ①中国经济—经济结构—研究②中国经济—经济增长—研究 Ⅳ. ①F12

中国版本图书馆CIP数据核字(2016)第288219号

改革开放以来中国产业结构转型与经济增长

刘伟　张辉　黄昊　著

中国计划出版社出版
网址：www.jhpress.com
地址：北京市西城区木樨地北里甲 11 号国宏大厦 C 座 3 层
邮政编码：100038　电话：（010）63906433（发行部）
新华书店经销
北京汇瑞嘉合文化发展有限公司印刷

710mm × 1000mm　1 / 16　20.25 印张　362 千字
2017 年 2 月第 1 版　2017 年 2 月第 1 次印刷

ISBN 978-7-5182-0548-6
定价：58.00 元

序　言

自1978年改革开放到2015年，我国经济取得了举世瞩目的成就，创造了年均GDP增速近10%、人均GDP增速约9%的增长“奇迹”。从收入水平看，我国由典型的低收入穷国成功跃升至上中等收入发展中国家行列。从产业结构演进看，新型工业化和农业现代化均获得了实质性进展，与当代标准工业化国家相比，我国从1978年的工业化初期进入到现阶段的工业化中后期，已实现了近70%，距离基本实现工业化目标已为期不远；农业现代化水平已从低收入穷国水平提升至当代上中等收入国水平，农业劳动力就业比重从1978年的70.5%（当代低收入国平均为72%）降至29.5%（当代上中等收入国平均为30%），因此，新中国成立以来，以及改革开放以来一以贯之的是一条工业化的发展主线，以致改革开放以来30多年经济的高速增长是一个非常典型的从农业主导到工业部门崛起的过程。

产业结构的转型不仅可以促进生产要素从低效率部门向高效率部门的流动，促进资源的优化再配置，尤其是对于我国这样二元结构特别明显的国家，农村大量剩余劳动力向非农产业转移，极大地提高了经济发展水平和农民的收入，而且在产业转型升级过程中产业集聚产生的规模报酬递增效应进一步推动了人们的收入的提高和福利的改善。此外，结构转型也有助于改善技术进步，推动经济增长。

自2008年全球金融危机以后，中国经济受短期波动和中长期下行双重影响，中国经济增长进入换挡期：其年均GDP增速从2007年的14.2%快速下滑至2008年的9.6%，到2014年放慢至7.4%，到2015年跌破7%降至6.9%，为近20年来的最低值。在经济增速放缓的大背景下，我国的产业结构也发生着一系列深刻变化：2006年，第二产业增加值占GDP比重达到峰值47.95%，随后开始下降；到2013年，第三产业占比（46.09%）首次实现对第二产业占比（43.89%）的赶超。为了实现结构转型与经济增长，在《中共中央关于制定国民经济和社会发展第十三个五年规划的建议》和国务院编制的《国民经济和社会发展第十三个五年规划纲要（草案）》中，党和政府提出“十三五”时期的主要目标任务是：保持经济中高速增长，推动产业迈向中高端水平。具体来讲，到2020年国内生产总值和城乡居民人均收入比2010年翻一番，“十三五”时期经济年均增长保持在6.5%以上，全面建成小康社会。与此同时，加快推进产业结构优化升级，实施一批技术水平高、带动能力强的重大工程。到2020年，先进制造业、现代服务业、战略性新兴产业比重大幅提升，全员劳动生产率从人均8.7万元提高到12万元以上。

因此，面对产业结构升级与经济增长翻番的目标，本书全面且详细地回答如下几个重要的命题：近几年，我国整体经济增速放缓究竟是一种短期波动还是一种长期趋势？我国产业结构发生的种种变化，是与拉美国家的历史进程更加近似、可能会引发“中等收入陷阱”带来的长期经济停滞，还是与发达经济体的历史进程更加近似、正在经历从工业向服务业的结构转型？如果我国还没迈入典型的经济结构转型期，经济发展会面临哪些挑战？需采取什么应对措施？这些问题的回答对于确保我国未来产业结构的优化升级的正确方向，进而保持经济持续增长的动力具有极为重要的理论和现实意义，这同时也是本书研究的重点、难点和创新所在。

为了全面地探讨这些产业结构转型的新特点和新问题对中国的经济增长的影响，探索我国未来产业结构转型的方向。本书首先从我国产业结构现状出发，深入研究了转型的理论机制以及产业升级的驱动力所在。具体来看：第一，基于中国与国际数据，从国内生产总值、城乡恩格尔系数、人口预期寿命与人力资本、基础设施建设以及人均国民收入等维度来测量中国经济增长与福利的实质状况，同时基于产能利用率数据、工资变动率、所有制结构变化与创新力数据揭示了当前经济增长面临的结构性矛盾。第二，从劳动生产率、全要素生产率角度来探讨农业、工业、服务业在产业结构变迁过程中的技术差别，以及考虑融入普通劳动力、资本、资源、高技能劳动力各种要素对产业结构升级所引起的要素配置动因特殊之处。与此同时，讨论了中国在转型过程中的非市场因素，比如教育结构、信息不对称、金融结构以及赶超战略对产业结构转型、劳动力流动和区域收入收敛的影响。第三，对比分析发达国家、东亚国家、东南亚国家、拉丁美洲国家产业转型演变过程，认清转型成功国家、新兴市场国家和落入“中等收入陷阱”国家的产业结构演变特征，进而发现我国产业结构调整过程中的特殊性和可能存在的问题。为我国经济发展的非均衡性及产业结构升级方面提出建议，研究成果具有一定的创新意义。

最后，本书讨论政府补贴、金融结构对研发投入及创新的影响。由于企业研发活动具有正外部性，企业难以独享研发投入带来的收益，会导致企业的研发投入低于社会最优水平，政府补贴能弥补企业创新研发投入资金的不足，激励企业的研发活动。但是本书的研究发现，政府需根据不同企业类型、不同地区的研发投入促进效果对补贴强度进行调整，在最佳的区间进行投入，最大限度地提高全社会的技术创新水平与活跃度。因此，我们需要制定更具针对性的补贴政策，使之更有利于市场创新投入的增加，推动社会经济的创新转型。其次，为促进技术进步，我国还需要进一步完善金融结构。截止 2014 年，我国已全面进入工业化中期社会，在这一经济发展阶段，产业结构逐步向资本——技术密集过渡，企业朝着大型化的趋势发展，企业家风险、市场风险和技术风险均显著提高，直接融资对风险的驾驭优势凸显，提高直接融资比重更有利于促进技术进步。直接融资的发展能极大地促进技术进步的提高。因此，调整融资结构，努力提高直接融资比重，是未来宏观金融改革的必由之路。

站在“十三五”的起点，从全球来看，在未来五到十年，随着新一轮产业革命的不断拓展，新一轮科技革命孕育与中国产业结构调整的历史性交汇，给中国的产业结构调整提供了一个千载难逢的契机。本书综合运用现代数量模型或计量模型讨论中国非均衡条件下的结构转型与经济增长命题，从宏观经济增长理论和微观企业理论的角度探讨了中国的现实，很好地解释当前中国经济增长面临的结构性矛盾，将有助于读者理解当前的中国经济改革及其运行特点。同时，也为我国供给侧结构性改革提供了一定参考价值。

本研究是本人为负责人所承担的国家社会科学基金重大项目“改革开放以来我国经济增长理论与实践研究”（项目编号：15ZDA007）的阶段性研究成果。本专著主要参加者还有北京大学经济学院张辉教授和黄昊博士研究生。在研究过程中，感谢北京大学博士研究生易天、闫强明，北京大学硕士研究生贺强强、阮湘蓉、刘佳颖、何宗辉、陈方诺、程志强、张玉灶、罗昶、王超、孟瑶玥和刘子焱等对于书稿的部分数据收集、修订和校正工作。在此，对所有关心和帮助过本研究得以完成的机构和人员表示衷心的感谢。最后，由于时间、精力和水平有限，书中难免存在不少缺陷甚至错误，敬请读者不吝批评指正。

刘　伟

2016 年 12 月 8 日

摘 要

本书从中国特色的结构转型角度着眼，充分审视了“新常态”背景之下，中国宏观经济发展状况，并从多个角度对产业转型中存在的问题进行了系统性的分析和整理。从逻辑上，本书针对以下主题进行层层递进式的探讨：首先，在经济转轨背景下，我国应有什么样的结构转型的范式；接着，结构转型的过程中需要什么样的体制保障，探讨了体制改革的本身的多元性和复杂性；最后，如何围绕未来转型的两大着力点——研发和融资——不断发力，推动转型。为了回答这一系列问题，笔者从产业结构转型、非市场化因素以及研发与创新三个方面进行了系统深入的研究。

首先，基于结构转型与经济增长的特征事实与理论机制，本书分析了产业结构转型对经济增长的作用，以及未来我国结构转型的发展方向。重点从非市场因素讨论了在我国经济转轨时期的教育结构、信息不对称、金融结构以及发展战略对产业结构转型升级、劳动力迁移与区域收入收敛的影响机制及作用大小。此外，我们基于国际比较的视角，详细研究了中国产业结构的特征以及国外结构转型的经验教训。

其次，本书着重关注政府补贴对企业研发的影响，以及金融结构对我国技术创新的作用机制，以寻找最优的政府补贴区间和适宜的金融结构，促进我国的企业研发和创新，为经济增长提供技术保障和知识支撑，尽快完成工业化，实现我国的工业从资本密集型向技术密集型和知识、智能密集型的转型升级。

最后，我们探讨新常态下如何认识供给侧结构性改革命题提出的背景，供给侧结构性改革要处理怎样的问题，供给侧结构性改革的政策工具和体系有怎样的特点，供给侧结构性改革需要怎样的制度创新等问题，即在新的起点上的中国经济发展，面临新的历史性的机遇的同时，面临深刻的挑战。

在本书的末尾，本书将站在更为宏观的高度，将中国的经济模块嵌入互相联动的统一体系中去，并从产业平衡、价值循环等角度提出协调发展策略，以期实现中国经济的健康与可持续的增长。

关键词： 产业结构　供给侧结构性改革　经济增长

Abstract

This book studies the state of China' s macro-economic development in the "New Normal" context from Chinese-featured structural transformation perspective. We analyze problems aroused in industrial transformation process from multiple aspects, and progressively discuss several topics under following logic. First, what economic transition paradigm should we follow under the background of economic transformation. Then, what institutional support do we need in this process. We discuss the diversity and complexity of institutional reform. Finally, how to constantly advance the transformation focusing on R&D and financing, the two key points of future transformation. To answer these questions, the author conducted a systematic and in-depth research on industrial structure transformation, ownership structure, R&D and innovation.

Firstly, this book analyzes the effect of industrial restructuring on economic growthbased on characteristic facts and theoretical mechanism, and discusses the future development direction of China' s structural transformation. This book discusses the influencingmechanism and the degree of influence of education structure, information asymmetry, financial structure and development strategy on industrial structure transformation and upgrading, labor migration and regional income convergencein the period of China' s economic transition considering non-market factors. In addition, this book studies the characteristics of China' s industrial structure and the experience of foreign structural transformation in detailfroman international comparative perspective.

Secondly, this book focuses on the impact of government subsidies on R & D, and the mechanism of financial structure on technology innovation in China, in order to find the optimal range of government subsidies and the suitable financial structure, promote China' s enterprise development and innovation, provide technical guarantee and intellectual support for economic growth, realize industrialization as soon as possible, and achieve China' s industrial transformation from capital intensive industry to technology, knowledge, and intelligent intensive industry.

Finally, we research into following problems. How to recognize the context of the supply- side structural reform under New Normal? What problems should supply- side structural reform deal with? What are the characteristics of policy tools and systems for the supply- side structural reform? What institutional innovation does supply- side structural reform need? In the new starting point of China' s economic development, we are facing new historic opportunities as well as profound challenges.

At the end of this book, we embed China' s economic modules into an interacted and unified system from a more macro standpoint. We put forward coordinated development strategies from industrial balance, value cycle and other perspectives, expecting a healthy and sustainable economic growth in China.

Key words: Industrial Structure;Supply- side Structural Reform;Economic Growth

目 录

Table of Contents

第一章 导论

一、改革开放后中国的经济增长

改革开放以来，1978 年～2014 年，我国经济取得了举世瞩目的成就，创造了年均 GDP 增速近 10%（见表 1－1）、人均 GDP 增速约 9% 的增长“奇迹”。从收入水平看，我国由典型的低收入穷国成功跃升至上中等收入发展中国家行列。从经济结构演进看，新型工业化、农业现代化、城镇化和信息化均获得了实质性进展，与当代标准工业化国家相比，我国从 1978 年的工业化初期进入到现阶段的工业化中后期，已实现了近 70%，距离基本实现工业化目标已为期不远；农业现代化水平已从低收入穷国水平提升至当代上中等收入国水平，农业劳动力就业比重从 1978 年的 70.5%（当代低收入国平均为 72%）降至 29.5%（当代上中等收入国平均为 30%）；城镇化水平从 1978 年的 17.9%，提高到目前的 54.8%。而且随着我国市场化程度和宏观调控水平的提高，中国经济在保持高增长的前提下，稳定性也大大改善了。经济的高速增长大大改善了中国的综合国力和人民生活，同时为我们进行大规模的经济建设（如基础设施建设、城市建设等）提供了强大的物质基础。

表 1－1　1978 年～2015 年中国 GDP 指数[①]

年份	GDP 指数 上年＝100	年份	GDP 指数 上年＝100	年份	GDP 指数 上年＝100
1978	100	1980	107.8	1982	109.0
1979	107.6	1981	105.1	1983	110.8

① 数据来源：根据《中国统计年鉴》历年数据整理而成。

续表 1-1

年份	GDP 指数 上年=100	年份	GDP 指数 上年=100	年份	GDP 指数 上年=100
1984	115.2	1995	111.0	2006	112.7
1985	113.4	1996	109.9	2007	114.2
1986	108.9	1997	109.2	2008	109.7
1987	111.7	1998	107.8	2009	109.4
1988	111.2	1999	107.7	2010	110.6
1989	104.2	2000	108.5	2011	109.5
1990	103.9	2001	108.3	2012	107.9
1991	109.3	2002	109.1	2013	107.8
1992	114.2	2003	110.0	2014	107.3
1993	113.9	2004	110.1	2015	106.9
1994	113.0	2005	111.4		
2015 年为 1978 年的倍数					30.27
年均经济增长率（%）					9.71

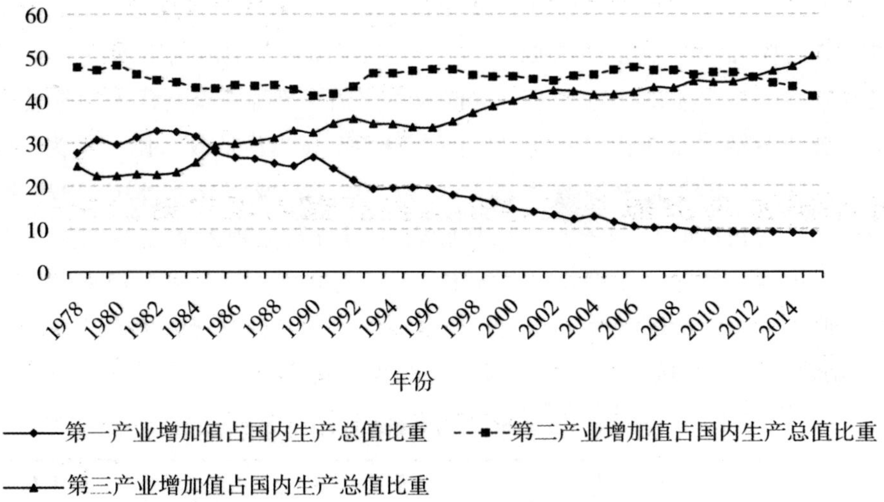

图 1-1　1978 年～2014 年三次产业增加值占国内生产总值的比重①

---

① 数据来源：根据《中国统计年鉴》历年数据整理而成。

从恩格尔系数的变化中，我们也可以看到中国居民生活水平的不断改善和提高。恩格尔定律揭示出，一个家庭收入越少，家庭收入中（或总支出中）用来购买食物的支出所占的比例就越大，随着家庭收入的增加，家庭收入中（或总支出中）用来购买食物的支出比例则会下降。就一个国家而言，恩格尔系数越大一个国家越贫困；反之，恩格尔系数越小，生活越富裕。因此，联合国根据恩格尔系数大小划分的一个标准，即一个国家平均家庭恩格尔系数大于60%为贫穷；50%～60%为温饱；40%～50%为小康；30%～40%属于相对富裕；20%～30%为富足；20%以下为极其富裕。我们从图1-2中可以发现1978年中国城镇居民恩格尔系数57.5%，农村居民恩格尔系数67.7%，按照人口加权平均超过60%，说明中国还是一个贫困国家，温饱问题还有待解决。改革开放以后，随着国民经济的发展和人们整体收入水平的提高，中国城镇居民和农村居民的恩格尔系数都在不断下降。到2013年，中国城镇居民的恩格尔系数已经下降到35%，农村居民约37.7%，加权平均约36.4%，说明中国已经达到相关富裕状态。

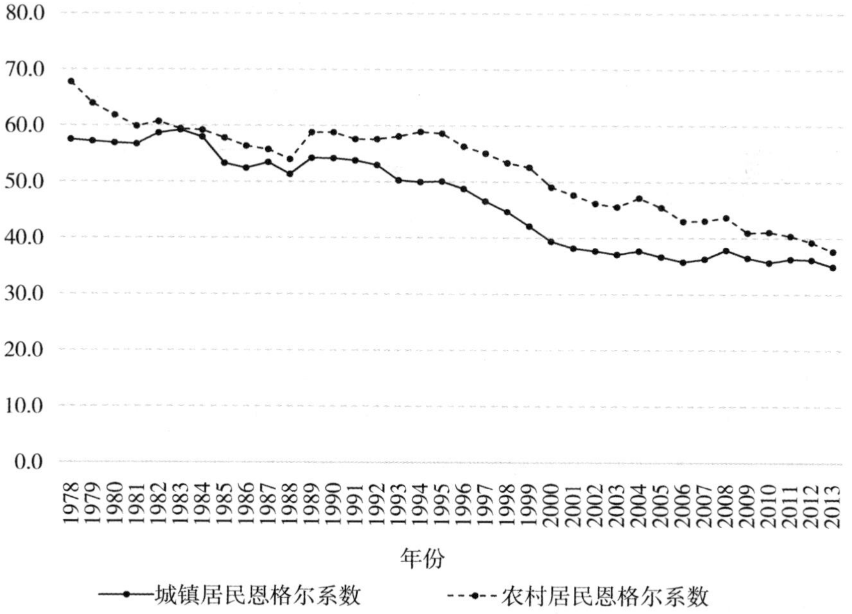

图1-2　1978年～2013年中国城乡居民恩格尔系数（%）[①]

① 数据来源：根据《中国统计年鉴》历年数据整理而成。

根据世界银行 WDI 和 Penn World Table 的数据，我们发现中国的人口预期寿命与人力资本在改革开放后有一个巨大提升，其中人们的预期寿命从 1978 年的 65.52 岁上升到 2014 年的 75.78 岁，提高了 10 岁多，说明人们的生活水平和医疗条件有了巨大的提高；人力资本从 1978 年的 1.62 上升到 2014 年的 2.47，上升了 52%，如图 1-3 所示。该指标以及平均教育年限以及教育汇报率来测算得出的，因此说明我国的居民的受教育程度以及相应的回报率有一个非常大的提高，人民不仅认知能力有了一个飞跃的提升，而且收入也跟随着上升。

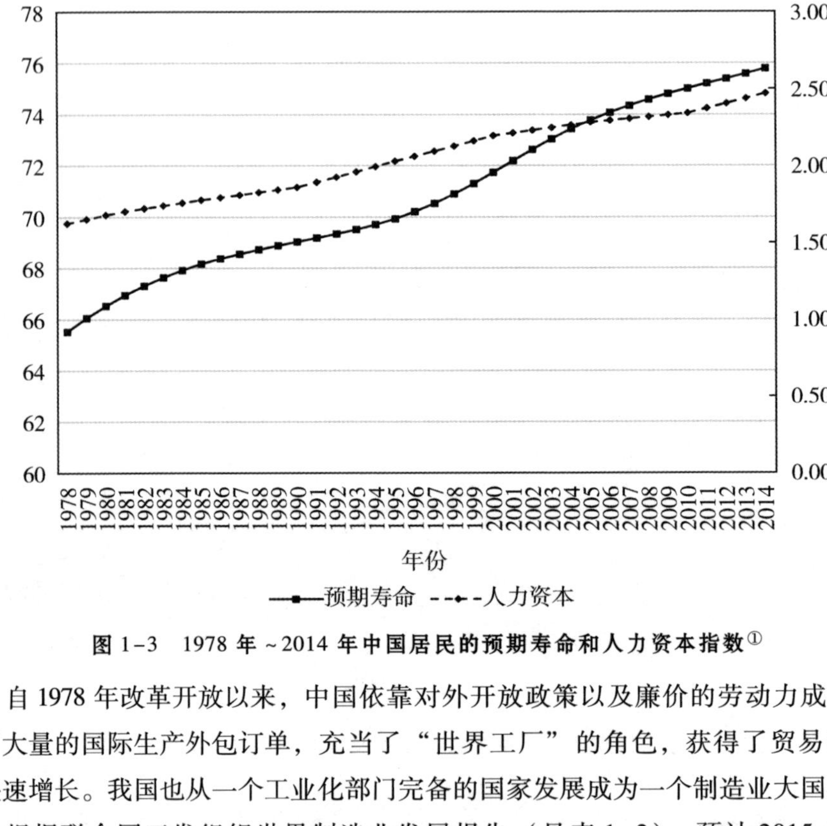

图 1-3　1978 年～2014 年中国居民的预期寿命和人力资本指数[①]

自 1978 年改革开放以来，中国依靠对外开放政策以及廉价的劳动力成本，承接了大量的国际生产外包订单，充当了“世界工厂”的角色，获得了贸易和经济的快速增长。我国也从一个工业化部门完备的国家发展成为一个制造业大国。

根据联合国工发组织世界制造业发展报告（见表 1-2），预计 2015 年全球制造业增加值的增长速度在 1%，而我国尽管增长速度有所放缓，但预计仍能达到 7.4% 的增长率。我国为全球制造业增加值的增长提供了重要动力。同时按照 2010 年不变价计算，我国制造业增加值占世界比重已从 2005 年的

① 数据来源：预期寿命的数据来源于世界银行 WDI 数据库，人力资本数据来源 Penn9.0 表。

11.75%上升到2015年的23.84%，在世界上排名第一。

表1-2　2005年、2010年与2015年制造业增加值占世界比重排名[①]

国　　家	2005年	2010年	2015年
中国	11.75	18.69	23.84
美国	20.43	17.77	16.54
日本	11.14	10.43	8.93
德国	7.29	6.55	6.37
韩国	2.54	2.95	3.09
印度	1.74	2.36	2.45
意大利	3.7	2.94	2.42
法国	3.13	2.61	2.34
巴西	3.08	2.89	2.26
印度尼西亚	1.65	1.7	1.93
英国	2.66	2.15	1.93
俄罗斯	2.15	1.9	1.77
墨西哥	1.91	1.69	1.7
加拿大	2.2	1.57	1.45
西班牙	2.18	1.69	1.44

表1-3列出了我国与上中等收入国家及世界平均水平在制造业相关指标上的变化情况。可以看出我国制造业增加值的增长速度趋于平稳，且人均制造业增加值已接近世界平均水平，且达到上中等收入国家水平。

表1-3　中国制造业与上中等收入国家及世界平均水平的对比情况[②]

指　　标	时期	中国	上中等收入国家	世界
制造业增加值年均增长速率	2005年~2010年	11.10%	5.85%	2.03
	2010年~2014年	7.89%	4.43%	2.24
人均制造业增加值（美元）	2005年	914.36	884.8	1201.63
	2014年	1218.99	1066.46	1276.66

①②　数据来源：联合国工发组织世界制造业发展报告。

此外，在制造业产品产量方面（见表1-4），按照国际标准工业分类，在22个大类中，我国制造业占世界比重在7个大类中名列第一，其中，烟草类占比49.8%，纺织品类占比29.2%，衣服、皮毛类占比24.7%，皮革、皮革制品、鞋类占比33.4%，碱性金属占比23.8%，电力装备占比28.2%，其他交通工具占比34.1%；有15个大类名列前三；除机动车、拖车、半拖车这一大类外，其他21个大类所占份额均名列世界前六位。全球近一半的水泥、平板玻璃和建筑陶瓷，一半左右的手机、PC机、彩电、显示器、程控交换机、数码相机都在中国生产。

表1-4 我国主要工业产品产量居世界位次①

工业产品	1978年		2014年	
	产量	位次	产量	位次
钢（万吨）	3178	5	82231	1
煤（万吨）	61800	3	387400	1
原油（万吨）	10405	8	21143	4
发电量（亿千瓦·小时）	2566	7	56496	2
水泥（万吨）	6524	4	249207	1
化肥（万吨）	869	3	6877	1
布（亿千瓦·小时）	110	1	894	1
电视机（亿千瓦·小时）	0.4	8	14129	1

在目前知识密集型产业领域（见表1-5），美国在世界市值最高的20家互联网公司中占11家，亚洲国家有9家，其中仅中国就占6席。阿里巴巴和腾讯、Baidu与京东四家公司的总市值将达到4260亿美元。具体排名及产值如下。我国知识密集型产业也呈现出了良好的发展状态。

① 数据来源：万德数据库。

表 1-5 2015 年 9 月世界互联网公司市值前 10 强（10 亿美元）

谷歌	390.5
Facebook	193.9
阿里巴巴	165
亚马逊	149.6
腾讯	147.6
百度	73.9
eBay	63.3
普利斯林公司	60.5
雅虎	42.3
京东	39.5

在交通运输设施网络里程方面（见表 1-6），1978 年 123.51 万千米，2014 年 955.68 万千米（含村道），是 1978 年的 7.74 倍。其中公路里程为 446.39 万千米，是 1949 年的 55.34 倍；铁路里程 11.18 万千米，是 1949 年的 5.2 倍；管道输油气里程从 1958 年的 0.02 万千米增加到 2014 年的 10.57 万千米，增加了 527.5 倍；定期航班航线里程从 1949 年的 1.13 万千米增加到 2014 年的 463.72 万千米，民用机场 2014 年达到 200 个，比 1950 年增加 164 个。

在高速公路方面，1988 年 147 千米的沪嘉公路建成通车，我国高速公路实现了零的突破，1999 年突破 1 万千米，2002 年突破 2 万千米，到 2014 年年底，全国高速公路里程已达到 11.19 万千米，实现了全国省际及大部分中心城市之间的高速公里连接。我国用短短十多年的时间走完了发达国家三四十年的发展历程，目前我国公路总里程、高速公路里程均位居世界第二。

表 1-6 1978 年～2014 年铁路、高速公路和民用航空营业里程（万千米）[①]

年份	铁路	高速公路	民用航空
1978	5.17	—	14.9
1985	5.52	—	27.7
1990	5.79	0.05	50.7
1995	6.24	0.21	112.9

① 数据来源：中国统计年鉴。

续表 1-6

年　份	铁　路	高速公路	民用航空
2000	6. 87	1. 63	150. 3
2005	7. 54	4. 10	199. 9
2008	7. 97	6. 03	246. 2
2013	10. 31	10. 44	260. 29
2014	11. 18	11. 19	287. 00

然而，自 2008 年全球金融危机以后，受短期波动和中长期下行双重影响，中国经济增长进入换挡期：年均 GDP 增速从 2007 年的 14. 2% 快速下滑至 2008 年的 9. 6%，到 2014 年放慢至 7. 4%，到 2015 年跌破 7% 降至 6. 9%，为近 20 年来的最低值（见图 1-4）。但无论从中国经济增长动力还是长期趋势来看，中国经济增长仍然可能保持一个相对高的速度。与其说中国经济增长当前面临的问题是经济增长放缓问题，不如说是如何改善经济增长质量、提高经济增长的效率问题。中国要保持长期、稳定和较快的经济增长，需要更多地关注改善供给结构、需求结构以及资源环境的可持续发展问题。

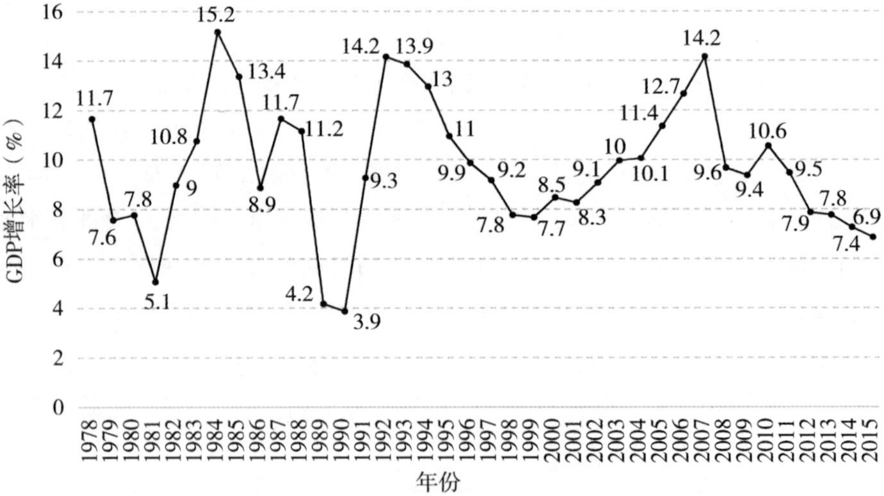

图 1-4　1978 年 ~2015 年中国 GDP 增长率（%）

此外，这一阶段时期以来，我国居民家庭的可支配收入增长与 GDP 的增长相比相对偏慢。在 1978 年 ~ 1990 年、1990 年 ~ 2000 年和 2000 年 ~ 2015 年，我国城镇居民家庭人均可支配收入（在消除了价格变动后）的年均增长率 5. 86%、6. 83% 和 9%，长期年均增长率为 8. 32%；农村居民家庭人均纯收入的年均增长率分别为9.92%、4.50%和7.9%，长期年均增长率为8.57%①，而这一期间我国的人均GDP的年均增长率为9.68%，居民人均收入的长期年均增长率比人均GDP低1个百分点左右，这体现了我国作为一个新兴工业化进程中的发展中国家在分配经济增长成果上将更多的成果用于积累，进行投资，发展资本密集型制造业。从图1-5可以看出，人均GDP和居民收入增长曲线之间是发散的。但在另外一方面，我们也从分析数据中看到，近20年来，各个阶段的居民收入的实际增长率相对较慢，导致内需不足，因此合理的收入分配政策就尤为重要，这种居民收入增加会导致内需增加，可能成为拉动中国经济增长的新动力。

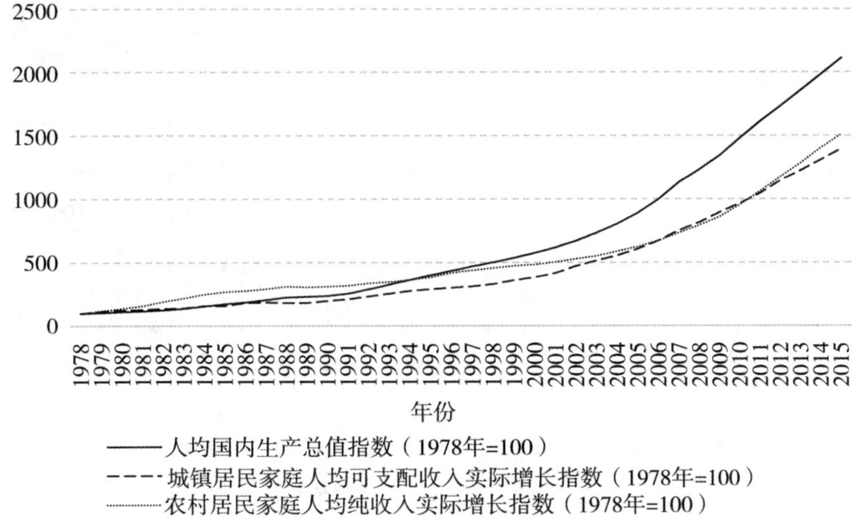

图1-5 改革开放后人均国内生产总值、城镇和农村居民家庭人均可支配收入比较②

二、中国与世界其他经济体的经济发展比较

（一）中国占世界份额的变化及与世界主要国家的经济总量的比较

通过图1-6和表1-7可以发现，进入21世纪后，中国经济正在经历一个高速增长期，中国在世界经济总量中所占的份额也在迅速提升。1978年中国刚刚开始改革开放的时候，中国的GDP总量仅为0.15万亿美元，在世界上的

① 根据《中国统计年鉴2015》中居民收入数据综合计算整理。

② 数据来源：中经网。

份额仅为1.74%，排名第11位，与一个世界上人口最多的大国的地位极不相称。由于中国人口众多，GDP人均后就更低，即中国处于低收入的贫穷国家。在此之后的20年，中国虽然取得并保持了高速经济增长，但是GDP占世界经济的份额仍然只有4.25%，落后于传统的发达国家如日本、德国、英国、法国等，排名为第6位，排名虽然提前了5位，但国际影响力仍然是有限的。进入新世纪后，这种情况发生了明显的改变，由于发展基数已经大为提高，再加上强劲的经济增长，中国的经济总量先后超过法国、英国、德国、日本，成为仅次于美国的世界第二大经济体。2015年中国的GDP总额达到了10.87万亿美元，占世界GDP比重的14.78%，成为对世界具有重大影响的经济大国。

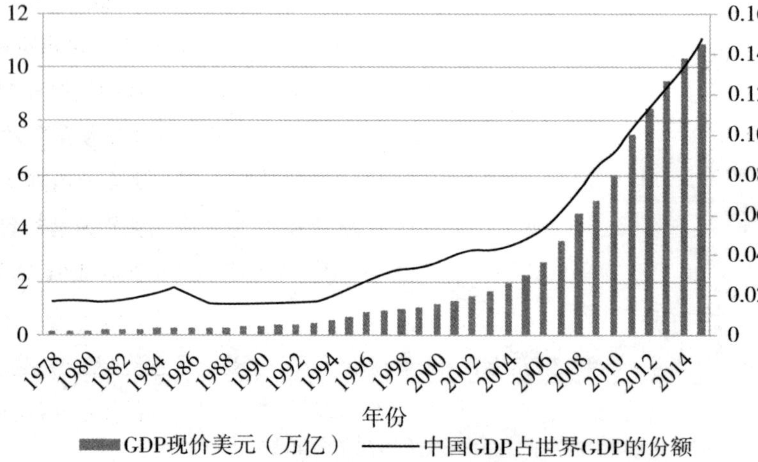

图1-6 中国占世界GDP份额变化情况[①]

为了比较世界上主要国家的经济总量在1978年以来的变化情况，我们根据世界银行的世界发展指标的数据，用以现价美元计算的国内生产总值来衡量各国的经济发展水平，以横向比较大国之间的世界经济地位变化情况。

表1-7列出的是2015年世界上经济总量最大的20个国家之间自1978年来按汇率法计算的GDP名义值、份额和排序的比较，从30多年的份额变化看，七国集团的所有国家在世界经济中所占的份额都是下降的。更直接我们注意的是，在最近15年里美国在世界经济中所占的份额下降了7%、日本下降了8%、德国下降了1%。

在这一期间中国、印度、韩国、印度尼西亚等经济增速飞快，国际地位也

① 数据来源：世界银行发展指标。

得到显著提升。以中国为例，中国这一期间的名义增长率为 9.71%，较 1978 年经济翻了几番。中国的经济地位从 11 名，迅速上传到第 2 名，国际的影响力显著提升。

和新兴国家所占份额的提升相对应的是发达国家所占份额在不断减少。虽然除了中国之外，其他国家的份额提高的程度都不算高，如位居份额变化第二名的印度，在过去 30 多年中其份额仅提升了 1%，但它人口众多、资源丰富，近年来也走上了经济增长的快车道。然而，在这种经济格局的变化中，中国无疑占据着重要地位。从发展上看，新兴国家的发展是有利于中国经济增长的。如果说中国在经济起飞的初期，更多地依赖了与发达国家之间的后发优势，那么到了现在，通过与新兴国家尤其是新兴发展中国家之间的领先优势推进我国的全球化战略，将是我国实现持续发展的重要途径。

表 1-7　世界 20 个主要国家过去 30 年 GDP 及变化情况①

国家	1978 年			2000 年			2015 年		
	排序	GDP（万亿美元）	份额（%）	排序	GDP（万亿美元）	份额（%）	排序	GDP（万亿美元）	份额（%）
美国	1	2.36	0.28	1	10.28	0.31	1	17.95	0.24
中国	11	0.15	0.02	6	1.21	0.04	2	10.87	0.15
日本	2	1.00	0.12	2	4.73	0.14	3	4.12	0.06
德国	3	0.74	0.09	3	1.95	0.06	4	3.36	0.05
英国	5	0.34	0.04	4	1.55	0.05	5	2.85	0.04
法国	4	0.51	0.06	5	1.37	0.04	6	2.42	0.03
印度	12	0.14	0.02	13	0.48	0.01	7	2.07	0.03
意大利	6	0.31	0.04	7	1.14	0.03	8	1.81	0.02
巴西	8	0.20	0.02	10	0.66	0.02	9	1.77	0.02
加拿大	7	0.22	0.03	8	0.74	0.02	10	1.55	0.02
韩国	18	0.05	0.01	12	0.56	0.02	11	1.38	0.02
俄罗斯	—	—	—	19	0.26	0.01	12	1.33	0.02
西班牙	9	0.16	0.02	11	0.60	0.02	13	1.20	0.02

① 数据来源：世界银行数据库［GDP（2010 年不变价美元）］。

续表 1-7

国家	1978 年			2000 年			2015 年		
	排序	GDP（万亿美元）	份额（%）	排序	GDP（万亿美元）	份额（%）	排序	GDP（万亿美元）	份额（%）
墨西哥	14	0.10	0.01	9	0.68	0.02	14	1.14	0.02
印度尼西亚	17	0.05	0.01	20	0.17	0.00	15	0.86	0.01
荷兰	10	0.15	0.02	14	0.41	0.01	16	0.75	0.01
土耳其	15	0.07	0.01	17	0.27	0.01	17	0.72	0.01
瑞士	—	—	—	16	0.27	0.01	18	0.66	0.01
阿根廷	16	0.06	0.01	15	0.28	0.01	19	0.58	0.01
瑞典	13	0.10	0.01	18	0.26	0.01	20	0.49	0.01

（二）人均 GNI 水平的国际比较

虽然中国的经济总量已经得到了巨大的提升，但是从实际人均 GNI［人均国民总收入（Gross National Income①）］看，中国在世界上的水平仍然不高。从表 1-8 列出的是世界银行公布的国家和地区的人均 GNI② 可以看到，在列入 2010 年统计的 190 个国家和地区中，中国的人均 GNI 为 4495 美元，在世界上名列第 101 位。按照世界银行对不同经济发展水平的划分标准，中国已经步入中等收入国家。这对于中国来说已经是一个很大的进步，经过 30 多年的改革开放和高速经济增长，我们已经从一个贫穷落后的低收入国家发展成为一个中等收入的发展中国家。但在另外一方面，我们还应该看到，这个中等收入是从排序上看的（排在近 200 个国家和地区的中间位置），但从水平上看，还不到世界平均水平（9481 美元）的一半，和高收入国家接近 4 万美元的水平差得更远，从这个角度来看，中国还需要实现进一步的经济增长，提高居民的收入水平。只要中国的年均经济增长仍有可能保持在 7% 以上，也就是说，再用十年时间中国的 GDP 和人均 GNI 就可以翻一番。同时，再综合考虑世界经济增

① GNI 和 GDP 的差别在于“来自国外的净要素收入”，因为人均水平的比较更加重视“收入”，所以在人均水平的国际比较中更为常用。就中国而言，这两个指标之间的数值差别不大，从 2007 年起，GNI 略高于 GDP。

② 一些较小经济体的数据未列入此表中，但在排序中没有排除。

长、价格总水平和汇率等方面的因素，大约用十多年的时间，中国的人均 GNI 就有可能达到或超过那时的世界平均水平。

表 1-8 2010 年世界主要国家和地区人均 GNI（国民总收入）①

排序	国家	人均 GNI（美元）	排序	国家	人均 GNI（美元）	排序	国家	人均 GNI（美元）
1	挪威	88583	25	意大利	35786	47	爱沙尼亚	13880
2	瑞士	78772	26	冰岛	34940	48	委内瑞拉	13364
3	卢森堡	76825	27	阿拉伯联合酋长国	34330	49	克罗地亚	13130
4	马恩岛	66825				50	圣基茨和尼维斯	12670
5	卡塔尔	63539	28	中国香港	33239			
6	丹麦	58597	29	新西兰	31718	51	安提瓜和巴布达	12656
7	瑞典	53603	30	西班牙	30307			
8	荷兰	50749	31	以色列	30059	52	匈牙利	12405
9	澳大利亚	49832	32	塞浦路斯	29511	53	波兰	12187
10	法罗群岛	49095	33	希腊	26388	54	利比亚	11929
11	美国	48881	34	斯洛文尼亚	23198	55	智利	11925
12	奥地利	47052	35	韩国	22173	56	立陶宛	11764
13	中国澳门	46912	36	葡萄牙	21782	57	乌拉圭	11493
14	芬兰	46831	37	巴哈马	21270	58	拉脱维亚	11439
15	加拿大	46543	38	马耳他	19241	59	巴西	10940
16	新加坡	46305	39	沙特阿拉伯	19005	60	俄罗斯	10345
17	比利时	45696	40	阿曼	18704	61	塞舌尔	10201
18	日本	44063	41	巴林	18505	62	土耳其	10021
19	德国	42611	42	捷克共和国	18277	63	阿根廷	9995
20	法国	41537	43	波多黎各	17276	64	墨西哥	8947
21	爱尔兰	40951	44	斯洛伐克	16555	65	马来西亚	8781
22	科威特	40491	45	巴巴多斯	15501	66	黎巴嫩	8646.46
23	安道尔	39639	46	特立尼达和多巴哥	15028	67	帕劳	8637.03
24	英国	38790				68	苏里南	8229.60

① 数据来源：世界银行发展指标。

续表 1-8

排序	国家	人均GNI（美元）	排序	国家	人均GNI（美元）	排序	国家	人均GNI（美元）
69	赤道几内亚	8206.38	96	秘鲁	4674.82	123	瓦努阿图	2859.60
70	罗马尼亚	8172.25	97	厄瓜多尔	4587.61	124	菲律宾	2858.28
71	加蓬	8088.72	98	波斯尼亚和黑塞哥维那	4547.92	125	东帝汶	2854.44
72	哈萨克斯坦	7883.82				126	摩洛哥	2818.31
73	毛里求斯	7865.67	99	伊拉克	4538.92	127	斯里兰卡	2788.97
74	哥斯达黎加	7822.01	100	马其顿王国	4497.62	128	斯威士兰	2767.15
75	南非	7235.22	101	中国	4495.45	129	危地马拉	2723.73
76	巴拿马	7210.36	102	阿尔及利亚	4467.63	130	埃及	2614.85
77	格林纳达	6984.45	103	土库曼斯坦	4103.36	131	约旦河西岸和加沙	2495.91
78	圣卢西亚	6820.46	104	阿尔巴尼亚	4053.45			
79	多米尼克	6806.29	105	约旦	4022.46	132	蒙古	2429.77
80	黑山	6635.79	106	突尼斯	3980.59	133	刚果（布）	2219.38
81	保加利亚	6568.95	107	伯利兹	3913.49	134	尼日利亚	2192.00
82	伊朗	6300.99	108	马绍尔群岛	3779.06	135	基里巴斯	2169.98
83	圣文森特和格林纳丁斯	6119.38	109	汤加	3671.85	136	不丹	2079.13
			110	斐济	3538.72	137	洪都拉斯	2013.69
84	哥伦比亚	6006.38	111	安哥拉	3505.38	138	玻利维亚	1894.03
85	博茨瓦纳	5975.64	112	萨尔瓦多	3457.94	139	摩尔多瓦	1767.68
86	白俄罗斯	5696.34	113	萨摩亚	3430.06	140	尼加拉瓜	1481.49
87	古巴	5562.00	114	科索沃	3333.26	141	乌兹别克斯坦	1417.66
88	马尔代夫	5482.69	115	亚美尼亚	3279.42	142	印度	1373.29
89	阿塞拜疆	5459.91	116	佛得角	3244.72	143	赞比亚	1358.19
90	多米尼加共和国	5310.03	117	印度尼西亚	3039.55	144	巴布亚新几内亚	1332.40
			118	圭亚那	3015.89			
91	塞尔维亚	5289.56	119	巴拉圭	2998.20	145	苏丹	1310.48
92	图瓦卢	5181.51	120	密克罗尼西亚联邦	2944.23	146	加纳	1301.14
93	纳米比亚	4945.82				147	莱索托	1290.19
94	泰国	4886.50	121	乌克兰	2930.19	148	南亚	1283.87
95	牙买加	4721.25	122	格鲁吉亚	2872.92	149	越南	1282.75

续表 1-8

排序	国家	人均GNI（美元）	排序	国家	人均GNI（美元）	排序	国家	人均GNI（美元）
150	也门	1237.44	164	柬埔寨	746.86	178	几内亚比绍共和国	518.03
151	科特迪瓦	1190.76	165	科摩罗	738.27			
152	毛里塔尼亚	1188.61	166	塔吉克斯坦	733.80	179	马拉维	463.86
153	圣多美和普林西比	1140.02	167	贝宁	727.33	180	塞拉利昂	457.94
			168	坦桑尼亚	701.07	181	厄立特里亚	447.24
154	喀麦隆	1134.42	169	马里	676.43	182	多哥	432.11
155	南苏丹	1097.78	170	海地	664.50	183	马达加斯加	409.72
156	巴基斯坦	1083.03	171	津巴布韦	635.22	184	莫桑比克	403.483
157	老挝	1072.31	172	尼泊尔	599.97	185	几内亚	390.67
158	肯尼亚	988.18	173	乌干达	598.63	186	尼日尔	348.29
159	塞内加尔	987.82	174	布基纳法索	588.71	187	埃塞俄比亚	340.62
160	所罗门群岛	943.68	175	阿富汗	572.15	188	刚果（金）	297.43
161	乍得	866.00	176	冈比亚	557.81	189	利比里亚	281.27
162	吉尔吉斯斯坦	824.04	177	卢旺达	549.43	190	布隆迪	212.95
163	孟加拉国	821.92						
世界			9481					
最不发达国家（联合国分类）			774					
中低等收入国家			1690					
中等收入国家			3853					
中高等收入国家			6212					
高收入国家			39229					

这也是图 1-7 和图 1-8 反映中国最终消费率变化情况。就最终消费率而言，改革开放以来，中国的最终消费率呈波动下降趋势，这反映了改革开放以来中国经济增长主要靠投资拉动。就当前中国最终消费率来看，不仅低于美国、德国、日本等发达国家，也低于印度、巴西等发展中国家，这种需求结构的失调将会对中国未来的发展提出挑战。

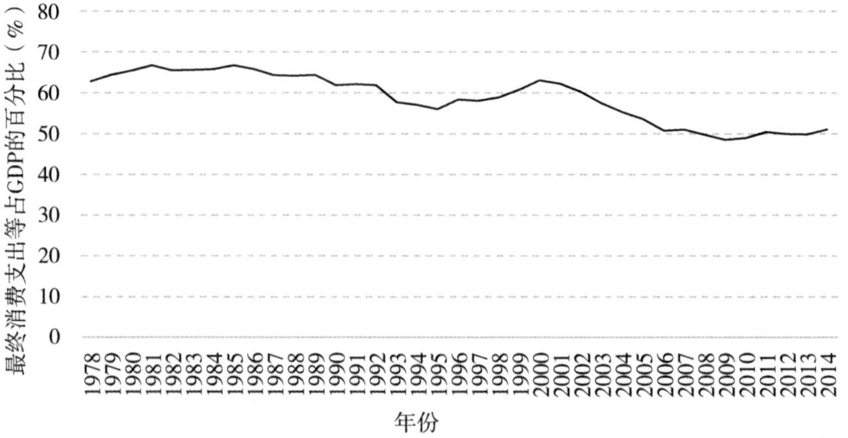

图 1-7　中国最终消费率变化情况①

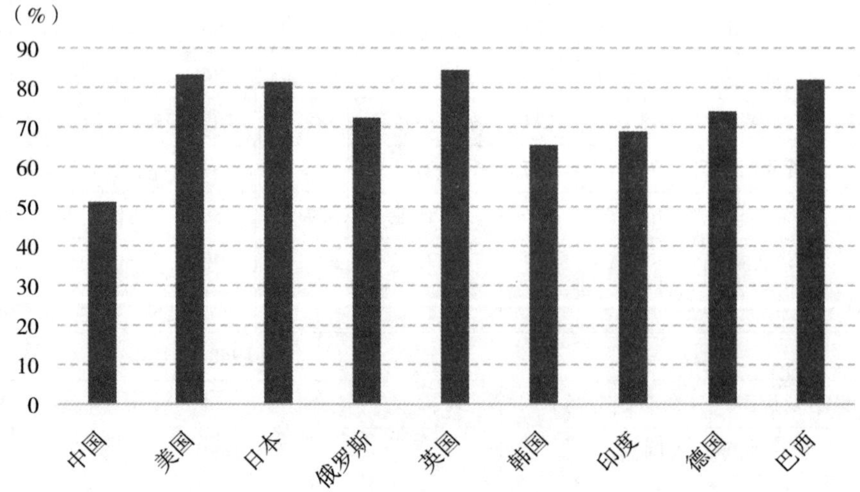

图 1-8　2014 年各国最终消费率比较②

三、当前中国经济增长面临的结构性挑战

从宏观经济发展阶段与产业发展周期来看，当前我国已经步入工业化后期。工业化后期的中国面临着“主导产业转换期”、“经济增长降速期”、“人口红利向科技红利过渡期”的三期叠加。经济新常态下的中国势必要面对产业结构优化升

①② 资料来源：世界银行数据库发展指标。

级，这是困难与挑战，也是机遇和窗口。作为新兴的发展中大国，步入工业化后期的中国不可避免地将面对“高收入之墙、过剩产能转移排解和新工业革命”的三重挑战，而这些挑战正是处于初创期的战略性新兴产业必须克服的矛盾。经济结构战略性调整是外部环境的压迫所致，更是内部环境的要求使然。结构性问题十分繁杂，但主要以产业结构优化、需求结构改善和区域协调发展为关键问题：一是产业结构升级。我国的产业结构存在工业尤其是制造业大而不强、服务业尤其是生产性服务业发展滞后的问题。战略性新兴产业基本都属于制造业范畴或者依赖于制造业发展水平，同时由于产品内分工的生产主形态要求，生产性服务业在战略性新兴产业发展中占据越来越重要的地位。战略性新兴产业的发展需要依托有强大生命力的产业结构，而有效推进尚待优化的产业结构升级也正是战略性新兴产业的发展使命之一。二是需求结构转型。我国的需求结构在内外两个层面都面临着严峻的挑战，低迷的经济增长趋势导致全球各大经济体都收紧消费，尤其是具备高端消费能力和消费理念的发达国家；而我国战略性新兴产业市场还处于有待开发和拓展的阶段，除一些东部沿海地区外基本上难以提供有效的消费需求以支持扩大再生产。三是区域均衡发展。非均衡发展是我国长期以来难以根除的桎梏之一，主要表现为城乡发展不一致、东西部发展不一致。这对战略性新兴产业的定位和布局都提出了较高的要求，若发展目标与各地区竞争力禀赋不相符，则势必陷入新的困境。

（一）产能过剩

2000 年以来，我国经济增长率一直保持在 10% 左右甚至更高，第二产业对经济的贡献率逐年提高，2010 年达到 57.6%，其中工业的贡献率约为 49.2%，在 GDP 全年 10.4% 的增长速度中，有 6% 是由工业拉动的，工业的增长速度始终高于 GDP 的增长速度。与此同时，从 2002 年开始，固定资产投资的年均增长率都达到 20% 以上，2009 年在总的经济刺激政策之下固定资产投资增长率甚至达到 29%。在这样大规模的投资环境下，我国经济在工业的带动下取得了举世瞩目的高速增长，但是同样也出现了过度的投资集中在部分行业或地区而产生了生产要素的“潮涌现象”，因此大规模投资所维持的增长是存在潜在问题的，当前的产能过剩现象已经比较突出。关于产能过剩究竟该如何去衡量，以及什么水平的产能利用率可以看作为产能过剩现象，目前我国还没有建立对产能过剩定性、定量的科学评价标准。欧美等国用产能利用率或设备利用率作为产能是否过剩的评价指标时，一般认为利用率的正常值在 79% 至 83% 之间，超过 90% 则认为有超设备能力发挥现象，若低于 79% 则说明可能存在产能过剩的现象。从图

1-9中可以看出，在2010年，我国工业产能利用率在73%左右，低于79%，可以认为存在着产能过剩现象。就具体行业而言，石油和天然气开采、食品制造、烟草制造、医药制造和通信设备制造业等产业的产能利用均低于50%，产能过剩比较严重。因此，在产能过剩的情况下，国际产业转移有其必要性。

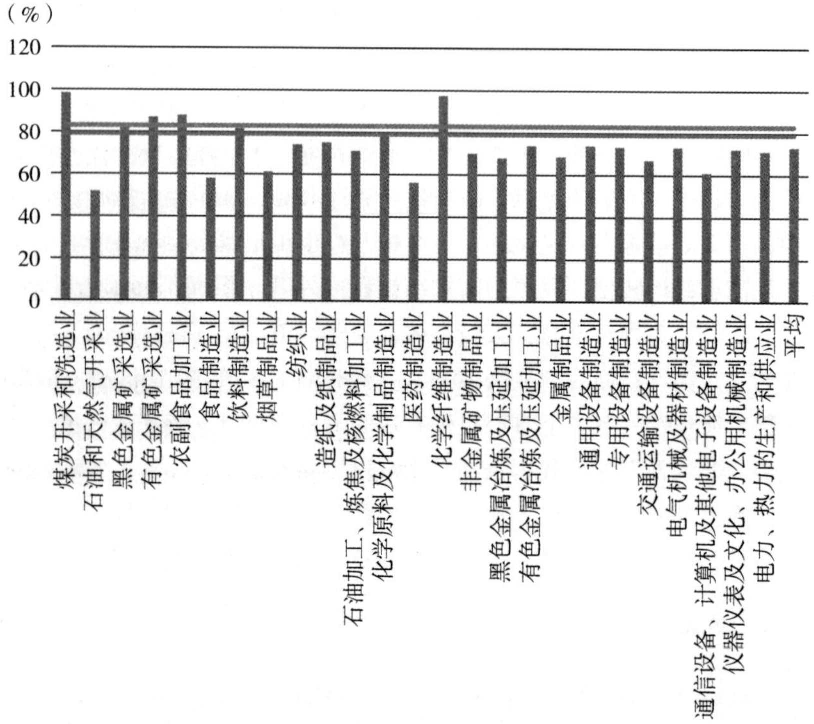

图1-9 2010年不同行业产能利用率①

（二）劳动力成本上升

劳动力优势曾经是中国承接劳动密集型产业转移，推动经济快速发展的一个重要原因。但随着中国经济进一步发展，中国劳动力成本迅速上涨。从图1-10中可以看出，从2000年以来，中国工人年平均工资呈现非常显著的上涨趋势，且每年上涨10%以上。并且与印度、泰国、墨西哥等发展中国家相比（见图1-11），中国从2000年制造业工人平均工资已经超过了印度，2007年超过了泰国。虽然到2009年中国制造业工人平均工资依然低于墨西哥，但墨西哥平均工资基本保持稳定并存在下降趋势，而中国平均工资则上升较快。因

① 数据来源：中国工业经济统计年鉴。

此，在这种情况下，中国正在逐渐丧失廉价劳动力优势，势必需要进行低端产业转移。事实也是如此，中国已经将一部分低端的成衣业转移到了越南，转而向越南出口工业原料、配件和半成品。劳动力价格上涨推动了产业转移，也推动了中国在产业链中地位的提升。

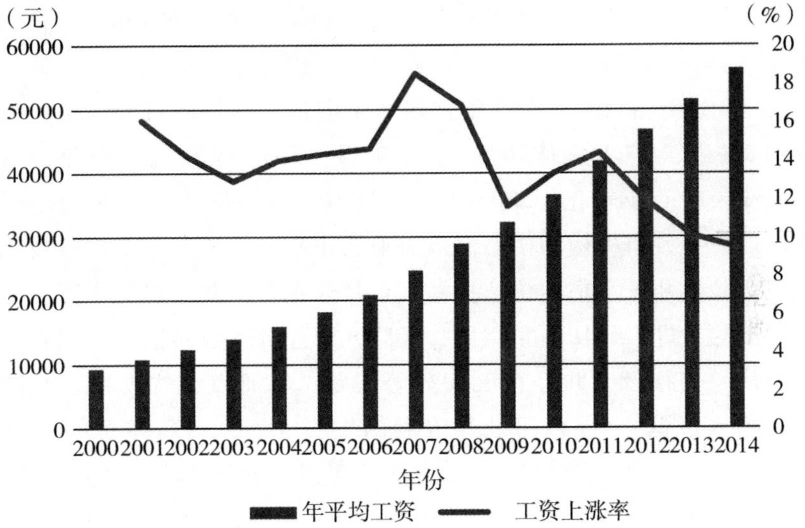

图 1-10　中国年平均工资变化趋势①

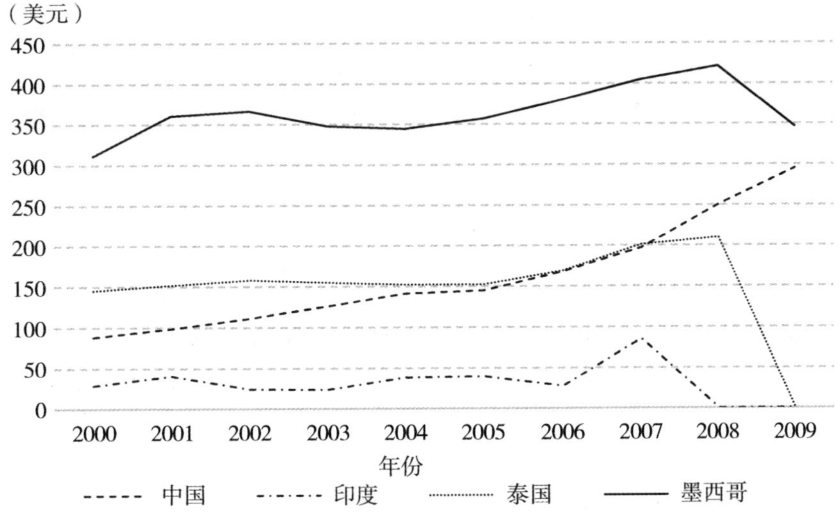

图 1-11　中国和其他发展中国家劳动力成本比较②

① 数据来源：国家统计局。

② 数据来源：国际统计年鉴。

（三）创新力有待进一步提高

中国 R&D 投入在 1995 年～2005 年阶段的平均增长率为 19%，甚至在 2005 年达到世界第六的水平。同时，R&D 产出增长快速，科学刊物发表从 1994 年 2% 上升到 2004 年的 6.5% 水平。研究开发水平的快速增长得益于 1975 年开始实施的系列创新政策。863 项目、星火计划（1986 年），火炬计划（1988 年），科教兴国战略（1995 年）等政策促进公共科研机构改革，完成了应用研究型实验室向产业实体转变，973 项目（1997 年）强化企业创新能力及公共研究成果的商业转化，2006 年中长期科技战略纲要的发布进一步加速创新体系由以公共科研机构为中心向以企业为中心的转变，一系列科技创新政策推动我国实验性开发水平的快速提高，也带来很多问题。现今中国的研究开发投入及产出与先进 OECD 国家相比，最终社会经济效益回报值（根据投入与产出指标衡量）仍很低，并存在五大显著问题：①研发结构失衡，基础研究和应用研究投入过低[①]，导致可获得专利的发明少。②创新体系的“硬件设施”建设投入比重过高，知识资本投入增长缓慢，导致部分研究基础设施不能被充分利用。③创新体系的众多环节效率低下，难以平衡学习的速度与深度之间的关系。④国内企业的研发成果不如外资及合资企业，仅占企业总数 14.9% 的合资及外资企业在出口产值占比中达到 84.8%[②]，侧面突出我国单独研发成果海外出口竞争力低下的现状。⑤我国授权专利构成失衡，2006 年实用性研究占 48%，发明仅占 11%，而发达国家对应指标分别为 5% 与 41%，这将影响我国原始创新水平。

在科技人才培养方面，我国研究人员数量在 2000 年已位列世界第二名，然而水平参差不齐。主要体现在以下四个问题：①部分基础研究领域的学位获得者数目下滑。在自然科学与工程技术领域，我国大学生及研究生拥有量方面领先于除韩国以外的其他 OECD 国家，但从 2000 年开始，自然科学与工程学位获得者占比份额持续下滑，这对我国的研发非常不利。②人才劳动力效率低

---

① 2008 年我国实验性开发占比达到近 70%，应用研究与基础研究占比仅为 30%，尤其是基础研究占比不足 6%。而在基础研究上，我国投入水平约为美国、韩国、日本的 1/3，法国、爱尔兰的 1/5。

② 53 个火炬计划科技产业园区情况，来源 OECD。

下。虽然我国在论文发表总量上占据优势，但在[1]研究人员密度[2]与每千名研究人员（基础研究）发表文章总数[3]方面均明显落后于发达国家。此外，在吸引工业相关领域的管理及高素质研究人才方面，国内企业特别是私营企业难以与外资企业抗衡。③高校在研发投入构成中占比过低。2003 年我国三大研发主体——企业、研究机构、高校的投入占比分别为 62.4%、25.9% 和 10.5%[4]，其中高等教育部门（高校）的研发投入占比显著低于同时期的美国、日本及 OECD 国家的平均水平，体现高校人才的研发带头作用相对有限[5]。④科研投入在高等教育体系中分配过于集中。如中国排名前 50 位的大学占高等教育机构在自然科学与工程学领域总研发投入的近 2/3，优秀的学校占据过多资源，不利于我国整体人才结构水平的提高。

① 2005 年，中国的 SCI 论文排名为第 5 位，以 6.5% 的国际论文份额仅次于美国、英国、德国和日本，其 10 年前的这一比例仅为 2%。出版物总量中工程索引、科技引文索引指标在 2005 分别位列国际第 2 和第 5 名。

② 2004 年每百万人口中所拥有的研究人员总数中中国仅为 710 人，日本为 5290 人，美国为 4605 人。

③ 2004 年每千人发表科技论文数量仅约为 OECD 国家中发表数处于较低水平的韩国与日本的 1/3，英国的 1/7。另外，我国论文篇均被引数仅为 3，相较之下韩国为 4，法国为 9，美国为 12，差距显著。

④ 数据来源：中国科技年鉴，2008 年 OECD 关于中国创新发展评述的报告。

⑤ 数据来源：中国人口普查数据及教育统计；OECD。

第二章　我国产业结构现状、国际比较及目标趋势

改革开放30多年间，我国经济取得了举世瞩目的成就，创造了年均GDP增速近10%、人均GDP增速约9%的增长“奇迹”。从收入水平看，我国由典型的低收入穷国成功跃升至上中等收入发展中国家行列。从经济结构看，农业现代化水平显著提升，农业劳动力就业比重从1978年的70.5%（当代低收入国平均为72%）降至2015年的29.5%（当代上中等收入国平均为30%）；工业化也由初期进入到加速发展的中后期阶段，工业就业比重从1978年的17.30%升至2014年的29.90%。因此，我国过去30多年经济的高速增长是一个非常典型的从农业主导到工业部门崛起的过程。

然而，自2008年全球金融危机以后，受短期波动和中长期下行双重影响，中国经济增长进入换挡期：年均GDP增速从2007年的14.2%快速下滑至2008年的9.6%，到2014年放慢至7.4%，到2015年跌破7%降至6.9%，为近20年来的最低值。在经济增速放缓的大背景下，我国的产业结构也发生着一系列深刻变化：2006年，第二产业增加值占GDP比重达到峰值47.95%，随后开始下降；到2013年，第三产业占比（46.09%）首次实现对第二产业占比（43.89%）的赶超。面对这些经济现象，我们不禁思考：近几年，我国整体经济增速放缓究竟是一种短期波动还是一种长期趋势？我国产业结构发生的种种变化，是与拉美国家的历史进程更加近似、可能会引发“中等收入陷阱”带来的长期经济停滞，还是与发达经济体的历史进程更加近似、正在经历从工业向服务业的结构转型？如果我国还没迈入典型的经济结构转型期，经济发展会面临哪些挑战？需采取什么措施来应对？

为了回答上述几个重要命题，本章全面评估了我国产业结构的发展现状。首先，系统梳理了主要发达经济体的工业化过程及其特点；其次，横向对比了

我国与高收入国家、陷入“中等收入陷阱”的拉美国家的产业结构特点；最后，基于投入产出表分析我国新产业崛起与经济增长新动力。

一、我国产业结构现状评估

为了全面考察我国产业结构所处的阶段，我们借鉴了已有的工业化水平的评价指标体系来评估当前我国工业化所处的阶段以及存在问题；并横向对比了我国与高收入国家、陷入“中等收入陷阱”的拉美国家的产业结构特点，以进一步确认中国当前结构转型所处的位置以及面临的挑战。为了对各国的各产业产值比重进行国际对比，我们选取了联合国统计局（United Nations Statistics Division，UNSD）1970年~2012年的细分产业增加值的数据，通过加总得到第一产业、第二产业和第三产业的增加值①；并从世界发展指标（World Development Indicators，WDI）数据库中获得各国从1970年~2012年的人均国内生产总值（Gross Domestic Product，GDP）。基于可比，我们直接选用数据库提供的以2005年美元为基准价格的相关统计指标。此外，为了保证数据统计口径的一致性，我们从世界发展指标（World Development Indicators，WDI）获得各国从1980年~2012年间的农业、工业和服务业的就业比重，其中部分国家在某些年份存在数据缺失。

（一）工业化阶段评估

我们首先选取指标构造一个国家的工业化水平评价体系。根据经典的工业化理论，工业化是随着一国（或地区）人均收入的提高，工业发展和经济结构发生连续变化的过程，而人均收入的增长和经济结构的转换是工业化推进的主要标志。因此，在经济发展方面，选择人均GDP作为基本指标；在产业结构方面，选择一、二、三产业产值比重为基本指标；在就业结构方面，选择农业部门的就业人数比例为基本指标。然后，参照钱纳里等（1989年）的划分方法，将工业化过程大体分为工业化初期、中期和后期，再结合相关理论研究和国际经验估计确定了工业化不同阶段的标志值（见表2-1）。

---

① 根据国际标准产业分类（International Standard Industrial Classification，ISIC），将分类为ISIC A-B的加总得到第一产业增加值，将分类为ISIC C-F的加总得到第二产业增加值，将分类为ISIC G-P的加总得到第三产业增加值。

表 2-1 工业化不同阶段的标志值

基本指标	前工业化阶段（1）	工业化实现阶段			发达经济阶段	
		工业化初期（2）	工业化中期（3）	工业化后期（4）	后工业化社会（5）	现代化社会（6）
	农业	劳动密集	资本密集	劳动密集	技术密集	知识密集
1. 人均 GDP（经济发展水平）						
（1）1964 年美元	100 ~ 200	200 ~ 400	400 ~ 800	800 ~ 1500	1500 ~ 2400	2400 以上
（2）1970 年美元	140 ~ 280	280 ~ 560	560 ~ 1120	1120 ~ 2100	2100 ~ 3360	3360 以上
（3）2005 年美元	706 ~ 1411	1411 ~ 2822	2822 ~ 5645	5645 ~ 10584	10584 ~ 16934	16934 以上
2. 三次产业产值结构（产业结构）	$A>I$	$A>20\%$，且 $A<I$	$A<20\%$，$I>S$	$A<10\%$，$I>S$	$A<10\%$，$I<S$	—
3. 农业就业人数占比（就业结构）	60% 以上	45% ~ 60%	30% ~ 45%	10% ~ 30%	10% 以下	—

注：表中参照了陈佳贵、黄群慧、钟宏武：《中国地区工业化进程的综合评价和特征分析》，经济研究，2006 年第 6 期。其中，1970 年美元与 1964 年美元的转换因子为 1.4，取自钱纳里等人的研究成果；[①] 1970 年美元与 2005 年美元的转换因子为 5.04，[②] A、I、S 分别代表第一、第二和第三产业增加值在 GDP 中所占的比重。

从人均 GDP 的角度看，2014 年我国人均 GDP 为 3862.92 美元（以 2005 年美元计），属于工业化中期，并且距离进入工业化后期还有一定距离。从产业结构上看，2014 年，第一产业增加值占 GDP 比重为 9.17%，第二产业增加值占 GDP 比重为 42.72%，第三产业增加值占 GDP 比重为 48.11%。这说明我国的产业结构已经进入了后工业化社会。但从就业结构上看，2014 年，中国第一产业就业人员占比为 29.50%，说明我国刚迈入工业化后期。可见，我国的产业结构演进的速度快于就业结构，快于经济发展水平。也就是说，相对于我国的经济发展水平，我国的产业结构演变可能超前了，特别是工业增加值份额可能出现了过早下降。

（二）产业结构虚高度

刘伟、张辉（2013 年）最早提出了产业结构虚高度的概念。产业结构高

① 郭克莎：《中国工业化的进程，问题与出路》，《中国社会科学》，2000，(3)，60 ~ 71。

② 刘伟、张辉、黄泽华：《中国产业结构高度与工业化进程和地区差异的考察》. 经济学动态，2008，(11)，4 ~ 8。

度提升，是指在经济发展中按照一定历史条件下现代化目标的需求，遵循经济发展的内在逻辑，产业结构顺向的升级进程，如三大产业间，第一产业、第二产业、第三产业在经济发展不同阶段，在国民经济中占优势比重并起主导作用的依次替代的程度；又如部门产品结构间，初级产品、中间产品、最终产品在经济发展不同阶段，在国民经济中占优势比重并起主导作用的依次替代的程度；再如技术结构上，劳动密集、资本密集、技术密集和知识密集产业在经济发展不同阶段，在国民经济中占优势比重并起主导作用的依次替代程度；等等。特别需要指出的是，产业结构高度表现的是产业间的比例关系，但比例关系的演变动因在于效率的改变，尤其是劳动生产率的提升，结构高度的变化是效率变化的函数，脱离劳动生产率及效率的提升，干预性地提高产业结构高度，加快结构升级，带来的只能是“虚高度”。

前文的估算表明，从产业间的比例关系来看，我国的产业结构已经进入了后工业化社会。但是，从产业的效率来看，真正的工业化还有一段距离，这主要体现在两个方面：一个是部分行业的过剩产能及其所体现的低效率，另一个是部分行业核心技术的缺失，导致其产品附加值低以及行业本质效率的不足。

1. 我国产业结构虚高度的数据分析——我国当前产能过剩情况分析

现阶段国外文献中对于产能利用率的测度并未形成统一的测度方法，我国也尚未建立有关产能过剩的评价标准。韩国高（2011 年）利用成本函数法按照我国重工业和轻工业的区别划分对我国制造业中 28 个行业的产能利用率进行测度，全面考察了生产投入要素和要素价格对产能产出的影响情况。根据欧美等国家利用产能利用率或设备利用率判断产能是否过剩的经验，产能利用率的正常值在 79% 和 83% 之间，超过 90% 则认为产能不足，存在生产设备能力超负荷现象，若产能利用率低于 79%，则说明可能出现产能过剩的现象。表 2-2、表 2-3 为韩国高（2011 年）测度下的各行业产能利用率情况。表 2-4 为 WIND 数据库下整理的部分细分行业产能利用率的不完全情况，从表中数据可以看出，粗钢、浮法玻璃以及精铜行业产能过剩情况较为严重。

结合下面的表 2-2、表 2-3 和表 2-4，并依照欧美国家判断产能是否过剩的标准，我国产能过剩情况表现出以下特点：

第一，我国目前有七个行业存在严重的产能过剩现象，且大部分集中于重工业领域，分别是：黑色金属、有色金属、石化炼焦、化学原料、橡胶制品、矿物制品、化学纤维以及造纸制品。

第二，大部分行业产能利用率的变化与经济周期波动呈现出一定程度的一致性，特别是2008年年底以来，在次贷危机引发的国际金融危机的冲击下，我国工业部门生产经营受阻，大部分工业部门都出现了产能利用率下降的情况，使产能过剩现象严重。

造成我国产能过剩现象的原因主要有以下两方面：

一方面，行政干预导致资源错配现象严重。长期以来的重工业发展战略，以GDP增长作为地方政府政绩考核的标准，以及分税制改革后地方政府扩大财政收入的动机等因素，导致地方政府并不立足于地方资源禀赋以及考虑地方产业结构的优化等问题，而只是一味地发展能够对地方GDP产生足够推力的重工业，缺少科学的产业规划，同时地方政府间的盲目跟风，以及行政审批力量过于强大等因素，都造成了市场资源错配现象严重。

另一方面，经济繁荣期企业的盲目扩张导致经济下行期行业，特别是低技术门槛行业产能过剩。我国尚处于工业化发展进程之中，2008年以前长期存在的对我国经济向上增长的预期，使很多企业对于市场估计过于乐观，进而盲目投资建厂，扩大生产。同时，在经济繁荣期，金融市场有利于为企业提供宽松的融资环境，特别是银行信贷政策松绑等有利于降低企业融资成本，带来企业投资的持续扩张。而一旦经济下行，需求不足，库存上升，企业开工率明显不足，最终造成产能过剩。从行业来看，技术门槛较低的低端制造业，在经济增长时期会引发中小企业的疯狂跟风投资建厂，造成资源浪费，加剧产能过剩。

表2-2 重工业各行业1999年~2008年产能利用率（%）

年份 行业	1999	2000	2001	2002	2003	2004	2005	2006	2007	2008
黑色金属*	46.23	51.81	50.07	55.86	66.74	75.57	65.62	62.23	58.51	58.22
有色金属*	56.44	68.92	68.99	61.22	73.67	75.65	68.59	62.98	44.07	49.05
石化炼焦*	51.00	63.33	60.25	64.82	81.74	85.98	69.02	67.05	73.30	69.15
化学原料*	55.86	60.76	61.11	59.19	68.75	82.97	75.92	65.30	68.55	61.85
医药制造	124.88	135.52	123.74	107.53	108.70	102.89	88.30	91.55	89.64	102.18
橡胶制品*	84.14	93.40	86.21	85.78	88.22	92.73	85.31	77.13	68.72	71.88
塑料制品	88.62	96.54	91.06	88.50	91.02	84.81	94.98	99.35	109.30	105.19
矿物制品*	60.94	68.31	66.95	61.64	72.37	73.15	71.83	72.50	75.14	70.56
金属制品	112.14	127.64	121.73	123.05	137.91	156.23	149.37	153.76	149.26	122.09

续表 2-2

年份 行业	1999	2000	2001	2002	2003	2004	2005	2006	2007	2008
通用设备	88.21	96.80	102.37	97.61	119.69	131.30	138.97	137.83	135.41	96.96
专用设备	89.67	105.46	104.02	111.09	85.13	102.68	120.60	116.46	116.20	81.41
交通设备	85.47	90.11	96.22	111.05	124.51	126.01	99.72	104.00	101.92	92.89
电气机械	121.38	144.40	133.63	134.75	156.62	177.16	179.57	189.70	187.91	138.09
电子设备	153.32	181.64	151.52	144.79	168.70	170.74	177.14	191.28	157.78	162.49
仪器仪表	114.88	143.63	125.24	119.31	138.98	182.58	165.31	155.08	168.67	160.47

表 2-3　轻工业各行业 1999 年～2008 年产能利用率（%）

年份 行业	1999	2000	2001	2002	2003	2004	2005	2006	2007	2008
化学纤维*	46.02	53.78	44.12	46.11	50.08	49.14	47.64	50.41	52.21	45.93
木材加工	79.13	85.61	87.03	87.77	91.56	88.73	121.21	136.54	146.08	142.18
家具制造	126.04	131.33	139.15	132.07	127.96	116.30	157.98	157.42	137.99	162.20
造纸制品*	68.34	63.84	60.12	63.85	62.81	58.82	62.69	64.45	61.19	60.60
印刷复制	88.79	86.04	85.61	83.37	84.35	77.05	78.32	81.16	78.35	79.59
文体制造	164.56	168.53	170.41	156.04	159.51	139.62	154.34	165.03	146.45	141.77
农副食品	104.50	114.68	120.32	126.98	133.44	120.29	150.71	150.87	138.59	131.25
食品制造	91.11	103.19	101.97	100.68	105.87	93.93	112.39	112.87	101.30	95.56
饮料制造	95.29	99.16	93.12	94.50	90.20	86.79	101.07	102.91	96.85	89.45
烟草制造	253.57	260.20	279.94	326.52	342.14	338.34	356.35	371.99	363.56	359.89
纺织业	80.76	90.80	88.75	88.80	85.42	81.36	100.26	102.69	97.28	91.25
纺织服装	182.28	199.12	193.77	182.35	181.27	173.37	197.44	208.92	183.84	185.12
皮革制品	183.01	198.14	206.53	205.85	215.16	186.74	226.56	242.85	230.00	226.35

注：表 2-2、表 2-3 中 * 表示产能过剩行业。

表 2-4 细分行业 2002 年～2015 年产能利用率（%）

行业 / 来源 / 年份	粗钢	铜材	浮法玻璃	精铜	原铝
	工信部	中国金属通报	新闻整理	新闻整理	新闻整理
2002	—	—	95.06	—	—
2003	—	—	98.95	—	—
2004	—	—	97.37	—	—
2005	—	75.84	97.58	—	—
2006	—	72.80	94.56	—	—
2007	—	77.87	96.40	74.90	93.00
2008	75.80	89.16	83.93	74.30	84.00
2009	81.12	84.32	84.18	73.40	81.00
2010	82.00	85.25	88.71	73.00	77.00
2011	79.24	81.84	81.29	72.90	84.00
2012	72.00	—	82.16	69.70	80.00
2013	72.00	—	83.40	—	—
2014	70.69	—	76.61	—	—
2015	66.99	—	70.36	—	—

来源：WIND 数据库。

2. 我国产业结构虚高度的案例研究——中兴通讯事件

2016 年 3 月，由于美国政府禁止中兴采购核心部件，导致中兴公司停牌，这一事件暴露了我国电子设备行业在集成电路芯片（简称“IC 芯片”）上的短板，而这也是我国制造业中不少细分行业的通病：核心技术短板甚至完全缺失。

国内集成电路产业发展突飞猛进，自给率逐年提高。但国产芯片的成功应用大多在家用消费类领域。在对稳定性和可靠性要求较高的通信、工业、医疗以及军事等领域的大批量应用中，国产芯片与国际平均水平还存在着较大差距，尤其是一些技术含量很高的关键器件：高速光通信接口、大规模 FPGA、高速高精度 ADC/DAC 等，还完全依赖美国供应商。目前西方国家遏制中国、限制高技术产品出口中国的瓦森纳协议依然生效，而中国恰恰在这些芯片技术方面有短板。

电子设备的核心是算法、软件和硬件。算法和软件有其自身的特点，国内厂商依靠聪明、勤奋容易完成赶超。而硬件随着集成电路技术的发展，芯片集成的功能越来越多，实际上技术含量都集中到了芯片中。以前一块电路板上上百个元件，调试和良率都是门槛，而现在变成一两颗芯片。只要你能买到芯片，照着参考电路设计一下，八成能用。除了军用的高端芯片，国内厂商几乎可以购买世界上最先进的商用芯片。尽管有瓦森纳协议，但美国供应商们在巨大的利益诱惑面前，也在帮助我们想办法绕过限制。于是，买了一流的芯片，就有了一流的硬件，再加上勤奋铸就的软件和聪明凝聚的算法，打败懒惰的欧洲通信商们就是顺理成章的事情。因此，中国电子设备的优势在于算法和软件。

但是，从另一面来看，中国电子设备集成电路芯片的短板非常明显。国内整机电子设备厂家出产的通信基站，电路板上除了几颗数字基带芯片是自产的，通信链路上 RF、PLL、ADC/DAC 乃至外围测量电源电压的芯片都来自国外供应商。虽然国内整机厂家通过自产基带芯片掌握核心算法，但是却无法解决被国外芯片供应商“卡脖子”的问题。一台基站假如有 100 颗芯片，其中只要有 1 颗被禁运，整台基站就无法交付。根据集成电路技术研发的固有规律，一颗芯片从设计、测试到量产至少要 1 年以上，高可靠性的工业级芯片需要时间更长。如果制裁持续 1 年，甚至更长，将导致国内整机设备厂家的所有产品全面断货，下游合同无法履行，后果非常严重，甚至破产。集成电路设计有两个重要特点：试错成本高、排错难度大。两大特点导致对集成电路技术从业人员的素质要求极高，试错周期长需要逻辑严谨细致的工作态度，排错难度大需要一套科学的实验方法。这表明国内的集成电路设计技术在短时间内很难赶上国外的先进水平。

中兴通讯的事件表明，我国电子设备行业在劳动密集型的整机设备组装方面有优势，但在技术密集型的集成电路芯片方面有明显短板，受到国外供应商的掣肘。如果我们从产业结构虚高度的角度来看待，中国整机电子设备国内市场以及出口市场目前已经发展到相当规模，仅从产值及比例关系来看，我国电子设备行业已经处于较高的水平上。但中国整机电子设备的核心技术架构掌握在外国供应商手上，无论从国家安全来看，还是从经济效率来看，电子设备产业的优化升级仍有很长一段路要走。

（三）研发与科技人才建设

在研发方面，2014 年我国 GERD（净研发支出）按购买力平减后的 2010 年不变价美元计算已达到 38215.67 百万美元，且如表 2-5 所示，计算机、通信和其他电子设备制造业 R&D 经费投入最高。我国 R&D 投入指标——净研发支出占 GDP 比重从 2000 年的 0.9% 上升到 2014 年的 2.05%，截至 2014 年，已赶超欧盟国家（28 国）1.94% 的平均水平，但仍远低于日本、韩国 3.94% 和 4.58% 的水平。同时，我国 R&D 产出增长迅速，科学刊物发表增长率从 1994 年的 2% 上升到 2004 年的 6.5% 的水平。研究开发水平的快速增长得益于 1975 年开始实施的 863 项目、星火计划（1986 年）、火炬计划（1988 年）、973 项目（1997 年）等一系列科技创新政策，但同时也带来很多问题。现今中国的研发投入及产出所带来的最终社会经济效益回报值（根据投入与产出指标衡量）与先进 OECD 国家相比仍很低，并存在五大显著问题：①研发结构失衡，基础研究和应用研究投入过低[①]，导致可获得专利的发明少；②创新体系的“硬件设施”建设投入比重过高，知识资本投入增长缓慢，导致部分研究基础设施不能被充分利用；③创新体系的众多环节效率低下，难以平衡学习的速度与深度之间的关系；④国内企业的研发成果不如外资及合资企业，仅占企业总数 14.9% 的合资及外资企业在出口产值占比中达到 84.8%[②]，侧面突出我国单独研发成果海外出口竞争力低下的现状；⑤我国授权专利构成失衡，2014 年，我国基础研究、应用研究和试验发展所占比重分别为 4.7%、10.8% 和 84.5%。而发达国家对应指标分别为 5% 与 41%（对应的指标还差一个），基础研究占比过低，这将影响我国原始创新水平。

表 2-5　企业 R&D 经费投入最多的 10 个行业及其投入强度（2014 年）

行　　业	R&D 经费占比（%）	R&D 经费投入强度（%）
总　　计	100	0.84
计算机、通信和其他电子设备制造业	20.48	1.63
电气机械及器材制造业	13.57	1.38
汽车制造业	11.58	1.16
化学原料及化学制品制造业	10.98	0.90
黑色金属冶炼及压延加工业	9.44	0.86

① 2008 年我国实验性开发占比达到近 70%，应用研究与基础研究占比仅为 30%，尤其是基础研究占比不足 6%。即使到 2014 年，我国基础研究投入占比仅有 16.6%，而英国、韩国、日本、法国对应指标为 32.92%、35.11%、31.89% 和 58.62%，研究投入结构仍不均衡。

② 53 个火炬计划科技产业园区情况，来源于 OECD。

续表 2-5

行　　业	R&D 经费占比（%）	R&D 经费投入强度（%）
通用设备制造业	9.13	1.32
专用设备制造业	7.96	1.55
铁路、船舶、航空航天和其他运输设备制造业	6.27	2.35
医药制造业	5.74	1.67
有色金属冶炼及压延加工业	4.86	0.64

数据来源：中国科技部（2014）。

表 2-6　中国科技人力资源情况（百万人）

项　　目	2000 年	2008 年	2014 年
科技人力资源总量	32.20	46.00	75.12
拥有大学或以上学位	10.50	20.00	31.70
R&D 研究人员总量	—	1.97	5.35
拥有大学或以上学位	—	—	2.45
每万名就业人员的研发人力投入	25.20	43.40	48.00

数据来源：科技部统计年鉴（2000、2008）、OECD。

在科技人才培养方面，我国研究人员数量总量在 2014 年已位居世界第一名（详细情况见表 2-6），占比 25.3%，然而整体水平仍参差不齐。主要体现在以下四个方面：首先，研究人才的跨国合作不活跃，一方面体现在我国与海外研究者合著的科学论文比例仅占 15.58%，而日本、韩国分别为 24.8% 和 26.52%；另一方面体现在我国专利授权中国际合作发明占比为 8.08%，而英国、美国分别为 27.85% 和 12.27%。其次，人才劳动力效率低下。虽然我国在论文发表总量上占据优势，但在研究人员密度与单位投入的国际论文篇数产出方面均明显落后于发达国家。[①] 再次，高校研发资金投入不足，人才的研发

① 2014 年每百万人口中所拥有的研究人员总数，中国仅为 1910 人，日本为 10370 人，美国为 8300 人，每百万人劳动力人口中从事研究开发的人员总数，中国仅为 4660 人，日本为 13590 人，英国为 11970 人。

2014 年，平均每百万美元 GDP 投入在世界前 25% 杂志中发表文章数量上，中国为 23.01 件，英国为 40.41 件，欧盟（28 国）为 49.08 件，体现了我国基础研究成果与欧洲国家仍存在差距。

带头作用相对有限。2014 年我国研发投入资金三大来源——企业、高校、政府的投入占比分别为 77.3%、6.9% 和 15.8%，[①] 其中高校的研发投入占比显著低于日本的 12.58% 与韩国的 9.05% 水平。[②] 最后，在精英高等教育体系方面仍与发达国家存在差距。我国每百万美元 GDP 投入中世界排名前 500 大学数量产出仅为 2.6 所，而日本、韩国数量分别达到 4.29 所和 7.05 所。

二、我国产业结构现状的国际比较

自 20 世纪 50 年代起，有学者陆续运用发达国家的结构转型数据提炼出若干结构转型的经验事实（Chenery，1960；Clark，1957；Kuznets & Murphy，1966；Kuznets，1973；Maddison，1980）。其中，Kuznets（1966 年）指出劳动会随时间在各个部门之间重新配置，其中农业的增加值比重和就业比重会系统地下降，服务业的增加值和就业比重则稳步上升，而工业的增加值和就业比重则是一个驼峰形状，即早期工业部门的劳动份额会上升，后期会下降。这一结构转型事实被称为“Kuznets”特征事实。进入 21 世纪后，随着数据质量的改善以及新的数据库出现，[③] 涌现出一批学者运用新的数据和方法，再次研究和总结了现代国家的结构转型的特征事实（Duarte & Restuccia，2010；Jorgenson & Timmer，2011）。他们发现：随着人均 GDP 的增加，农业的就业比重和产值比重不断下降，服务业的就业比重和产值比重不断上升。而工业的就业比重和产值比重变化却呈驼峰状，即在发展水平低时上涨，在发展水平超过一定峰值后下跌。而且他们发现工业化的拐点，即工业增加值份额在人均 GDP 达到 8000 美元至 10000 美元时（以 2005 年美元计）会达到峰值，在此之前第二产业比重会不断上升，在此之后工业产值会下降。

因此，为了突出对中国结构转型的研究，我们根据当前全球各国的发展状况，挑选了一些具有代表性的国家和地区，其中高收入经济体包括英国、美国、德国、法国、西班牙、澳大利亚、丹麦；转型成功的国家包括日本和韩国；陷入“中等收入陷阱”的拉美国家有墨西哥、巴西、阿根廷、智利。通

---

① 以上数据来源：OECD、中国科技部年鉴。

② 高校的研发投入占比，日本为 12.58%，韩国为 9.05%，数据来源：Science，Technology and Patent，OECD。

③ 如：United Nations Statistics Division，World Development Indicators，Total Economy Database of Groningen Growth and Development Centre，etc.

过对比研究，探讨不同经济体产业结构的异同，进而通过比较分析得出中国的结构转型的现状及存在的问题。

由于联合国统计局的数据始于 1970 年，且按照钱纳里关于工业化的划分标准，许多高收入国家在此之前就已经完成了工业化，进入后工业化社会，即人均 GDP 超过了 10584 美元（2005 年美元计）。因此我们再把样本分为两个样本集：第一类为 1970 年前已经完成工业化的国家，第二类为 1970 年后完成或正在完成的国家。

从表 2-7 各国产业结构数据中，我们不难发现：那些在 1970 年之前就已经完成工业化的高收入国家，如英国、美国、加拿大、德国、法国、西班牙、澳大利亚和日本等，在较高的经济发展水平下，其第二产业的增加值份额依旧保持在较高的水平，即大部分国家都保持在 30% 的水平之上，并且相对人均 GDP 越低的国家，二产增长值的比重就越大，如德国和日本。因此可以推测出，当这些国家的人均 GDP 在 8000 美元到 10000 美元之间时，其工业增加值份额可能会更高。其次，经济发展水平越高的国家，其农业增值份额越低。由此，可以初步得出工业化对于一个国家的经济发展起着至关重要的作用。

表 2-7　1970 年前已完成工业化的高收入国家的产业结构状况

国家	人均 GDP（2005 年美元）	工业增加值份额（%）	农业增加值份额（%）	服务业增加值份额（%）
英国	16837.92	39.11	2.30	58.59
美国	21164.56	31.50	2.74	65.76
加拿大	18799.02	36.11	4.46	59.43
德国	16932.49	47.89	3.15	48.96
法国	17234.80	32.54	7.52	59.94
西班牙	11332.91	41.77	10.42	47.81
澳大利亚	18121.80	39.71	6.57	53.72
日本	15161.77	44.60	5.87	49.53

从表 2-8 中我们可以发现：转型成功的韩国，在人均 GDP 为 8000 美元附近时，按照工业化的人均 GDP 指标来看，其工业的增加值份额在其进入工业化后期时达到峰值，为 40.45%，之后也一直保持在 36% 以上的高水平。然而，那些陷入“中等收入陷阱”的拉美国家，几乎在工业中期或者刚进入工

业后期时其工业增加值份额就已经达到峰值，之后就迅速下降。因此，通过对比分析这两组不同发展类型的国家，我们可以得出：如果一个国家的工业过早向服务业转型，会影响一个国家经济的长期增长，甚至有掉入“中等收入陷阱”的危险，相反，如果一个国家的产业结构与其发展水平保持一致，则有助于该国经济保持比较快速的增长，进而穿越“中等收入”陷阱。

从中国的数据来看，其工业增加值份额在 2006 年人均 GDP 2000 美元左右时就达到峰值，为 47.95%，同时农业份额保持着非常高的水平，为 11.11%。与高收入国家、转轨成功的韩国和陷入“中等收入陷阱”的拉美国家相比，我们可以发现两个问题：第一，与高收入国家以及转轨成功的韩国相比，我国工业增加值的拐点来得过早，也就是说在我国的经济发展水平比较低情况下，工业就开始向服务业转型，这与陷入“中等收入陷阱”的拉美国家的结构转型比较近似。第二，与所有的样本国家相比，我国农业增加值份额比较高，基本上为主要高收入国家的两倍以上，这说明我国的农业增加值份额还有很大的下降空间。

表 2-8 主要经济体由二产转向三产的时间及人均 GDP 的临界点

项目	韩国	墨西哥	阿根廷	巴西	智利	中国
转型年份	1988	1987	1976	1986	1974	2006
人均 GDP 临界点（2005 年美元）	7718.00	6256.57	4855.35	4208.66	2912.32	1939.71
工业增加值份额峰值（%）	40.45	48.01	50.00	43.71	47.75	47.95
农业增加值份额（%）	9.97	7.71	7.09	11.20	4.25	11.11
服务业增加值份额（%）	49.58	44.28	42.91	45.10	47.99	40.94

三、新产业崛起与经济增长新动能形成——基于投入产出表分析

本节将运用投入产出表分析方法，探讨各产业之间的联动关系与产业结构对经济发展的影响：一方面通过研究我国的细分产业结构，遴选出我国的主导产业；另一方面通过研究美国的细分产业结构，预测出我国的新兴产业。需要说明的是，本节定义的“主导产业”是指“影响力”（即产业产出增加对国民经济的影响）和“推动力”（即产业投入增加对国民经济的影响）高于平均水

平的产业，具体结果见表2-9。

（一）加强产业联动：将三产的消费升级与一产、二产的供给侧改革相结合

统计数据显示，到2012年，我国第二产业和第三产业占GDP比重均为45%左右，达到相对均衡的地步。但产业“影响力”和“推动力”的分析结果却表明，我国主导产业仅对第二产业影响较大，对第三产业影响则不很明显。这意味着我国第二、三产业之间的关联度较低，细分产业发展仍局限于三次产业内部的自循环，并没有因为第二产业的发展需要带动起相应第三产业的发展，尚未形成“1+1>2”的联动效应。与此同时，相较于我国第二产业对国内第三产业的驱动乏力，我国第二产业却长期与国外发达国家第三产业联动，受出口导向战略影响较大。因此，亟须通过加强国内的产业联动建立起更加紧密的产业间循环体系。一方面从供给侧发力，通过第一、二产业的升级创造有效供给；另一方面优化第三产业结构，释放更多引领第一、二产业升级的需求动力。最终依靠三次产业间的同频共振、良性互动带动经济的可持续发展。

（二）培育经济增长新动能：主导产业与新兴产业的选择

投入产出分析方法表明：一方面，第二产业曾经并且仍将对我国经济增长起到较为重要的带动作用。从历史轨迹看，如表2-9所示，我国1987年至2012年的主导产业群基本都隶属于第二产业中的工业部门。具体而言，在工业化起步期，金属冶炼及压延加工业、化学工业、石油加工、炼焦及核燃料加工业等重化工业“影响力”和“推动力”较高；到工业化初期，纺织业、木材加工及家具制造业等轻工业开始占据重要地位；随着工业化加速期的到来，金属矿采选业等重化工业重新崛起。可以说，我国主导产业群的演变具有十分鲜明的时代印记，但总体上“重化”特征较为显著。

另一方面，我国第三产业取得较快发展但尚不足以完全替代第二产业的主导地位。自2002年以后，租赁与商务服务业、研究与试验发展业、综合技术服务业等第三产业逐渐崛起；到2012年，以交通运输及仓储业、邮政业、租赁和商务服务业、研究与试验发展业、综合技术服务业为代表的部分第三产业跻身主导产业行列。然而，距离与第二产业中的工业部门并驾齐驱、实现对国民经济的强势带动，上述第三产业部门仍有较大提升空间。

表 2-9 1987 年 ~2012 年我国主导产业群演化趋势

1987 年	1990 年	1992 年	1995 年	1997 年
纺织业 造纸及文教用品制造业 炼焦、煤气及煤制品业 化学工业 金属冶炼及压延加工业 仪器仪表及其他计量器具制造业 其他工业	纺织业 造纸及文教用品制造业 炼焦、煤气及煤制品业 化学工业 金属冶炼及压延加工业 其他工业	炼焦、煤气及煤制品业 化学工业 金属冶炼及压延加工业 交通运输设备制造业 仪器仪表及其他计量器具制造业 其他工业	纺织业 化学工业 金属冶炼及压延加工业 仪器仪表及其他计量器具制造业 机械设备修理业 其他工业	金属矿采选业 纺织业 造纸印刷及文教用品制造业 化学工业 金属冶炼及压延加工业 金属制品业 机械工业 电子及通信设备制造业 仪器仪表及文化办公用机械制造业 机械设备修理业
2002 年	**2005 年**	**2007 年**	**2010 年**	**2012 年**
造纸印刷及文教体育用品制造业 石油加工、炼焦及核燃料加工业 化学工业 金属冶炼及压延加工业 金属制品业 通用、专用设备制造业 电气机械及器材制造业	金属矿采选业 非金属矿及其他矿采选业 造纸印刷及文教体育用品制造业 化学工业 金属冶炼及压延加工业 金属制品业 电气机械及器材制造业	金属矿采选业 造纸印刷及文教体育用品制造业 石油加工、炼焦及核燃料加工业 化学工业 金属冶炼及压延加工业 仪器仪表及文化办公用机械制造业 电力、热力的生产和供应业	金属矿采选业 非金属矿及其他矿采选业 造纸印刷及文教体育用品制造业 石油加工、炼焦及核燃料加工业 化学工业 金属冶炼及压延加工业 金属制品业	造纸印刷及文教体育用品制造业 石油加工、炼焦及核燃料加工业 化学工业 非金属矿物制品业 金属冶炼及压延加工业 工艺品及其他制造业 电力、热力的生产和供应业

续表 2-9

2002 年	2005 年	2007 年	2010 年	2012 年
通信设备、计算机及其他电子设备制造业 仪器仪表及文化办公用机械制造业 租赁和商务服务业	通信设备、计算机及其他电子设备制造业 仪器仪表及文化办公用机械制造业 电力、热力的生产和供应业 租赁和商务服务业	燃气生产和供应业	仪器仪表及文化办公用机械制造业 电力、热力的生产和供应业	租赁和商务服务业 研究与试验发展业

来自美国的经验同样支持了我国在现阶段要持续注重发展第二产业的观点。通过表 2-10，我们不难发现：尽管美国主导产业“三产化”趋势较为明显，一些传统工业部门也确实逐渐在产业结构转型中遭到淘汰，但仍然有部分传统工业部门保持了强劲的增长势头，如化工业、汽车工业等。这些工业具有一个共同点，行业内产成品之间的技术水平差异很大，导致行业内存在“低中高端”的差别。我国在持续注重发展第二产业的同时，还要注重提高二产优势产业的“质量”，发展高端工业，提升科技附加值。特别是这些持续处在优势地位的产业，在未来可以进一步扶持，将这些产业作为新兴主导产业持续性地加以培育。

不过从另一面说，在发展工业上，我们国家有很多产业还没有完成由“中国制造”向“中国创造”的改变。仅以化学工业为例，我国仍然有相当大比例的工业技术和生产设备是成套引进的。企业的研发创新能力弱，生产质量不高，对于外部的依赖性强，产品层次依然偏低。这个问题在通信设备、计算机及其他电子设备制造业等若干行业也有非常明显的体现。在我们国家未来的发展中，不仅要对宏观产业结构进行调整，在每个具体行业中，也要提升“质量”，提升产业内部的发展水平，才能使得行业具有持续生命力，进一步促进经济增长。

表 2-10 美国各年份主导产业演变（1998 年～2010 年）

1998 年	2002 年	2006 年	2010 年
种植农业	种植农业	种植农业	种植农业
金属工业	金属工业	机械工业	汽车工业
电子计算机工业	机械工业	电子计算机工业	食品饮料烟草制品业
汽车工业	电子计算机工业	汽车工业	石化煤炭工业
其他交通工具制造业	汽车工业	食品饮料烟草制品业	化工业
食品饮料烟草制品业	食品饮料烟草制品业	石化煤炭工业	证券商品买卖及投资业
化工业	化工业	化工业	科技服务业
公路运输业	科技服务业	联邦储备银行及相关行业	企业管理业
科技服务业	行政及其他支持服务业	证券商品买卖及投资	行政及其他支持服务业
企业管理业		科技服务业	
行政及其他支持服务业		企业管理业	
		行政及其他支持服务业	

四、我国产业结构转型的目标趋势

通过对我国产业结构现状的评估与国际比较，我们发现：①基于钱纳里的工业化阶段划分理论，我国的产业结构演进速度快于就业结构，快于经济发展水平。综合来看，中国正处于工业化加速阶段。②通过国际对比，我们发现：与大部分样本国家相比，我国第二产业占比的峰值较低且提早迎来拐点，即在工业化尚未完成之时，工业增加值的份额开始下降。这与陷入“中等收入陷阱”的拉美国家比较相似。此外，与全部样本国家相比，我国的第一产业占比较高。因此，中国还没迈入典型的经济结构转型期。③为了促进我国产业结构的合理化，提高经济发展水平，我们认为：一要提高农业劳动生产率，进一步释放人口红利，降低其他产业的劳动力成本；二要完善要素市场改革，特别是土地市场、劳动力市场和金融市场改革，在产业的集聚和规模效应的驱动下，实现土地、劳动力和资本等要素的优化配置；三要通过增加研发投入、建立激励创新的体制机制等多种办法，提升工业的生产效率，提升产品的附加值，加快制造业内部产业的更替与升级。④基于投入产出表的分析，我们认为，中国需进一步加强产业联动，即促进三产的消费升级与一产、二产的供给侧改革相结合。从细分行业来看，我们认为在优化金属矿采选业等重化产业的同时，也应该向美国借鉴积极培育对整个经济有较强支撑作用的基础工业，如化学工业、汽车工业等。

因此，我们认为当前我国产业结构转型的目标为：第一，继续加快推进我国工业化发展升级，特别是工业化内部转型升级，从当前劳动密集型和资源密集型的加工业向依靠科技创新的高端装备制造业、精密仪器、新型信息产业、新材料与新能源等高附加值的制造业转型，进而把我国的工业化推上一个更高的台阶，尽快完成工业化。第二，大力发展现代农业，尽快实现农业现代化，在保证农业丰收的同时，释放出更多的劳动力，解决东部沿海地区的用工荒问题。第三，对于作为未来产业发展方向的第三产业，政府固然可以持鼓励态度，但更多的是打破垄断、制度壁垒，实现充分竞争，减少资源错配所带来的产业结构的扭曲。

第三章 经济增长与结构转型的特征事实、理论机制与启示

一、引言

长期以来，人们对结构转型与经济增长之间的关系众说纷纭，莫衷一是。从历史上看，许多经济学家对这两者的关系进行了一系列的概括和探讨。威廉·配第根据当时英国的实际情况明确指出：工业往往比农业，商业往往比工业的利润多得多。因此劳动力必然由农转工，而后再由工转商[①]。科林·克拉克在威廉·配第的关于收入与劳动力流动之间关系学说的研究成果之上，实证地比较了不同收入水平下，就业人口在三次产业中分布结构的变动趋势，进而印证了配第提出的结构变迁的观点，即随着经济的发展和人均国民收入水平的提高，第一产业国民收入和劳动力的相对比重逐渐下降；第二产业国民收入和劳动力的相对比重上升，经济进一步发展，第三产业国民收入和劳动力的相对比重也开始上升[②]。在此之后，库兹涅茨规范地定义了产业结构和国民收入，把产业结构定义为资源和最终产品在不同产业之间的分配，国民收入定义为国家该年度系统生产的、流向消费者或者国家资本积累的产品和服务的净产出，从而为产业结构和经济增长方面的后续研究奠定了基础[③]。库兹涅茨进一步对美国等 18 个国家的经济增长率和各个产业劳动力比例的关系进行了分析，得出劳动力从农业向生产率更高的行业转移有助于经济增长的结论，初步分析了产业结构与经济

① 威廉·配第：《政治算术》，商务印书馆，2014。

② Colin Clark. The Conditions of Economic Progress. London: Macmillan & Co. Ltd., 1940.

③ Simon, "National Income and Industrial Structure," *Econometrica*, vol. 17, 1949, pp. 205－241.

增长的关系[①]。因而在主流研究里，结构转型就是指随着现代经济的增长，劳动和资本等生产要素以及最终产品在农业、工业和服务业间的一个再配置过程。

在1960年~2004年间，一个显著的观察就是不同国家经历了截然不同的经济增长与结构转型路径。一方面，许多国家经济发展水平大幅提高，经济结构不断优化升级。爱尔兰、澳大利亚和丹麦等国在1960年~2004年间与美国的水平相比较的人均每小时GDP有了大幅度提高，即从初始的40%左右上升到80%左右[②]；日本、韩国、中国香港、新加坡等国家和地区在经历了经济高速增长和加速的工业化进程后，平均历时十年左右成功地跨越了中等收入阶段，步入高收入阶段，取得西方发达国家花费几个世纪才实现的发展成果；中国、马来西亚和毛里求斯等国在市场经济的逐步改革中也获得了持续快速的经济增长，步入上中等的收入国家行列。另一方面，中东欧和苏联的经济崩溃、拉美以及其他地区的发展中国家的经济停滞甚至危机频发，表明了政府在领导与推动工业化进程中的作用可能十分有限，甚至可能产生严重的负面影响。[③]

那么，我们要问的就是历史上关于结构转型与经济增长的争论是什么？产业结构转型的特征事实是什么，当前中国的结构转型处于一个什么样的阶段？结构转型背后有哪些理论机制，或者说其背后经济动力是什么？它又是如何影响经济增长率的？加速这种转变或改变其产业结构的各种政府政策的效果又是如何呢？这些问题都将是本章需要一一回答的。本章的主要贡献是根据各国经济发展数据再次验证了"库兹涅茨"事实，并首次运用了国际劳工组织（ILO）各产业就业数据验证劳动力在各产业转移的规律和特点。与此同时，基于国际比较的视角重点分析了中国结构转型的现状及未来结构调整的方向。其次，完整地梳理有关结构转型的最新研究，指出经济增长与结构转型存在如下三种机制：收入效应、替代效应和开放效应。并结合案例分析，提出当前中国结构转型的重点主要是提高农业的劳动生产率，进一步释放更多的人口红利；大力推进第二产业发展，支持制造业转型升级；放开服务业管制，促进就业和拉动国内消费。

---

① Kuznets, "Quantitative aspects of the economic growth of nations: II. industrial distribution of national product and labor force," *Economic Development and Cultural Change*, 1957, pp. 1–111.

② Duarte& Restuccia, "The role of the structural transformation in aggregate productivity," *The Quarterly Journal of Economics*, vol. 125, no. 1, 2010, pp. 129–173.

③ 林毅夫：《新结构经济学——重构发展经济学的框架》，载《经济学（季刊）》2011年第1期。

本章余下部分的结构为：第二部分总结与归纳了历史上有关结构转型与经济增长的争论，意在说明经济增长与结构转型孰因孰果；第三部分探讨了多国结构转型的特征事实，并着重探讨了当前中国经济增长下的结构转型的特点；第四部分具体分析了经济增长与结构转型背后的收入效应、生产效应和开放效应等三种理论机制；第五部分为结论及对中国的启示。

二、经济增长与结构转型的理论争论

关于结构转型与经济增长的关系存在两种不同的观点。一种为新古典增长理论，即传统观点，认为在完全竞争均衡的假定下，国民经济增长由资本积累、劳动力增加和技术进步决定。由于所有部门的劳动和资本的边际回报率都相同，因此需求变化和部门间的要素流动则变得不重要，即结构转型是经济增长的一个自然产物；与此对应，结构主义则认为，经济增长是生产结构转型的一个方面，生产结构的变化不仅要应适应需求的变化，增进消费者的福利，而且也要有效地利用技术进步带来生产效率的改善。此外，在人们预见力不足和要素流动受限的情况下，结构转型可能在非均衡的条件下发生，即劳动和资本从生产率较低的部门向生产率较高的部门转移，从而加速经济增长。特别对于那些要素市场非均衡的发展中国家来说，结构转型的速度越快，对经济作用的贡献也越大。本节我们将从上述两个观点全面且系统地梳理古典主义与结构主义各自观点与争论。

（一）结构转型是经济增长的一个自然产物

亚当·斯密在《国民财富的性质和原因研究》中指出：一个国家经济增长的主要动力在于劳动分工的水平和模式、资本积累和技术进步。劳动分工水平和模式决定市场供求容量大小及运行模式，包括产业结构和制度安排在内各种经济现象都与其有关，可谓“专业化分工”自动生成一个国家的产业结构水平及发展趋势。新古典经济学从“理性人”出发，它不仅包含家户无不在每时每刻地追求效用最大化的假定，而且也暗含了企业无一例外地在追求利润最大化，提出所有的资源配置决策应由经济主体在相互作用的市场中做出；价格体系不仅决定生产什么、如何生产，而且还决定为谁生产。由此得出：家户和企业为了追求他们各自的利益最大化，就像被一只“看不见的手”所引领那样，达到为他人及社会总体福祉最大化而工作的效果，由此可见经济的结构转型不需要任何政府和外部的干预，是一个自发、自动的变迁过程。

第二次世界大战后，在国际贸易的剧烈收缩造成发展经济体的贸易条件迅速恶化的背景下，瓦伊纳基于比较优势和专业化利益的新古典理论，认为许多发展中国家的长期比较优势在于一些越来越多地使用熟练劳动力的制造业部门，因而主张以外向型贸易政策推动劳动密集制成品出口[①]。由此得出产业结构在开放条件下应该内生于其各产业的比较优势的结论。

20 世纪 70 年代，理性预期学派的代表认为卢卡斯驳斥了结构主义有关政府财政和货币政策对经济发展作用的观点[②]。其核心观点认为政府对经济信息的反应不如公众那样灵活及时，政府的决策不可能像个人决策那样灵活，因而政府的任何一项稳定经济的措施都会被公众的合理预期所抵消，导致政府政策无效。到 20 世纪 80 年代，拉美债务危机更是促使美国为主的主要债权国要求拉美各国基于理性预期理论推行市场自由化改革政策，即所谓的华盛顿共识。因此，主流经济学家认为，政府干预不仅使资源配置、供给和价格不可避免地被扭曲，而且还使经济主体缺乏行之有效的激励机制，因而注定政府干预会失败；并且拉美和其他地区发展中国家的经济停滞和危机频发，也进一步说明，政府试图领导并推动工业化进程来实现经济的增长的道路是行不通的[③]。不过随着拉美推行市场自由化改革，20 世纪 90 年代陷入更深危机，此外，中国在坚持社会主义市场化改革进程中成功地进入工业化加速阶段，这些都有力地说明主流学者当时认识是有局限性的。

（二）结构转型是经济发展的源动力

早在第二次世界大战前一百年里，李斯特就提出了支持和保护工业化的观点[④]。1940 年后罗森斯坦-罗丹强调制造业中规模经济和生产率增长的重要性，以及由此造成的累积效应，并通过外部经济形式表现出来[⑤]。随后的许多发展经济学文献也都注意到了主流经济学理论在理解发展欠发达经济体时的局限

① Viner," America's aims and the progress of underdeveloped countries," *The Progress of Underdeveloped Areas*, 1952, pp. 175-202.

② Lucas," Expectations and the neutrality of money," *Journal of Economic Theory*, vol. 4, no. 2, 1972, pp. 103-124.

③ 林毅夫：《新结构经济学——重构发展经济学的框架》，载《经济学（季刊）》2011 年第 1 期。

④ List& Colwell, *National system of political economy* JB Lippincott & Company, 1856.

⑤ Rosenstein-Rodan," The Problems of Industrialization of Eastern and South-Eastern Europe," *Economic Journal*, vol. 53, no. 210-211, 1943, pp. 202-211.

性，因为它们的分析框架是基于规模报酬不变、完全竞争、信息充分、无交易成本、无外部性以及使市场迅速出清的价格变动等为特征的标准的瓦尔拉斯的完全竞争模型。于是，他们由此提出一个新思路，即把技术和金钱外部性、发展中国家的结构刚性及协调失灵、贸易条件恶化等因素引入到经济学分析的主要框架中，使其在分析发展中国家经济时更为有效。他们的出发点就是，发展中国家不同于发达国家，在经济发展过程中面临诸多结构性问题，正是由于发展中国家的结构刚性和协调失灵，现代的制造业无法自动发展起来，因此政府必须强力推动工业化进程以抢占战略高地。

第二次世界大战后，在国际贸易的剧烈收缩造成发展经济体的贸易条件迅速恶化背景下，凯恩斯主义的兴起以及苏联工业化的成功，使得许多发展经济学家提出了政府应强力推动工业化，直接进行投资来配置生产要素，并在大机器工业部门建立公有制企业来“抢占战略制高点”，进而克服市场的失灵。普雷比希和辛格认为初级出口品贸易条件的恶化直接导致了财富从这些资源密集型发展中国家流向了资本密集型发达国家，因此他们主张通过进口替代来发展本国的工业，以避免发达国家的剥削，实现经济的快速增长[①]。刘易斯注意到各部门生产效率存在差异，产业结构的调整会对经济产生影响，进而提出了二元经济理论，即工业化带动论[②]。库兹涅茨认为：尽管放任自由的市场经济可能是一国实现经济持续稳定增长的理想方式，但是忽视了与前现代经济增长不同的现代经济增长模式，它是以连续而根本性的技术变迁和产业结构升级为特征。因此，他不是将研究重点仅仅限于资源分配问题，而是把工业产出增长描绘成“现代经济增长”这个全面结构转变中的一个组成部分。也就是说，工业化不仅是对需求条件和供给条件变化的反映，而且也是获得现代技术的一个基本手段[③]。韩国、新加坡等少数“新兴工业化国家（地区）”沿着一条新型的工业化道路前进也验证了这一点，其特点就是制造业的异常发展，即通过制造业参与世界经济活动的程度不断提高来获得经济发展的成功。钱纳里、鲁滨

---

① Prebisch, *The economic development of Latin America and its principal problems* UN, 1949; Singer," The distribution of gains between investing and borrowing countries," *The American Economic Review*, vol. 40, no. 2, 1950, pp. 473-485.

② Lewis," Economic Development with Unlimited Supplies of Labour," *Manchester School*, vol. 22, no. 2, 1954, pp. 139-191.

③ Kuznets & Murphy, *Modern economic growth: Rate, structure, and spread* (2), Yale University Press New Haven, 1966.

逊和塞尔奎因分析了第二次世界大战后涌现的各种工业化发展的新类型，通过比较发展政策的效果，结果发现规模、资源禀赋和政府的贸易政策的差异对工业化模式有着重要的影响，并利用1950年~1970年间多个国家的数据发现，产业结构是影响经济增长的重要因素。[①]

有关中国经济增长与结构转型的实证研究，Brandt的研究表明，1978年~2004年，劳动力再配置对中国经济增长的贡献度为24.60%，其中1978年~1988年，劳动力再配置对中国经济增长的贡献度为49.90%；1988年~2004年，劳动力再配置对中国经济增长的贡献度为11.40%。[②] Dekle和Vandenbroucke估算的结果是，劳动力从农业部门向非农业部门流动对我国经济增长的贡献约为26%。[③] 目前国内有许多经济学者，如刘伟等、张军等和干春晖等也分别论证了产业结构变迁以及技术进步对中国经济增长发挥着重要作用。[④]

（三）经济增长与结构转型：孰因孰果

基于上述结构转型与经济增长的理论之争，不难发现经济增长与结构转型并不是简单的单向的因果关系，而是一种互为因果，相互促进的关系，即没有经济增长的结构转型是一种虚高度，[⑤] 而离开结构转型的经济增长则只有一种数量上的扩张，因此经济增长与结构转型是一种量与质的关系。正如库兹涅茨所指出的，一国的经济增长是需求导向型的，由人均收入水平的提高导致需求结构的变化，进而引起产业结构变化，即经济增长会影响产业结构；罗斯托却认为，一国的经济增长是技术导向型的，是由使用新技术的产业带动相关产业引起国民经济的增长，即产业结构升级促进经济增长。[⑥] Peneder指出：由于各

---

① Chenery, Robinson, Syrquin & Feder, *Industrialization and growth: a comparative study*, Published for the World Bank, Oxford University Press, 1986.

② Brandt, Hsieh& Zhu," Growth and structural transformation in China," *China's great economic transformation*, 2008, pp. 683-728.

③ Dekle & Vandenbroucke," Whither Chinese growth? A sectoral growth accounting approach," *Review of Development Economics*, vol. 14, no. 3, 2010, pp. 487-498.

④ 刘伟、张辉：《中国经济增长中的产业结构变迁和技术进步》，载《经济研究》2008年第11期；张军、陈诗一、Jefferson Gary H.：《结构改革与中国工业增长》，载《经济研究》2009年第7期；干春晖、郑若谷：《改革开放以来产业结构演进与生产率增长研究——对中国1978年~2007年“结构红利假说”的检验》，载《中国工业经济》2009年第2期。

⑤ 刘伟、张辉、黄泽华：《中国产业结构高度与工业化进程和地区差异的考察》，载《经济学动态》2008年第11期。

⑥ 罗斯托：《经济成长的阶段》，商务印书馆，1962。

部门具有不同的生产率水平和生产率增长率，因此当投入要素从低生产率水平或者低生产率增长的部门向高生产率水平或高生产率增长部门流动时，就会促进总生产率增长，这种基于要素流动而形成的产业结构变化对生产率增长的贡献即是所谓的“结构红利假说”。①

在不同产业结构下，一国的经济增速也会截然不同。钱纳里就将产业结构的变化分为三个阶段：①初级产品生产阶段，此时占统治地位的是初级产品的生产活动——主要指农业，附加价值中农业比重较高，总增长速度较慢；②工业化阶段，此时经济重心由初级产品生产向制造业生产转移，制造业对增长贡献的相对重要突出，特别在工业化加速期经济会经历一段高速增长期；③发达经济阶段，此时出现了要素投入的综合贡献变小，资本比重下降以及人口增长的速度减缓，经济增长速度放缓。②

正如库兹涅茨在其 1973 年的诺贝尔获奖演讲所说：现代经济增长的本质是技术进步，它是劳动效率和生活水平提高最重要的源泉。也就说，只有存在技术进步时，不同行业的技术进步才会带来相对价格的改变，进而产业替代效应，同时因不同行业的消费弹性不同而放大替代效应。不管怎样，只有技术进步，国民经济才会享受技术进步和由此带来的劳动等要素由生产率低的行业向生产率高的产业转移所带来的益处。③ Valli 和 Saccone 认为国民经济的增长有两方面的动力，一是行业内部劳动生产率的提高（Productivity effect，也有人称之为 inter-sector effect），这个是经济增长的主要动力，另一个是资源在行业之间的再分配（Reallocation effect，也有人称之为 intra-sector effect）。④ Margarida 和 Restuccia 用各部门的劳动生产率解释结构转型的过程，即长期中劳动在部门间的再分配，并且解释了不同国家总生产率随时间演变的路径。⑤

---

① Peneder, "Industrial structure and aggregate growth," *Structural change and economic dynamics*, vol. 14, no. 4, 2003, pp. 427–448.

② Chenery& Taylor, "Development Patterns: Among Countries and Over Time," *The Review of Economics and Statistics*, vol. 50, no. 4, 1968, pp. 391–416.

③ Kuznets, "Modern Economic Growth: Findings and Reflections," *The American Economic Review*, vol. 63, no. 3, 1973, pp. 247–258.

④ Valli& Saccone, "Structural Change and Economic Development in China and India," *Ssrn Electronic Journal*, Vol. 6, No. 1, 2009, pp. 101–119.

⑤ Duarte& Restuccia, "The role of the structural transformation in aggregate productivity," *The Quarterly journal of economics*, vol. 125, no. 1, 2010, pp. 129–173.

三、经济增长与结构转型的多国特征事实

自20世纪50年代起，有学者陆续运用发达国家的结构转型数据提炼结构转型的经验事实。Kuznets指出劳动会随时间在各个部门之间重新配置，其中农业的增加值比重和就业比重会系统地下降，服务业的增加值和就业比重稳步上升，而工业的增加值和就业比重则是一个驼峰形状，即早期工业部门的劳动份额会上升，后期会下降。这一结构转型事实被称为“Kuznets”特征事实。进入21世纪后，由于数据质量的改善以及新的数据库出现，[①] 涌现出一批学者运用新的数据和方法再次研究和总结了现代国家的结构转型的特征事实，如Jorgenson和Timmer和Berthold等。[②] 与他们的研究相比，我们不仅基于全球各国三次产业的增加值数据来验证现代国家发展中的三次产业的演变规律，更为重要的是我们还基于国际劳工组织（International Labor Organization，ILO）的数据也验证了全球各国劳动力随着经济发展在三次产业中的演变规律。此外，他们的研究没有包括中国和前社会主义国家，因此有必要把中国和前社会主义国家纳入样本中来，这不仅有助于研究中国的结构转型的特点，而且使我们的劳动力实证分析更为稳健。

为了进一步研究世界经济结构转型的特征，同时突出对中国结构转型特点的探讨，我们从联合国统计局（United Nations Statistics Division，UNSD）数据库中获得各国从1970年~2014年的细分产业增加值，分别加总得到第一产业、第二产业和第三产业的增加值。同时，为了探讨就业份额随经济增长在三次产业的演变规律，我们从国际劳工组织获得各国从1960年~2014年间农业、工业和服务业的就业人数以及总就业人数，其中部分国家在某些年份存在数据缺失。为了更为准确地反映世界各国的经济发展水平，我们从世界发展指标（World Development Indicators，WDI）数据库中选取以2005年美元为基准价格的各国从1960年~2014年的人均国内生产总值（GDP per capita，constant

---

① 如：United Nations Statistics Division，World Development Indicators，Total Economy Database of Groningen Growth and Development Centre，etc.

② Jorgenson& Timmer，"Structural Change in Advanced Nations：A New Set of Stylised Facts *，" *Scandinavian Journal of Economics*，vol. 113，no. 1，2011，pp. 1-29；Herrendorf，Rogerson& Valentinyi，*Growth and structural transformation National*，Bureau of Economic Research，2013.

2005 US $）。①

（一）经济增长与多国三次产业增加值份额演变规律

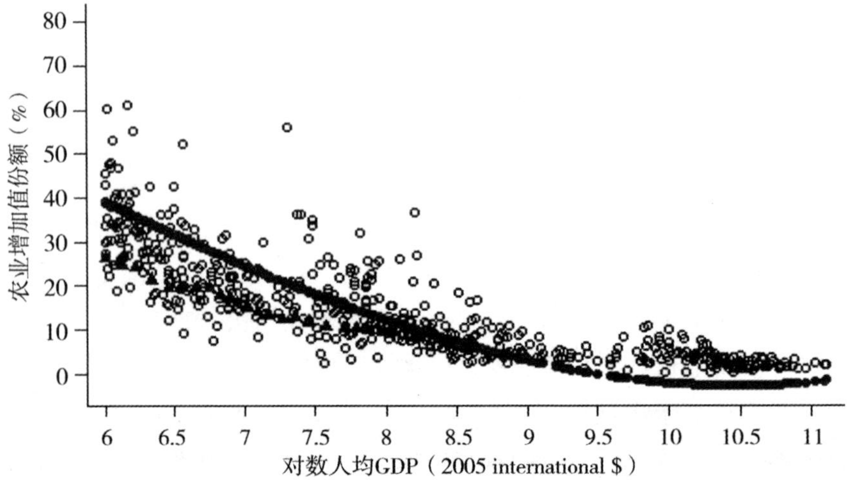

农业

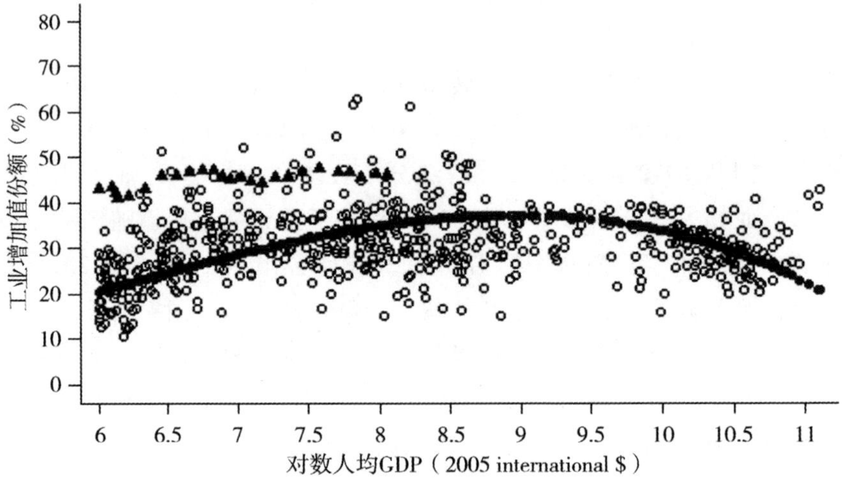

工业

① 相较于 Herrendorf 等（2013）所使用 Maddison 以 1990 年国际元为单位的人均 GDP 数据，我们使用的世界银行以 2005 年美国为基期的数据，原因是 Maddison 的数据是基于购买力平价来测算各国的 GDP，会高估我国的经济发展水平，可能得出截然相反的结论。

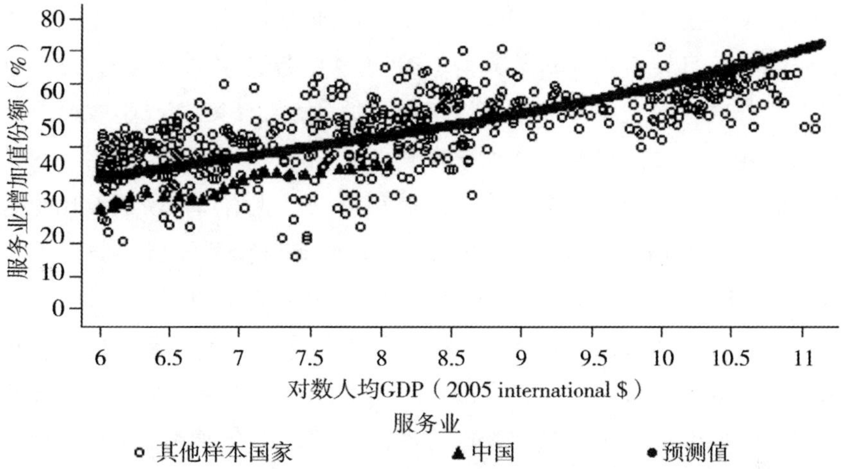

图 3-1 1970 年～2014 年间农业、工业和服务业名义增加值份额[①]

图 3-1 展示了我们所选取国家各产业增加值份额与各国人均 GDP 的关系，其中纵坐标是农业、工业、服务业的增加值份额，横坐标是以 2005 年美元为基准的各国人均 GDP 的自然对数。[②] 由于这些数据完全覆盖了大部分的富裕和贫穷国家，近似一个面板数，因此我们可以从面板回归中画出名义增加值份额的拟合值，以总结这些数据的呈现出的模式。其拟合的方法是混合面板的最小二乘法，即每一个部门的名义增加值对人均 GDP 的水平值、二次项和三次项进行普通最小二乘估计，以获得各个部门的拟合值。[③] 其中样本国家是 1970 年至 2007 年间常住人口平均值超过 100 万的国家，且不包括那些石油出口型国家，即石油租金占 GDP 比重小于 15% 的国家。

从图 3-1 可以看出，拟合曲线与库兹涅茨事实基本吻合，即随着人均 GDP、经济的发展水平的提高，第一产业增加值所占的份额会逐渐下降，第三产业增加值所占的份额会逐渐上升，第二产业增加值所占的份额会先上升，等

① 由于该图的样本点过多，为了图像清晰和美观，除了中国样本点外，我们在画图时只选取了 1970 年、1975 年、1980 年、1985 年、1990 年、1995 年、2000 年、2005 年、2010 年和 2013 年的样本点。此外，我们把人均 GDP（以 2005 年美元计）小于自然对数 6 的样本点也剔除掉。多国三大产业的就业份额图也采用了同样的处理方法。

② 根据国际标准产业分类（International Standard Industrial Classification，ISIC），将分类为 ISIC A-B 的加总得到第一产业增加值，将分类为 ISIC C-F 的加总得到第二产业增加值，将分类为 ISIC G-P 的加总得到第三产业增加值。

③ 由于我们增加更高阶项作为自变量不会对拟合结果产生显著影响，因此我们选择报告三次多项式的回归结果。

经济发展到了一定程度后又会下降，即第二产业增加值份额会呈现出一个非常清晰的驼峰状，且转折点在对数人均 GDP 为 9 附近，也就是人均 GDP 为 8000 美元左右。其次，当人均 GDP 达到对数 9 的门槛值且第二产业增加值达到顶峰时，服务业的增加值份额开始加速增长。

与全球样本国家相比，中国第一产业和第三产业增加值份额要比拟合值来得低，而工业的增加值份额却来得高。从未来结构转型发展趋势来看，由于 2014 年我国的人均 GDP 3862. 92 美元（以 2005 年美元的不变价计），还没有到第二产业增加值出现拐点的 8000 美元的门槛值，因此，未来我国的第一产业的增加值份额应该还会进一步下降，第二产业的增加值份额至少保持稳定或者小幅上升，服务业将保持平稳发展，即在目前我国发展水平阶段，第二产业依然是我国的经济发展的最主要动力所在。

（二）经济增长与多国三次产业就业份额的演变规律

图 3-2 展示了我们所选取国家的各产业就业份额与各国人均 GDP 的关系，其中纵坐标是农业、工业、服务业的就业份额，横坐标是以 2005 年美元为基准的各国人均 GDP 的自然对数。我们选取样本的方法以及拟合值的获取与前面分析各产业增加值份额的一样，样本国家是 1970 年～2007 年间常住人口平均值超过 100 万的国家，且不包括那些石油出口型国家，即石油租金占 GDP 的比重小于 15% 的国家，各产业就业份额拟合值采用混合面板的最小二乘法，即各个部门的就业份额对人均 GDP 的水平值、二次项和三次项进行普通最小二乘估计。

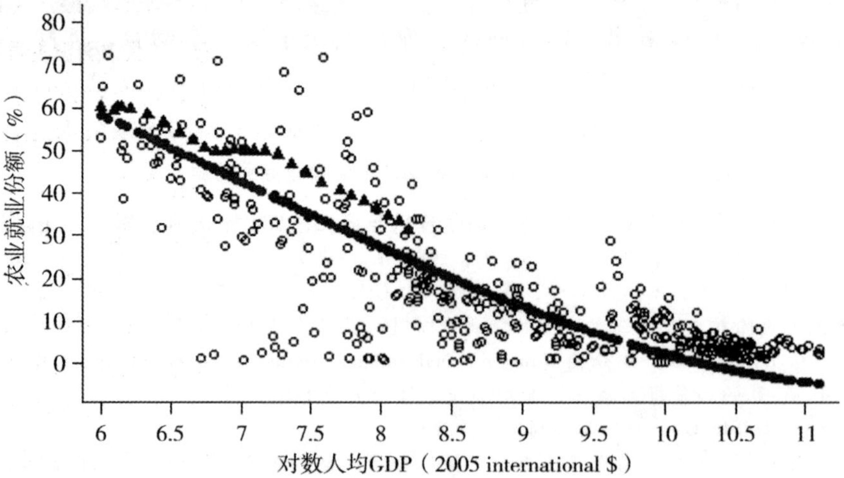

农业

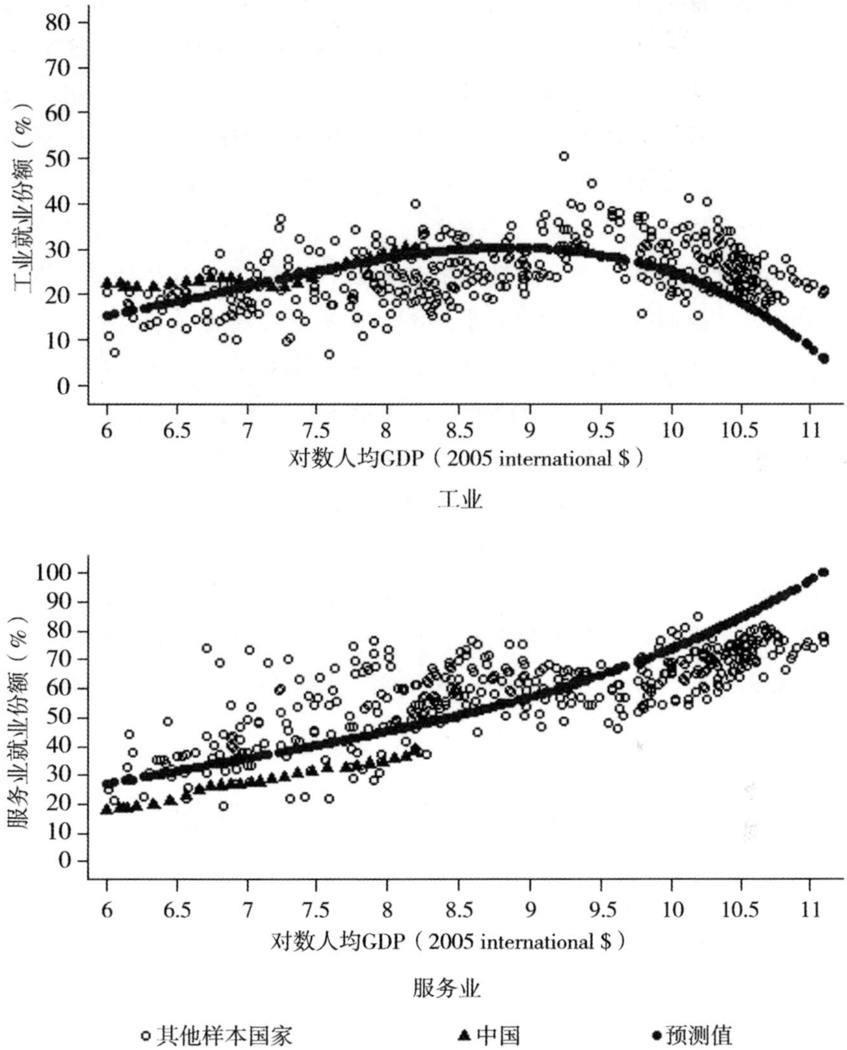

图 3-2 1970 年～2014 年农业、工业和服务业的就业份额

从图 3-2 不难发现，拟合曲线的形状与各部门的增加值份额拟合的形状几乎一致，即随着人均 GDP、经济发展水平的提高，第一产业就业份额会逐渐下降，第三产业就业份额会逐渐上升，第二产业就业份额先上升，并在经济发展到了一定程度后开始下降，即第二产业就业份额呈现出一个非常明显的驼峰状，转折点在对数人均 GDP 为 9 附近，也就是人均 GDP 为 8000 美元左右。其次，当人均 GDP 达到对数 9 的门槛值且第二产业就业份额达到顶峰时，服务业的就业份额就会加速增长。

相比较于全球的样本国家，中国的第一产业要比拟合值高一大截，而第三产业的就业份额却远远低于拟合值，第二产业就业份额与拟合值基本保持一致。因此，未来我国的第一产业的就业份额应该还会进一步下降，第二产业的就业份额至少保持稳定或者小幅上升，服务业就业会不断增加，也就是说，在目前我国的经济发展水平阶段，第二产业就业还会保持平稳，但是第三产业具有吸纳第一产业剩余劳动力的巨大潜力。

总之，从世界各国经济发展转型的经验规律来看，我们得出如下两个重要发现：第一，在控制各国经济发展水平下，世界主要发达国家或地区第二产业增加值份额呈现出驼峰的形状，其拐点发生在人均 GDP 为 8000 美元之间（以 2005 年不变美元计），此时第三产业才出现爆发式增长，而之前第三产业的增加值份额和就业份额都保持相对稳定；第二，根据世界各国的结构转型的特征事实，2014 年我国的人均 GDP 为 3862.92 美元（以 2005 年不变美元计），还没有到人均 GDP 8000 美元的门槛值。因此，未来我国第一产业的就业份额应该还会进一步下降，第二产业的增加值份额至少保持稳定或者小幅上升，服务业增加值份额会不断增加，但是工业依然是拉动国民经济的最主要动力。在就业方面，第二产业就业还会保持平稳和小幅上升，第三产业将成为吸纳第一产业的剩余劳动力的最主要动力。

四、经济增长与结构转型的三种理论机制

许多学者所进行的大量实证研究表明，经济资源和最终产品持续跨部门的再配置与均衡增长路径下各总体变量保持稳定增长并行不悖。尽管之前已有很多文献对结构转型做了大量的理论分析，然而近几年才出现了有关结构转型的理论模型。根据不同研究的视角，我们可以把有关结构转型的理论机制的文献归纳为如下三种：①从消费的视角探讨研究收入效应与结构转型；②从生产的视角探讨相对价格效应与结构转型；③从开放的视角探讨国际贸易对结构转型的重要性。第一种从人类固有的非位似偏好（non-homothetic preference）出发，探讨收入效应所导致的结构转型，后两种理论机制都可以归纳为由于相对价格效应所导致的结构转型。当前，在最新研究结构转型的文献中，一般会把收入效应和替代效应都纳入到统一的理论框架下考察一个国家或多个国家间的结构变迁与经济增长。本节将对上述三种结构转型的理论机制做详细分析与探讨。

(一) 基于消费视角的收入效应

恩格尔于19世纪根据统计资料，对消费结构变化提出一个规律：随着人均收入的提高，用来购买食物的支出所占的比重会越来越低，而舒适品、奢侈品的消费比重会上升。由于食品的消费比重下降进而导致农业的增加值份额和就业份额下降。相反地，由于舒适品和奢侈品大量地由工业部门生产，需求的上升必然导致工业部门的增加值比重和就业比重会上升。因此，收入水平的上升会引起消费结构的升级，进而拉动一国的产品结构的优化与升级，并带动一国经济增长。

为了准确地刻画恩格尔效应对结构转型与经济增长的影响，Kongsamut等开创性地采用非位似偏好（non-homothetic preference），并假定三大部门的技术进步率相同，剔除了产业间的相对价格效应，即各产业的价格替代弹性为1，在此基础上，构建了一个三部门一般均衡模型，在广义均衡路径上探讨了收入效应驱动的结构变迁，即在三大部门的技术进步率相同的条件下，人们的人均收入会增加，进而导致各部门的产品的消费量也不同，其中，农业消费的收入弹性小于1，其消费比重会下降，市场出清时需求等于供给，因此均衡时农业增加值份额会下降，就业份额也随之下降；工业消费的收入弹性等于1，需求比重保持不变，因此工业增加值份额和就业份额也不变；而服务业消费弹性大于1，因此相对农业而言，人们对服务业的需求会上升，市场出清时需求等于供给，因此均衡时服务业的增加值会上升，就业份额也随之增加。他们的模型最终证明：存在唯一一条广义的增长路径[①]，沿着该广义增长路径，农业的就业比重和增加值份额会下降，工业的就业和增加值保持不变，服务业的保持上升。[②] 尽管该模型较好地解释现实中结构转型的经济现象，即库兹涅茨事实。但是该模型忽视了各部门的技术差异所带来的相对价格效应，即各产业间的替代弹性不为1，因而导致该模型对结构转型与经济增长的解释力有限。

---

① 广义均衡增长路径只要求真实利率为常数，而标准的均衡增长路径则要求所有的内生变量的增长率为常数。

② Kongsamut, Rebelo & Xie, "Beyond Balanced Growth," *Review of Economic Studies*, 2001, pp. 869-882.

（二）基于生产视角的替代效应

鲍莫尔最早提出了非均衡发展理论（unbalanced growth），即基于部门间的技术进步率的差异性所引发的结构变迁理论。在模型中将国民经济分为两个部分：先进的（progressive）行业与非先进的（non-progressive）行业，这两个行业的区别在于先进的行业的劳动生产率以一定的速度复合增长，而非先进的行业的劳动生产率保持不变。在两个行业的工资率相同、同时以同比例增长，两个行业产出品的需求弹性相同，两个行业产出的比例保持不变等一系列假设之下，模型得出结论：当各个行业生产率不同时，如果要保证两个部门的产出之比不变，则劳动力要素必须不断地流入非先进行业，从而最终导致经济的增长率降为零。[①]

Ngai 和 Pissarides 对鲍莫尔的两部门非平衡生产率模型进行了修正与拓展，构建了一个包含生产率的增长率不同的多部门非平衡增长模型。他们同时假定消费者的偏好为位似的，以剔除收入效应对结构转型的影响。此外，根据各部门产品的特点，假定各部门商品的替代弹性小于 1（即钢铁不能当饭吃），结构转型纯粹由各部门相对价格变化来驱动。其传导机制为，生产率进步率高的部门，供给就会增加，在需求份额不变的情况下，其相对价格会下降，进而该部门的工资下降，由于生产要素可以自由流动，因此劳动力就会流向生产率增长相对慢的部门，因此不仅产生了结构转型，而且生产进步较慢的部门由于生产要素的流入，其份额也会增加，从而在理论上证明在该假定下，经济体会沿着广义增长路径，经济不仅会增长，而且也会结构转型。但是，他们证明，当且仅当技术进步率在农业部门更快，而在服务业部门最慢时，沿着广义的均衡增长路径，就业份额和增加值份额比重等内生变量在农业部门会下降，在服务部门上升，而工业下降的份额比农业份额小，增加的份额比服务业小，即满足"库兹涅茨事实"。正如 Valli 和 Saccone 认为的那样，国民经济的增长有两方面的动力，一是行业内部劳动生产率的提高（Productivity effect，也有人称之为 inter-sector effect），这个是经济增长的主要动力，即部门的技术进步所带来的增长效应，另一个是资源在行业之间的再分配（Reallocation effect，也有人称之为 intra-sector effect），即生产要素会不断流向生产率低的部门，要素投入

---

① Baumol, "Macroeconomics of unbalanced growth: the anatomy of urban crisis," *The American economic review*, 1967, pp. 415-426.

的增加也会使总产出增加。接下来，作者计算了中印两国经济增长中行业内部生产率提高和行业间再分配对经济增长的贡献，发现印度产业结构对于经济增长的贡献较大，大约占30%，而中国产业结构对于经济增长的贡献很小，有的时期甚至出现了负值。[①] 但是在经济全球化和经济一体化不断深入的背景下，仅仅从封闭条件下来研究一个国家的结构变迁与经济增长都会有缺陷的，因而探讨开放是如何影响机构变迁与经济增长就更有研究价值。

（三）基于比较优势视角的开放效应

Matsuyama率先用两个国家的三部门经济增长模型来解释结构变迁，特别是解释为什么许多国家第二产业的就业比重会下降。他抽象掉资本，人们对农业产品、制造业和服务业的偏好满足非位似性。并假定农产品为天然给定，而工业品和服务由劳动生产出来，且是关于劳动的拟线性函数。农业和工业品为可贸易品，且交易成本为零，而服务业不可贸易。关于劳动力要素，则假定只能在本国的不同部门间自由流动，并不存在跨国间流动。最后，他证明：第一，如果工业存在技术进步，那么在专业化分工的体系下，两个国家的工业部门的就业都会下降。第二，如果两个国家有一个国家在工业部门的技术进步比另一个国家更快，则第一国家的工业部门的就业比重一开始时会增加，而第二国家的工业部门的就业比重必然会下降。最后，随着工业部门的技术进步率达到非常高的水平时，工业部门效率高的国家其二产的就业比重也会下降。这一结论意味着工业部门的就业比重的驼峰形状在那些工业部门技术发达的国家也会出现。[②]

Uy和Zhang更一般化了Matsuyama的两国模型，在其模型里所有的商品都是由劳动生产出来的。他们认为全球经济一体化，特别是发达国家与新兴经济体之间的贸易对大多数发达国家制造业份额下降起到重要的作用，其理论机制是国际贸易通过在不同部门重新配置资源，进而有助于实现专业化分工和结构转型，同时也促进经济的增长。为了具体研究这一理论机制，他们构建一个三部门的经济，把恩格尔效应，即部门间的非单位的收入弹性纳入到模型里，而

① Ngai& Pissarides, "Structural Change in a Multisector Model of Growth," *The American Economic Review*, 2007, pp. 429-443.

② Matsuyama, "Structural change in an interdependent world: A global view of manufacturing decline," *Journal of the European Economic Association*, vol. 7, no. 2-3, 2009, pp. 478-486.

且也通过假定部门间的生产率的不对称来强调部门间的非单位价格替代弹性。此外，该模型还借鉴 Eaton 和 Kortum 的比较优势框架,[①] 把中间贸易也引入进来。于是，不同国家和商品间的相对生产率不同就会驱动各国的产业的专业化，而由贸易导致的专业化模式则直接影响劳动力配置；更进一步，贸易还会影响相对价格，相对价格影响不同部门的工资，进而影响不同部门的劳动份额的变化。此外，在收入效应的影响下，各部门的支出份额也会变化，因而部门劳动份额就会发生更大的变化。值得注意的是，工业就业份额驼峰和增加值份额驼峰可以在生产率和贸易成本冲击下产生。首先，如果一个国家的制造业生产率进步特别快，它将从其他国家获得更多市场，进而形成专业化生产，导致制造业的劳动力增加；然而，随着技术进步的不断增长，这个国家就可以用更少的劳动来供给整个世界市场，从而导致工业部门的就业成一个驼峰形状。第二，若一个国家在制造业有比较优势，贸易成本下降，则比较优势会进一步显现。也就说，贸易成本下降，将会影响由贸易带来的专业化模式，进而影响不同部门的劳动力的分配。最后，他们用韩国与世界其他国家 1971 年 ~ 2005 年的数据来校准模型，实证结果较好地拟合韩国的结构转型的经验事实。[②]

五、结论及启示

结构转型与经济增长有着紧密的联系，如何解析结构转型与经济增长的关系成为经济学者关心的问题。一种观点认为，在完全竞争均衡的假定下，国民经济增长是资本积累、劳动力增加和技术变化长期作用的结果。由于所有部门的劳动和资本的边际回报率都相同，因此需求变化和部门间的要素流动就变得不重要。因此，可以说结构转型是经济增长的一个必然过程；另一种观点则认为，经济增长是生产结构转型的一个方面，生产结构的变化不仅要适应需求的变化，而且也要有效地利用技术进步带来的对生产效率的改善。尽管之前已有很多研究对结构转型做了大量的理论分析，但近些年才出现了有关结构转型的模型。总结最近研究进展的成果，我们可以大致把结构转型的理论机制归纳为以下三种：收入效应、替代效应、开放效应。尽管论证经济增长与结构转型的

① Eaton & Kortum, "Technology, geography, and trade," *Econometrica*, vol. 70, no. 5, 2002, pp. 1741–1779.

② Uy, Yi& Zhang, "Structural change in an open economy," *Journal of Monetary Economics*, vol. 60, no. 6, 2013, pp. 667–682.

理论机制的出发点不同，但是它们的共同特点就是以新古典经济学的方法来研究经济发展过程中的结构及其动态变化，也就是说市场是实现有效资源配置的根本机制，生产要素通过价格信号实现资源在三大产业间有效配置，才能带来结构效应，提高了产出与人们的福利。尽管如此，在影响经济增长与结构转型的机制中，虽然各国人们的偏好几乎一样，但是各国的技术进步率以及实行的分配制度和贸易政策却相差甚远。因此，在这些理论和传导机制有效的情况下，政府可以通过控制如下政策性变量来实现调结构促增长的目的，一方面需要完善市场机制，发挥各种要素的积极性，提高要素的产出效率。此外，完善分配制度和提高开放程度等来为结构转型提供技术和制度保障。另一方面，提高各部门技术进步率，这不仅直接提高了总的生产效率，而且会促进要素的优化再配置，进而提高一国的产出和社会总福利。

从世界各国经济发展转型的经验规律来看，我们得出如下两个重要发现：第一，在控制各国经济发展水平下，世界主要发达国家第二产业转型的经验数据呈现出驼峰的形状，其拐点发生在人均 GDP 为 8000 美元左右（以 2005 年不变美元计），此时第三产业才出现爆发式增长，而之前第三产业的增加值份额和就业份额都保持相对稳定；第二，与全球样本国家相比，中国第一产业和第三产业增加值份额要比拟合值来得低，而第二产业的增加值份额却来得高。但是从就业结构来看，中国的第一产业和第二产业就业份额要比拟合值来得高，而第三产业的就业份额却来得低。由此，我们可以初步得出，我国的农业的效率一直处于非常低的水平，导致农业人口没有有效地释放到其他产业，可能的原因是土地改革和农业现代化发展相对滞后，规模经济不能得到发挥，以及由此带来的农村人均资本投入不足，导致农业现代化改革不够，未来通过供给侧改革有利于提升农业生产率。第三，根据世界各国的结构转型的特征事实，2014 年我国的人均 GDP 为 3862.92 美元（以 2005 美元计），还没有到人均 8000 美元左右的门槛值。因此，未来我国第一产业的就业份额应该还会进一步下降，第二产业的增加值份额至少保持稳定或者小幅上升，服务业就业会不断增加。也就是说，在我国目前的发展阶段，随着第一产业效率的改善，将为二、三产业释放更多劳动力，平滑整体经济劳动力成本快速上升态势；第二产业仍然是保增长、促进投资的主要动力之源；第三产业则是吸纳就业、促进消费的主要源泉。

从美国、日本、韩国和墨西哥经济发展与结构转型的成功经验与失败的教训来看：①可以借鉴美国“农业教育、科研和推广”体系提高科学理念在农业的应用、提升农业区域化和专业化水平，进而提升机械化水平等经验。同时，加大研发投入、促进大学研究与企业相结合、鼓励企业发挥在技术发展中的研发力量，为我国提高生产效率奠定基础。在第一、第二产业繁荣发展的前提下，第三产业的发展也会释放更多的活力。②从日本的发展经验看，在石油危机、经济危机等外部危机叠加，出口导向型经济发展受阻、劳动资本密集型经济优势缩小等内部问题深化的背景下，日本政府一方面实施积极的产业政策，结合市场的最新变化和未来发展趋势，积极引导产业由重化工业向汽车、电子、精密机械等高附加值行业发展，在去产能的同时培育一批新动能。另一方面，日本通过吸收引进再生产的技术发展模式，实现了技术的更新换代，同时扶持教育尤其是高等教育的发展，为新一代产业发展提供了重要的智力储备。但也应看到，日本实行的模仿为主的技术路径以忽视基础研究、淡漠自主研发为代价，最终也导致 90 年代日本产业升级陷入停滞。因此我国应学习日本，实施积极的产业政策，积极培育经济发展新动能，重视人力资本的培育，同时也要注重基础研究与自主创新。③韩国政府在危机后采取投放货币大规模求助计划同时，推动金融改革、国企改革、劳动力市场改革以及公共财政改革等改革，经济增长动力来源从要素驱动转向创新驱动，产业结构由重工业为主转向高新技术产业为主。如果中国经济转型成功，可以预期的是，未来我国经济结构应与韩国 21 世纪初的产业结构相类似，主要是发展高端制造业以及现代服务业。④从墨西哥的经验中我们看到，为了避免陷入“中等收入陷阱”，应当提高工业生产率，鼓励创新，以增加工业产品竞争力，完成产业转型升级，避免陷入高不成低不就的尴尬发展境地。

第四章　中国工业与农业发展的相互作用的实证研究

一、前言

1954 年刘易斯提出了二元经济结构理论，认为发展中国家存着农业和工业两种经济体系。从此之后，有关农业和工业相互关系的研究就不断推进，并基于不同国家和地区的特点，出现了许多新观点和论述。结合我国实际情况，学者们同样给出了各自的观点。

对我国较早阶段的工农业相互关系，认识是较为一致的。大多认为在新中国成立初期到改革开放前的一段时间内，我国都实行的工业优先发展战略，也就是以农养工。这一阶段，我国把“恢复和发展重工业”作为经济建设的指导方针。通过计划经济的手段，将农业部门的资金转移支持工业发展。统计数据显示，1952 年～1978 年，工业汲取的农业剩余总量为 4469.54 亿元，而同期国家对农业的投资总量为 665.48 亿元。

但对改革开放后，我国的工农关系，学者们则产生了较大的分歧。一般而言，二元经济发展的规律是在经济发展早期以农补工，而后期则会出现以工补农，这一点大致都达成了共识。但是在具体路径和方式上，学者却存在不同的观点。

一部分学者认为，我国已经到达了工业反哺农业的阶段。而达到这一阶段所经过的历程，有两阶段论和三阶段论之分。宋德勇（2007 年）认为工农业关系可以描述为三个阶段。第一阶段是农业支持工业，第二阶段是工业和农业共同发展，而第三阶段是工业支持农业。以马晓河（2005 年）为代表的一批学者则持有两阶段论的观点，他们认为，我国的工农关系划分中，没有工农关系共同发展的阶段，工业对农业的支持是逐渐增强的态势。在工业化中期，主要是支持农业产量为目标，而在工业化后期则是以提高农业效率的同时，兼顾环境保护、农民收入等因素。

以林毅夫（2005年）为代表的学者则认为，工业反哺农业的提法还存在争议。他认为通过农业补贴的方式来实行工业反哺农业作用有限，甚至会产生一定程度的负作用，例如可能导致农产品的严重剩余以及农民会对补贴产生依赖性。林毅夫的观点认为，工业对农业的支持，更多地应该体现在减少农民数量，使其从农业劳动力转化为非农业劳动力。非劳动力一方面会对工业同时产生支持作用，自身角色也从农产品供给方转为需求方，从而自然提高了农民收入。林毅夫不主张工业反哺农业并不意味着他不重视农业，他主张通过更灵活的手段来促进农业发展，达到工农业的良性互动。

在改革开放前，我国的经济发展水平很大程度上受农业发展水平的影响。三年自然灾害中，我国粮食产量大幅降低，与此同时我国经济建设的势头也由新中国成立初期的快速增长变为大幅收缩。改革开放后，农业占国家经济比重一度超过30%。但经过了30多年的发展，农业占国家经济比重已经不足10%。农业比重不断下降在世界各国经济发展规律中虽然属于正常情况，但农业作为经济发展的基石，与物价及工资水平、社会稳定等因素有着非常密切的关系。我国现阶段面临经济转型的问题，而工业体系的转型则在其中扮演了重要作用。农业是工业的最重要劳动力和原材料来源，如何发挥第一产业的基础性作用以更好地支持第二产业转型升级，如何发挥第二产业的带动作用来更好地提升第一产业的效率提升？这些问题归根结底都是一产和二产相互关系的研究。

综合而言，前人研究的观点之间实际上并不存在根本性的对立，而是各有侧重。在二元经济理论框架下，农业先支持工业，发展到一定阶段后工业再支持农业的观点基本是一致的。只是在具体的时间点，是否有过渡阶段，工业是以何种方式支持农业存在一定的分歧。而这正是本章需要探讨和分析的。因此本章基于1952年~2014年的分省工农业数据，希望能从数据的角度，着手探讨以上提出的问题，并为进一步的理论研究提供证据支撑。本章结构如下：第二部分构建实证模型与选取合理的滞后阶数；第三部分对PVAR实证结果进行分析；最后为结论与建议。

二、工业与农业的相互作用面板向量自回归模型

(一) 时间和区域的划分

农业增长和工业增长往往能表现出一定的相关性，贝罗赫（1974 年）在研究了 40 多个国家的工业和农业增长率后发现，农业增长率和工业增长率之间存在较强的相关性，农业的增长或衰退之后往往会伴随着工业的增长和衰退。图 4-1 是我国 1953 年～2013 年农业和工业增长率的对比折线图。农业增长率和工业增长率数据均为通过各自对应的生产总值指数消除物价影响后的实际值（以 1952 年为基年）。

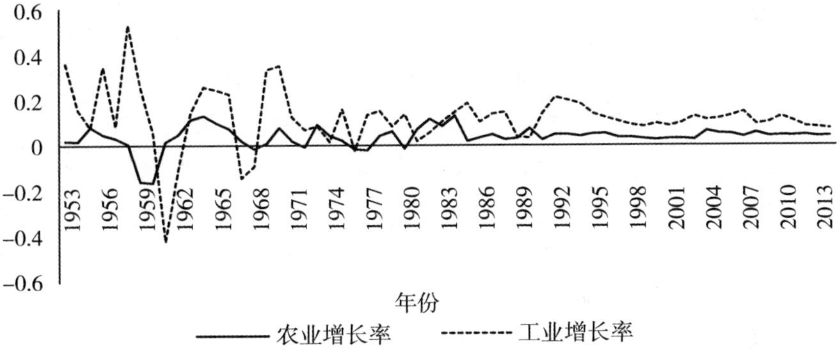

图 4-1 我国农业增长率和工业增长率对比①

一方面，从上图中的图形特点直观看出，农业增长率和工业增长率大致经历了三个阶段，1978 年前的增长率波动较大，特别是三年自然灾害（1959 年～1961 年）前后，农业增长率下跌后，工业增长率有一定滞后性，也随之下跌。1978 年～1992 年前后，农业及工业增长率波动性趋于稳定，但并不同步。1992 年后，两者则趋于平行发展。

另一方面，从政策变迁上来看，中国工农业的发展，经历了几次很重大的调整。1978 年，我国实施了农村经济体制改革；1992 年我国则基本确立了全面的市场经济体制，两次变革均深度影响了中国经济的发展方式。这样，截止到 2014 年，我国的经济发展由其政策和数据特征，就可以划分为三个阶段，分别是 1952 年～1978 年、1978 年～1992 年、1992 年～2014 年，本章的研究

① 数据来源于《新中国 60 年统计资料汇编》与《中国统计年鉴》。

也是基于这样的时间区段划分。另外，除了总体的分析之外，本章也把国内划分为四个区域，分别是东部地区、中部地区、西部地区以及东北地区。并在不同的时间区段内，分别进行了分析。

（二）模型构建

本章基于研究对象的数据特点，参照了 Love（2006 年）使用的面板向量自回归模型（PVAR）。连玉君（2007 年）在 Love 开发的工具箱基础上又进行了改进，主要是对算法进行了集成，对运算效率做了优化。PVAR 模型由 Holtz-Eakin（1988 年）首先提出，基本思想与 VAR 模型类似。PVAR 模型的优势在于，其是一种能够良好结合面板数据估计方法和向量自回归模型的计量工具。本章采用面板数据来丰富横截面数据量，并需要双向动态地研究工业和农业之间的关系，PVAR 模型恰好具有研究面板数据互动关系的特点，所以本章采用了 PVAR 模型来进行实证研究分析，实现工具为 stata 13。

PVAR 模型的三个主要估计步骤是：①使用面板广义矩估计方法（GMM）来估计 PVAR 模型；②估计脉冲响应函数；③误差项方差分解。本章使用两变量 PVAR 模型，来探讨人均农业生产总值（*AAGR*），人均工业生产总值（*AIND*）之间的关系，相关数据以 1952 年为基年进行了价格平减，以剔除通货膨胀的影响。PVAR 模型的基本设定如下：

$$Y_{it} = \gamma_0 + \phi_{t1}Y_{i,\ t-1} + \phi_{t2}Y_{i,\ t-2} + \cdots + \phi_{tp}Y_{i,\ t-p} + \gamma_i + u_{it}$$

$$(i = 1,\ 2,\ \cdots,\ N;\ t = p+1,\ p+2,\ \cdots,\ T)$$

设 Y_{it} 是个体 i 在时点 t 的 m 个可观测随机变量的 $m\times1$ 向量，γ_i 是个体 i 的 m 个可观测的个体固定效应的 $m\times1$ 变量，ϕ_{tp} 是 p 期之后变量 $Y_{i,\ t-p}$ 的 $m\times m$ 系数矩阵。因此，本章中建立的模型里，$m=2$，个体 i 在时间点 t 的 m 个可观测随机变量的 $m\times1$ 向量 Y_{it} 为 $\begin{bmatrix} AAGR \\ AIND \end{bmatrix}$，系数向量 ϕ 描述了变量之间的乘数作用，由于要通过稳定性检验，*AAGR* 和 *AIND* 也可能采用对数形式或者对数差分形式。模型的滞后阶数则由 *AIC*、*BIC*、*SBIC* 和 *HQICS* 等值来判定。例如模型的滞后阶数确定为二阶，则模型表现为：

$$AAGR_t = \gamma_0 + \phi_1 AAGR_{t-1} + \phi_2 AIND_{t-1} + \phi_3 AAGR_{t-2} + \phi_4 AIND_{t-2}$$

ϕ_2 反映了 *AIND* 在滞后一期对 *AAGR* 的乘数作用，相应地 ϕ_4 则表现了 *AIND* 在滞后二期对 *AAGR* 的乘数作用。($\phi_2+\phi_4$) 则反映了 *AIND* 对 *AAGR* 的总乘数作用。如果滞后阶数更多，则滞后乘数则更多，因此这种模型可以通用于经济中短期及长期分析。

（三）平稳性检验及滞后阶数的选取

为了避免在 PVAR 过程中出现虚假回归问题，在回归模型中应当避免使用没有协整关系的非平稳变量，故实证分析之前，应该检验变量的平稳性。只有通过了平稳性检验的变量序列，才在接下来的分析中有可信度。本章先对变量序列通过 *AIC*、*BIC*、*SBIC* 和 *HQICS* 这四个值来判定滞后阶数，而后检验平稳性，若序列表现为不平稳，则弃用此序列。进而通过取对数、差分等方式来“压扁”数据，再重新进行上述过程，直至平稳性检验通过。本章平稳性检验通过特征方程单位圆来判断，如果该点的模量（Modulus）小于 1，则认为该序列为平稳。

本章的研究对象分为三个时间阶段，每个阶段又细分了四个地区，平稳性检验过程较为烦琐，篇幅所限，此处整理的皆为通过稳定性检验的序列。具体如表 4-1 所示。

表 4-1 通过稳定性检验序列的特征总结

对　象	数据处理方式	滞后阶数
1952 年～1978 年		
全国	取对数	滞后 1 阶
东部地区	取对数	滞后 2 阶
中部地区	取对数	滞后 1 阶
西部地区	对数差分	滞后 1 阶
东北地区	对数差分	滞后 1 阶
1979 年～1992 年		
全国	对数差分	滞后 3 阶
东部地区	对数差分	滞后 2 阶
中部地区	对数差分	滞后 2 阶
西部地区	取对数	滞后 3 阶
东北地区	对数差分	滞后 1 阶
1993 年～2014 年		
全国	对数差分	滞后 3 阶
东部地区	对数差分	滞后 2 阶

续表 4-1

对　　象	数据处理方式	滞后阶数
1993 年～2014 年		
中部地区	对数差分	滞后 2 阶
西部地区	对数差分	滞后 2 阶
东北地区	对数差分	滞后 1 阶

通过对不同序列的不同处理，以上序列均通过了平稳性检验。其后，通过前述的几个信息值，也可分别判定各个序列组的滞后阶数，从而确定了 PVAR 分析的基础。

三、模型的估计结果与实证分析

（一）PVAR 估计

通过上述平稳序列以及基于序列所确定的滞后阶数，本章建立了相应的 PVAR 模型。首先采用广义矩估计（GMM）的方法，对 PVAR 模型的系数进行了估计。系数估计的过程进行了三轮，分别对应三个时间划分：1952 年～1978 年、1979 年～1992 年以及 1993 年～2014 年。在每一个时间区间内，从地域范围的角度，又分别从全国、东部、中部、西部、东北这五个维度来对系数进行了分类估计。以下是对 1952 年～1978 年数据的 PVAR 估计结果。

表 4-2　1952 年～1978 年 PVAR 估计结果

变量	全国	东部	中部	西部	东北
因变量：*AAGR*					
AAGR（L_1）	0.9845***	0.8406***	1.0854***	0.2132***	0.0230
AIND（L_1）	-0.0135	0.0241	-0.0371	-0.0509***	-0.0816
AAGR（L_2）		0.0455			
AIND（L_2）		-0.0075			
因变量：*AIND*					
AAGR（L_1）	0.55640***	0.5119**	0.6059*	0.5558***	0.7393**
AIND（L_1）	0.7400***	1.0614***	0.7283***	0.0452***	0.0932
AAGR（L_2）		-0.2061			
AIND（L_2）		-0.2166***			

从上表中可以得出，对于两个变量而言，尽管只有部分估计值显著，但是显著值的分布有较为明显的规律。从全国的角度来看，*AAGR* 的一阶滞后项对其本身显著，*AAGR* 以及 *AIND* 的一阶滞后项对 *AIND* 显著。因此，从宏观角度可以看出，农业对工业人均产值的影响因素是有明显影响的。从分地区的角度来看，$AAGR(L_1)$ 对 *AIND* 均表现为显著；而 $AIND(L_1)$ 除了西部省份，未对 *AAGR* 表现为显著。因此从分地区的角度来看，农业对工业人均产值的影响同样是非常显著的。

表 4-3　1979 年～1992 年 PVAR 估计结果

变量	全国	东部	中部	西部	东北
因变量：*AAGR*					
$AAGR(L_1)$	-0.0149	0.1653*	0.0751	0.6371***	-0.2705
$AIND(L_1)$	-0.0021	0.0974	0.2420	-0.1440	-0.5508
$AAGR(L_2)$	0.0815	0.1467	0.0411	0.0808	
$AIND(L_2)$	0.0330	0.3248*	0.2267	0.0337	
$AAGR(L_3)$	0.0495			0.1946***	
$AIND(L_3)$	0.0620			-0.0223	
因变量：*AIND*					
$AAGR(L_1)$	0.0488	0.0404	0.1390*	0.2477	0.2420***
$AIND(L_1)$	-0.0756	0.6781	0.4907***	0.7680***	0.1167
$AAGR(L_2)$	-0.0603	-0.1050	-0.0009***	-0.0730	
$AIND(L_2)$	-0.2141*	0.2212	-0.3202***	0.0717	
$AAGR(L_3)$	-0.0034			-0.1077	
$AIND(L_3)$	-0.2263**			-0.0243	

表 4-3 是对 1979 年～1992 年数据的 PVAR 估计。从全国层面上来看，*AIND* 主要受到自身的影响，*AAGR* 序列的自变量均不显著，表明农业与工业人均产值两者之间的关系在全国层面上未有明显相关。但从分省层面上来看，东部省份的 $AIND(L_2)$ 对 *AAGR* 有显著影响；中部省份的 $AAGR(L_1)$、$AAGR(L_2)$，东北省份的 $AAGR(L_1)$ 对 *AIND* 均有显著影响。说明在不同省区，影响方向开始出现了分化，在全国数据关联不强的背景下，分省数据影响呈现出交错影响的趋势。

表 4-4 1993 年～2014 年 PVAR 估计结果

变量	全国	东部	中部	西部	东北
因变量：*AAGR*					
AAGR（L_1）	-0.0711	0.4306***	-0.1476	-0.5317*	0.7555***
AIND（L_1）	0.0341	0.1054	0.04206	0.0152	0.5122**
AAGR（L_2）	0.0367	-0.0672	0.3078***	-0.1980	-0.1416
AIND（L_2）	0.0089	0.06517	-0.0733	0.0499	-0.3478**
AAGR（L_3）	-0.0589*				
AIND（L_3）	-0.0185				
因变量：*AIND*					
AAGR（L_1）	0.0814	0.0843	0.1623***	-0.0734	0.0054
AIND（L_1）	0.6731***	0.7354***	0.8229***	-0.1357	1.7818***
AAGR（L_2）	-0.0075	-0.0317	-0.0414	-0.1078	-0.2556
AIND（L_2）	0.1201	0.0108	-0.1146	-0.0817	-0.6872***
AAGR（L_3）	-0.0269				
AIND（L_3）	0.1377***				

表 4-4 是 1993 年～2014 年的 PVAR 估计结果。在这一阶段，仍然延续了 1979 年～1992 年的数据特点。从全国层面上来看，农业与工业人均产值数据之间未有明显关联。从分省数据上来看，仍然呈现分化的特点。对 *AAGR* 表现为显著影响的滞后项除了东北地区的 *AIND*(L_1) 外，均为自身数据。对 *AIND* 表现为显著影响除了自身滞后项之外，中部地区 *AAGR*(L_1) 对其影响表现为显著。

（二）脉冲响应分析

PVAR 模型并非依据经济理论而构建，单个参数估计值的显著与否有时可能存在解释困难且意义不大的问题。所以往往我们可以通过分析整个系统的脉冲响应函数来达到进一步分析的目的。面板脉冲响应函数可以描述 PVAR 模型中，在某一变量扰动项加上一个标准差大小冲击，对系统中变量当前值和未来值的影响。因此，我们也可以通过变量对冲击产生反应的情况来分析影响程度和方向。

下面是经由蒙特卡洛模拟得到的脉冲响应函数图，分为三行，分别对应三个时间阶段内，工业（*AIND*）以及农业（*AAGR*）的扰动对对方的影响程度和持续时间。

从第一行脉冲响应分析图（1952 年 ~ 1978 年）可以看到，农业对工业的一个标准差冲击产生了较小的负向扰动，而工业对农业的一个标准差冲击则产生了较大且持续的扰动。这说明在这一阶段，农业对工业的影响相对是较为明显的。

从第二行脉冲响应分析图（1979 年 ~ 1992 年）可以看到，无论是农业还是工业对对方的扰动均产生了反应，但是反应持续时间不长，在第 5 期左右就倾向于归零了。说明在这一阶段工业和农业的相互影响关系是较为复杂的，两者之间并不存在一方主要影响另一方的情形。

从第三行图中（1993 年 ~ 2014 年）可以看到，农业对工业的一个标准差冲击产生了微小的反应，而这个反应经过 3 期之后，就接近于零了。而工业对农业的一个标准差新息产生的反应，也在 4 期左右时接近于零了。同样说明该阶段不存在一方主导另一方的情况。

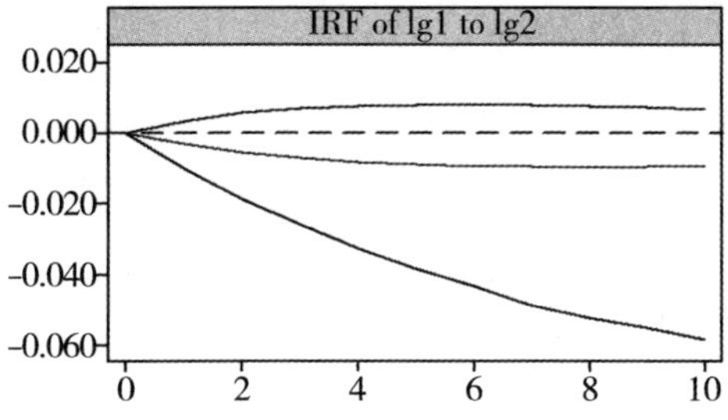

（a）1952 年 ~ 1978 年工业对农业

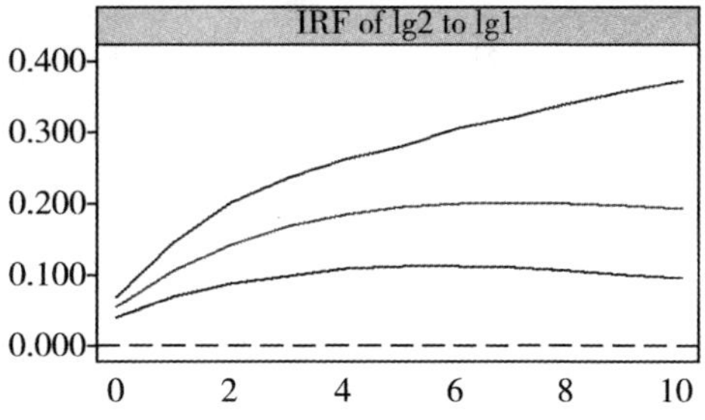

（b）1952 年 ~ 1978 年农业对工业

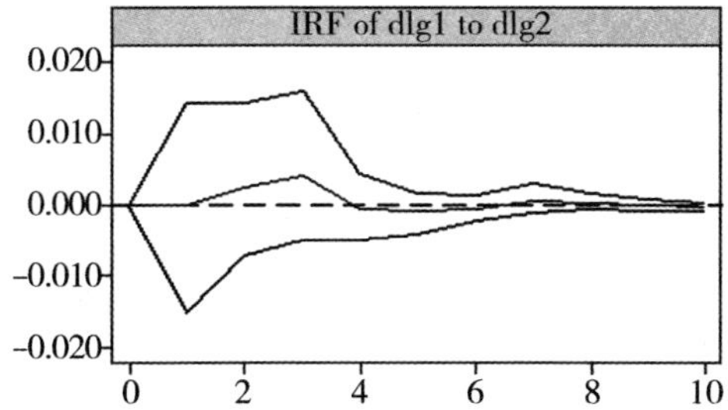

（c）1979 年 ~ 1992 年工业对农业

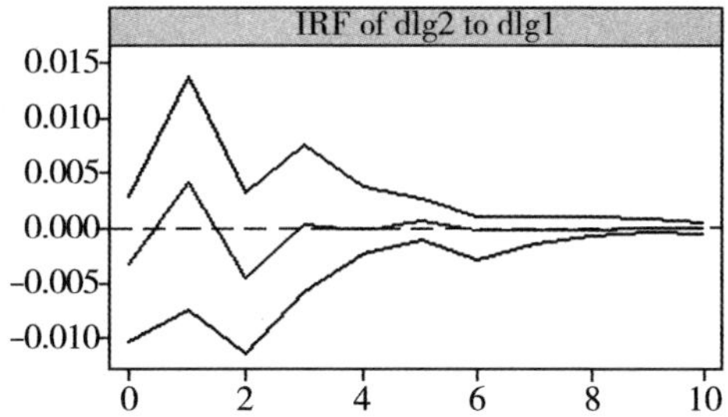

（d）1979 年 ~ 1992 年农业对工业

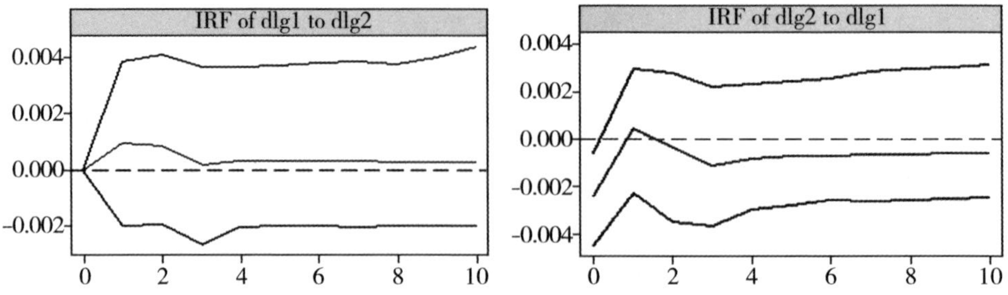

(e) 1993 年～2014 年工业对农业　　(f) 1993 年～2014 年农业对工业

图 4-2　脉冲响应分析汇总

（三）方差分解分析

为了进一步刻画变量相互之间的长期影响程度，本章进一步使用方差分解获得了不同方程的冲击反应对各个变量波动的方差贡献率构成情况。方差分解的优点在于其可以将系统内一个变量的预测方差分解到各个扰动项上面，从而量化度量每一个随机扰动对模型中变量影响的程度。根据惯常的做法，本章采用第 5 期的方差分解结果，来衡量变量之间的中长期相互影响情况。

表 4-5　方差分解分析结果汇总（取第 5 期）

范　　围	*AAGR* 对 *AAGR*	*AIND* 对 *AAGR*	*AAGR* 对 *AIND*	*AIND* 对 *AIND*
1952 年～1978 年				
全国	0.997	0.003	0.455	0.545
东部	0.995	0.005	0.360	0.640
中部	0.987	0.013	0.604	0.396
西部	0.979	0.021	0.059	0.941
东北	0.986	0.014	0.262	0.738
1979 年～1992 年				
全国	0.996	0.004	0.009	0.991
东部	0.751	0.249	0.006	0.994
中部	0.997	0.003	0.053	0.947
西部	0.870	0.073	0.076	0.924
东北	0.927	0.191	0.184	0.816

续表 4-5

范　　围	*AAGR* 对 *AAGR*	*AIND* 对 *AAGR*	*AAGR* 对 *AIND*	*AIND* 对 *AIND*
1993 年 ~2014 年				
全国	0.997	0.003	0.004	0.996
东部	0.851	0.149	0.002	0.998
中部	0.941	0.059	0.076	0.924
西部	0.961	0.003	0.011	0.989
东北	0.701	0.299	0.013	0.987

由上述分析得到几点结论，和上文中的分析结论基本保持了一致性。从全国整体数据上来看，1952 年 ~1978 年这个时间段内，农业对工业的影响程度都是相对较大的，农业对工业的影响因素占到了 24.9%。而在 1978 年 ~2014 年，整体而言两者之间的影响并不明显。从分地区数据上来看，1952 年 ~1978 年间，各地区的 *AIND* 都受到了 *AAGR* 的较大比例影响。而在 1979 年 ~1992 年、1993 年 ~2014 年间，东部地区工业对农业影响加大。其他地区两者之间相互影响程度相较于 1978 年以前而言，则均有较大幅度下降。

四、结论

本章基于前人理论研究的基础之上，以中国 1953 年 ~2014 年农业和工业的相关经济数据为依托，希望能从数据的角度来分析中国工农业相互关系的发展历程，以期对进一步的研究起到启发和参考的作用。综合上述实证分析，本章得到以下几点结论：第一，整体分析的规律表现为，在 1952 年 ~1978 年间，农业对工业的影响程度都远大于工业对农业的影响，而 1978 年后，工业并未出现显著影响农业的情况，两者关系呈现地区分化的特点。截止到现在，“以工哺农” 的迹象暂时不明显。第二，通过对三个时间区段的分析，我们认为三阶段论更为贴近实证的结果，经济的发展会经历农业支持工业、工业农业相互影响、工业支持农业这三个阶段。在 1979 年往后一段时期内，农业对工业的影响减弱，工业对农业的影响尚未增强，但地区数据却呈现复杂的交错影响关系，因此这一阶段应该属于工农业相互影响的阶段。第三，我国现在处于工业支持农业的早期阶段。2005 年 3 月，全国人大的政府工作报告正式提出工业反哺农业的理念。但从数据上来看，工业对农业的支持尚未显现，考虑到政策效果的时滞性，目前应仍处于工业支持农业的早期阶段。

基于以上的结论，我们认为：第一，工业支持农业仍应保持循序渐进。关于“以工哺农”，不应该是拿工业的资金直接来补贴农业。行政式的转移支付可能会带来资源分配的不合理，从而在农业领域造成新的过剩产能。相反地，因发挥工业在资本和技术上的优势，促进农业的资本深化，提高农业生产效率，进一步释放人口红利，为工业发展提供进一步动力成为现阶段保持经济发展速度的重要问题之一。第二，逐渐允许劳动力在城乡的自由转移。对发展中国家而言，由于二元经济的特点长期存在，工业生产率大大高于农业生产率，工业化的过程伴随着农村剩余劳动力人口向工业领域转移，这里面就涉及了劳动力向城镇转移的问题。因此，实现劳动力在城乡之间自由流动，才能进一步推进农村剩余劳动力转移，进一步优化工农关系。

第五章　我国产业结构高度化进程下的产业驱动机制

产业结构高度化是这样一个过程：原有要素和资源从劳动生产率较低的产业部门向劳动生产率较高的产业部门转移，新增的要素和资源也被配置到劳动生产率较高的产业部门，以此使得劳动生产率较高的产业部门的份额不断上升，不同产业部门的劳动生产率共同提高。有学者利用相应非线性回归方法对 1850 年 ~2001 年德国经济周期进行分析，发现三次产业由于各自生产率的差异性，使资源（特别是劳动力）不断从低效率产业向高效率产业转移（Dietrich and Kruger，2010）。

钱纳里等（Chenery et al.，1977，1986）、赛尔奎因（Syrquin，1984）用计量实证方法和投入产出分析方法建构了工业化进程中经济结构变迁的标准模型，为后续分析结构变迁与经济增长的相互关系提供了思路。20 世纪 90 年代以来，Fagerberg（2000 年）、Timmer（2000 年）和 Peneder（2003 年）等尝试了用新的方法测度在东亚经济的发展过程中产业变迁对经济增长的贡献。近来，关于产业结构高度化与经济增长之间关系研究方面，有学者分析印度 1951 年 ~2007 年时间序列发现：1988 年前产业结构变迁与经济增长之间没有格兰杰因果关系，而 1988 年之后产业结构变迁则与经济增长显示出明显的格兰杰因果关系（Cortuk 和 Singh，2011）。该类研究表明：产业结构达到一定高度的时会通过结构效应影响经济增长。

国内不少经济学家（刘伟、张辉，2008）使用计量经济学的方法验证了产业变迁对中国经济增长的贡献，确认了产业变化和经济增长之间的因果关系。张军等（2009 年）系统地通过全要素生产率分解来研究工业行业结构调整对要素效率变化起到的主导作用。林毅夫（Yifu Lin，2011）从三个方面对结构经济学进行了思考：首先，经济结构的要素禀赋会从发展的一个阶段上升到另一个阶段；其次，经济发展的每一个阶段都是从低收入的农业经济到高收入的工业经济连续变化中的一个点；最后，在每一个发展阶段市场都是资源有效分配的基础性机制。干春晖等（2011 年）在测度产业结构合理化和产业结构高级化的基础上，构建了关于产业结构变迁与经济增长的计量经济模型，进而探讨了二者对经济波动的影响。这些研究确认了产业结构变迁和中国经济增长之间的相关性；对于研究经济增长、产业结构变迁之外的微观行业变化情况，则有待进一步的研究。

一、我国产业结构高度化进程

基于刘伟等的研究（刘伟、张辉、黄泽华，2008），产业结构高度指标包括两个部分：比例关系和劳动生产率。本章将比例关系和劳动生产率的乘积作为产业结构高度的测度指标，即产业结构高度 H 为：

$$H = \sum v_{it} \times LP_{it} \tag{5-1}$$

其中，v_{it}是 t 时间内产业 i 的产值在 GDP 中所占的比重，LP_{it}是 t 时间内产业 i 的劳动生产率。一般说来，劳动生产率是一个有量纲的数值，而产业的产值比重则是一个没有量纲的数值，因此将劳动生产率标准化为：

$$LP_{it}^{N} = \frac{LP_{it} - LP_{ib}}{LP_{if} - LP_{ib}} \tag{5-2}$$

其中 LP_{it}^{N}是经济体 N 中标准化的产业 i 的劳动生产率，LP_{if}是工业化完成时产业 i 的劳动生产率，LP_{ib}是工业化开始时产业 i 的劳动生产率，LP_{it}是原始的、直接计算的产业 i 的劳动生产率，其公式为 $LP_{it} = VA_i/L_i$，即产业 i 的增加值与就业人数的比值。当 $H=0$ 时，经济体 N 开始进入工业化初步阶段，而当 $H=1$ 时就表明经济体 N 完成了工业化，也就是说经济体 N 的产业结构高度值越接近 1，其距离完成工业化的目标越近。

刘伟等（刘伟、张辉、黄泽华，2008）基于钱纳里（Chenery，1986）的经济阶段划分的标准结构模型，利用 2005 年数据[①]对产业结构高度的国际比较发现，产业结构高度的演进和经济发展水平的提升呈现明显的相关性，发达经济的产业结构高度显著地大于 1，发展中国家的产业结构高度则显著地低于 1。

---

① 数据以 2005 年的不变价格计量，人民币对美元的汇率以 2005 年的数值为准（1 美元 = 7.3 元人民币）。

从时间维度上，1985 年前我国整体产业结构高度小于零，该阶段我国经济总体仍然处于工业化起飞前的准备阶段；1985 年～1997 年我国进入工业化初步阶段，产业结构高度一直稳步推进；1998 年后，我国工业化进程则进入加速阶段。1998 年前我国产业结构高度年均提升约为 0.6 个百分点，而 1998 年之后年均提升则约为 3.9 个百分点。

本章在原方法的研究基础上，将产业结构高度的计算延伸到了 2014 年①。结果显示 2005 年后，产业结构高度的年均增速达到 5% 以上，另外第三产业的劳动生产率已经达到了钱纳里 1986 年给定的基准假设（49441 美元/人）。进一步论证了原文的结论：①中国处于工业化加速阶段，产业结构高度的提升不断加快。②若以不变价增加值计算，第二产业从规模和劳动生产率上，仍然是主导产业。

二、产业结构高度化进程中的主导产业群演进

对中国产业结构高度化的研究发现（张辉，2009；陈和、隋广军，2010；张辉、任抒杨，2010）：无论是全国还是地方经济，在产业结构高度化加速进程中，都受到几大主导产业的推动。本章从投入产出分析出发，界定驱动产业结构高度化的主导产业群。

产业关联效应指标是界定主导产业的关键指标。罗斯托（1988 年）认为应该选择具有扩散效应（前向、后向和旁侧）的部门作为主导产业部门，将主导产业的产业优势辐射传递到产业链的各产业中，以带动和促进区域经济的全面发展；美国经济学家 A. 赫希曼（1991 年）在《经济发展战略》一书中，主张不均衡发展战略，提出将产业关联效应作为主导产业选择的基准即产业关联基准，发展政策的目标应挑选和集中力量发展那些在技术上相互依赖、产业关联效应强烈的“战略部门”，即主导产业部门。

（一）投入产出分析方法

投入产出分析中，影响力系数、感应度系数、直接消耗系数、完全消耗系数、直接分配系数、完全分配系数等结构系数对于解释经济问题有着重要作

---

① 为了保证 2005 年～2014 年数据与 2005 年前数据的可比性，采用国家统计局提供的“不变价 GDP”数据，人民币对美元汇率仍为 2005 年数值。

用："可以定量地分析一定时期内国民经济各产业部门在社会再生产过程中所形成的直接和间接的相互依存、相互制约的技术经济联系"（列昂惕夫，1936；钟契夫等，1993；中国投入产出学会课题组，2006）。

表 5-1 中国产业结构高度（1978 年～2014 年）

年份	第一产业 *LP*	第二产业 *LP*	第三产业 *LP*	产业结构高度	年份	第一产业 *LP*	第二产业 *LP*	第三产业 *LP*	产业结构高度
1978	-0.015	0.015	-0.095	-0.020	1997	0.035	0.099	0.075	0.079
1979	-0.007	0.018	-0.112	-0.018	1998	0.037	0.107	0.122	0.100
1980	-0.008	0.018	-0.118	-0.019	1999	0.036	0.122	0.170	0.126
1981	-0.004	0.014	-0.119	-0.021	2000	0.036	0.145	0.220	0.158
1982	-0.001	0.014	-0.111	-0.018	2001	0.039	0.162	0.284	0.194
1983	0.003	0.018	-0.102	-0.014	2002	0.043	0.195	0.340	0.234
1984	0.011	0.022	-0.076	-0.006	2003	0.048	0.230	0.391	0.273
1985	0.010	0.025	-0.025	0.006	2004	0.071	0.258	0.433	0.304
1986	0.011	0.025	-0.016	0.009	2005	0.084	0.288	0.498	0.348
1987	0.014	0.028	-0.007	0.014	2006	0.095	0.321	0.620	0.418
1988	0.012	0.029	-0.005	0.014	2007	0.107	0.352	0.762	0.498
1989	0.007	0.025	-0.004	0.011	2008	0.119	0.386	0.843	0.552
1990	0.007	0.014	-0.037	-0.004	2009	0.133	0.420	0.918	0.603
1991	0.007	0.025	0.007	0.015	2010	0.147	0.462	1.015	0.666
1992	0.009	0.042	0.045	0.036	2011	0.166	0.499	1.091	0.719
1993	0.012	0.062	0.051	0.048	2012	0.176	0.534	1.246	0.812
1994	0.020	0.071	0.048	0.053	2013	0.200	0.585	1.264	0.850
1995	0.028	0.082	0.037	0.056	2014	0.226	0.636	1.295	0.893
1996	0.035	0.090	0.041	0.063					

目前学术界对于这几个系数的应用进行了大量的研究，并且对其中部分系数也展开大量讨论（Jones，L.，1976；刘起运，2002；中国投入产出学会课题组，2007；沈利生，2010）。目前直接消耗系数、完全消耗系数、直接分配系数、完全分配系数的界定较为明确（中国统计局，2012；刘起运，2002）。对于影响力和感应度的争议较多，主要有两点：①计算过程的经济意义；②产

业规模的影响（刘起运，2002）。大多数文献中使用的传统影响力和感应度系数如下（王岳平，2000）。

传统影响力系数：$F_j = \dfrac{\sum_i \bar{b}_{ij}}{\dfrac{1}{n} \cdot \sum_j \sum_i \bar{b}_{ij}}$；

传统感应度系数：$E_i = \dfrac{\sum_j \bar{b}_{ij}}{\dfrac{1}{n} \cdot \sum_i \sum_j \bar{b}_{ij}}$；

$\bar{B} = (I - A)^{-1}$，其元素为 $\bar{b}_{ij}$。

对经济意义的讨论认为，传统的投入产出感应度和影响力计算存在商榷空间"违背了列项加总原则，经济意义模糊"。认为：B 矩阵不适用于行向加总，W 矩阵不适用于列项加总。对产业规模权重的讨论，刘起运等认为应以产出比重或者投入比重作为权重，准确衡量产业对国民经济的完全作用情况；用简单算术平均的方法则不合理（刘起运，2002；Jones，L.，1976）。刘起运（2002 年）的文章得到投入产出学会的广泛认同。在《2002 年投入产出表系列分析报告之六》中将其归纳为 2 个系数，明确了投入产出结构系数的意义和计算方法，本章使用的权重和计算方法与此相同。

1. 改进的影响力系数：

$$\bar{F}_j = \frac{\sum_i b_{ij}}{\sum_j (\sum_i b_{ij}) \alpha_j} \qquad (j = 1, 2, \cdots, n) \tag{5-3}$$

其中，α_j 表示第 j 部门最终产品占国民经济最终产品总量的比例，称为"最终产出构成系数"；b_{ji}是第 i 部门对第 j 部门的完全消耗系数。分子的经济含义是：增加 i 部门一个最终产出对国民经济的带动力；分母的经济含义是：各产业增加一个最终产出对国民经济的平均带动力。影响力系数越大，表示第 i 部门对国民经济的带动作用越大。

2. 改进的感应度系数：

$$\bar{E}_i = \frac{\sum_j w_{ij}}{\sum_i (\sum_j w_{ij}) \eta_j} \qquad (i = 1, 2, \cdots, n) \tag{5-4}$$

其中，η_i 表示第 i 部门产品的初始投入量占国民经济初始投入总量的比例，称为"初始投入构成系数"；w_{ij}是第 i 部门对第 j 部门的完全分配系数。

分子的经济含义是：增加 i 部门一个初始投入对国民经济的推动力；分母的经济含义是：各产业增加一个综合初始投入对国民经济的平均推动力。推动力系数越大，表示第 i 部门对国民经济的推动作用越大。

另外有研究关心（刘起运，2002；王巧英，2010；刘品，2011；肖强，2010 等）在完全消耗系数的计算中，已经考虑了行业之间的累加效应，因此不能用列项加总的方法计算影响力系数，否则将来带重复计算。例如，煤炭开采对金属压延的带动，进而产生金属压延对装备制造的带动，因此煤炭开采对装备制造的影响已经包含了部分金属压延对装备制造的影响。这样在计算装备制造业带动力的时候，不应该重复计算煤炭开采—装备制造的完全消耗和金属压延—装备制造的完全消耗，否则将带来重复计算。我们认为，该类重复计算带来的统计上误差的确是存在的，但是影响力系数和推动力系数等比例不受其影响，仍然可以作为研究行业在国民经济中地位重要性的理论方法。首先，影响力系数是通过特定产业的影响力与全行业的平均影响力进行比较得出的，分子与分母都进行了相同规模的重复计算，因此该系数具有实际意义。其次，影响力系数计算出的结果衡量的是产业对国民经济带动作用的当量，并不是一个明确的经济数量，而是用于横向比较的指标，因此不必拘泥于影响力系数中重复计算问题，只要该指标能准确衡量该行业在国民经济中的地位和作用即可，这也是本研究重点考察的问题。

环向系数 R_i 表示 i 产业对国民经济及拉动力和推动力之和。R_i 值越大，产业在国民经济产业结构中的关联度越高，对国民经济发展及产业结构演变的作用也越大。

$$R_i = \bar{F}_j + \bar{E}_i \tag{5-5}$$

（二）主导产业选择

本章分析我国各产业的影响力系数和推动力系数：以下为根据 1987 年、1990 年、1992 年、1995 年、1997 年、2002 年、2005 年、2007 年、2010 年及 2012 年的中国投入产出表或延长表计算得到的，影响力系数和推动力系数均大于平均水平的产业。本章假定该类产业为影响国民经济发展的主导产业，把所有这些主导产业称为影响国民经济发展的主导产业群（表 5-2）。[①]

① 本章计算中：a. 最终产出构成系数以最终产品计算，不包含进口部分。假如加入进口部分计算，部分产业将得到负的最终产出构成系数，偏离了指数原本的经济意义。b. 计算得到影响力系数和推动力系数后，计算全行业的平均值，该均值并不等于 1。文章选取影响力和推动力均大于均值的行业作为主导产业群。

根据以上分析可以发现，1987 年～2012 年的主导产业群基本都是隶属第二产业的工业部门。无论在我国工业化起步期还是加速期，金属冶炼及压延加工业、化学工业、石油加工、炼焦及核燃料加工业等比较传统的重化产业，其影响力系数和推动力系数都较高，对国民经济长期高速增长起到了决定性作用。由此说明我国工业化进程与世界一般规律是有所差异的（Chenery and Syrquin，1977；陈和、隋广军，2010）[①]。

此外，在我国工业化初期十分重要的纺织业、木材加工及家具制造业等轻工业在工业化加速期已经逐步淡出主导产业群，而金属矿采选业等重化产业的不断崛起，在一定程度上说明我国主导产业群重化的特性非常明显了。

另外，关注第三产业可以看出，2002 年以后有租赁与商务服务业、研究与试验发展业和综合技术服务业进入了主导产业群。从 2012 年的投入产出分析来看，部分第三产业，如交通运输及仓储业、邮政业、租赁和商务服务业、研究与试验发展业、综合技术服务业的环向系数已经超过 2，对国民经济的推动和带动力已经较显著。由此，本章观察到：①我国的主导产业仍以第二产业为主，且目前重化属性较为显著。②第三产业的主导性从 2002 年开始提高，但尚未超过第二产业。③交通、邮政、科研、商务、综合技术等五个行业对国民经济的感应度开始明显提升，但影响力仍有限。

表 5-2 1987 年～2012 年我国主导产业群演化趋势

行业/指标	编号	影响力系数	感应度系数	环向系数
1987 年				
纺织业	07	1.1952	1.1283	2.3236
造纸及文教用品制造业	10	1.1107	1.2010	2.3116
炼焦、煤气及煤制品业	13	1.1604	1.5419	2.7023
化学工业	14	1.1055	1.4828	2.5883
金属冶炼及压延加工业	16	1.1339	1.6220	2.7559
仪器仪表及其他计量器具制造业	22	1.0560	1.4479	2.5039
其他工业	24	1.1578	1.5654	2.7232

① 根据世界工业化一般产业演变规律，先是轻工业主导，然后才是重工业和重化工业起主导作用，而我国无论是工业化早期还是加速期都是重工业特别是重化工业起着主导作用。

续表 5-2

行业/指标	编号	影响力系数	感应度系数	环向系数
1990 年				
纺织业	07	1.1989	1.1856	2.3845
造纸及文教用品制造业	10	1.1388	1.1249	2.2637
炼焦、煤气及煤制品业	13	1.1683	1.4965	2.6648
化学工业	14	1.1252	1.4318	2.5570
金属冶炼及压延加工业	16	1.2284	1.5342	2.7625
其他工业	24	1.2551	1.5439	2.7990
1992 年				
炼焦、煤气及煤制品业	13	1.1459	1.2367	2.3826
化学工业	14	1.1393	1.3921	2.5314
金属冶炼及压延加工业	16	1.1423	1.7271	2.8694
交通运输设备制造业	19	1.2154	1.1371	2.3526
仪器仪表及其他计量器具制造业	22	1.1166	1.4548	2.5713
其他工业	24	1.2139	1.5055	2.7193
1995 年				
纺织业	07	1.2564	1.3113	2.5677
化学工业	14	1.1815	1.5075	2.6890
金属冶炼及压延加工业	16	1.1405	1.5390	2.6795
仪器仪表及其他计量器具制造业	22	1.1243	1.7276	2.8519
机械设备修理业	23	1.1386	1.3740	2.5126
其他工业	24	1.1849	1.4226	2.6075
1997 年				
金属矿采选业	04	1.0226	2.2742	3.2969
纺织业	07	1.0939	1.1755	2.2694
造纸印刷及文教用品制造业	10	1.0580	1.2311	2.2892
化学工业	12	1.1195	1.4772	2.5967
金属冶炼及压延加工业	14	1.1875	1.6661	2.8537
金属制品业	15	1.2094	1.1131	2.3225

续表 5-2

行业/指标	编号	影响力系数	感应度系数	环向系数
1997 年				
机械工业	16	1.0991	1.1201	2.2191
电子及通信设备制造业	19	1.2432	1.1583	2.4015
仪器仪表及文化办公用机械制造业	20	1.1406	1.2094	2.3499
机械设备修理业	21	1.0148	1.4452	2.4600
2002 年				
造纸印刷及文教体育用品制造业	10	1.1075	1.2425	2.3500
石油加工、炼焦及核燃料加工业	11	1.0654	1.5536	2.6190
化学工业	12	1.1982	1.5116	2.7098
金属冶炼及压延加工业	14	1.1982	1.5623	2.7605
金属制品业	15	1.2693	1.1682	2.4375
通用、专用设备制造业	16	1.2323	1.0682	2.3005
电气机械及器材制造业	18	1.2859	1.1471	2.4330
通信设备、计算机及其他电子设备制造业	19	1.4232	1.2377	2.6609
仪器仪表及文化办公用机械制造业	20	1.3102	1.2381	2.5483
租赁和商务服务业	34	1.1100	1.2293	2.3393
2005 年				
金属矿采选业	04	1.0343	2.3335	3.3678
非金属矿及其他矿采选业	05	1.0730	1.4984	2.5714
造纸印刷及文教体育用品制造业	10	1.1350	1.2113	2.3463
化学工业	12	1.1911	1.5421	2.7331
金属冶炼及压延加工业	14	1.1722	1.5360	2.7082
金属制品业	15	1.2171	1.1505	2.3676
电气机械及器材制造业	18	1.2534	1.1129	2.3662
通信设备、计算机及其他电子设备制造业	19	1.4350	1.1572	2.5923
仪器仪表及文化办公用机械制造业	20	1.2873	1.1683	2.4556
电力、热力的生产和供应业	23	1.0415	1.5409	2.5824
租赁和商务服务业	34	1.1812	1.1834	2.3646

续表 5-2

行业/指标	编号	影响力系数	感应度系数	环向系数
2007 年				
金属矿采选业	04	1.0343	2.6599	3.6942
造纸印刷及文教体育用品制造业	10	1.1350	1.1932	2.3282
石油加工、炼焦及核燃料加工业	11	1.0015	1.5725	2.5741
化学工业	12	1.1771	1.4377	2.6149
金属冶炼及压延加工业	14	1.1722	1.3679	2.5401
仪器仪表及文化办公用机械制造业	20	1.2873	1.3292	2.6165
电力、热力的生产和供应业	23	1.0415	1.6569	2.6985
燃气生产和供应业	24	1.0462	1.1476	2.1938
2010 年				
金属矿采选业	04	1.0104	3.4620	4.4724
非金属矿及其他矿采选业	05	1.0315	1.6048	2.6363
造纸印刷及文教体育用品制造业	10	1.2464	1.3907	2.6371
石油加工、炼焦及核燃料加工业	11	0.9580	1.9328	2.8908
化学工业	12	1.2609	1.6682	2.9291
金属冶炼及压延加工业	14	1.2797	1.5562	2.8359
金属制品业	15	1.3552	1.2687	2.6238
仪器仪表及文化办公用机械制造业	20	1.3914	1.5868	2.9782
电力、热力的生产和供应业	23	1.0997	2.0387	3.1384
2012 年				
造纸印刷及文教体育用品制造业	10	1.1748	1.1769	2.3517
石油加工、炼焦及核燃料加工业	11	1.0143	1.4626	2.4769
化学工业	12	1.2344	1.3174	2.5518
非金属矿物制品业	13	1.1375	1.0981	2.2356
金属冶炼及压延加工业	14	1.2300	1.3160	2.5460
工艺品及其他制造业	21	1.2127	1.0926	2.3052
电力、热力的生产和供应业	23	1.0880	1.6738	2.7618
租赁和商务服务业	34	1.0458	1.2443	2.2901
研究与试验发展业	35	1.0006	1.0717	2.0722

表 5-3　2012 年第三产业投入产出系数

行业/指标	编号	影响力系数	感应度系数	环向系数
交通运输及仓储业	27	0.9630	1.1573	2.1203
邮政业	28	0.8825	1.2506	2.1331
信息传输、计算机服务和软件业	29	0.8942	0.7902	1.6844
批发和零售业	30	0.6193	1.0040	1.6233
住宿和餐饮业	31	0.8772	0.9048	1.7820
金融业	32	0.6964	1.2780	1.9744
房地产业	33	0.5566	0.7223	1.2789
租赁和商务服务业	34	1.0458	1.2443	2.2901
研究与试验发展业	35	1.0006	1.0717	2.0722
综合技术服务业	36	1.0303	1.0026	2.0329
水利、环境和公共设施管理业	37	0.9159	0.7034	1.6193
居民服务和其他服务业	38	0.8400	0.9009	1.7410
教育	39	0.5899	0.4870	1.0769
卫生、社会保障和社会福利业	40	0.9758	0.4600	1.4357
文化、体育和娱乐业	41	0.8234	0.7496	1.5731
公共管理和社会组织	42	0.7311	0.4663	1.1975

三、产业部门间要素流动机制的模拟

本章已经确定了第二产业中工业部门对我国工业化进程和长期经济高速增长起到了关键的推动作用，也发现这种推动作用基本源于工业部门 6～8 个核心的行业。下面将模拟产业部门间要素流动的机制，分析其驱动机制。

公式（5-6）～（5-13）j 的取值均保证，$E_j>1\&F_j>1$。设定主导产业群的拉动力为 P_i，反映行业 i 受到主导产业群的总拉动力。

$$P_i = \sum_j (B_{ij} \cdot \alpha_j) \tag{5-6}$$

主导产业群的推动力 Q_i，反映行业 i 受到主导产业群的总推动力。

$$Q_i = \sum_j (W_{ji} \cdot \eta_j) \tag{5-7}$$

其中，α_j 表示“最终产出变化百分比”，$\alpha_j = \Delta X_j / \sum \Delta X_j$，$\Delta X_j$ 表示产业 j 的最终产出的变化[①]；$\sum_j \Delta X_j$ 表示所有产业最终产出变化的总和。η_j 表示“初始投入变化百分比”，$\eta_j = \Delta V_j / \sum_j \Delta V_j$，$\Delta V_j$ 表示产业 j 的初始投入变化；$\sum_j \Delta V_j$ 表示所有产业初始投入变化的总和。

公式(5 - 8) ~ (5 - 10) 反映了三次产业受主导产业群的推动和拉动情况。本章设定第一产业受主导产业的环向完全关联系数为 ω_1，反映其受主导产业群的推动与拉动力。

$$\omega_1 = \sum_{i=1}^{c1} (P_i + Q_i) \tag{5-8}$$

第二产业受主导产业的环向完全关联系数 ω_2，反映其受主导产业群的推动与拉动力。

$$\omega_2 = \sum_{i=c1+1}^{c2} (P_i + Q_i) \tag{5-9}$$

第三产业受主导产业的环向完全关联系数 ω_3，反映其受主导产业群的推动与拉动力。

$$\omega_3 = \sum_{i=c2+1}^{c3} (P_i + Q_i) \tag{5-10}$$

下面公式(5 - 11) ~ (5 - 13) 则反映了，国民经济三次产业受主导产业群的促进而产生的产量变化速度。第一产业受主导产业促进的增速 v_1，反映第一产业受主导产业群的促进而产生的产量变化速度。其中，λ_i 表示总产出百分比，$\lambda_i = X_i / \sum_i X_i$，$\sum_i X_i$ 表示各产业的总产量之和。$(\sum_{i=1}^{c1} P_i + Q_i) / \sum_{i=1}^{c1} \lambda_i$ 是主导产业群规模增加 1% 时对第一产业带动的产值的增速；$(\sum_{k=1}^{n} \Delta X_k / \sum_i X_i)$ 是所有产业的当年产量增速。因此上式反应在当年总产出增速下，第一产业受主导产业群(或所有产业) 的促进。

---

① 在计算式，本章利用两张投入产出表的差额进行计算，遇到行业分类不一致时，利用 118 行业分类标准等细项重新计算行业最终产出和初始投入的增量。

$$v_1 = \frac{(\sum_{i=1}^{c1} P_i + Q_i) \cdot (\sum_{k=1}^{n} \Delta X_k / \sum_i X_j)}{\sum_{i=1}^{c1} \lambda_i} \tag{5-11}$$

第二产业受主导产业促进的增速 v_2，反映第二产业受主导产业群带来的产量增速。

$$v_2 = \frac{(\sum_{i=c1+1}^{c2} P_i + Q_i) \cdot (\sum_{k=1}^{n} \Delta X_k / \sum_i X_j)}{\sum_{i=c1+1}^{c2} \lambda_i} \tag{5-12}$$

第三产业受主导产业促进的增速 v_3，反映第三产业受主导产业群带来的产量增速。

$$v_3 = \frac{(\sum_{i=c2+1}^{c3} P_i + Q_i) \cdot (\sum_{k=1}^{n} \Delta X_k / \sum_i X_j)}{\sum_{i=c2+1}^{c3} \lambda_i} \tag{5-13}$$

根据公式（5-6）~（5-13）计算，标准化后三次产业增速当量[①]结果如表5-4所示。可以看出：受主导产业群的促进而产生的增速方面，第二产业不但处于绝对的优势地位，且第二产业受主导产业群的带动作用仍然远远高于第一和第三产业，这一定程度上说明全社会各类资源仍然主要集中于第二产业。

表 5-4　受主导产业群影响的三次产业发展参数（%）

年　　份	第一产业	第二产业	第三产业
	v_1	v_2	v_3
1987	21	50	29
1990	22	50	28
1992	17	50	33
1995	23	51	26
1997	21	53	26
2002	15	56	29

① 按照当年三次产业增速的比例，以全年增速为100%，计算三次产业的增速当量，表征三次产业增速的相对值。

续表 5-4

年份	第一产业	第二产业	第三产业
	v_1	v_2	v_3
2005	18	55	28
2007	18	57	25
2010	16	63	22
2012	14	65	21

全行业相关系数，计算公式同（5-6）~（5-13）。但是 j 的取值变为 1：n，该系数扩大以上指标“受主导产业群”的作用为“全行业”的作用，其计算结果如表 5-5 所示。由图 5-1 和图 5-2 可以发现，第二产业无论受主导产业群还是国民经济全行业的带动作用仍然是最高的，但从 2002 年开始，第二产业受国民经济全行业的带动作用的增速已经开始下滑，第三产业和第一产业的发展开始攀升。到 2012 年，三次产业受全行业的带动作用基本一致，增速较为协调。

表 5-5 受国民经济全行业影响的三次产业发展参数（%）

年份	第一产业	第二产业	第三产业
	v_1	v_2	v_3
1987	24	46	30
1990	25	46	29
1992	19	45	36
1995	25	44	31
1997	25	41	34
2002	23	48	29
2005	26	46	28
2007	28	46	26
2010	32	35	32
2012	30	44	26

从上述分析中，本章可以得出以下四点认识。第一，主导产业群对第一产业的带动力呈下降趋势，但全行业对一产的带动力呈上升趋势。由此说明，国民经济的要素从全行业结构的角度而言，开始向第一产业倾斜；但国民经济的

主导产业（重点是第二产业部门）未对一产形成足够的带动作用。

第二，主导产业群对第二产业的带动力持续上升，全行业对第二产业的带动力在2002年以后开始呈现下降趋势。由此说明，国民经济的要素从全行业结构的角度而言，第二产业的带动力逐步放缓；而国民经济的主导产业是第二产业增长的引擎。第二产业的产业加速放缓与以上模拟结果一致，说明第二产业的发展很大程度上依赖于结构效应，行业内部的技术进步等对第二产业的增长影响较小。

第三，第二产业的环向带动力非常大，也同样说明了第二产业对其他行业的相关性很大，对国民经济持续高速增长起到一个很大的支撑面的作用。第二产业对国民经济的各个部门普遍的相关性，也在一定程度上说明了我国国民经济整体发展状况，无论当前还是未来，仍然在相当长的一段时期内会取决于第二产业的发展状况。

第四，第三产业的发展在2005年后呈现方向性的变化，首先第三产业的劳动生产率已经突破了钱纳里（1986年）的假设，2012年我国第三产业的GDP占比（44.6%）已经与第二产业（45.3%）接近；其次全行业对第三产业的带动作用已经开始上升，而主导产业对第三产业的带动作用尚未明显增加；最后，第三产业对第二产业的带动力仍然有限，也就是说第三产业的发展是基于第二产业的需求产生的（结构效应），尚未形成对第二产业的有效推动力。

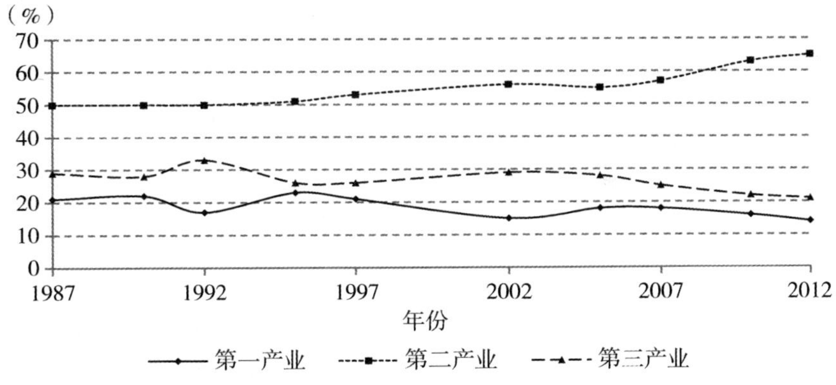

图5-1 1987年~2012年三次产业受主导产业群影响的增速变化趋势

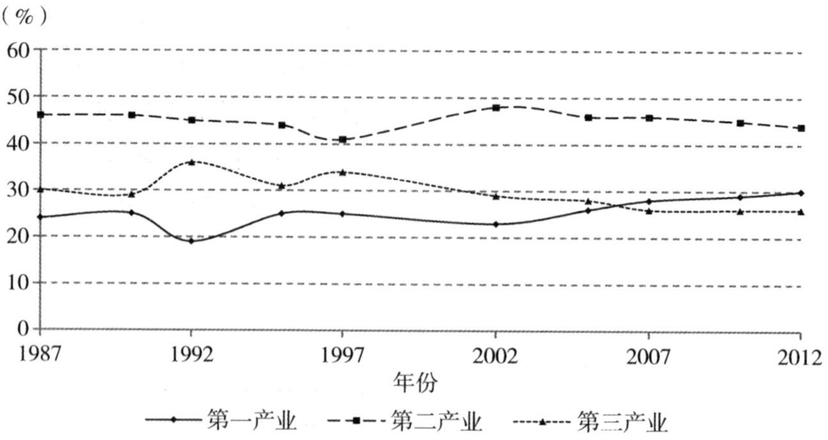

图 5-2 1987 年~2012 年三次产业全行业增速变化情况

四、驱动机制与增长路径

我们认为中国产业结构高度化进程的内在驱动机制：首先，结构效应为主。驱动力来自于第二产业内部的资本要素流动（结构效应），最终需求带来的驱动性较小。第二产业的核心驱动力来自于工业部门的 6~8 个主导产业。其次，第二产业带动明显。第二产业对一产、三产的推动力在持续增强，是一产、三产增长的核心驱动力。最后是创新不足，三次产业普遍创新不足，面临劳动生产率提升的卡点。

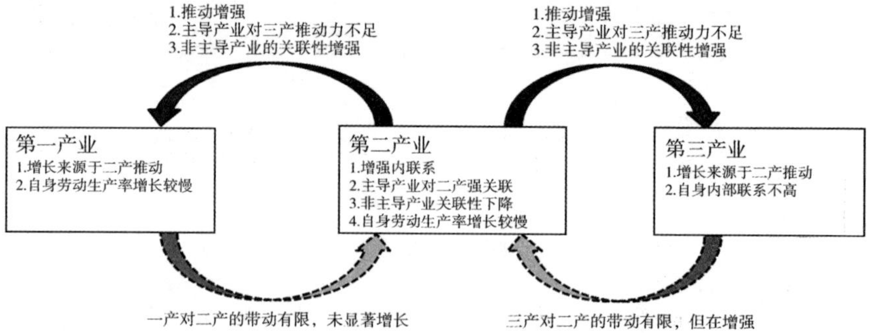

图 5-3 驱动机制示意图

基于此，我们认为当前驱动机制中存在三个结构性问题影响我国工业化加速进程，并探讨最优增长路径的三条策略。

（1）主导产业结构未能引导经济增长方向，必须打破主导产业的自循环机制，促进三次产业协调发展。当前主导产业仍为重化属性的6～8个工业部门，对第二产业的劳动生产率没有显著贡献，对第三产业的快速增长未起到显著作用。为了促进产业结构高度化的加速提升，在要素和资源分配方面，可以考虑调整目前重化的主导产业结构，重点关注对生产率有显著提升，且对第三产业有显著带动作用的产业，包括高端装备制造、产业研发服务等。我国二、三产业之间缺乏联动效应首先是与我国经济发展阶段相关，当前我国经济处于工业化中后期，也即是经济发展阶段的转型阶段。工业化中期发展阶段的特点是制造业内部由轻型工业的迅速增长转向重型工业的迅速增长；其次，工业化进入后期阶段，在第一、二产业协调发展的同时，第三产业开始由平稳增长转入持续的高速增长。其次，我国二、三产业之间缺乏联动效应可能是由于我国出口导向战略，使得我国的二产与国外发达经济体的三产之间联动效应弱化了国内二、三产之间应有的投入产出效应。这说明，我国未来应该在保持开放的大政方针不变的情况下，通过优化主导产业结构，突出发展第三产业中交通、邮政、科研、商务、综合技术等来强化对第二产业的服务功能；通过升级主导产业的产业链来引致提升国内相应第三产业的服务水平。

（2）主导产业的产业链环节有待提升，增强自身劳动生产率。一方面，提升产业链环节将增加第二产业当前的劳动生产率，加速产业结构高度化的进程；另一方面，将增强第二产业对第三产业的相关性，带动第三产业的快速发展。当前不论是长三角、京津冀、长江经济带的国家战略，还是自主创新示范区的推行，都在强化创新经济和产业链环节的有序升级。

（3）第三产业部门向第二产业部门间的要素流动有待增强。在发展路径上，产业结构转型的第一阶段要提升第二产业对第三产业的带动力，发展第三产业。第二阶段要提升第三产业的劳动生产率以及第三产业对第二产业的带动力，以此保证国民经济的持续增长。进一步地，第三产业对第二产业的带动将破解第二产业劳动生产率提升乏力的困境。

五、结论

我国按照产业结构高度化测度指标来看，在1985年才从整体上越过传统社会阶段，进入钱纳里所界定的工业化初期阶段，在1998年进入工业化加速阶段，2008年进入工业化中期阶段，2011年进入工业化后期阶段。与钱纳里工业化阶段产业结构变迁轨迹有所不同的是，我国转轨经济的发展特征使得本应在工业化中期阶段才显示出对国民经济主导和引领作用的金属冶炼及压延加工业、化学工业和石油加工等重化产业就已经与该阶段特有的纺织、木材加工及家具制造业等轻型主导产业一样，成为推动我国工业化进程的重要力量。此外，从我国产业结构高度在 1998 年达到 0.1 之后，即进入工业化加速期的发展特征来看，工业化加速发展的起点也早于钱纳里所界定的工业化中期阶段。这样看来，由于我国转轨经济发展特征所导致的工业化初期重化产业和轻工业双引擎作用，以致我国整个工业化进程不但在产业结构演变，而且在加速发展周期，特别是工业化中后期的转型发展上都要比西方历史轨迹来得快速和复杂。

从我国改革开放以来三次产业的完全环向系数变化轨迹来看，虽然，第三产业对国民经济的整体驱动力也有了大幅提升，其总指数仍然与第二产业相距甚远，其演化成为国民经济原动力的发展历程仍然还需要相当长的一段时间。我国国民经济的原动力无论在工业化初期还是中后期，始终都主要来源于第二产业，而且经过长期发展，第二产业对国民经济的驱动力也有了比较大幅度的提升。这在一定程度上说明，我国国民经济运行所依托的第二产业支撑作用基本处于不断强化之中。金属冶炼及压延加工业、化学工业、石油加工和炼焦及核燃料加工业等重化产业是我国当前及未来一段发展周期内第二产业发展的核心动力所在。不过从 2012 年来看，随着第三产业中研究与试验发展业和租赁和商务服务业的快速发展来看，我国经济结构的优化升级已经逐渐显现。

第二产业增速波动幅度要明显高于第一和第三产业，可见我国经济无论加速发展，还是出现衰退都与第二产业高度相关。这也从另外一个层面可以看出我国目前第二产业有一种自循环倾向即第二产业内部出现了比较明显的产业内部投入产出关系，而没有实现第二和第三产业之间有效联动发展的投入分配关系。由于第二产业内部这种自我循环机制的高效运作，以致我国经济增长进程中不得不更加依赖于投资来推动经济增长。要打破这种过度依赖投资的增长机制，必须打破第二产业内部自循环机制，实现第二、第三产业联动发展，即第二产业的投入最终要分配到第三产业，由此破除第二产业内部从投资到投资的内部循环机制，实现第二和第三产业之间投资和消费的有效平衡，最终实现我国经济增长进程中投资和消费的平衡驱动机制。根据统计公报，我国 2013 年三次产业结构第三产业增加值比重由 2012 年 44.6% 提升为 46.1%，首次超过第二产业所占比重（43.9%），2014 年第三产业增加值比重进一步上升为 48.2%，与第二产业增加值比重（42.6%）进一步拉开差距。由此未来我国可以进一步通过第二产业供给改革来满足第三产业不断上升的需求变化，实现我国二产和三产的良性循环。

本章按照较新的投入产出结构系数的计算方法（刘起运，2002；Jones，L.，1976；中国投入产出学会课题组，2006；沈利生，2010），计算了国内1987年~2012年的投入产出系数。依托诱导系数和推动力诱导系数的构建原则，文章建立了驱动机制的微观模拟分析。从模拟结果可以看出，该驱动机制的分析方法有效地反映了我国产业结构高度化进程中的核心环节和存在的问题，并探讨了最优的增长路径。本章一方面回答了产业结构高度化进程中驱动机制问题；更重要的，也作为对投入产出微观模拟的方法论探讨。进一步地，可以依据此分析思路，对比中国、日本和美国的产业结构高度化过程，寻找其中的微观机制；并以其分析各国产业空心化程度和发展轨迹。

第六章　高等教育改革与产业结构转型的实证研究

一、引言

进入21世纪以来，我国的经济与产业一直在进行结构调整，但并没有朝着最合理的方向优化升级。我们发现，对比我国与欧美发达国家的制造业占比与经济发展水平时，我国的第二产业发展并不像Simon Kuznets（1971年）、Berthold Herrendorf等（2013年）所证实那样，即在工业化完成之前——人均GDP达到钱纳里关于工业化完成时所要求的9000美元~10000美元之前（以2005年美元计）——第二产业比重会不断上升，在工业化完成后会下降，总体上看第二产业增加值份额会随着经济的发展呈现出驼峰状。在我国，即便是在经济发展水平较低时，第二产业增加值份额也比较高，这可能源自当时实行的重工业优先发展战略，我国的第二产业水平被人为拔高。第二产业占比在20世纪80年代超过了48%，之后有所下降，2007年又再次受到世界金融危机冲击，终止了上升趋势，目前处于下降的趋势。我国第二产业增加值份额目前大约在46%，而西方发达国家以及赶超特别成功的国家如日本和韩国的第二产业增加值份额在开始下降时都达到了50%以上，因此，对于还未完成工业化的我国来说，第二产业增加值份额还有上升空间。

再看我国的服务业占比情况。我国的第三产业增加值份额随人均GDP增长的变化趋势，总体符合产业结构特征事实，第三产业增加值份额随着经济水平的提高而提高，但是最近几年的加速趋势非常显著，在2014年达到了48%的高水平，但同等经济水平的日韩和欧美发达国家的服务业占比仅为40%左右，而像印度尼西亚和马来西亚这些后来居上的国家的服务业占比也比我国同时期的比重偏低，但像巴西等一些已经陷入“中等收入陷阱”的拉美国家，其服务业占比与我国同时期的比重接近，也出现经济发展水平仍在中等水平，但制造业占比已经见顶并开始下降，服务业占比仍呈不断上升的趋势。因此，我国可能存在服务业赶超的问题。巴西的服务业占比和日本的服务业占比相同，均为60%左右，我们并不能说服务业占比越高，经济发展水平越高。以上这些实事意味着，我国的服务业不是发展不够，而是发展过快，出现了服务业赶超状况，与同时期的经济发展水平不匹配；而我国制造业比重还没有达到一定的高度就开始下降，存在发展不足的问题。

在就业结构方面，2014 年末全国就业人员有 77253 万人，比上年末增加 276 万人；其中城镇就业人员 39310 万人，比上年末增加 1070 万人。全国就业人员中，第一产业就业人员占 29.5%；第二产业就业人员仅占 29.9%；第三产业就业人员占 40.6%。与 2010 年三个产业就业人员 36.7：28.7：34.6 的比重相比，第三产业从业人员有较大幅度提升。自 2011 年第三产业占就业比重首次超过第一产业后逐年增加，现在已成为吸纳就业的绝对主力。随着我国政府对服务业的大力扶持，加之服务业的高薪诱导，服务业吸纳的就业人口远远高于制造业，而且有相当一部分劳动力从业人员从制造业转移到了服务业，特别是金融和电商业。这使得一方面制造业的就业人口相对于服务业来说稍显不足，另一方面制造业的精英员工流入到了服务业，使得制造业的整体员工素质水平下降，这又会进一步促使制造业比重下降，不利于我国工业化进程乃至经济的健康发展。

我国 2013 年就业人数 7.7 亿人，高校毕业生 700 多万人，职业教育学校毕业生数 500 多万人，高中毕业生数达 800 多万人，这占了总就业人数的近 3%。虽然近年来我国职业教育（除成人职业教育和工人再教育）不管在学生还是教师数量上都有所增长，但其规模仍比普通教育小很多，而且有一部分就业于服务业岗位，使得制造业就业规模更小。这些毕业生的去向影响了就业结构，由于劳动力的数量和质量不同，又进一步影响三大产业的产值及产业结构。但是，职业教育对技术的转移和扩散、产业结构升级乃至经济增长起着不可忽视而且会越来越重要的作用。

二、文献回顾

1999 年，为深化高等教育改革，教育部在部分省、市试行招收高等职业技术教育学生。2000 年开始，高校的专科教育与高等职业技术教育统称“高职高专”，专科教育改革主要的方向就是高职，人才培养的目标是一致的，都是以培养学生的专业动手能力为主，强调实用性、应用性。从此，高等职业教育才被正式定义并被注重起来，但大多数学者都是将高等教育作为一种人力资本来统一研究，有关高等教育改革尤其是与高等职业教育有关的研究却依然较少。杨汝岱、陈斌开（2009 年）研究了高等教育改革与居民消费行为，并得出前者对后者有显著的挤出效应的结论；张应强（2014 年）认为，高等教育改革应将政府的顶层设计与市场竞争机制并重，切实推进现代大学制度的建设。不少学者认为我国高等教育改革的核心任务是提高教育质量（刘延东，2012；闫广芬、吴俊，2011）。

在与高等职业教育有关的文献中，绝大部分都是定性分析（钟秉林、赵应生、洪煜，2009）而没有定量分析，并且几乎没有文献研究教育结构与其他经济变量之间的影响。潘懋元（2007 年）指出了我国目前高等职业教育存在的关键性问题并提出要改变“低投入、高收费”的政策；改变“先本后专”的招生和就业制度；改变专业设置方式；让学校依市场需求自主设置专业；通过制度变革来改变社会对高等职业教育的传统认识。高等职业教育发展路径应从数量增长转变到质量提高。也有不少学者研究了中等职业教育与高等职业教育的衔接及职业教育与普通教育的等值问题。如姜大源（2011 年）、张守祥（2012 年）均表明，实现中等和高等职业教育科学衔接，提升高等职业教育的社会地位及教学质量，必将有力促进产业结构的调整和企业转型升级。更具体地，周建松（2014 年）指出要提高高等职业教育质量，在课程体系建设中要遵循的基本原则包括：基础课程体现高等教育属性；专业课程面向产业和职业岗位；技能课程直接对接实际需求。

在高等教育与产业结构的关系方面，大部分学者（刘健、宗平华，2013；何菊莲等，2013）均得出了高等教育人力资本对产业结构的优化升级有显著的正向影响。同时，前者研究表明，第二产业的教育人力资本增加 1%，导致第二产业 GDP 增加比重同比优于第一、第三产业增加比重，同时也导致第二、第三产业 GDP 之和占 GDP 总量的比重增加同比优于第一、第三产业。因此，要促进产业结构优化升级，应着重加快第二产业人力资本积累。只有第二产业产出比重不断增长，才能逐步接近发达国家的演进过程，才能逐步走上以第三产业发展为主的产业结构阶段。肖兴志等（2013 年）的理论模型也表明，我国 2009 年开始二产的产值比重低于理论最优值，而三产的产值比重高于理论最优值。二者均为本章二产发展不足而三产发展过快的论点提供了支持。

事实上，也有学者指出我国产业结构与就业结构存在着失衡。陈桢（2007年）结合一般经验与国际比较，并对比劳动生产率、结构偏离度进行实证分析的结果表明，我国产业结构与就业结构的变动关系处于失衡状态，就业结构变动显著滞后于产业结构变动，而且劳动力的产业转移具有超越第二产业、直接向第三产业转移的特征。而何德旭、姚战琪（2008年）指出，我国就业结构不适应产业结构转型的主要表现为：劳动力投入偏向第三产业，但全社会产出的技术和投入结构的变化并不利于第三产业的发展。20世纪90年代中后期以来，第二产业的劳动力投入增长有大幅下降的同时，中国就业的增加主要偏向于第三产业，但是与处于后工业化和经济成熟阶段的发达国家就业结构偏重第三产业的形成机制完全不同，发达国家就业以第三产业为主是已进入以“服务经济化”为代表的成熟阶段才有的特征，与中国当前有着本质区别。在发达国家，第三产业在中间投入结构中的份额是不断增加的。因此，第三产业的产业关联特性对第三产业劳动力投入是扩大效果，而在中国，这一因素缩小第三产业劳动投入（胡秋阳，2006）。赵杨、刘延平（2010年）在研究就业结构与产业结构的关联性时发现，无论在对城镇单位人员就业的“存量吸纳能力”方面还是在“增量吸纳能力”方面，第三产业均高于第二产业，而第二产业的劳动生产率却高于第三产业，且近年有扩大的趋势。项俊波（2008年）指出，中国经济结构失衡指数从1992年的2.42增加到2007年的4.02，表明中国经济结构失衡程度总体上在加剧，但他没有考虑教育结构失衡对产业结构失衡的影响。王磊（2011年）用省际面板数据实证表明，职业教育的发展可以通过促进人力资本积累和就业促进经济增长，贡献率分别为0.05%和0.18%。但他没有分析高等教育结构对经济增长的影响。

综上，尚未有研究分析高等教育改革后教育结构对就业结构和产业结构的影响，本章将从定性和定量角度综合研究几种不同的教育类型对就业结构、产业结构以及各产业的劳动生产率的影响，并给出相关政策建议。

三、数据来源、变量选取与描述性统计

（一）数据来源

本章的数据有两部分。描述性统计部分用的是1990年～2013年全国的数据。1990年～1996年有关教育的数据（四种教育类型的毕业生数、师生比与

教育经费支出）来自中国教育和科研计算机网，1997 年～2013 年四种教育类型的学生数、专任教师数等数据来源于中国教育统计年鉴和中华人民共和国教育部网站，1997 年～2013 年各类型的教育经费支出来自中国教育经费统计年鉴；1990 年～2013 这 24 年的三次产业经济增加值、就业人数及其他变量的原始数据均来自于国家统计局的《中国统计年鉴》。实证部分 2004 年～2013 年的面板数据（四种教育类型毕业生数及师生比、财政教育经费支出、进出口总额及人口数）来自于国家统计局及各个省市的统计局。在剔除了西藏后，还剩 30 个省市共 5700 个数据。

（二）变量选取

表 6-1 列出了本章分析所涉及的所有变量的定义。被解释变量有 6 个，分别为经济非农化比（*nagr_y*）、经济服务化水平（*s_y*）、二产就业占比（*mfr_rl*）、三产就业占比（*srv_rl*）、二产相对劳动生产率（*mfr_lp*）和三产相对劳动生产率（*srv_lp*）。最重要的解释变量有 4 个，为高职毕业人数（*hv_stu*）、中职毕业人数（*sv_stu*）、本科毕业人数（*ugrd_stu*）与高中毕业人数（*sm_stu*）。将要用到的工具变量为高职教育生师比（*hv_str*）、中职教育生师比（*sv_str*）、本科教育生师比（*ugrd_str*）和高中教育生师比（*sm_str*）。控制变量为财政性教育支出（*fiscal*）、产业开放度（*open*）和人口增长率（*pop*）。描述性统计部分还用到了四种教育类型专任教师数（*hv_tch*、*sv_tch*、*ugrd_tch* 和 *sm_tch*）、四种教育类型教育经费支出（*hv_ea*、*sv_ea*、*ugrd_ea* 和 *sm_ea*）。具体如下：

表 6-1 变量定义

变 量	定 义
nagr_y	经济非农化比重 =（第二产业经济增加值+第三产业经济增加值）/GDP
s_y	经济服务化水平 = 第三产业经济增加值/第二产业经济增加值
mfr_rl	二产就业占比 = 第二产业就业人数/总就业人数
srv_rl	三产就业占比 = 第三产业就业人数/总就业人数
mfr_lp	第二产业相对劳动生产率 =（第二产业经济增加值/第二产业就业人口）/（GDP/总就业人口）

续表 6-1

变　量	定　义
srv_lp	第三产业相对劳动生产率=（第三产业经济增加值/第三产业就业人口）/（GDP/总就业人口）
hv_stu	高等职业教育（包括高等职业技术学院和高等专科学校）毕业生数
sv_stu	中等职业教育（包括职业高中、中专和技校）毕业生数
ugrd_str	本科毕业生数，即普通高等本科教育（包括本科生和研究生）毕业生数
sm_stu	高中（普通高等中学）毕业生数
hv_str、*sv_str*、*ugrd_str*、*sm_str*	分别为高职、中职、本科和高中生师比
fiscal	当地财政性教育经费支出
open	产业开放度=进出口总额/GDP
pop	人口增长率=（当年年末总人口-上年年末总人口）/上年年末总人口
hv_tch、*sv_tch*、*ugrd_tch*、*sm_tch*	分别为高职、中职、本科和高中专任教师数
hv_ea、*sv_ea*、*ugrd_ea*、*sm_ea*	分别为高职、中职、本科和高中财政性教育经费支出

（三）描述性统计

1. 经济非农化与服务化比

图 6-1 描述了我国经济从 1990 年～2013 年非农产业在经济中的占比及服务业与制造业的占比。从图 6-1 可以看出，我国的非农占比逐年稳健提升，即农业产值占国内生产总值比例逐渐减少，且从 1990 年的 27.9%减少到 2013 年的 9.4%，这从反面体现出我国制造业和服务业的增长是比较稳定而快速的。但美国的农业占比只有 3%左右，因此，我国农业产值占比仍有下降的空间，制造业和服务业占比仍有提升空间。

相比之下，我国服务业与制造业产值之比波动就比较大，其趋势为：先缓慢下降再快速上升，再缓慢下降，最后再迅速上升。自改革开放以来，我国农村和工业的生产力被大大激发，特别是随着机械的使用、铁路的修建，我国制造业得到飞速发展，而且由于各地政府纷纷以“锦标赛”竞争模式扩大投资，大力发展重工业，而忽视了服务业的发展，使得服务业产值与制造业产值之比下降；而1996年，美国实行对华贸易制裁，欧洲一些国家也纷纷跟进，使得中国工业品特别是纺织等轻工业品出口量大大下降，制造业发展速度下降，同时，国务院于1996年进行了农村金融体制改革，使我国金融行业得到较快发展，因此，从1996年~2002年服务业增长快于制造业；2001年年底，中国加入WTO，从此中国商品出口又大大增长，使得服务业与制造业产值比下降；但2006年，中国出台一系列刺激房地产的政策，使得以房地产为主的服务业迅速发展，第三产业比第二产业产值有逐渐上升，特别是2008年年底中国的4万亿救市计划使得房地产行业产值飞速上升，而且近几年我国钢铁、煤炭化工和基建由于之前各地方政府盲目大力发展导致产能过剩，制造业发展减缓，也加大了曲线的斜率。特别地，在2013年，我国第三产业产值首次超越第二产业，成为拉动经济增长最主要的力量。

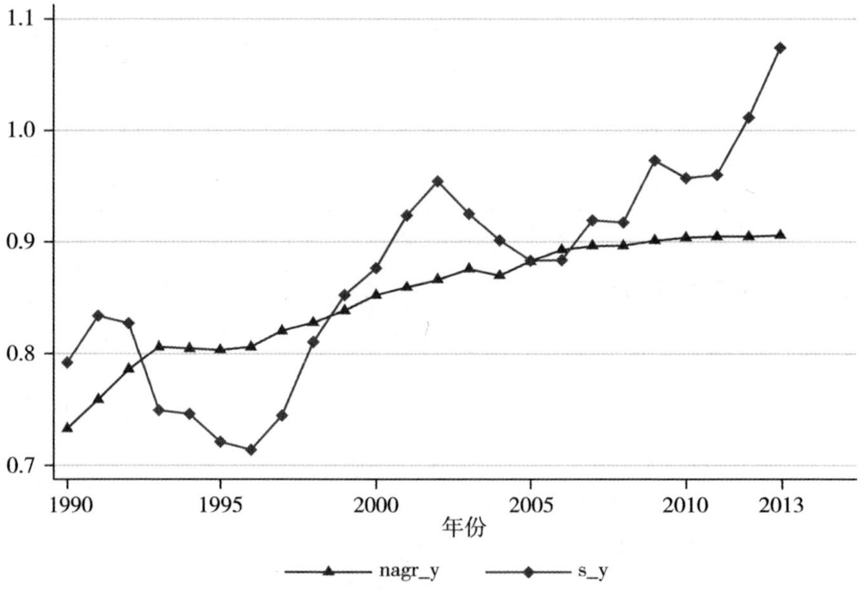

图6-1 1990年~2013年非农产业占比及服务化比

2. 四种教育类型毕业生数随时间变化

图6-2描述了我国1990年~2013年高等职业教育（除成人高等职业教育）、中等职业教育（除成人中专、成人初中和职业初中）、普通高等教育

（普通高等学校本科生和研究生）和普通高中这四种教育类型毕业生人数的变化趋势。从图可知，普通高等教育毕业生逐年增加，从 2002 年开始大幅增长，这是因为我国 1999 开始实行大规模大学扩招，招生人数同比上年增加了 47.4%，这是史无前例的。2003 年，即 4 年后，大批的本科生涌向就业市场，使得就业人数大增。而从 1999 年～2003 年，我国职业教育就业人数就相应减少，各地职业学校只能招收高等本科学校剩下的学生，导致生源质量下滑，办学力量萎缩。从 2002 年开始的 5 年内，我国职业教育扩招 100 万人，投入 100 亿，因此从 2004 年开始职业教育毕业人数迅速增加，这是一个比较好的态势。

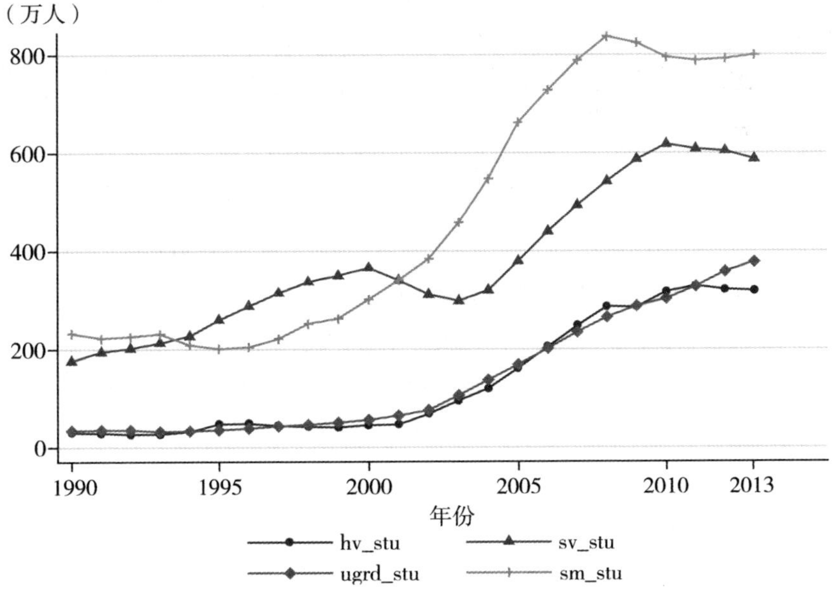

图 6-2　1990 年～2013 年四种教育类型毕业生数

3. 四种教育类型专任教师数随时间变化

图 6-3 描述了我国 1990 年～2013 年高等职业教育、中等职业教育、普通高等教育和普通高级中学这四种教育类型专任教师数的变化趋势。可以看出，我国普通教育的专任教师人数逐年增长且增速较快。但我国职业教育专任教师人数增长速度却比较慢，中等职业教育在这 20 多年间几乎没有增长，且一直低于普通高中教育的专任教师数。而高等职业教育虽然学生人数超越了普通高等教育，但专任教师人数却不到普通本科学校的一半，师资力量差距太大，这一方面体现了我国职业教师比较稀缺，另一方面也体现出我国政府对职业学校教师的投入过小，这在很大程度上制约我国职业教育的健康发展。

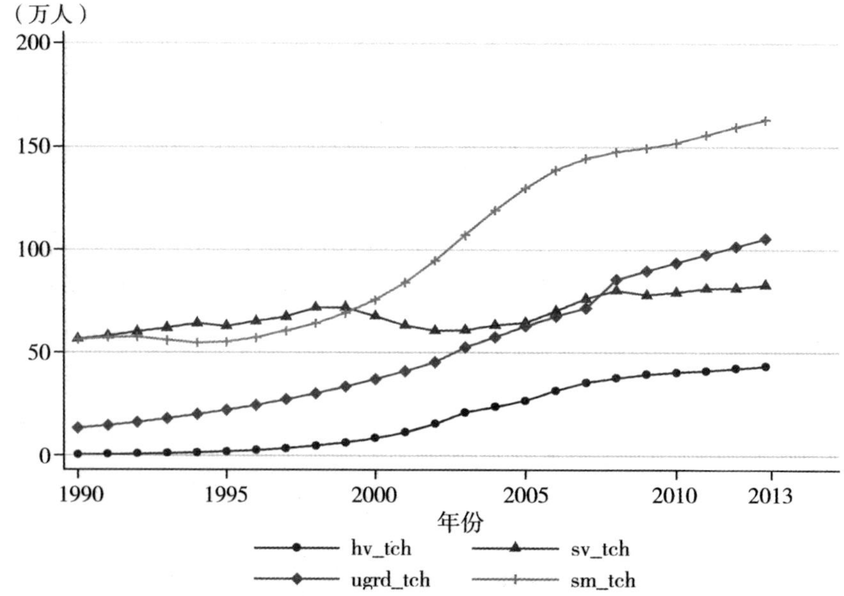

图 6-3　1990 年 ~2013 年四种教育类型专任教师数

4. 四种教育类型学校经费支出随时间变化

图 6-4 描述了我国 1990 年 ~2013 年高等职业教育、中等职业教育、普通高等教育和普通高中教育学校经费支出变化情况。和图 6-3 一样，我国职业教

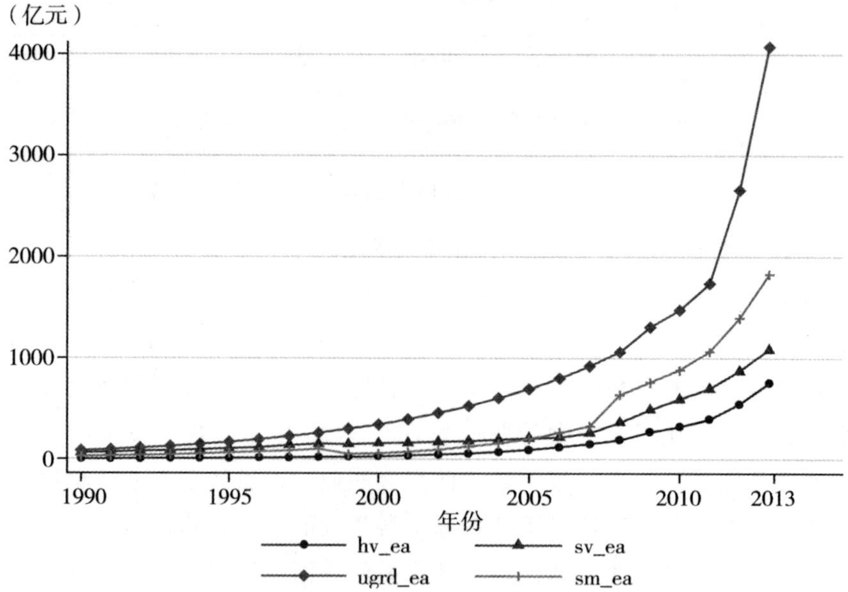

图 6-4　1990 年 ~2013 年四种教育类型学校经费支出

育学校经费支出也远低于相应等级的普通教育学校经费支出。我国的高等职业教育经费是从2006年“十一五”规划开始才比较快速地增长的，但到2013年仍只有本科教育的八分之一左右，中等职业教育经费也只有普通高中教育经费的一半。这说明了我国在职业教育经费上的投入虽然有所增长，但还远远不够，无法保证每个学生都享受到与普通教育的相同级别的教育质量。

5. 变量的描述性统计表格

本章的变量描述性统计表格如下：

表6-2　变量描述性统计

变量名	观测数	最大值	最小值	均值	标准差
y	300	62474.79	466.1	12477.19	11379.99
agr_y	300	4565.97	60.70	1200.30	946.10
mfr_y	300	29086.08	205.60	6165.45	5887.37
srv_y	300	30503.44	193.70	5168.02	4967.09
l	300	6623.73	290.42	1681.06	2530.43
agr_l	300	3245.70	37.09	1014.49	727.90
mfr_l	300	2526.48	37.16	689.08	616.64
srv_l	300	2195.13	85.90	817.22	519.10
sv_stu	300	52.90	0.37	11.71	15.76
ugrd_stu	300	23.64	0.40	7.67	5.01
hv_stu	300	29.36	0.11	8.73	6.57
sm_stu	300	74.98	2.07	25.15	16.72
sv_str	300	60.44	10.40	27.12	8.41
sm_str	300	23.18	9.00	16.48	2.59
ugrd_str	300	19.56	11.04	17.32	1.16
hv_str	300	22.17	8.27	16.57	2.48
fiscal	300	0.09	0.01	0.03	0.01
open	300	1.34	0.01	0.17	0.25
pop	300	0.06	-0.06	0.01	0.01

其中，4 个经济增加值变量单位为亿元，4 个就业人数变量的单位为万人，4 种教育类型毕业生数的单位为万人，其他变量为无量纲变量。对于 GDP 和就业人口等数值比较大的变量，本章将对之取其对数值或采用比例形式以缩小范围，增加回归显著程度，并减少异方差和异常值的影响。从以上表格可看出，本章的数据的最大值、最小值、均值及标准差都在正常合理的范围之内，可以进行回归分析。

四、不同教育类型的毕业生数与产业结构数量及质量的模型构建

（一）产业结构模型

1. 经济非农化效应模型

本章以模型（6-1）实证检验四种不同教育类型毕业生数对经济非农化的影响。

$$nagr\_y_{it}=\beta_0+\beta_1 hv\_stu_{it}+\beta_2 sv\_stu_{it}+\beta_3 ugrd\_stu_{it}+\beta_4 sm\_stu_{it}+\beta_5 fiscal_{it}+\beta_6 open_{it}+\beta_7 pop_{it}+\varepsilon_{it} \tag{6-1}$$

其中 i 表示省份，t 表示年份。被解释变量为非农经济占比，主要解释变量分别为高等职业教育毕业生数、中等职业教育毕业生数、普通高等教育（本科及研究生）毕业生数和普通高中教育毕业生数，控制变量为各地政府财政支出（刘桂芝、张肃，2004）、产业开放度（尹晓敏，2012）及人口增长率。我们期待模型的系数均为正，并且 $\beta_1>\beta_2$，$\beta_3>\beta_4$，即说明高职生相比于中职生，本科生（本章中包括研究生）相比于高中生，他们毕业工作后更能提高经济非农占比。且 $\beta_1>\beta_4$，$\beta_3>\beta_2$，因为高职和本科的学历级别等价，中职和高中学历级别等价，我们预期，不管是本科教育还是高职教育，只要多接受了 3～4 年该类教育，就可以提升一个人的生产力。特别地，由于第一产业所需技术水平较低、门槛也低，容易学，而技术性、知识和学历门槛主要集中在非农产业，我们认为，接收更多的教育更有利于提升一个人在制造业和服务业的生产力。

2. 经济服务化效应模型

一般来讲，刻画产业结构发展水平的第二个指标为经济的服务化占比。我们以模型（6-2）实证检验四种不同教育类型毕业生数对经济服务化的

影响。

$$s\_y_{it}=\beta_0+\beta_1 hv\_stu_{it}+\beta_2 sv\_stu_{it}+\beta_3 ugrd\_stu_{it}+\beta_4 sm\_stu_{it}+\beta_5 fiscal_{it}+\beta_6 open_{it}+\beta_7 pop_{it}+\varepsilon_{it} \quad (6-2)$$

其中，被解释变量为经济服务化占比，解释变量与（6-1）相同。我们预期 $\beta_1<\beta_2<0$，$\beta_3>\beta_4>0$，其他系数均为正。即职业教育学生毕业后更倾向于进入第二产业，并提高二产占比，且高职相比中职对二产产值促进作用更大；本科毕业生和高中毕业生更倾向进入第三产业，并提高三产占比，且本科生相比高中生对三产产值促进作用更大。

（二）就业结构模型

1．二产就业比重模型

$$mfr\_rl_{it}=\beta_0+\beta_1 hv\_stu_{it}+\beta_2 sv\_stu_{it}+\beta_3 ugrd\_stu_{it}+\beta_4 sm\_stu_{it}+\beta_5 fiscal_{it}+\beta_6 open_{it}+\beta_7 pop_{it}+\varepsilon_{it} \quad (6-3)$$

其中，被解释变量为第二产业就业人口占总就业人口比重。由于不管是哪种教育类型的毕业生，不管其进入哪个产业，其都是贡献一单位的劳动力。我们预期 β_1 和 β_2 系数为正，β_3 和 β_4 系数为负。

2．三产就业比重模型

$$srv\_rl_{it}=\beta_0+\beta_1 hv\_stu_{it}+\beta_2 sv\_stu_{it}+\beta_3 ugrd\_stu_{it}+\beta_4 sm\_stu_{it}+\beta_5 fiscal_{it}+\beta_6 open_{it}+\beta_7 pop_{it}+\varepsilon_{it} \quad (6-4)$$

其中，被解释变量为第三产业就业人口占总就业人口比重。与上述解释类似，我们预期 β_1 和 β_2 系数为负，β_3 和 β_4 系数为正。

（三）相对劳动生产率模型

1．二产相对劳动生产率模型

$$mfr\_lp_{it}=\beta_0+\beta_1 hv\_stu_{it}+\beta_2 sv\_stu_{it}+\beta_3 ugrd\_stu_{it}+\beta_4 sm\_stu_{it}+\beta_5 fiscal_{it}+\beta_6 open_{it}+\varepsilon_{it} \quad (6-5)$$

其中，被解释变量为第二产业的相对劳动生产率[①]。它等于工业产值占总GDP 比重除以工业就业人口占总就业人口比重，衡量了工业就业结构与产业

---

① 某产业相对劳动生产率=该产业劳动生产率/平均劳动生产率-1。当该数值为正时，表示该产业劳动生产率高于经济的平均劳动生产率，此时一单位劳动力进入该产业带来的产值的增加大于进入其他产业。反之亦然。

结构的均衡关系，也可以理解成第二产业劳动生产率与第一产业劳动生产率之比。因为相对劳动生产率剔除了就业人数的绝对影响，我们把人口增长率这一控制变量剔除，以免重复。我们期待 $\beta_1>\beta_2>0$，即相比于进入其他产业，平均来讲，职业教育学生进入第二产业时，其劳动生产率比进入其他产业要高，且随着教育水平的提高而增加；且 $0>\beta_4>\beta_3$，这意味着平均来讲，受普通高等教育和本科的学生毕业后进入制造业可能并不是那么有利。

2. 三产相对劳动生产率模型

$$srv\_d_{it}=\beta_0+\beta_1 hv\_stu_{it}+\beta_2 sv\_stu_{it}+\beta_3 ugrd\_stu_{it}+\beta_4 sm\_stu_{it}+\beta_5 fiscal_{it}+\beta_6 open_{it}+\varepsilon_{it} \quad (6-6)$$

其中，被解释变量为第三产业的相对劳动生产率。同式（6-1）中的分析类似，我们期待 $\beta_4>\beta_3>0$，$0>\beta_2>\beta_1$，解释与式（6-1）类似。

五、不同教育类型的毕业生数对产业结构影响的实证分析

（一）教育结构对产业结构的影响分析

1. 教育结构对经济非农化的影响

表 6-3 报告了教育结构对非农经济占比的影响。我们共做了 4 次回归：只有毕业学生数的 4 个关键变量面板回归、加上产业开放度和人口增长率这两个控制变量的面板回归、固定效应和随机效应模型。由于加入外生控制变量财政教育支出时，不仅其自身不显著，更大幅降低了其他变量的显著性，因此我们在回归时将其去掉，而且也不影响模型的整体显著性。Hausman 检验的结果显示，p 值为 0.49，表明该模型用随机效应模型更加合适。

表 6-3　教育结构对非农经济占比影响

nagr_y		*robust*	*fe*	*re*
hv_stu	0.0010	0.0008	0.0008	0.0008
	(1.26)	(0.85)	(1.04)	(0.99)
sv_stu	−0.0011**	−0.0013	−0.0012**	−0.0013**
	(−2.88)	(−1.66)	(−3.10)	(−3.22)
ugrd_stu	0.0029**	0.0035*	0.0033***	0.0035***
	(3.20)	(2.33)	(3.60)	(3.80)

续表 6-3

nagr_y		*robust*	*fe*	*re*
sm_stu	0.0016*** (5.14)	0.0018* (2.35)	0.0019*** (5.86)	0.0018*** (5.60)
open		0.0667 (1.77)	0.0618* (2.27)	0.0667** (2.63)
pop		0.114 (1.74)	0.102 (0.86)	0.114 (0.96)
_cons	0.843*** (44.41)	0.826*** (40.65)	0.825*** (88.28)	0.826*** (42.29)
N	300	300	300	300

注：括号中的数为回归系数的 t 值，***、** 和 * 分别代表在 1%、5% 和 10% 的水平上统计显著。

除了高职毕业生这一项都不显著，其他项在5%统计水平上都是显著的。这说明，在控制了其他因素后，高职毕业生的数量对我国非农经济占比的影响不显著，而中职毕业生的数量对我国非农经济占比起到了反作用，即随着中职毕业生人数的增加，我国农业占比会上升。由于我国目前农业产值占比相比于同等发展阶段的发达国家仍偏高，因此，应减缓我国的中职毕业生人数增长速度，使非农经济占比上升。这与我国近年来职业教育的发展方向较为符合。即最近 20 年来，我国中职学校从 22000 多所减为 12000 所，中职学校数在减少，但规模小、条件很差的学校越来越少，使得学生质量上升。相比于高中生，本科及研究毕业生对非农经济占比的促进效果更大，更有利于一产占比的加速下降。在其他条件不变情况下，每增加 1 万大学毕业生就能使农业占比下降 0.35%，这个效果是非常可观的。总之，这个回归结果比较符合我们的预期。

2. 教育结构对经济服务化的影响

表 6-4 报告了不同教育类型和水平的毕业生数对经济服务化比重的影响。Hausman 检验的结果也显示该模型用随机效应模型比较合适。而且，在随机效应模型下，除了控制变量财政教育支出，其他都是显著的，模型整体也非常显著。因此，这四个子回归中，我们选择随机效应模型。

表 6-4　教育结构对经济服务化比重影响

s_y		*robust*	*fe*	*re*
hv_stu	-0.0085	-0.0099	-0.0072	-0.0099 *
	(-1.06)	(-1.10)	(-1.33)	(-1.80)
sv_stu	-0.0082***	-0.0084***	-0.0080***	-0.0084***
	(-2.64)	(-2.64)	(-2.98)	(-3.06)
ugrd_stu	0.0262	0.0301	0.0247***	0.0301***
	(1.95)	(1.93)	(3.91)	(4.91)
sm_stu	-0.0038	-0.0036	-0.0029	-0.0036*
	(-1.32)	(-1.15)	(-1.23)	(-1.68)
fiscal		0.0306	-0.228	0.0306
		(0.02)	(-0.26)	(0.04)
open		0.508	0.0487	0.508***
		(1.00)	(0.26)	(3.60)
pop		-1.356	-1.492	-1.356*
		(-1.60)	(-1.89)	(-1.65)
_cons	1.044***	0.948***	1.028***	0.948***
	(10.61)	(10.13)	(16.51)	(12.56)
N	300	300	300	300

注：括号中的数为回归系数的 t 值，***、**和*分别代表在 1%、5% 和 10% 的水平上统计显著。

回归结果中关键变量的系数符号及大小基本符合我们的预期。平均而言，高等职业教育毕业生的增加更有利于制造业比重的上升，而且高职毕业生就业后对制造业的经济增加值大于中职毕业生。其他条件不变时，多培养 1 万个高职毕业生，能够使制造业与服务业的比值提升 0.99%，效果非常明显。大学生[①]对服务业发展的促进作用非常显著，这也印证了我们的第二个假说。

① 一般定义的大学生包括本科生、研究生和专科生，本章只本科生和研究生，专科生（即高等专科生）在本章被划分为高职高专（本章简称高职），而且为简便起见，本章所指的本科生包括研究生在内。

（二）教育结构对就业结构的影响分析

1. 教育结构对制造业就业比重的影响

表6-5 显示了不同教育类型和水平的毕业生对第二产业就业人数比重的影响的回归结果。Hausman 检验结果显示该模型应该使用固定效应模型。

表 6-5　教育结构对制造业就业比重的影响

mfr_rl		*robust*	*fe*	*re*
hv_stu	0.0036** (3.10)	0.0034** (2.90)	0.0035*** (4.29)	0.0034*** (4.07)
sv_stu	-0.0010 (-1.46)	-0.0008 (-1.16)	-0.0006 (-1.37)	-0.0008 (-1.88)
ugrd_stu	0.0010 (0.53)	0.0007 (0.36)	0.0001 (0.05)	0.0007 (0.77)
sm_stu	0.0011* (2.32)	0.0008* (2.31)	0.0006 (1.59)	0.0008* (2.42)
fiscal		0.431* (2.00)	0.551*** (4.23)	0.431** (3.28)
open		0.0389 (0.72)	-0.0078 (-0.28)	0.0389 (1.57)
pop		-0.0378 (-0.57)	-0.0726 (-0.61)	-0.0378 (-0.31)
_cons	0.200*** (10.04)	0.187*** (9.31)	0.199*** (21.35)	0.187*** (12.00)
N	300	300	300	300

注：括号中的数为回归系数的 t 值，***、**和*分别代表在1%、5%和10%的水平上统计显著。

回归结果只有高职毕业生和财政教育支出项是显著的。高职毕业生每增加1万人，制造业就业人口占总就业人口比重就能提升0.35%。因此，培养更多的高职毕业生有利于我国第二产业就业人口的增加，以调整就业结构。这既符合我们的预期，也符合国家未来的产业政策。

2. 教育结构对服务业就业比重的影响

表 6-6 显示了教育结构对服务业就业比重影响的回归结果。Hausman 检验结果显示，该模型使用随机效应最佳。

表 6-6　教育结构对服务业就业比重的影响

srv_rl		*robust*	*fe*	*re*
hv_stu	0.0007 (0.48)	0.0001 (0.03)	0.0011 (0.94)	0.0001 (0.03)
sv_stu	−0.0012 (−1.73)	−0.0011 (−1.77)	−0.0002 (−0.35)	−0.0011 (−1.68)
ugrd_stu	0.0040 (1.23)	0.0047 (1.32)	0.0007 (0.49)	0.0047 * * (3.25)
sm_stu	0.0005 (0.79)	−0.0001 (−0.30)	0.0002 (0.29)	−0.0001 (−0.29)
fiscal		0.682** (2.76)	0.832*** (4.22)	0.682*** (3.43)
open		0.121 (1.65)	−0.113** (−2.71)	0.121*** (4.08)
pop		0.274 (1.45)	0.0816 (0.45)	0.274 (1.39)
_cons	0.315*** (13.26)	0.284*** (13.27)	0.320*** (22.69)	0.284*** (18.49)
N	300	300	300	300

注：括号中的数为回归系数的 t 值，* * *、* * 和 * 分别代表在 1%、5% 和 10% 的水平上统计显著。

只有本科毕业生这一项在 5% 水平上显著。而且，每多培养 1 万个大学生，服务业占就业比重就能提升 0.47%，由于 1998 年本科生扩招和 2002 年研究生扩招，使得目前我国本科院校在校生数量（2013 年末为 1700 多万）远超过高职院校在校生（2013 年末为 900 多万）数量，而且 20 年来增长了 10 多倍，高于高职的 7 倍。这再次说明了我国高校扩招严重，使得大学生泛滥，而且其毕业后大部分进入服务业也是造成服务业占比过高的原因之一。减缓大学扩招速度甚至控制或适当减少招生规模或许有利于我国服务业比例的下降。使得释放出来的更多高中生接受高职高专教育，毕业后进入制造业，增加工业比重，优先实现工业现代化和信息化。

（三）教育结构对相对劳动生产率的影响分析

1. 教育结构对二产劳动生产率的影响

表 6-7 显示了 4 种教育类型毕业生数对第二产业相对劳动生产率的影响的回归结果。Hausman 检验结果显示随机效应模型优于固定效应。

表 6-7　教育结构对二产相对劳动生产率的影响

rlp_d		*robust*	*fe*	*re*
hv_stu	0.0338*	0.0301*	0.0330**	0.0301*
	(2.04)	(2.03)	(2.84)	(2.46)
sv_stu	0.0263	0.0232	0.0160**	0.0232***
	(1.53)	(1.71)	(2.74)	(3.83)
ugrd_stu	0.0067	0.0083	0.0313*	0.0083
	(0.37)	(0.42)	(2.29)	(0.62)
sm_stu	-0.0192	-0.0178	-0.0075	-0.0178***
	(-1.39)	(-1.73)	(-1.50)	(-3.96)
fiscal		-7.390	-11.84***	-7.390***
		(-1.54)	(-6.29)	(-4.01)
open		-1.081***	0.321	-1.081***
		(-4.64)	(0.80)	(-3.83)
pop		-0.374	0.511	-0.374
		(-0.21)	(0.30)	(-0.20)
_cons	1.497***	1.882***	1.483***	1.882***
	(5.86)	(5.65)	(11.00)	(12.85)
N	300	300	300	300

注：括号中的数为回归系数的 *t* 值，***、** 和 * 分别代表在 1%、5% 和 10% 的水平上统计显著。

结果显示，随着高职毕业生数量的增加，二产相对劳动生产率增大。也就是说，高职毕业生进入二产的劳动生产率要高于进入其他产业的劳动生产率。而大学毕业生对二产的劳动生产率影响不显著，高中毕业生甚至对二产劳动生产率有反作用，即其进入第一和第三产业可能更合适。由资源配资效率最优原则，职业教育特别是高职学生进入第二产业工作是最优选择，这也有利于我国第二产业的产值和劳动效率的提升。

2. 教育结构对三产相对劳动生产率的影响

表 6-8 显示了 4 种教育类型毕业生数对第三产业相对劳动生产率影响的回归结果。Hausman 检验结果显示随机效应模型优于固定效应。

表 6-8　教育结构对相对劳动生产率的影响

srv_d		*robust*	*fe*	*re*
hv_stu	-0.0149 (-1.37)	-0.0143 (-1.31)	-0.0165 (-1.50)	-0.0143 (-1.31)
sv_stu	-0.0054 (-1.03)	-0.0053 (-0.98)	-0.0086 (-1.56)	-0.0053 (-0.98)
ugrd_stu	0.0256* (2.18)	0.0255* (2.12)	0.0378** (2.91)	0.0255* (2.12)
sm_stu	-0.0032 (-0.80)	-0.0029 (-0.69)	-0.0016 (-0.34)	-0.0029 (-0.69)
fiscal		-0.288 (-0.17)	-1.618 (-0.91)	-0.288 (-0.17)
open		0.115 (0.43)	0.775* (2.05)	0.115 (0.43)
pop		-1.766 (-1.08)	-1.162 (-0.72)	-1.766 (-1.08)
_cons	0.413** (3.23)	0.403** (2.87)	0.275* (2.15)	0.403** (2.87)
N	300	300	300	300

只有大学毕业生项在 10% 水平上是显著的，而且其他条件不变时，每增加 1 万大学毕业生，服务业的生产效率比整个经济的劳动生产率要提升 3.25%，这说明从效率上来讲，大学生选择第三产业是最优的。因此，控制大

学生规模，有利于第三产业占比的缩小而不影响其劳动效率。

六、结论

本章采用计量模型等方法，实证发现：提高二产比重的必要条件是提高二产的就业人口数量及质量。其中，高职高专的学生毕业后更倾向于且更适合进入第二产业，而本科生及研究生毕业后更倾向于且更适合进入第三产业。目前职业教育学生人数和普通高中及本科教育人数差不多，但高职高专学生数却远少于本科及研究生学生数，且前者的教育经费和师生比远低于后者。因此，本章的建议是提高高职高专的招生数量及质量，加强其在技术和技能上的培训，鼓励其毕业后进入第二产业特别是先进制造业工作，同时增加职业教育的经费投入与基础设施建设，减少职业教育生师比，从而提高职业教育学生的就业质量，最终使我国的教育结构、就业结构及产业结构实现均衡健康发展。

第七章　信息不对称、先驱与城乡劳动力转移[①]

一、引言

改革开放以来，大量的农村劳动力离开农村成为城市劳动力市场的一员，其转移的规模是史无前例的，对近 30 多年的中国经济持续高增长作出了重要贡献（Brandt and Zhu，2010）。城乡劳动力转移的另一个重要的特征就是来自某一个地区的农民会在同一个行业内集聚，比如温州的鞋业与打火机、著名的湖南娄底新化的复印行业等。根据冯军旗（2010 年）的估计，目前从事复印打印行业的新化人大概有 20 万人，形成了极具中国特色的"新化现象"。"新化现象"不是个例，城乡劳动力转移过程出现了大大小小类似的"新化现象"。比如深圳的出租车司机中超过 50% 的的哥来自湖南省攸县（阳智波，2013）。还有甘肃以家政出名的"礼贤妹"等。既然不是个例，那么这些现象背后肯定有共同的特点。冯军旗（2010 年）在描述湖南新化打印业的时候指出，刚开始只有本县少数人从事该行业，在他们的带动和影响下，当地越来越多的人离开农村并从事该行业，如：新化复印打印业起源于易代兴，易代育兄弟（冯军旗，2010）、湖南攸县的哥起源于谢吴艳和刘龙章等刚开始去深圳开出租车的司机（邢丙银，2013）等。因此，这些早期农民工类似于给后来的农民工引路一样，不仅会促进更多的同乡外出，而且还带动他们从事和自己相似的行业。本章把这些早期农民工称之为城乡劳动力转移的先驱。

针对我国从计划经济向市场经济转轨这一伟大实践，本章把最早外出就业时间在 1984 年至 1992 年间的农民工称为先驱，我们研究发现先驱的出现对于城

---

① 本章内容主要由谭华清、黄昊、张辉、周羿负责撰写。

乡劳动转移极为重要。首先，在 1984 年以前，严格的户籍制度让农村劳动力自由进入城市劳动力市场务工或经商几乎不可能。所以城市对于绝大多数农村劳动力而言是个未知的世界。其次，中国经济的一个显著特征是地区发展的不平衡（林毅夫，2012）。相对来说，东部地区发展要快于中西部地区。因此，中西部地区的农村劳动力要外出务工通常会选择东部沿海地区。而东部沿海地区和中西部的内陆地区存在空间上的距离，进一步限制了内陆地区的农民了解劳动力市场的就业信息等。再次，即使他们容许进入城市劳动力市场，由于教育程度很低（样本中 1992 年农村劳动力的平均教育程度是 7.2 年左右），所以他们通过招聘广告、报纸、电视等媒体获得招聘信息的渠道有限。甚至很多农民工普通话都说得不好。几乎不可能通过正式劳动力市场来找到适合自己的工作。这样，先驱的出现对于农民外出就业的作用显得非常重要。从图 7-1 可以看到，早期农民工扮演着多重角色：①信使，向当地其他农民传递城市信息，这些信息包括劳动力市场信息和城市生活信息等；②社会资本，先驱的出现随即成为当地其他农民外出就业的社会资本，成为农民工社会网络的一部分。这些先驱通常会对老乡外出就业提供直接的帮助，比如介绍工作、提供食宿等，这一定程度上降低了其他农民外出的成本。这两种角色都会促进当地其他农民外出就业。但是先驱所带来的社会网络的效应和之前的讨论农民工社会网络的文献（Zhao，2003）没有什么区别，所以本章试图强调信使这个角色在城乡劳动力转移中的作用。

通常人们做出选择之前需要了解两个层面的信息：①知道有这个选择，我们称之为“打开眼界”；②然后把该选择所面临的不确定性尽量转换为风险，我们称之为“形成预期”。[①] 农民外出就业同样如此，信息不完全和不确定性是阻碍农民外出就业的重要因素之一（Bryan et al.，2014）。农民首先要知道存在去城市就业的这个选项，其次要了解去城市劳动力市场就业的风险，这样他们就可以在外出打工和家务农之间做出一个理性的抉择。先驱这个信使的特殊性在于，他们是第一批农民工。对于那些对城市一无所知的农民而言，他们同时传递了两个层面的信息：城市就业是除了务农之外的另一个选择，即“打开眼界”；城市就业是可行的，即预期的收益是可观的。由于大量招纳农民工的城市民营经济的崛起也是改革开放之后的事情，所以农村绝大多数农民对城市劳动力市场是一无所知的，他们不知道还有外出就业这种选择。而先驱

① 风险和不确定性是不同的。风险是知道成功或失败的概率，而不确定性是连成功的概率是多少都不知道（Knight，2012）。

的出现则告诉了他们这种选择的存在。这也是先驱与后来文献所提到的农民工的社会网络所提供信息的不同，我们把这种带动其他农民离开农村进城务工或者经商的特有作用称作为先驱效应。先驱效应的作用应具体体现为两个方面：①带动其他农民离开农村进城务工或者经商；②带动其他农民从事和他们自己相似的行业。由于数据的信息有限，我们目前还不能直接考察先驱效应的第二个方面，但是作为替代，我们知道所有当前外出的农民工所在行业。据此，可以计算行业集中度指数，文中选择了 Herfindahl-Hirschman 指数作为农民工行业集中度的度量。本章使用 CHIPS 2008 年农村住户调查数据实证分析了作为先驱的早期外出务工的农民工的数量对于当地农民外出就业的影响。估计的效应包括了先驱效应的两个方面，因此算是一个加总的效应。随后，我们还考察了早期农民工数量与农民工行业集中度的关系。

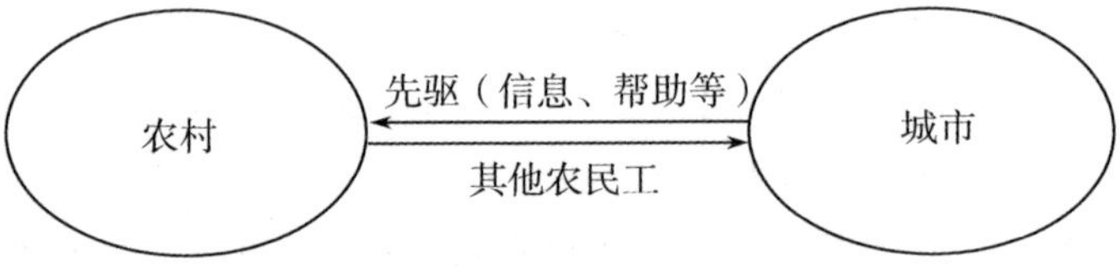

图 7-1　城乡劳动力转移中先驱的作用

本章使用 CHIPS 2008 年农村住户调查数据实证分析早期外出务工农民的数量对于当地农民外出就业的影响，其实证结果表明：先驱数量越多的地区，当地农民外出就业的概率越高。即早期农民工数量越多，先驱效应越强。据我们所知，文献中研究先驱的比较少，尤其是城乡劳动力转移中的先驱。[①] 事实上，先驱的出现除了我们所说的先驱效应，还有社会网络效应。因为先驱除了最早带来了城市劳动力市场的信息之外，他们还可能在城市里已经找到了工作，所以他们构成了当地其他农民外出就业的社会网络（Poot，1996；Zhao，2003）。为了区分这种社会化网络效应和先驱效应，根据 Zhao（2003 年）关于农民工社会网络的定义，我们控制了农民工的社会网络之后，先驱效应仍然存在。除了在回归中加入了反映农民工社会网络的控制变量，我们进一步删除了那些依靠亲朋好友找到工作的农民工，回归结果表明，先驱效应仍然显著存在，从而表明我们的回归结果是稳健的。

考虑到先驱自身的差异，主要是在教育程度上的差异，他们在接受城市劳动力市场信息的有效程度上也有差异。Stalker（1994 年）指出，教育越高的

---

① Wei 等（Wei et al.，2014）讨论了影响出口部门的先驱的因素。

劳动者获取的信息越多，质量越高。于是，如果当地的先驱群体自身的教育程度越高，那么他们所获得的信息越高，进而可以预计，他们对当地农民的影响应该越大。根据先驱教育程度分组，我们发现，相比于平均教育程度较低的组别，平均教育程度越高的早期农民对于当地其他农民外出就业的概率要高50%。从接受信息的一方来看，如果当地农民的平均教育程度越高，那么他们能够更好地消化和吸收先驱所带来的信息，因此对于这些地区，先驱效应也就越大。根据平均教育程度的分组回归表明，对于平均教育程度越高的村庄，先驱效应比教育程度较低的村庄要大70%。

在考察先驱与农民工行业集中度的分析中，我们发现，早期农民工比例越多的地区农民工行业集中度越明显。从估计量上，如果早期农民工比例提高1%，行业集中度（Herfindahl-Hirschman）指数提高1.48%左右。这和现实经济中观察到的“新化”现象是一致的。

最后，我们做了稳健性检验。首先我们调整了早期农民工的定义，这种定义的调整并没有改变我们的结论。接着，我们着重处理了内生性问题。考虑到1978年以前，户口制度得到了严格的执行，离开当地农村大部分是由于国家命令，比如响应国家号召参与重大基础设施的修建（Liu，2008）。因此1978年以前外出的农民可以看成是因为外生因素外出的。文章用这一部分外出的农民作为早期农民工的替代变量，回归表面，先驱效应仍然显著成立。

文章其他部分将如下安排：第二部分是简单的文献综述；第三部分介绍理论假说与实证策略；第四部分描述数据并介绍变量的定义；第五部分是实证结果；第六部分是稳健性检验；最后是结论。

二、文献综述

本章研究的主题首先与城乡劳动力转移的文献相关。以往的文献全面地讨论了众多因素对于农民流向城市的影响。Lall 等（2006 年）的综述总结了影响农民流向城市的主要因素。些因素包括城乡收入差距，农民的个人特征，比如性别、年龄、教育、婚姻状况等；家庭特征，比如家庭规模、拥有的土地面积、家庭财富等；还有社区特征，比如所在地区是否远离城市、是否通电话等。此外，信息的影响很久以来也是研究城乡劳动力转移的重要方面。信息对于城乡劳动力转移是重要的，城市信息的不完全是导致农民返回农村的重要因素（Allen，1979；DaVanzo & Morrison，1981）。同时，信息的成本对于不同的农民是不同的。Maier（1985 年）和 Stalker（1994 年）都指出，教育程度越高的人信息成本越低，因为他们更有可能知道如何获取高质量的信息。而这些研究并没有关注第一批农民工的作用。也有很多研究中国经验的文献（比如，赵耀辉，1997；Zhao，1999a；Zhao，1999b；Liu，2008）。这些研究表明，教育程度越高，农民外出就业的概率越大。同样地，这些文献都没有讨论早期农民工在城乡劳动力转移过程中所扮演的角色。

与本章研究最相关的是讨论社会网络与城乡劳动力转移的关系的文献。如何区别本章所提出的先驱效应和社会网络的作用是本章的关键。社会网络在劳动力市场上的作用显而易见（Banerjee，1983；Massey，1987）。社会网络的作用体现在很多方面：①低融入新环境所需的心理成本；②减少迁徙本身的货币成本（比如交通费和房租费用等）或放松前期投入的信贷约束（比如向亲友借钱）；③增加找到工作的机会，例如有研究表明劳动力可以借助社会网络比较容易地获得就业信息（Schwartz，1973）。对于中国经验，也有很多文献讨论了社会网络对于外出就业的影响（Meng，2000；Zhao，2003）。他们发现社会网络的确在农民外出就业的过程中起了促进作用。后续的文献从社会网络的不同维度深入讨论社会网络对农民非农就业或者外出就业的影响。比如胡金华等（2010 年）利用福建的访谈数据分析了社会网络的规模、实际强度、名义强度、行业异质性等特征对农民外出就业的影响。陆益龙（2011 年）分析了农民不同类型的关系网络对于农民非农就业的影响，而刘璐宁（2013 年）进一步区分了社会网络对第一代农民工和新生代农民工的不同作用。先驱本身会成为社会网络的一部分，但是他们是社会网络形成的种子，作为种子本身他们和网络是不同的。网络是点和线的连接，在改革开放初期，先驱在城市里至多是零星的点。研究社会网络的文献，不管他们是从什么维度讨论，都是假设社会网络是给定的，然后用不同的指标衡量这些社会网络。本章与这些文献的不同在于，我们研究社会网络形成之前的那些零星的点的作用。图 7-2 和图 7-3 比较形象地对比了先驱和社会网络的作用。

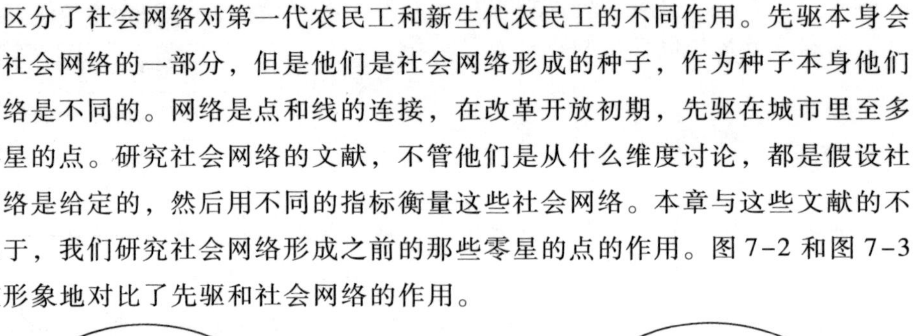

图 7-2 城乡劳动力转移中先驱的作用

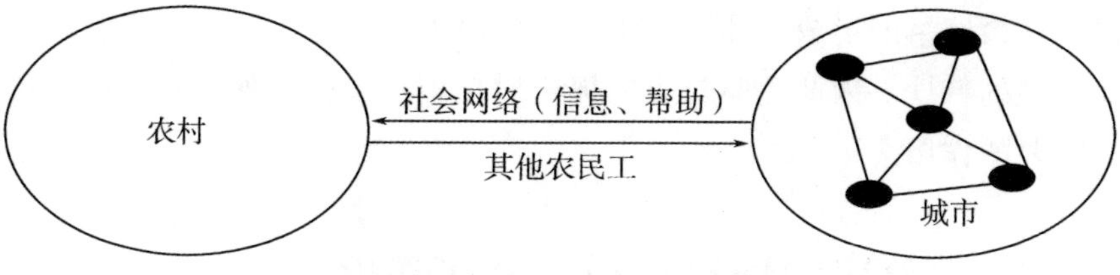

图 7-3　城乡劳动力转移中社会网络的作用

注：图中黑点表示城市里的农民工，连线表示农民工之间的联系。

如果把农民的选择分成三步：第一步要了解存在城市劳动力市场，第二步决定是否外出，第三步决定选择什么工作。则先驱的作用更多地体现在第一步和第二步，而网络的作用则是第三步。所以很显然，先驱和社会网络传递的信息是不同的。先驱作为信使所传递的信息具有两个特殊作用：①“打开眼界”，让当地其他农民知道去城市就业也是一种选择，使得农民面临的就业选择的信息更加完全；②“形成预期”，让之前对城市模糊的农民相对清楚地了解城市的信息，包括城市劳动力市场、城市的日常生活等方面的信息。这个作用和他们所强调的社会网络的作用不同。研究社会网络的文献都有一个潜在假设，农民已经知道有外出就业这个选择，而事实上，这一假设和我国改革开放初期的国情是不符合的。在放开城乡劳动力流动的限制之前，公有制经济构成了城市经济的绝大部分，接纳农民工的民营经济的兴起也是改革开放之后的事情，因此，对于绝大多数农民而言，城市并不是他们的劳动力市场。对于一个未知的世界，风险是巨大的而且通常是高估的，需要一个人捅破这层窗户纸。这些人就是先驱，在鲁迅的作品里有另一个名字——第一个吃螃蟹的人。[①] 而网络提供的信息更多的是具体的工作信息，而不是能否外出这个问题了。从某种意义上讲，现有讨论社会网络对城乡劳动力转移的影响的文献，通常对先驱和社会网络不作区分，这样显然会高估社会网络的作用。为了区分社会网络和先驱的作用，我们做了两种处理：①直接在回归中加入社会网络的度量；②删除依靠社会网络找到工作的样本。这些处理都没有改变我们的结论：先驱效应的确存在。

所以本章的贡献在于，将城乡劳动力转移看成一个历史的过程而且是充满信息摩擦的过程，基于此，提出了与社会网络效应不同的先驱效应。这一点不仅是之前讨论城乡劳动力转移的文献较少讨论的。正是存在先驱效应才有后来

① 鲁迅：《集外集拾遗》（今春的两种感想），人民文学出版社，1993。

的农民工社会网络的形成，才会有更多的农民外出就业，也会出现农民工显著的行业集聚的特性。因此先驱效应的提出对于理解农民工外出和农民工行业集聚具有重要的作用。

三、先驱效应的理论假说与实证策略

（一）理论假说

从理论上讲，给定城乡工资差异，控制了农户的其他特征，越了解城市劳动力市场信息的农户就越有可能外出就业。因此，我们可以提出以下假说：

假说1：其他条件不变，早期农民工比例越多的村庄，农民外出就业的概率越大。

考虑到早期农民工自身的差异，也就是信息种子的质量的差异我们用教育程度衡量早期农民工的能力的差异。作为信息的最初的接受者与传递者，能力越强的早期农民工，所吸收的信息越多，传递信息的时候错误更少。因此如果当地的早期农民工群体自身的教育程度越高，那么他们所获得的信息越高，进而可以预计，他们对当地农民的影响应该越大。于是，我们提出：

假说2.1：其他条件不变，村庄内早期农民工的平均教育程度越高，则先驱效应越大。

不仅信息的传递者有能力的差异，信息的接受方，也就是当地其他农民也有能力上的差异。这里还是用教育代理信息接受与传递能力。那么，平均教育程度越高的地区，当地的农民吸收与传播的信息的效果更好，于是，我们提出：

假说2.2：其他条件不变，平均教育程度越高的村庄，先驱效应越大。

考虑到农民工面临的信息摩擦，我们可以预计，早期农民工越多的地区，农民工行业集中度越高。于是，我们提出：

假说3：其他条件不变，早期农民工比例越多的地区，行业集中度越明显。

（二）实证策略

我们主要关心早期农民工的出现对于其他人的外出决策是否有影响。很显然，本章采用标准的Logistics回归模型是合适的。

我们假设，农民通过做出是否外出就业的选择来最大化其预期效用。在这个假设下，农民的个人特征，及其家庭特征和所属社区特征都会影响到农民的外出选择。遵循以往文献的方法，我们设农民外出就业获得效用的净现值形式为 y^*，它满足

$$y^* = B'X + u$$

其中 X 包含了所有控制变量，包括当地早期农民工的数量。它们通过影响外出的预期效用来影响农民的决策。u 服从均值为 0，方差为 1 的标准 Logistics 分布。净现值本身是观测不到的，我们能够观测到的是农民的决策 y：外出（$y=1$）还是不外出（$y=0$），也就是，当 $y^*>0$，$y=1$，否则，$y=0$。

因此，是否外出的 Logit 模型为：

$$Prob\,(y=1) = \frac{e^{B'X}}{1+e^{B'X}}$$

本章还考虑了，农民可能面临三种就业选择的情况：外出就业，留在农村当农民，留在农村非农就业。对于这种情况，我们使用标准的 multinomial logit（Mlogit）模型分析，即

$$Prob(M=i) = \frac{e^{B'_j X}}{\sum_{k=0}^{2} e^{B'_k X}} \qquad (i=0,\ 1,\ 2)$$

$M=1$ 表示农民选择外出就业，$M=2$ 表示农民选择农村的非农就业，$M=0$ 表示农民选择留在农村继续做农民。

考虑到早期农民工出现可能与村庄的特征有关，包括村庄的富裕程度，当地村民的平均风险偏好程度，实施家庭联产承包责任制的时间等。我们在回归的时候会控制这些变量，以减轻潜在的遗漏变量和内生问题。此外，我们会采用稳健性检验来处理潜在的内生性问题。

四、数据与变量定义

（一）数据介绍

本章使用了中国居民收入调查数据库（China Household Income Project Survey，CHIPS）2008 年的农村调查部分。该数据库被广泛用于中国劳动力市场等问题的研究。农村样本数据包含三个部分：①农民个人信息，包括农民的性别、年龄、婚姻状况、教育程度和就业经历等；②家户信息。这主要包括家户

的规模、资产和消费情况；③村庄（社区）信息。社区特征包括所在地区是否靠近城市、劳动力就业结构、是否是贫困地区以及村级管理的信息等。沿着主流文献的方法，本章也只关注那些完整的报告了年龄、受教育程度、性别和就业情况等信息的 16 岁 ~64 岁的农村居民，并且还删除了那些全职学生、退休的以及有残疾或者重大疾病的农村居民。由于这个农村住户调查数据，该数据也获得了当时没有在调查现场的同一农户其他住户信息。最后本章的样本量达到了 20809 个。这些样本分布在东中西 9 个省市中的 82 个县 285 个行政村之中。[①]

（二）变量描述

我们的关键变量是早期农民工。由于 CHIPS 2008 年的数据问了农民第一次外出务工的年份。因此我们可以根据最早出去务工的时间先后顺序定义早期农民工。具体来说，我们把最早在 1992 年及以前外出务工的农民定义为早期农民工。从图 7-4 可以看出，1992 年以前农民工的数量并不多，而这符合我们关于先驱的理解。

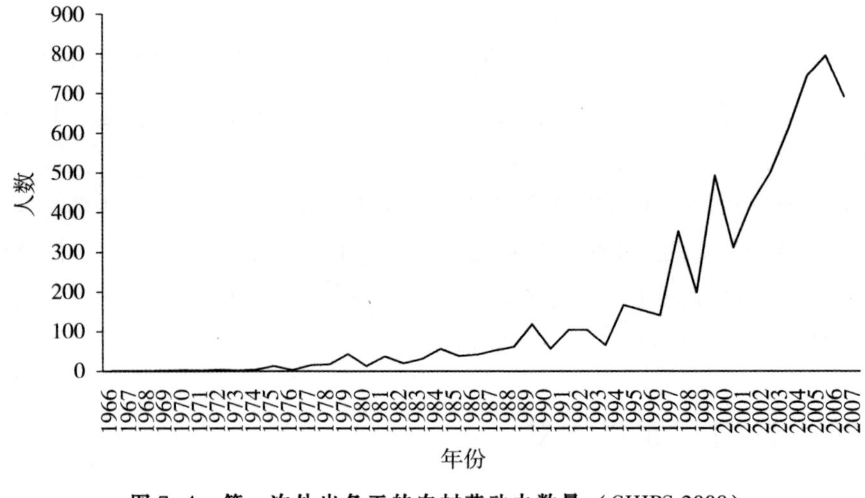

图 7-4 第一次外出务工的农村劳动力数量（CHIPS 2008）

此外，遵循主流文献（Zhao，2003；Liu，2008）的定义，我们把 2008 年外出就业或者经商三个月以上的定义为外出就业者（即农民工），没有外出就

---

① 9 个省级行政单位：东部省份有江苏、浙江、广东；中部省份有河北、安徽、河南和湖北；西部省份有四川和重庆。

业的为农村就业者。农村就业者分为：①农民；②当地非农就业。我们把留在当地从事非农工作的劳动力称为当地非农就业者。考虑到生活在离县城比较近的农村的农民，可能通过在县城里的交往获得城市里的信息。[①] 表 7-1 概括了我们回归中使用的解释变量和被解释变量。

表 7-1 变量的定义与统计描述

定 义		均值	标准差
early_num_vill84	村庄内第一次务工时间在 1984 年～1992 年之间的农民工数量	2.199	2.792
early_num_vill78	村庄内第一次务工时间在 1978 年～1992 年之间的农民工的数量	2.756	3.507
early_num_vill	村庄内第一次务工时间在 1992 年之前的农民工数量	1.560	2.535
Early_num_vill55	县内第一次外出时间在 1978 年以前的农民工数量	0.875	1.557
migrant	2008 年在外经商或者工作三个月以上为 1，其余为 0	0.217	0.413
migrant_2	在外经商或者工作三个月以上为 1（表示 migrant），从事农村非农就业为 2（表示 local off-farm），其余为 0	0.746	0.836
个人特征			
college（%）	最高学历为大学毕业生为 1，其余为 0	0.004	0.062
vocation（%）	最高学历为大专或中专毕业生为 1，其余为 0	0.042	0.201
highschool（%）	最高学历为高中的劳动力为 1，其余为 0	0.113	0.317
primary（%）	最高学历为小学的劳动力为 1，其余为 0	0.169	0.375
illiterate（%）	最高受教育程度未超过小学三年级的劳动力为 1，其余为 0	0.096	0.294
education	受教育年限（年）	7.726	2.524

① 根据（Myers et al.，2012），随着大众传媒的兴起比如电视和网络，除了通过传统的人与人之间的社会网络获取信息，人们对于类似于外生的媒体的使用越来越多，不过二者并不是完全可替代的。我们试图控制这种非社会网络的渠道，但是 CHIPS 2008 并没有类似的数据。我们控制了村庄的通电时间段以及到达县城的距离作为也是一种尝试。考虑到农村互联网发展相对滞后（高小卫，2007），农民工对于互联网的使用相对较少。

续表 7-1

定义		均值	标准差
个人特征			
age	年龄大小（年）	41.82	12.65
male	男性劳动力为 1，女性为 0	0.514	0.499
married	已婚等于 1，其余为 0	0.831	0.375
家庭特征			
family_size	家庭人口数目	4.402	1.450
land	家庭责任田面积（亩）	4.739	5.421
family wealth	家庭 2008 年末金融总资产（万元）	2.515	5.050
社区特征			
time_county	用最常用的交通方式到达县城的时间，30 分钟以内等于 1，30 分钟到 1 个小时等于 2，1 个小时到 2 小时之间为 3，2 小时到 4 小时等于 4，4 小时及其以上等于 5	2.027	0.959
share_TVE	在乡镇企业就业的劳动力占全县劳动力的比重（%）	0.044	0.068
hhduty_adjust	第二次责任田调整年份，如果是 2006 年调整则为 1，如果是 1989 年调整则为 18，如果没有调整则为 0	9.188	4.124
average_edupioneer	村庄内早期农民工的平均教育程度	7.724	1.494
aveage_eduvill	村庄内其他农民的平均教育程度	7.624	0.636
migrant_network	村庄内 1992 年 ~ 2007 年间有过外出经历的且不是早期农民工的数量	26.032	14.907
average_risky	村庄平均风险偏好程度（1 ~ 10），分数越高表示越偏好风险	2.336	1.198
average_risky_coun	县内平均风险偏好程度（1 ~ 10），分数越高表示越偏好风险		
time_power	通电时间。1969 年以前等于 1，1970 年 ~ 1979 年等于 2，1980 年 ~ 1989 年等于 3，1990 年 ~ 1998 年等于 4，1999 年以后等于 5	2.245	0.970
Hhi_sector	县的外出农民工的行业 Herfindahl-Hirschman 集中度指数	0.013	0.055

续表 7-1

定 义		均值	标准差
社区特征			
earl_ratio	县内早期农民工数量除以县内当前农民工且非早期农民工数量	0.185	0.097

注意：average_risky 和 average_risky_coun 反映风险偏好的变量都是对样本以村或者县为单位计算的平均值。对于每个样本而言，他们会被问到，您觉得自己的冒险程度属于 0～10 中哪个等级（10 是冒险等级最高）。

表 7-2 描述了早期农民工相关的特征。我们把 1992 年有外出就业能力的所有样本放在一起构成了一个子样本（即在 1992 年年龄达到 16 岁的样本）。据此考察早期农民工的特征。

表 7-2 早期农民工的描述性统计

样 本	全样本	早期农民工	非早期农民工
年龄	48.06	46.23	42.31
外出就业时候的年龄	—	23.63	34.68
男性（%）	50.51	83.40	68.39
平均教育年限	7.19	7.7	7.81
风险偏好程度	2.34	3.22	2.31
大学	0.13	0.00	0.08
大专	1.02	0.99	1.01
中专	1.86	2.41	2.18
高中	11.89	13.64	13.07
初中	49.20	60.51	61.97
小学	22.85	15.2	14.87
小学肄业	13.06	7.24	6.81

注：全样本是指出生年为 1976 年以前的样本。

从表 7-2 可以看出，早期农民工在第一次外出就业的时候比非早期农民工外出就业的要年轻，而且更多的是男性，而且风险偏好更大，但是两类人的教育程度没有明显差异。

五、先驱效应的实证结果及其异质性分析

先驱效应包括两个层面：第一个层面是带动农民外出；第二个层面是外出的农民更多地集聚在同一行业。相应地，实证部分也包括两部分，首先考察先驱的出现带动农民外出的作用，然后再考察他们对于外出农民工的行业集聚的作用。

（一）先驱效应

表 7-3 分别报告了 logit，Multinomial logit（Mlogit）和 OLS 的估计结果。所有回归的标准误都聚集（cluster）在县级层面。Mlogit 回归是考虑了农民有三种就业选择的情况，即选择留在农村当农民，外出就业或者留在农村非农就业。从表 7-3 可以看出，早期农民工越多的村庄，农民外出就业的概率越大。[①]

总体来说，关于其他变量的回归结果与以往研究城乡劳动力转移的文献基本一致。外出就业的农民更多的是单身、年轻的男性。而且，教育程度越高，农民外出就业的概率越高。对于家户特征来说，财富的影响是不明显的，家庭规模越大外出的可能性越大。[②] 如果考虑农民具有三种就业选择：当地务农，外出就业和当地非农就业，则土地面积越大倾向于降低农民外出就业的概率。如果认为农民只有两种选择的话，则土地规模越大倾向于增加农民外出的概率。[③] 对于村庄特征的话，乡镇企业越发达则当地农民外出就业的概率越低。平均风险偏好越高，实施家庭联产承包责任制的时间越早，当地农民外出就业的概率越大，但是都不显著。和 Zhao（2003 年）的发现一致，农民工的社会网络越强当地外出农村劳动力外出的概率越大。

---

① 考虑到早期农民工自身也会受到其他早期农民工的影响，这里的当地农民包括了早期农民工自身，如果不把早期农民工算作当地农民，回归结果基本不变。

② 家庭规模在问卷中包括了父母、岳父母等。一定程度上和这些老年人生活在一起会帮助照顾孩子从而有利于年轻的劳动力外出。

③ 这是因为，从表 7-3 可以看出，土地规模越大对于农民当地非农就业的阻碍作用要大于外出就业的阻碍作用，所以认为农民只有是否外出两种选择的话，外出就业将会与当地非农就业相比，于是出现正向的结果。

表 7-3　城乡劳动力转移中的先驱效应

	(1)	(2)		(3)
	Logit	Mlogit		OLS
变量	Migrant	Migrant	Local off-farm	Migrant
early_num_vill84	0.0434*** (0.0164)	0.0395** (0.0165)	-0.0121 (0.0192)	0.005** (0.00204)
male	-0.765*** (0.0625)	-1.032*** (0.0746)	-0.957*** (0.0784)	-0.0879*** (0.00881)
married	-0.627*** (0.0805)	-0.532*** (0.0887)	0.263*** (0.101)	-0.0699*** (0.0142)
age	0.130*** (0.0273)	0.155*** (0.0277)	0.108*** (0.0185)	-0.0206*** (0.00286)
age_square	-0.00314*** (0.000383)	-0.00352*** (0.000382)	-0.00162*** (0.000210)	0.000101*** (3.19e-05)
education	0.613*** (0.144)	0.628*** (0.147)	0.116 (0.103)	0.0519*** (0.0112)
family_size	0.175*** (0.0319)	0.163*** (0.0334)	-0.0355 (0.0272)	0.0192*** (0.00343)
family_wealth	0.000560 (0.000815)	0.00300*** (0.00102)	0.00333*** (0.000965)	5.31e-05 (6.69e-05)
land	0.0132* (0.00787)	-0.00141 (0.00794)	-0.0855*** (0.0152)	0.00139 (0.00102)
share_TVE	-1.362** (0.553)	-0.450 (0.616)	1.976*** (0.491)	-0.0707 (0.0522)
pop	-2.36e-06 (1.78e-05)	1.25e-05 (1.71e-05)	3.44e-05 (2.51e-05)	-1.06e-07 (2.09e-06)
province_poor_village	-0.00512 (0.139)	-0.0865 (0.149)	-0.416 (0.264)	0.00162 (0.0166)
network	0.0443*** (0.00568)	0.0359*** (0.00535)	-0.0251*** (0.00598)	0.00594*** (0.000681)
average_risky	-0.00368 (0.0410)	0.0225 (0.0429)	0.0681 (0.0506)	0.000896 (0.00455)
hhduty_adjust	-0.00200 (0.0151)	0.00133 (0.0149)	0.0122 (0.0163)	-0.00102 (0.00171)

续表 7-3

	(1)	(2)		(3)
	Logit	Mlogit		OLS
变量	Migrant	Migrant	Local off-farm	Migrant
time_to_county	0.109* (0.0643)	0.101 (0.0657)	-0.0238 (0.0776)	0.0131* (0.00750)
time_power	0.00445 (0.0536)	-0.0147 (0.0549)	-0.0345 (0.0813)	0.000998 (0.00635)
Constant	-2.395*** (0.591)	-1.984*** (0.622)	-1.250** (0.626)	0.740*** (0.0902)
Province dummy	Yes	Yes	Yes	Yes
Observations	18397	18397	18397	18397
R-squared	0.338	0.283	0.283	0.303

注：Local off-farm 表示从事当地非农就业。括号内是估计的标准差，***显著性水平为 1%，**显著性水平为 5%，*显著性水平为 10%。

（二）先驱效应与早期农民工的平均教育程度

Stalker（Stalker，1994）发现教育程度会影响信息的获取。教育越高的劳动者获取的信息越多，质量越高。而且教育程度越高的劳动者更容易在城市劳动力市场表现更好。因此，如果当地的早期农民工群体自身的教育程度越高，那么他们所获得的信息越高，或者他们在城市劳动力市场表现更好，则他们对当地农民的影响应该越大。根据村庄内早期农民工的平均教育的均值把样本分成两组：高教育组和低教育组。[①] 表 7-4 报告了相关回归结果。表 7-4 表明，和低教育组的回归（1）、（2）相比，高教育组的估计系数更大而且更加显著。可见，高教育组的先驱效应要比低教育组要大而且更加显著。[②]

---

① 用村庄内早期农民工平均教育的中位数的结果没有变化。

② 表 7-2 已经说明，早期农民工的教育并没有显著高于同时代其他农村劳动力，所以他们并不是教育程度高的，这说明，先驱效应并不是来自于因为他们教育高而使得他们在当地就有一定声望，容易被其他农民视为榜样。

表 7-4 先驱效应与早期农民工的平均教育程度

	(1)	(2)		(3)	(4)	
	低教育先驱			高教育先驱		
	Logit	Mlogit		Logit	Mlogit	
变量	migrant	migrant	Local off -farm	migrant	migrant	Local off -farm
early_num_vill84	0.0225 (0.0245)	0.0303 (0.0247)	0.0248 (0.0338)	0.0609** (0.0281)	0.0617** (0.0304)	-0.00760 (0.0303)
Individual controls	Yes	Yes	Yes	Yes	Yes	Yes
Family controls	Yes	Yes	Yes	Yes	Yes	Yes
Community controls	Yes	Yes	Yes	Yes	Yes	Yes
Province dummy	Yes	Yes	Yes	Yes	Yes	Yes
R_squared	0.279	0.248	0.248	0.347	0.287	0.287
Observations	6124	6124	6124	6815	6815	6815

（三）先驱效应与当地平均教育程度

类似地，我们把样本根据当地其他农民的平均教育程度的高低进行分组回归。表 7-5 提供了回归结果。我们看到了和表 7-4 类似的结果。和低教育的当地其他农民相比，对于高教育的当地农民而言，先驱效应更大而且更加显著。这支持了假说 2.2。从接受方来看，如果当地其他农民的平均教育程度越高，那么他们能够更好地消化和吸收早期农民工所带来的信息。[①]

① Liu（2008 年）讨论了平均教育对于农民外出的影响。他发现，当地平均教育程度越高，当地居民外出就业的概率越低。我们的发现似乎和他的结论不一致。事实上，我们考察的是先驱效应与当地教育的交互作用，和 Liu（2008 年）直接考察当地教育对于外出就业的影响还不同。事实上，即使直接考察当地教育对于外出就业的影响，当地平均教育提高对于外出就业实际上有两种相反的力量：a. 通过增加当地就业机会而阻碍外出，这是 Liu（2008 年）所强调的；b. 通过增强农民工社会网络的作用而促进外出，这一点是 Liu（2008 年）所忽略的，可参考（Tan et al.，2015）。

表 7-5 先驱效应与当地（村）其他农民的平均教育程度

	(1)	(2)		(3)	(4)	
	低教育村庄			高教育村庄		
	Logit	Mlogit		Logit	Mlogit	
变量	migrant	migrant	Local off-farm	migrant	migrant	Local off-farm
early_num_vill84	0.0311 (0.0226)	0.0376* (0.0217)	0.0133 (0.0275)	0.0541** (0.0269)	0.0487* (0.0278)	-0.0249 (0.0305)
Individual controls	Yes	Yes	Yes	Yes	Yes	Yes
Family controls	Yes	Yes	Yes	Yes	Yes	Yes
Community controls	Yes	Yes	Yes	Yes	Yes	Yes
Province dummy	Yes	Yes	Yes	Yes	Yes	Yes
R_squared	0.317	0.276	0.276	0.339	0.279	0.279
Observations	9782	9782	9782	9898	9898	9898

注：回归（1）、（2）分别是低教育组的 Logit 回归和 Mlogit 回归，回归（3）、（4）分别是高教育组的 Logit 回归和 Mlogit 回归。

总体来说，关注教育与先驱效应的关系其实在考虑信息传播的质量问题。从表 7-5 和表 7-6 的实证结果来看，高教育地区的先驱效应要明显大于低教育地区。原因可能在于教育越高信息传播的质量越高，因此提高当地教育对于促进信息的传播也有重要意义。也可能是高教育的先驱在城市劳动力市场表现更好，对其他农民的激励更大。

（四）先驱效应与行业的集聚

虽然受数据所限，我们不能知道早期农民工最早外出时的行业，不过我们知道现在农民工所处的行业。作为次优选择，我们考察了一个县早期农民工比例和现在农民工的行业集中度之间的关系。本章选择 Herfindahl-Hirschman 指数作为行业集中度的度量。[①] 表 7-6 报告了回归结果。由于回归是在县级层面，所以

① Herfindahl-Hirschman 指数的基本原理，每个行业的人数除以总外出人数，然后求平方和。在计算指数的时候，我们删除了现在（2007 年）还是农民工的早期农民工。

控制变量是县级层面的特征。① 我们选择了乡镇企业就业比例、农业就业比例、工业就业比例、平均风险态度以及县的人口数作为控制变量。整个回归分为三列，第一列不加任何其他控制变量，第二列加入所有县级层面的其他控制变量，在第二列的基础上再加上省级虚拟变量构成第三列。不管如何设定，回归系数都比较稳定，而且所有三列的回归结果都表明，当地早期农民工比例越高，行业集中度越高。这和我们观察到的"新化现象"是一致的。从估计量上，如果早期农民工比例提高1%，Herfindahl-Hirschman 指数提高1.48%左右。

表7-6 先驱与农民工的行业集聚

VARIABLES	(1)	(2)	(3)
	hhi_sector		
early_ratio	0.149*** (0.00338)	0.149*** (0.00341)	0.148*** (0.00341)
share_TVE	—	0.000280 (0.00377)	0.00323 (0.00384)
labor_share_agri	—	0.00652* (0.00370)	0.00263 (0.00458)
labor_share_ind	—	0.00826* (0.00448)	-0.00297 (0.00537)
Average_risky_coun	—	-0.000842** (0.000349)	-0.000534 (0.000369)
lnpop	—	-0.00253*** (0.000541)	-0.00137** (0.000614)
Constant	-0.0150*** (0.000708)	0.00149 (0.00532)	0.0117* (0.00636)
Province dummy	Yes	Yes	Yes
Observations	26077	25322	25322
R-squared	0.069	0.071	0.077

注：表中报告了先驱对农民工行业集聚的影响。回归表明，先驱比例越高的地区，行业集聚越明显。

① 村庄层面的早期农民工数量很少，计算出来的 Herfindahl-Hirschman 指数误差较大，所以这里我们用县级层面的数据。

六、稳健性检验

（一）调整早期农民工的定义

本章提出两个新的关于早期农民工的定义：①最早外出务工或者经商的年份在 1978 年 ~ 1992 年之间的农民；②将早期农民工数量变量换成早期农民工比例。早期农民工比例定义为，村庄内早期农民工数量除以从未外出的农民的数量。在这里，我们只考察了不同定义早期农民工对于当地其他农村居民外出就业的影响。为了节省空间，我们只在表 7-7 中报告少数变量的回归结果。和表 7-3 一致，表 7-7 也告诉我们，对于早期农民工数量越多的地区，当地的农民外出就业的概率越高，而选择当地非农就业的概率越低。

表 7-7 早期农民工对于当地农民就业选择的影响：其他定义

	(1)	(2)		(3)	(4)	
	Logit	Mlogit		Logit	Mlogit	
变量	migrant	migrant	Local off-farm	migrant	migrant	Local off-farm
early_num_vill	0.0246* (0.0133)	0.0253* (0.0130)	0.0047 (0.0153)	—	—	—
early_ratio	—	—	—	3.581*** (0.826)	3.436*** (0.828)	-0.544 (0.441)
Individual controls	Yes	Yes	Yes	Yes	Yes	Yes
Family controls	Yes	Yes	Yes	Yes	Yes	Yes
Community controls	Yes	Yes	Yes	Yes	Yes	Yes
Province dummy	Yes	Yes	Yes	Yes	Yes	Yes
R_squared	0.303	0.280	0.280	0.304	0.258	0.258
Observations	18443	18443	18443	18443	18443	18443

注：early_num_vill 表示村内最早外出务工的时间在 1992 年以前的劳动力的数量。

虽然我们在回归中加入了社区层面的控制变量，但是内生性的问题仍然可能存在。考虑到1978年外出的农民工在村庄层面非常少，我们选择1978年以前县级层面外出的农村劳动力作为村庄层面早期农民工数量的替代变量。在1978年以前，户口制度得到了严格的执行，离开当地农村大部分是由于国家命令，比如响应国家号召参与重大基础设施的修建（Liu，2008）。因此1978年以前外出的人可以看成是外生因素。表7-8可以看出，早期农民工越多的地区，当地农民外出的概率越大。

表7-8 城乡劳动力转移中的先驱效应：外生因素外出的早期农民工

	(1)	(2)		(3)
	Logit	Mlogit		ols
变量	migrant	migrant	local off-farm	migrant
early_num_vill84	0.0629*** (0.0158)	0.0897*** (0.0169)	0.0777*** (0.0150)	0.00662*** (0.00186)
Individual controls	Yes	Yes	Yes	—
Family controls	Yes	Yes	Yes	—
Community controls	Yes	Yes	Yes	—
Province dummy	Yes	Yes	Yes	—
R_squared	0.3519	0.2842	0.323	—
Observations	17690	17690	17690	17690

（二）信息效应还是网络效应？

早期农民工对于后续农民的外出的影响的作用机制并不单一：既有信息的作用也有网络的作用。由于社会网络对于外出就业的作用已经较多的讨论，我们重点强调信息的作用。虽然在之前的回归中，我们加入了反映农民工社会网络（network）这个变量，但是并不能完全分离出信息效应和网络效应。[①] 先驱效应对于那些依靠亲朋好友找到工作的农民工而言，既有信息效应也有网络效应，而对于那些找工作依靠自己的农民工而言，先驱效应更多的是信息效应。而这种信息效应是先驱效应最特殊的一部分。所以我们删除那些找工作是依靠

① 社会网络也有信息作用，但是社会网络的信息作用和先驱带来的信息作用是不一样的。在先驱出现之前，农民可能对于去城市务工一无所知，甚至不知道有这个选择。先驱就起到了刺破信息面纱的作用。

亲戚朋友或者熟人的农民工样本，然后进行回归分析。这在一定程度上可以检验信息效应的大小。回归结果报告在表 7-9 中。从表 7-9 可以看出，先驱效应仍然显著存在，而且和基本回归（表 7-3）相比，估计系数和显著性基本没有差别，因此我们的估计结果是稳健的。

表 7-9　城乡劳动力转移中的先驱效应：信息的作用

	(1)	(2)	(3)	
	Logit	Mlogit	ols	
变量	migrant	migrant	local off-farm	migrant
early_num_vill84	0.0434***	0.0395**	-0.0121	0.0048**
	(0.0164)	(0.0165)	(0.0192)	(0.00204)
Individual controls	Yes	Yes	Yes	Yes
Family controls	Yes	Yes	Yes	Yes
Community controls	Yes	Yes	Yes	Yes
Province dummy	Yes	Yes	Yes	Yes
Observations	18397	18397	18397	18397
R-squared	0.338	0.283	—	0.303

（三）先驱效应的动态特征

回归中，我们已经控制了大量的可能影响早期农民工数量的社区层面变量，比如当地农户的平均风险偏好、实施家庭联产承包责任制的时间、村庄的富裕程度等。而且用工具变量的方法估计的结果仍然支持我们之前的发现。接下来，我们从另一个角度说明潜在的遗漏变量问题可能并不重要。

根据农民最早外出的年份，我们可以知道每一年都有多少第一次外出务工的农民。我们从 1993 年开始为每一年都构造了一个是否是当年第一次外出打工的虚拟变量，然后用该虚拟变量对村内早期农民工的数量回归。[①] 把每一次的回归系数和 95% 的置信区间保留下来，根据与 1992 年间隔的年份数画出图 7-5，比如 1993 年则间隔为 1，1994 年则间隔为 2，依此类推。我们发现回归系数在第一年（1993 年）达到最大，之后逐步下降，到第 8 年（2001 年）开

① 控制了每个人的性别，年龄，年龄的平方以及教育程度，村庄富裕程度。而其他的家庭规模，家庭财富等变量都是度量了在 2007 年的水平，不应该控制在回归中。

始就不显著了。这说明，先驱者对于外出的直接效应在第七年以前是显著的。[①] 从图7-5可以看出，早期农民工对外出就业带来的正向且显著的直接效应是随时间递减的，这至少说明了先驱效应不是来自不随时间变化的其他变量。如果存在某种不随时间变化遗漏变量使得当地早期农民工数量越多的同时也会使得当地农民外出的概率越大，比如当地的农民天然的喜欢冒险（回归中已经控制了）。那么我们将不会看到，先驱者的直接效应是逐年递减的。因此，这类的遗漏变量或者内生性问题并不严重。

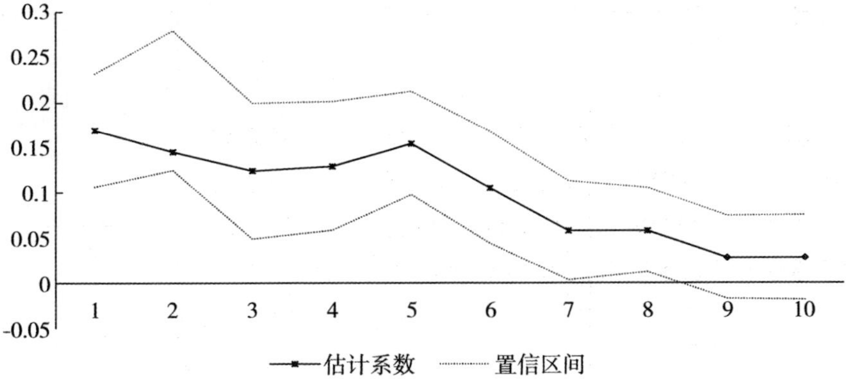

图7-5　先驱效应的动态特征（1993年~2002年）

注：图中数据用*标明的表示显著，其他表示不显著。

七、结论

本章关注了最早一批离开农村去城市务工或者经商的农民工对于城乡劳动力转移的先驱效应。借助中国家庭收入调查数据2008年农村部分（CHIPS 2008）数据，我们考察了一个地区先驱者的数量与当地农民就业选择的影响。实证结果表明，先驱者越多的地区，当地的农民更愿意外出务工。我们把这种效应称之为先驱效应。同时，我们发现，越贫穷的地区，这种先驱效应越明显。也就是说，城市劳动力市场的信息对于越贫穷的地区的影响越大。在控制了村庄特征之后，越贫穷的家庭，这种先驱效应越大。考虑到信息传播的质量，我们首先根据当地早期农民工的平均教育程度进行分组回归，然后根据当地所有农民的平均教育程度进行分组回归，不管是从信息的传播者角度（早

① 受先驱者影响的农民进一步影响其他农民，这种效应称之为先驱者的间接效应。

期农民工)，还是从信息的接受者（当地其他农民)，我们都发现，高教育的地区，先驱效应要明显高于低教育地区。因此，提高农村的教育对于促进劳动力市场信息的传播具有重要意义。同时，我们也发现，早期农民工比例越多的地区农民工行业集中度越明显。最后，调整早期农民工的定义和我们之前的结论基本一致，同时我们将县级层面 1978 年以前外出的农民的数量作为早期农民工数量的工具变量，两阶段最小二乘法的回归结果表明，先驱效应仍然显著存在。从本章的研究发现来看，改善农村地区的通信等基础设施，促进城乡之间的信息的传播有助于促进城乡劳动力转移。

第八章　金融发展对产业结构升级作用的地区差异分析

一、引言

改革开放 30 多年来，我国经济以每年近 10% 的增长率保持快速增长，2014 年我国人均 GDP 已达 46629 元。根据世界银行公布的数据来看，目前我国已进入上中等收入国家阵营，可能面临“中等收入陷阱”。跨越“中等收入陷阱”，保持我国经济持续健康增长，需要转变经济的发展方式。经济发展方式的转变，可以通过技术创新、制度创新等来实现。其中金融制度的改革则是制度创新的重要命题之一。针对我国东、中、西部在经济发展、产业结构升级以及金融发展等方面的不平衡局面，探究金融发展对我国产业结构升级的影响以及如何制定具有针对性的政策对金融制度改革具有重要的理论和现实意义。本章要研究的正是我国东、中、西部地区产业结构的优化升级与其金融发展程度之间的互动关系。

对于金融的发展如何引起产业结构升级和经济增长这一问题，西方学者进行了较多的研究，但其研究重点大都放在了金融发展与经济增长这一层面上。Walter Bagehot（1873 年）和 Joseph A. Schumpeter（1912 年）强调银行系统在经济增长中的重要性，也指出了银行可以通过识别和投资于最有效率的项目来刺激创新活动以及未来的经济增长。Robert E. Lucas（1988 年）则认为经济学家们过分地强调了金融系统的作用。Joan Robinson（1952 年）认为银行对经济增长的响应是消极的。Robert G. King 和 Levine（1933 年）认为金融中介的发展水平可以作为长期经济增长率、生产效率提升以及资本积聚的指示标。另外一些学者则从实证的方面对这一问题进行了分析论证。Fritz（1984 年）以菲律宾为例，对该国从 1969 年 ~1981 年的技术数据进行因果关系测试，发现在经济发展的初期，金融深化导致经济增长，而在经济发展的后期阶段，随着实体经济对金融服务需求的增长，经济增长导致金融发展。Odedokum（1996 年）研究了 71 个发展中国家在不同时间段中的情况，研究结果有力地支持了“金融导致经济增长”的理论，金融中介型金融结构对经济增长所发挥的作用与出口扩展、资本形成率等因素同等重要，比劳动力增长因素更为重要，同时这种促进效应主要是存在于低收入的发展中国家。Rousseau 和 Wachtel（1998 年）运用了 5 个工业化国家的历史资料进行研究，结果表明美国、加拿大、挪威和瑞典都经历了一场由金融因素推动的工业化进程。

产业结构升级是解决我国目前宏观经济失衡的重要措施之一，因此我国学者对于金融发展、金融结构转变对产业结构升级进行了较多的研究。学者们认为在产业结构调整过程中金融存在着支撑作用，然而在我国这种作用却不显著。林毅夫（2006 年）从经济结构对金融结构的影响作用出发，认为只有与经济发展水平和经济结构相匹配的银行业结构才能更加有效地为企业提供各种金融功能，才能进一步促进经济发展。李丽、邢俊兰（2011 年）认为我国产业结构调整过程中，商业银行的信贷导向和经营模式不能适应产业结构调整的需要，资本市场功能有限，政策性金融存在市场功能缺陷，这三方面导致我国金融对产业机构调整支持不力。刘晓娅（2012 年）认为目前我国产业结构调整中金融支持存在的问题有金融体系不完善导致信贷结构不合理，技术创新不足导致银行风险增大以及传统产业技术落后造成资源利用率低。同时，金融行业的发展深化对于三次产业有着不同的影响。曾国平、王燕飞（2007 年）发现我国金融畸形发展得非常态模式对产业结构变迁表现出扭曲的效应。在就业结构上其对第三产业影响最显著，在产值结构上，第一产业所受影响最显著。王春丽、宋连方（2011 年）提出金融产业的聚集与发展对第三产业有直接的影响，一个地区金融产业实力的增强会提高该地区金融资源的集聚力以及金融资源的配置功能，从而促进第三产业的发展。

二、我国东、中、西部差异的比较分析

（一）产业结构

在社会经济发展到一定水平时，由于受到各种相关因素的影响，产业结构

会从低状态向高状态演变，这种演变即为产业结构升级。这些因素一般包括技术、需求、竞争对产业形成的推动。产业结构的升级是一个永无止境的动态过程，同时这一升级过程有一定顺序。它大致可以分成三个阶段：第一阶段是占主导地位的产业从第一产业逐渐向第二三产业发展；第二阶段是随着劳动到资本到技术的过渡，不同时期将会由不同的要素主导，产业结构将经历由劳动密集型、资本密集型向技术密集型的转变；第三阶段是从低附加值向高附加值方向发展。20 世纪 80 年代以来，我国的产业结构发生了很大的变化，我国已经由传统的农业国家转化为产业部门完备、工业门类齐全的发展中国家。但是我国产业结构仍在不断的调整中，并且正在向更加优化的方向转型。

自 20 世纪末以来，我国的东、中、西三大区域的产业结构在加速改变，这种快速改变促进了我国区域经济甚至整个国家经济的飞速增长。但是，由于三个区域基本情况不同，特别是三个区域的工业化水平和自然条件的差距，导致了我国东部、中部和西部三个区域的产业结构和经济发展有显著差异。虽然西部大开发战略、东北振兴计划和中部崛起战略等一系列优先发展落后地区的政策在一定程度上改变了三个区域发展不平衡的现象，但是，三个区域之间的绝对差距仍旧存在，并且这种差距仍旧有不断扩大的趋势。

表 8-1　中国三大区域产值结构变化（%）

年份 / 产业 / 地区	1995			2001			2011		
	第一产业	第二产业	第三产业	第一产业	第二产业	第三产业	第一产业	第二产业	第三产业
全国	20.50	48.80	30.70	15.80	50.10	34.10	10.12	46.78	43.10
东部	16.71	49.21	34.08	11.43	48.20	40.37	5.35	32.62	62.03
中部	26.12	44.43	29.45	45.95	19.68	35.37	25.85	38.65	45.50
西部	26.85	41.48	31.67	20.12	41.55	38.33	18.12	43.16	38.32

资料来源：中国经济信息网。

如表 8-1 所示，我国三大区域的三大产业的比例存在明显差异。东部地区最为发达，第一产业、第二产业、第三产业构成比例比较科学。中部地区随着几十年东部产业的转移加之自身经济结构的调整，产业结构逐渐趋于合理，但第一产业仍占较大比例。中部地区第二产业中重工业比例很高，集中于资源型产业和化工行业，轻工业的发展相对落后。西部地区第二产业占比最高，同时第一产业仍占有重要地位，需要进一步推进产业结构调整。由于西部地区国有经济一直占主导地位，非国有经济的发展一直不理想，因此其经济发展依赖于国家投资。

（二）金融结构

金融结构论的支持者认为，一个国家金融工具的规模、金融机构的数量和它们之间的比例可以反映一个国家金融发展的水平。与此同时，金融发展与经济发展之间也存在密切联系。一般来说，金融发展在经济发达国家的水平通常比较高，而在经济相对落后国家的水平比较低。雷蒙德·W·戈德史密斯是最早对金融结构和金融发展进行系统性研究的学者，他在《金融结构与金融发展》中曾经提到，金融结构是各种金融工具和金融机构的相对规模，金融发展是建立在有关金融结构发生变化（短期或长期）的信息基础上的。具体而言，金融结构可以分为宏观和微观两个层面。在宏观层面上，金融结构包括四个方面：①金融产业结构，主要指的是各种金融行业在整个金融体系中的情况，包括金融系统中各自的相对比例、地位、发展现状和趋势。其中，金融产业包括银行、证券、期货、保险、信托、租赁等等。②金融机构结构。随着经济的增长和金融的发展创新，金融机构结构在不同时期也有着不同的表现。金融机构结构主要分为机构运行的形式、机构的数量以及各种机构所占金融市场的比重等。③金融工具结构，金融工具主要是金融市场筹集资金供应给资金需求者或为资本提供者提供供应资金的工具，包括储蓄、股票、债券、期货、基金等。这些金融工具是所有金融交易的载体，因此，金融工具的结构，主要是指金融工具的形式以及在金融市场的相对比例。④金融业务国际结构。从金融业务扩展的空间范围角度来看，可以分为国内金融业务与国际金融业务两大块，在金融国际化的背景下，后者越来越重要。而这就是金融业务的国际结构。另外，在微观层面上，金融结构主要是从金融机构内部来分析，主要包含三个层面：①资产结构，指金融机构所拥有的全部资产以及其结构。②业务结构，指混业经营情况下，金融机构从事的不同领域的业务比例、该比例的变化趋势以及不同业务领域在金融业中的比重。③收益结构，收益结构主要是指金融业内金融机构在不同业务领域内收益占总收益的比重。

随着国际经济的不断发展，一个国家或地区的金融结构也将发生变化，金融结构的改变就意味着金融的发展。戈德史密斯提出了一套量化指标，包括金融相关比率、金融效率等。金融相关比率是最重要的指标，指的是全部金融资产与国民总资产的价值之比。戈德史密斯认为，金融相关比率可以在广义上作为衡量金融规模的指标，随着世界各地金融发展，金融相关比率会呈现快速增长的趋势，随后趋于稳定。金融效率，即金融中介机构把得到的存款转换为贷款的能力，可以被用来衡量该金融中介机构的资本配置效率，金融效率高就表示转换能力高，也可以体现信贷资金的区域供应程度。本章使用贷款存款比率来衡量金融效率指标。

（三）各区域金融机构比较

我国东、中、西三个地区的银行业金融机构总量、从事金融业的工作人员在稳步地增加，资产规模更是取得了较快的增长。到 2012 年末，全国银行网点达到 20.2 万个，金融从业人员超过 300 万，金融业资产总额达到 124.5 万亿元，同比增长 17.7%。表 8-2 给出了 2012 年东、中、西、东北地区银行业基本情况。

表 8-2　2012 年末银行业金融机构地区分布（%）

地　区	营业网点		
	机构个数占比	从业人数占比	资产总额占比
东部	39.5	44.3	59.5
中部	23.4	21.1	14.9
西部	27.7	24.1	18.5
东北	9.4	10.6	7.1
合计	100.0	100.0	100.0

数据来源：2012 年中国区域金融运行报告。

从表 8-2 可以看出，我国东部地区的银行业金融机构网点总量、从事金融行业的工作人员和银行业金融机构资产总额在全国中的比重是最高的，分别达到 39.5%、44.3%、59.5%，就总量而言，我国东部、中部和西部地区的银行业金融机构资产总额同比去年分别增长了 16.3%、19.5%、21.3%。

总体来说，我国间接融资占主要地位，企业融资大部分依赖于银行贷款，包括中长期贷款和短期贷款。另外，在提供固定资产贷款时，商业银行会受到一定制约，如长期贷款占总贷款的比例、固定资产贷款占贷款总额比重等一系列指标。此外，一般来说，投资于中长期贷款要与国家的产业政策和宏观调控具备一致的方向。短期贷款主要包括企业贷资、工业贷款、农业贷款、商业贷款、农村企业贷款、建筑贷款、民营贷款和个人贷款以及其他贷款。其中，工业贷款、商业贷款和建筑贷款是“国有企业的贷款”，将会受到政府的制约。2010 年中国区域金融运行报告显示，中国各个地区的贷款主要以实体经济为主体，如农业、服务业、文化产业，这些主要是中长期贷款，短期贷款比较多的是中小微型企业。

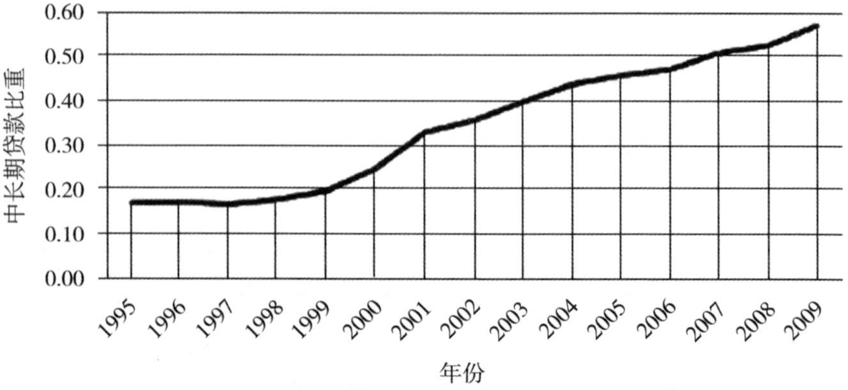

图 8-1 中长期贷款比重时序图（1995 年～2009 年）

资料来源：《中国证券期货统计年鉴》。

由图 8-1 可看出，我国的中长期贷款比重在 1995 年～2009 年持续增长，其中，1995 年～1999 年的中长期贷款比重在 0.2 以下，说明当时的短期贷款占据主导地位，而 1999 年之后，中长期的贷款比重呈大幅增长，甚至在 2007 年突破了 0.5，由此也反映出我国的金融正在快速发展，金融机构不断迈向更高级的方向。当然，相对反映出的是，我国银行的短期贷款比重正在不断下跌。

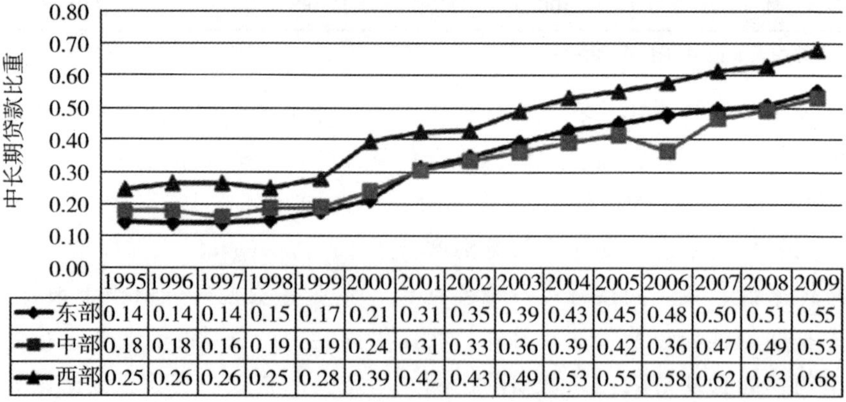

	1995	1996	1997	1998	1999	2000	2001	2002	2003	2004	2005	2006	2007	2008	2009
东部	0.14	0.14	0.14	0.15	0.17	0.21	0.31	0.35	0.39	0.43	0.45	0.48	0.50	0.51	0.55
中部	0.18	0.18	0.16	0.19	0.19	0.24	0.31	0.33	0.36	0.39	0.42	0.36	0.47	0.49	0.53
西部	0.25	0.26	0.26	0.25	0.28	0.39	0.42	0.43	0.49	0.53	0.55	0.58	0.62	0.63	0.68

图 8-2 各区域中长期贷款比重（1995 年～2009 年）

资料来源：《中国证券期货统计年鉴》。

分区域来看，由图 8-2 可以看出，在 1995 年 ~2009 年期间，中、东、西部三个区域的中长期贷款比重都是呈上升趋势，只有 2006 年的中部地区中长款贷款比重有明显的下降，其主要原因是当时中部地区大量的工程项目还没有完工，而新的项目又没有正式启动。纵观全图，西部的中长期贷款比重相比于东、中部地区始终保持着领先地位，而中部和东部的中长期贷款比重几乎是不相上下，以 2001 年为分割线，2001 年之前，中部略高于东部，之后东部略高于中部。西部地区之所以拥有显著较高的中长期贷款比重，主要是政策导向作用，具体来讲就是，2000 年之后全国开始实施西部大开发战略，大量的重点项目建设和基础设施建设将资金引向西部地区，在国家政策的引导和资金的支持下，西部的中长期贷款比重明显增加，一直维持着较高水平。另外，东部地区并不高比例的中长期贷款主要是由于东部沿海较发达主要城市大多以民营经济为主。以浙江省为例，由于中小企业较发达，短期贷款的比重大大超过了中长期贷款。在 2008 年，短期贷款与中长期贷款的比例甚至达到了 1.6。

三、指标选取、数据说明与实证策略

（一）研究对象的指标选取

根据上一章的定性分析，本书的实证部分将分为两个部分，一部分是以全国整体为对象而进行的整体研究，另一部分是以各地区为对象而进行的对比研究。选取的指标主要有四项，分别为：衡量产业结构升级的指标，即产业结构优化率；衡量金融发展总量的指标，即 FIR；衡量金融发展结构的指标，即股票总市值与债券总市值之和与新增贷款额之比；衡量金融发展效率的指标，即直接融资与间接融资之比。下面分别对这四个选取的指标进行简要的介绍。

1. 产业结构升级指标

本章选取产业结构优化率作为衡量产业结构升级的指标，产业结构优化率也就是第二产业和第三产业产值之和占国内生产总值的比重，用 *CYJG* 表示，公式可以表示为：

$$CYJG=（第二产业产值+第三产业产值）/GDP 产值$$

2. 金融发展指标

（1）金融总量指标

金融总量指标是指能够代表金融投资总量的经济指标，本章用金融相关比率指标衡量，即选取现存金融资产总额与GDP之比作为金融总量指标来衡量金融总量，即金融机构贷款余额/GDP。

（2）金融结构指标

所谓金融结构指标顾名思义是指研究金融市场资金来源结构的指标，本章采用“直接融资额/间接融资额”这一指标来度量金融结构对产业结构升级的影响程度，即（股票总市值+债券总市值）/银行年末贷款增加额。

（3）金融效率指标

所谓金融效率指标是指储蓄转化为投资的速率，本章选取了融资效率作为度量金融效率指标，该指标的公式可以写为：贷款额/储蓄额。贷款额以当年贷款的余额作为数据来源，储蓄额以金融机构当年的存款余额来进行计算获得，这样便可以准确体现储蓄转化为投资的效率。

综上所述，本章选取了金融相关比率、直接融资额/间接融资额、贷款额/储蓄额三个指标来衡量金融发展水平。

（二）数据说明及来源

由于我国证券市场兴起于20世纪90年代，能够提供查阅的资料年限较短，本章选取2002年~2011年的有关原始数据，通过上面所述的方法进行计算，得出产业结构优化率指标（*CYYH*）、金融相关比率指标（*FIR*）、金融结构指标（*JRJG*）和金融效率指标（*JRXL*）数据。由于以上四组数据都是时间序列数据，所以可能存在异方差的现象，为了消除序列中可能存在的异方差现象，本章在计量检验前对这四个变量进行对数变换，以消除可能存在的异方差问题。

本章原始数据来源于各年度编制的《中国统计年鉴》、《中国金融年鉴》，中国证券业协会官方网站、国家统计局官方网站。

（三）实证策略

本章在研究金融发展对产业结构升级的影响时，通过不漏掉重要信息从而保证研究结果的客观性，从规模、结构、效率三个方面考察金融发展对产业结构升级的支持。

通过以上分析，设定了金融发展对产业结构的影响模型，具体模型形式如下：

$$\ln CYYH = \alpha_1 \ln FIR + \alpha_2 \ln JRJG + \alpha_3 \ln JRXL + \mu_i$$

根据研究需要，将本书的实证研究共划分为两大部分内容，第一部分是以全国为整体研究金融发展对产业结构的影响；第二部分是以各地区为研究对象研究金融发展对产业结构的影响在我国的中部地区、东部地区、西部地区的表现差异，进而为下一节根据实证研究结果进行对策分析奠定基础。

由于四组数据均是时间序列，因此在进行回归之前应对每个变量的数据进行单位根检验，以检验其是否为平稳序列，本章采用 ADF 检验，检验结果见表 8-3。

表 8-3 单位根检验结果

变量名称	Prob
$\Delta\ln CYJG$	0.02
$\Delta\ln FIR$	0.05
$\Delta\ln JRJG$	0.39
$\Delta\ln JRXL$	0.04

检验结果显示，除了金融结构这一变量以外，其余变量的一阶差分均满足在 5% 的可置信度下不存在单位根，即其余三个变量都是一阶平稳序列，因此它们之间存在协整关系，可以对这三个变量进行回归。

根据平稳性检验结果将模型修正为如下

$$\Delta\ln CYJG=\alpha_1\Delta\ln FIR+\alpha_2\Delta\ln JRXL+\mu_i$$

四、金融对产业结构优化影响的实证分析

（一）模型估计

表 8-4 全国样本回归结果

	因变量：产业结构优化率一阶差分
$\Delta\ln FIR$	0.100*** (0.024)
$\Delta\ln JRXL$	-0.221*** (0.016)
常数项	4.393*** (0.004)
调整的可决系数	0.96

注：*、**、***分别表示估计值在 10%、5%、1%水平上显著，括号内为标准差。

（二）模型检验

1. 对残差 e 进行 ADF 检验

利用 Eviews 对方程的回归残差进行单位根检验，t 值为-5.44，显示在 1%的置信度下不存在单位根，因此它是稳定的序列。所以回归方程中产业结构、金融总量、金融效率之间的关系是长期稳定的均衡关系。

2. 经济含义解释

金融总量对产业结构优化率存在显著为正的影响，金融总量的增长率每提高 1%，产业结构优化率的增长率相应提高 0.1%，这与经济学中投入与产出成正比的意义相符。产业结构优化率与金融结构指标显著负相关。这说明目前以全国为研究对象，金融结构的优化未能促进产业结构优化率的提高，相反还有抑制作用。

3. 拟合优度

该回归方程的调整的可决系数为 0.96，说明所建模型整体上对样本数据拟合得很好，即解释变量“金融总量指标”、“金融效率指标”能够解释被解释变量“产业结构优化”中的绝大部分。

综上所述，金融总量和产业结构优化之间有明显的正相关关系，而金融效率则在一定程度上抑制了产业结构的优化过程。因此，应该通过采取一定的措施，实现金融发展对产业结构优化的正效应。

（三）以各区域为研究对象

表 8-5 报告了东、中、西部子样本回归结果。

表 8-5 分地区回归结果

因变量：产业结构优化率一阶差分			
	东部	中部	西部
$\Delta\ln FIR$	0.130***	0.044	0.094***
	(0.041)	(0.055)	(0.038)
$\Delta\ln JRXL$	-0.221***	-0.249***	-0.306***
	(0.048)	(0.023)	(0.016)

续表 8-5

因变量：产业结构优化率一阶差分			
	东部	中部	西部
常数项	4.420*** (0.015)	4.365*** (0.008)	4.321*** (0.004)
调整的可决系数	0.87	0.91	0.96

注：*、**、***分别表示估计值在10%、5%、1%水平上显著，括号内为标准差。

由以上三个回归结果可以看出，三个地区均表现出金融总量对产业结构升级存在促进作用，而金融效率对其则是抑制作用。同时，每个地区金融对产业结构影响作用的大小显著不同。首先，在三个区域中，东部地区有显著的促进效，且促进作用最大，而中部地区回归结果显示金融总量对产业结构的影响是不显著的。西部地区金融总量的增长率每增长1%能带来产业结构优化率的增长率提高0.094%。从金融总量上来看，东部地区的促进效应高于全国为整体的效应，而中部和西部则低于全国的影响作用。其次，金融效率的抑制作用中，以东部地区最为微弱，中部次之，西部最强。对于这一结果的可能解释是东部地区的金融行业在三个地区中处于最发达的位置，因此金融逐步深化过程中，可以减弱金融效率对产业结构带来的抑制作用。由于目前我国的金融效率不能适应于我国经济的发展状况，因此在一定阶段内对产业结构升级还未能体现出促进作用。

因此，我国金融发展对于产业结构的影响呈现明显的区域特征，其中，中、东部地区的产业结构优化升级较为迅速，主要原因在于以下几个方面：

第一，中、东部地区规模效应明显。中部地区和东部地区的金融机构数量较多，达到了较好的规模经济效应。

第二，中、东部地区技术效应显著。在规模效应明显的同时，由于中、东部地区的金融机构吸收了全国各地的优秀金融人才，导致了当地的金融创新能力较之西部地区明显增强，促进了金融工具的开发和创新，进一步促进了金融对产业结构升级的支持，技术效应显著。

第三，中、东部地区投资者投资意识较强。中部地区和东部地区的教育资源较为丰厚，投资者投资意识较强，能够得根据自身的风险承受能力和风险偏好，积极选择适合自己的投资产品，从而通过促进金融发展来促进产业结构优化升级。

综上所述，我国金融发展对于产业结构的影响呈现明显的区域特征。

五、影响路径分析

上一部分的实证结果显示东、中、西部地区金融发展促进本地的产业结构升级方面有着一定的差异：东部地区整体好于中部地区，中部地区优于西部地区。因此，我们需要分析差异原因，进而找到可能的金融发展对产业结构可能的影响路径，提出相应的解决对策。可能的差异原因如下：

第一，中、东、西部地区的金融机构数量分布不平衡，导致金融服务的深度不一致。如第二部分对东、中、西部地区银行机构分布情况的比较所示，东部地区银行机构占全国39.5%，而西部地区只占27.7%，再考虑到东、西部地域面积的巨大差距，东部更多的金融机构将提供更完备、便利的金融服务，最终导致的结果便是较之西部地区东部有更多的金融业务积累，进而引起金融发展的总量差异。

第二，金融创新深化程度及金融投资普及程度不同，导致中、东、西部地区的居民及企业在投融资结构上受到限制不同。中东部地区教育资源丰富，平均人力资本高于西部，一方面是投资者投资意识更强，积极投资于金融工具，一方面是金融创新深化发展，丰富的金融工具更好地促进了产业结构升级。

综上所述，正是各地区金融发展程度不同，所以在促进本地的产业结构升级方面有着一定的差异。

六、结论

金融对于产业结构影响的因素有很多，金融规模的扩大可以促进产业结构的合理化，而金融效率却是一个显著的负面影响，表现出抑制产业结构升级。对于不同区域来说，金融发展对产业结构升级的影响存在很大的不同，就相关变量的各项系数来看，中部地区的金融效率对产业结构升级的抑制作用最大，金融总量指标对东部地区的产业结构升级作用最大，这是因为东部地区经济发展水平相对较高，其金融发展对整体产业结构升级的积极作用最为明显。相对地，西部地区经济发展水平低，传统产业占据区域主导地位，产业总体层次偏低，西部地区的金融发展对整体产业的高级化没有太大的拉动作用。另外，西部地区对整体产业结构的影响主要是依赖于规模的扩大和中长期贷款比例的增加，政府的干预作用显著；而对于东部地区，更多的是来自身金融效率的提高。最后，中部地区则依赖规模和结构相结合的作用。

区域间的金融发展需要互相协调，这保障了产业结构的持续优化升级。区域金融的协调发展最本质上是区域金融资源的协调和优化，以及不同地区金融发展之间的合理分工。区域金融资源合理配置是金融协调发展实施的成功表现，实际上也是提高了各个区域间金融业的竞争力和效率。通过资源的合理分配、有效开发，完成资金在不同区域空间的合理分布，最大限度地发挥金融机构对产业结构升级的促进作用。

在现代经济社会发展中，金融机构扮演着越来越重要的角色。金融发展促进了产业结构的升级，加快了龙头企业的发展，促进产业集群的形成。完善金融投资结构，可以提高资源配置效率，有利于产业结构达到整体上的协调。各个区域为了达到经济发展的目标，应立足于自身优势，优化产业结构，促进经济的高层次、高质量发展。金融发展是推动产业转型升级的重要机制，而产业结构优化升级又直接推动经济发展。加快区域金融发展，尽快克服存在于产业结构优化升级间的矛盾，利加强金融体制的投资导向和吸收资金的功能，实现双赢的区域金融发展和产业结构优化。

第九章　金融结构对技术创新的门槛效应分析

一、引言

如果说资金是经济的血液，企业是经济的细胞，那么金融体系就是将资金输送给企业的循环系统。金融系统中各个金融制度的相对规模被称为金融结构，例如间接融资与直接融资的相对布局、集中型与分散型银行结构的相对份额、单一型与复合型资本市场结构的相对权重等等。各种差异化金融制度的相对分工和布局，构成了特征迥异的金融结构，成为金融体系的重要特征。然而对于金融体系的研究，长期以来学术界更多地关注金融发展水平，而忽视了金融结构。经过长期发展，我国金融深化程度大幅提高，金融业的整体规模已很庞大，数量层面的金融发展趋于饱和。为进一步提高资源配置效率，我们应更多关注质量层面的金融发展，也就是金融结构。

银行在获取投资信息、配置信贷资源、实施公司治理和环境自适应性等方面具有优势。第一，银行中介凭借其集中化和专业化特点极大降低了获取信息的成本。由于逆向选择的存在，分散化投资会产生数额庞大的交易成本。而银行中介最大的优势在于集中化和专业化，集中化促使银行作为众多储户的代表与企业交涉，容易与企业建立长期合作关系，专业化在于专业人员和技术可以在事前甄别良莠、防患于未然，这些优势大大降低了金融中介的信息成本，优化了信贷资源的配置效率（Schumpeter，1962）。而金融市场的信息获取成本高于金融中介。虽然完备有效的股票市场能充分反映信息，但容易出现“搭便车”问题，单个投资者没有动力去发掘信息，这会导致市场的信息发现能力下降（Stiglitz，1985）。第二，银行通过全程的事后监督，比股票市场更能保证资金安全。Stiglitz（1985 年）认为银行在资金监督方面独具优势。基于债权性合约的属性，银行更关注自身资金的安全，同时在企业经营中具有话语权，有能力对管理层冒高风险的行为予以及时制止。相比而言，股票市场的高流动性却降低了股东对企业的监督：在现代企业制度下，所有权和经营权分离，管理层和大股东往往成为企业的实际控制人，当他们追求自身利益最大化时必然会损害股东整体的利益。第三，Raghuram（2001 年）认为银行主导型融资结构在法律不完善的市场上具有更好的适应性。银行主导型融资结构依托于银企双方的长期合作关系，在长期博弈中，企业出于爱护"声誉"的考虑会更有自主约束性。市场主导型融资结构对法律环境要求很高，融资双方更偏向于"陌生人关系"，合约的订立和履行都需要法律强制力的保障。

Allen F &Gale D（1999 年）将投资者同质预期假设放松后发现，金融市场的投资决策多为分散化决策，这种决策方式虽然在信息收集方面成本高于银行，但它更有可能为新产业和新技术提供资金。相比之下，金融中介的决策方式是集中化决策，决策权在银行的手中。Rajan（1992 年）、Weinstein（1998 年）指出，在银行主导型融资结构下，金融中介会利用自己对企业的影响力过度抽取租金，迫使企业减少对高风险高技术项目的投资。左志刚（2012 年）的实证结果表明：对于国家创新能力而言，权益性融资有正向影响，信贷类融资有负向影响。

控制风险方面，Levine（1991 年）、林毅夫（2003 年）指出金融市场能提供多种衍生工具和分散化的投资组合，降低投资的系统性风险和非系统性风险，并依靠活跃的二级市场降低流动性风险，为投资者提供了行之有效的风险管理工具。

Petersenetal（1995 年）认为集中型银行业结构更有可能为初创期和陷入困境的企业提供融资。集中型结构有利于银企之间形成长期、稳定、密切的合作关系。银行可以为企业提供更低利率的贷款并从企业未来的成长中抽取超额租金。这种跨期分享收益的关系促使集中型结构更愿意为初创型企业和陷入困境的企业提供融资，从而有利于经济增长与技术进步。

Dewatripont（1995 年）认为由于信息不对称和沉没成本等原因，亏损的项目一旦开始获得融资就会持续获得再融资。但是分散型银行系统可以通过市场机制帮助银行在发现项目不好时立刻终止融资；但在集中型银行结构中这一机制不复存在。Guzman（2000 年）通过对比拥有不同银行系统的两个国家，发现垄断力更强的经济体表现出更低的效率，因为集中型银行系统比分散型银行系统更容易扭曲价格机制造成信贷配给，过于集中的银行系统会对企业采取更加严密的管控。

林毅夫（2006 年，2008 年，2010 年）运用双向固定效应模型和省级面板数据的实证结果表明：从整体上看，我国现阶段具有比较优势的产业仍是劳动力密集型产业，劳动力密集产业以中小企业为主，分散型的银行业结构意味着更高比例的中小银行，因而更加有利于中国经济的增长。

Levine（1997 年）认为银行和金融市场在很多时候都是互补的，因为在一个经济体的不同发展阶段，企业对金融服务的需求是不同的，银行和金融市场在诸如动员储蓄、获取信息、风险管理等方面都提供了重要功能，因此两者应该互补而非绝对意义上的互相替代。Beck（2002 年）研究数据表明，在探讨金融发展问题时应更加关注发展水平而非金融结构，前者对经济发展和技术进步有显著正向影响，后者的影响并不明显。Allen（2000 年）也指出银行和金融市场各自存在优势和不足，某一经济体对于主导金融结构的最终选择往往依赖于实体经济的本质属性和投资者的行为特点。

二、金融结构对技术进步作用的理论机制

（一）金融体系影响技术进步的作用机制

技术进步水平的提高依赖于新产业和新技术的出现，新产业和新技术又与企业的技术活动紧密相关。无论是模仿吸收活动还是研发创新活动都需要大量的资金投入并承担相应的投资风险，仅仅依靠企业内源融资无法满足技术活动的需要，金融体系在创新推动、风险管理、信息处理和企业治理方面具有天然的优势，能为技术活动提供充足的资金支持和风控手段。

1. 金融中介和金融市场在促进创新方面有鲜明的特点

金融中介更善于与企业建立长期合作关系，对于初创期企业能提供低于市场水平的平均利率，等企业步入成长成熟期后再提高利率水平。金融中介为追求超额租金会自发地扶持初创企业的发展，从而有利于创新活动的开展和技术水平的提升。金融市场比金融中介更有支持创新的先天优势。

2. 金融中介和金融市场在驾驭流动性风险和非系统性风险方面有天然的优势

流动性是指所有人将资产以合意的价格卖出的速度和难易程度。Douglas

Diamond（1984 年）研究表明：当存在潜在冲击的可能时，储蓄者往往在低收益高流动性和高收益低流动性项目之间选择前者，这就导致了低流动性项目的融资困难。为了缓解流动性风险，金融机构和金融市场应运而生：银行通过续短为长，在提供高流动性存款的同时提供期限混合的贷款组合；金融市场通过活跃的二级市场为投资者提供资产变现的场所。这样一来，高收益低流动性的技术活动就获得了资金，从而促进了技术进步。非系统性风险是指仅与企业自身经营相关、与宏观经济环境无关的风险。据投资组合理论，金融中介和金融市场均能通过多样化投资组合的方式降低企业技术活动的非系统风险，从而促进技术进步。

3. 金融中介和金融市场能降低信息获取成本，优化资金配置，促进技术进步

在储蓄转化为投资的过程中，投资者需要获取大量信息帮助决策。但个人投资者人数众多，并非人人都具备专业的投资知识和投资精力。更为经济的办法是寻找一个金融中介作为投资者集合的代表运用专业方法获取并处理信息。金融中介介入能大大节约投资机会的信息收集成本，进而筛选出能生产出新产品和新工艺的最具发展前景企业。不同于金融中介“化零为整”的方法，金融市场在获取信息方面主要依靠强有力的价格信号。市场参与者为了追求超额利润会努力发掘企业的私有信息，客观上促进了信息的获取和处理，进而有助于资金流向具有盈利潜力的技术活动中去。

4. 金融中介和金融市场能提高企业治理水平，督促管理层努力工作，从事更多的技术活动以提高企业的核心竞争力

金融中介主要以贷款形式给企业融资，具有外部治理效应：一方面银行作为众多储户的代理人，对资金安全进行专业化监督，防范企业经营的道德风险；另一方面，银行通过固定收息，减少了企业内部的自由现金流，减弱经营者利益输送、在职消费的动机。相比之下，金融市场可以发挥内部治理效应：一方面通过董事会“用手投票”和二级市场“用脚投票”的方式，股东可以对管理层的决策施压，以实现企业价值最大化；另一方面，高流动性的金融市场也可以通过并购接管的方式淘汰昏聩的管理层。

（二）最优金融结构内涵

林毅夫（2009 年）提出最优金融结构理论，他认为金融结构没有绝对的优劣之分。发达国家偏重于金融市场，发展中国家偏重于银行中介，从根本上

说，是由于各个经济体处于不同的经济发展阶段，要素禀赋优势和产业结构特征不同所致。一方面，不同的要素禀赋结构决定了不同的产业结构和技术特征，企业为了拥有自生能力须选择不同的规模水平和风险水平，从而产生差异化的融资需求。另一方面，金融体系的各种制度安排，直接融资与间接融资、集中型银行与分散型银行、单一型市场与复合型市场，在创新推动、风险管理、信息处理和企业治理等方面各有优势。只有当各种金融制度的特性与实体经济中的产业结构特性相匹配时，才能称为最优金融结构。简而言之，最优金融结构必定是与最优产业结构和要素禀赋结构共生共存的。按照比较优势理论，产业结构存在由劳动—资源密集向资本—技术密集转型升级的最优路径，金融结构也应存在相应的最优路径。金融结构一旦偏离这一最优路径，会大大降低金融体系的融资效率，阻碍技术进步和经济增长，甚至可能引发系统性风险。

钱纳里（1986 年）的“经济发展六阶段理论”指出：任何国家和地区都会规律性地经过 6 个阶段：农业社会、工业化初期、工业化中期、工业化后期、后工业化和现代化社会。工业化初期、中期和后期合称为工业化社会，后工业化和现代化社会合称为发达经济社会。

在农业社会和工业化初期，自然资源和劳动力数量丰富，但物质资本和人力资本相对不足，这一时期应发展劳动力—资源密集型产业，重视农矿业和轻工业的发展，以促进生产要素的最优配置。

进入工业化中后期阶段时，初级产业的劳动生产率大幅提高，农业劳动力向非农部门转移的现实需求，重工业发展迅速。这一时期劳动力—资源密集产业与资本密集产业并存，但后者的产值贡献会显著超越前者。

进入发达经济社会后，人力资本对经济发展的贡献日益凸显，制造业内部由资本密集型向技术密集型转变，服务业中的智能服务业和知识服务业异军突起。这一时期技术密集、知识密集产业成为突出特点。

经济发展水平的提升会带来资源禀赋和产业结构的变化，进而产生不同的融资需求。实体经济的产业特征一般包括规模和风险两方面，初期产业规模以中小企业为主，从事模仿吸收的技术活动，具有小规模和低风险的特点；经济发展水平提升后，产业平均规模变大，大企业多使用新兴技术，具有大规模和高风险的特点。从“小规模、低风险”到“大规模、高风险”，本章将产业结构这种规模和风险的变化称为产业规模效应和产业风险效应，这两种效应共同影响了企业融资需求。

经济发展初期以劳动力—资源密集产业为主导，生产技术较为简单，行业的准入门槛较低。低技术含量和低竞争门槛带来了产品的易复制性和高度同质化，行业集中度偏低且竞争激烈，这一时期产业的平均规模较小。但随着经济水平的提高，主导产业变成资本—技术密集产业以后，高初始投入、高技术含量和高进入门槛更易形成规模大的企业集团。

在稳定的宏观经济环境下，产业风险主要来自于三个方面：企业家风险、产品风险和技术风险（林毅夫，2014）。①企业家风险是指企业家经营能力的不确定性。这与企业家的领导才华、社会经验和个人性格直接相关。②产品风险是指企业生产的产品能否或多大概率能被市场所接受的可能性。③技术风险是指企业从事技术活动的不确定性。

综上所述，本章的逻辑结构如下：经济发展阶段决定了经济体的要素禀赋结构，在比较优势理论成立时，禀赋结构会决定产业结构。在产业规模效应和产业风险效应的作用下，不同的金融结构与不同的产业结构产生适应性匹配，形成了分阶段分区间的最优金融结构。当经济发展水平提高时，资本、技术等生产要素日渐丰富，劳动力、资源等生产要素相对不足，这一时期大力发展资本—技术密集产业。该产业具有大规模、高风险的特点。在产业规模效应的作用下，市场主导型融资结构、集中型银行业结构、单一型市场结构与较高的经济发展水平和产业结构相适应；在产业风险效应的作用下，市场主导型融资结构、分散型银行业结构、复合型市场结构与较高的经济发展水平和产业结构相适应。

（三）理论假说

基于以上分析，本章提出如下假说：

假说一：不同经济发展阶段下，资源禀赋的差异带来了产业结构差异，进而影响到最优金融结构的选择。

假说二：经济发展水平较高时，应发展市场主导型融资结构以促进率先创新；经济发展水平较低时，应发展银行主导型融资结构以促进模仿创新。

假说三：从银行业结构和资本市场结构上看，经济发展水平越高，大型企业和高风险的技术型企业越会占据主导地位，但产业规模效应和风险效应的相对大小会影响最优银行结构和最优股票市场结构的选择，需要依靠后续的实证研究。

三、数据来源、变量选取与描述性统计

本章从融资结构、银行业结构和资本市场结构三方面综合分析金融结构。受数据可得性影响，融资结构的研究区段为2000年~2014年，银行业结构的研究区段是2005年~2014年，资本市场结构的研究区段是2007年~2014年。纳入样本的省份有30个，西藏自治区的经济指标异常值和缺失值都较多，按照学术惯例，我们将其剔除；港澳台地区经济数据的统计口径与大陆有差异，从可比性角度将其剔除。本章的原始数据取自《中国科技统计年鉴》、中国经济网、CSMAR和WIND数据库等。

（一）变量选取

技术进步：学术界衡量技术进步水平一般有投入法、产出法和TFP法三种角度（姚耀军，2013）。投入法以R&D投入为指标，产出法以专利数量为指标，TFP法以全要素生产率为指标。理论上说，TFP法是度量技术进步的主流方法。但由于我国缺乏有关资本存量的统计数据，且各个学者给出的资本存量估计值差异较大，加上对TFP的估计方法太多，如DEA、SFA、索罗余值、OP法等，不同方法估计出的TFP值也存在较大差异，故实际应用中TFP法受到限制。

借鉴Anselin（2002年）、康志勇等（2008年）、左志刚（2012年）和姚耀军（2013年）的研究，我们认为产出法直接体现了技术活动的最终成果，有力地反映了技术进步水平，故被视为更为可靠的指标。因此，本章将以产出法衡量技术进步。

《科技统计年鉴》将专利数量统计指标分为“专利受理数”和“专利授权数”两大类，每大类又划分为“发明创造”、“实用新型”和“外观设计”三小类。由于授权数表示国家对专利申请的认可，排除了虚假专利的情况，比受理数更可靠。而实用新型和外观设计专利的技术含量较低，很大程度上不能反映我国的实际技术水平。综合以上考虑，本章拟采用“发明专利授权数”衡量各省份的技术进步水平，作为本章的被解释变量。

金融结构：金融结构是各种金融制度安排的相对规模，本章从“融资结构”、“银行业结构”和“资本市场结构”三个角度综合度量金融结构。融资结构代表直接融资与间接融资的比例关系。本章借鉴林毅夫（2003年）、康志

勇等（2008 年）和左志刚（2012 年）的做法，使用“股票市值总额/银行年末贷款余额”衡量直接融资与间接融资比重。由于我国债券市场发展较晚，且地域差异悬殊，本章不考虑债券市场。

银行业是我国金融业的主导行业。本章借鉴林毅夫（2006 年，2008 年）的做法，采用银行业集中度衡量银行业结构，银行业集中度用“大型商业银行资产总额/银行业资产总额”表示。银行业集中度越高说明越偏向于集中型银行结构，越低则越偏向于分散型银行结构，以此考察间接融资内部结构。

在不考虑债券市场的前提下，本章用“二板市值总额/主板市值总额”衡量资本市场结构，该比例越高说明越偏向于复合型市场结构，越低说明越偏向于单一型市场结构，以此考察直接融资内部结构。

经济发展水平：借鉴钱纳里（1986 年）的研究量化经济发展阶段，我们认为人均真实 GDP 是反映经济发展水平的综合指标。钱纳里通过实证分析，测算出人均真实 GDP 与各个经济发展阶段的对应关系，从而使用人均真实 GDP 衡量经济体的要素禀赋，并以此作为经济发展阶段的衡量指标。我们认为人均真实 GDP 是反映经济发展水平的综合指标，并受到国内外学者的反复检验，用以衡量经济发展阶段具有较高的可靠性。

按照钱纳里的理论，测算出人均真实 GDP 与各个经济发展阶段的对应值（以 2000 年为不变价[①]），见表 9-1。

表 9-1 人均真实 GDP 与经济发展阶段的对应表

经济发展阶段		人均真实 GDP		
		1970 年（美元）	2000 年（美元）	2000 年（人民币）
农业社会阶段		140 ~ 280	503. 17 ~ 1006. 34	4165. 44 ~ 8330. 89
工业化阶段	初期阶段	280 ~ 560	1006. 34 ~ 2012. 68	8330. 89 ~ 16661. 77
	中期阶段	560 ~ 1120	2012. 68 ~ 4025. 36	16661. 77 ~ 33323. 54
	后期阶段	1120 ~ 2100	4025. 36 ~ 9329. 53	33323. 54 ~ 77233. 58
发达阶段	后工业化	2100 ~ 3360	9329. 53 ~ 14927. 25	77233. 58 ~ 123573. 75
	现代化	3360 ~ 5040	14927. 25 ~ 18114. 05	123573. 75 ~ 149955. 35

注：表中汇率以 2000 年年末汇率（100 美元 = 827. 84 人民币）折算。

① 本章对人均真实 GDP 均以 2000 年为不变价测算，下文同。

本章采用如下控制变量：

创新投入强度：有研究指出一国的技术水平的高低取决于 R&D 投入。R&D 投入一般包括资金投入和人力投入，分别用“研究与试验开发内部经费”和“研究与开发人员全时当量”表示。本章运用主成分分析法将两指标综合起来衡量创新投入指标。

国际贸易水平：使用“进出口贸易总额/GDP”表示。国际贸易水平是衡量地方对外开放程度的关键变量之一。国际贸易水平越高，说明地区的进出口贸易越频繁，国际交往和合作越多。

城市化水平：使用“城镇人口/人口总数”衡量。城市化是产业集群和产业集聚的最终表现。产业的集聚会带来人口的集中，促使社会网络复杂化和人际沟通密切化。创新是思维与灵感碰撞的火花，技术进步往往在人才、技术、知识密集的场所产生。

政府干预度：使用“财政支出/GDP”表示。财政支出的用途包括教育活动支出、科技活动支出和行政管理活动支出等。若教育活动和科技活动支出相对较多，表明政府对技术进步非常重视，政府干预度能促进技术进步；但若行政管理活动支出较多，意味着政府干预度对技术进步没有直接的影响。

外资依存度：使用“外商直接投资/GDP”表示。改革开放以来，以各种优惠政策吸引外资一直是我国一项重要的发展战略。刚开始，引入外资主要为了弥补国内资本的不足，但随着国内经济的腾飞，引入外资逐渐被视为引进国际先进技术的一种方式，并催生了“以市场换技术”的发展战略。“以市场换技术”是否成功呢？学界对此有不同看法，有学者认为引入外资通过示范—模仿、对外联系和培训效应促进技术溢出，对技术进步水平产生了积极作用；但平新乔（2007 年）、邢斐等（2009 年）通过实证研究发现引入外资对国内自主的技术活动具有挤出效应，对技术进步水平有消极影响。

市场化水平：使用国企从业人员数/就业总人口表示。一般来说，市场化水平越高，由计划经济向市场化转轨的程度越高，其对产权和专利的保护力度也越强，可以激励企业从事更多的研发创新活动，有利于提高地区整体的技术水平。

表 9-2　变量名称及计算方法

变量符号	变量名称	计算方法
Inno	技术进步（产出法）	发明专利授权数
Ml	融资结构	各省上市公司股票市值/年末贷款余额
Big	银行集中度	大型商业银行资产总额/各省银行业资产总额
Cap	股票市场结构	中小板与创业板市值总和/主板市值总和
Y	经济发展阶段	人均真实 GDP
City	城市化水平	城镇人口/年末人口总数
Open	国际贸易水平	进出口总额/GDP
Fdi	外资依存度	外商直接投资/GDP
Gov	政府干预度	财政支出/GDP
rd_score	创新投入强度	R&D 经费与 R&D 人员全时当量的主成分分析结果
Mem	市场化水平	国企从业人员数/就业总人口

（二）描述性分析

1. 各变量的基本统计量

表 9-3　变量的基本统计量

变量名称		均值	标准差	最小值	中位数	最大值
被解释变量	lninno	6.256	1.633	1.792	6.125	10.054
解释变量	lnml	-1.273	0.727	-2.838	-1.364	2.357
	lnbig	-0.783	0.166	-1.354	-0.785	-0.231
	lncap	2.607	1.072	-1.602	2.733	4.911
控制变量	lny	9.657	0.701	7.923	9.630	11.443
	lncity	-0.828	0.350	-1.850	-0.804	-0.110
	lnopen	-3.483	1.033	-5.416	-3.682	-0.981
	lnfdi	-3.044	0.840	-4.960	-3.222	-0.172
	lngov	7.651	0.525	6.535	7.604	9.255
	rd_score	0	1.342	-4.149	0.059	3.155
	lnmem	3.658	0.390	2.575	3.655	4.426

注：变量 open、fdi、gov、mem 在取对数之前均扩大了 100 倍。

2. 21 世纪以来我国经济发展阶段的变迁

21 世纪以来，我国经济保持着中高速发展的态势。2000 年～2015 年，我国人均真实 GDP 增长了 3.4 倍，基本实现了经济的跨越式发展。2001 年年末起，我国开始由农业社会向工业化社会转变，2001 年～2007 年是我国的工业化初期阶段，2007 年以后，我国开始进入工业化中期阶段。截至 2014 年年末，我国处于工业化中期阶段。

在此期间，我国各个区域的经济发展水平呈现出明显的区间效应：中西部地区的经济发展阶段远远落后于直辖市及东部地区。图 9-1 显示了 2000 年 ~ 2014 年四大区域人均真实 GDP 的变化趋势。不难看出，北京、上海、天津、重庆 4 个直辖市人均真实 GDP 一马当先，远远领先于全国其他地区。四大直辖市于 2000 年年末就已经站上了工业化中期阶段，并于 2007 年进入工业化后期阶段，截至 2014 年年末，四大直辖市已经走完了一半的工业化后期道路。东部其他地区的发展也可圈可点，2000 年年末已经位于工业化初期阶段，并先后于 2004 年和 2011 年进入工业化中期和工业化后期阶段，截至 2014 年年末，东部其他地区的工业化后期道路走完约 1/4。相比之下，中西部地区的发展状况类似、发展基础较差、发展力度不足，且与直辖市和东部地区的发展差距有逐年拉大之势。2000 年年末中西部地区均位于传统农业社会阶段，直到 2005 年和 2010 年才分别进入工业化初期和工业化中期阶段，截至 2014 年年末，中西部地区勉强走完了一半的工业化中期道路。

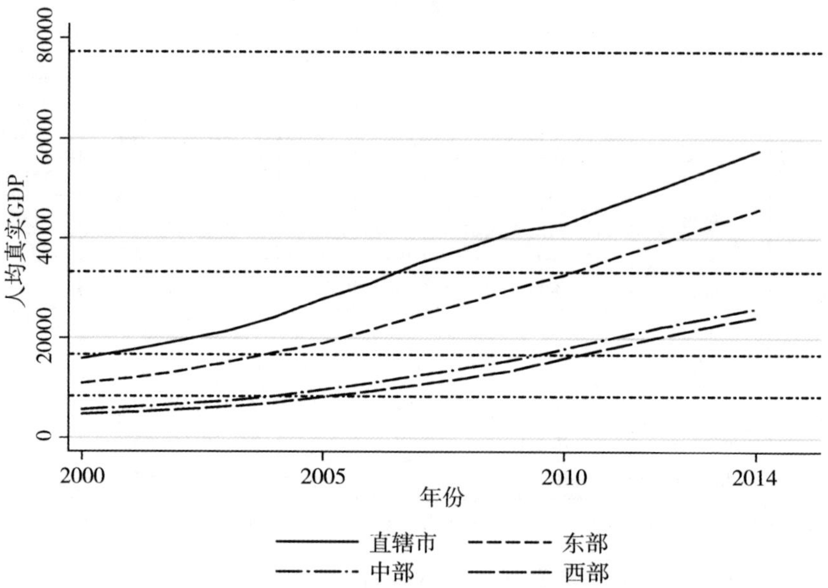

图 9-1 不同区域 2000 年 ~2014 年人均真实 GDP 趋势图

四、金融结构对技术进步影响的模型构建

（一）面板门槛模型的设定

根据前面的理论分析，各个地区的技术进步水平与金融结构之间可能因为经济发展阶段的不同而呈现出非线性的关系，从而出现区间效应。为了避免人为划分区间带来的误差，我们采用 Hansen（1999 年）年提出并发展的面板门槛模型（Panel Threshold Model）解决这一问题。面板门槛模型能够根据数据自身特点内生地划分经济发展阶段，从而可以研究不同经济发展水平下金融结构与技术进步水平之间的关系。

Hansen 提出的面板门槛模型依据门槛值个数不同，可以分为单一门槛、双重门槛和三重门槛模型。下面以单一门槛模型为例简要介绍该模型的基本原理，单一门槛模型的设定形式如下：

$$lninno_{it}=u_{it}+\theta' x_{it}+\beta_1 lnFS_{it}\times I\ (lny_{it}<\gamma)\ +\beta_2 lnFS_{it}\times I\ (lny_{it}>\gamma)\ +e_{it} \quad (9-1)$$

其中，i 表示省份，t 表示时间，$lninno_{it}$为被解释变量（技术创新），$lnFS_{it}$为解释变量（金融结构），lny_{it}为门槛变量（人均真实 GDP），γ 为某一特定门槛值，x_{it}表示控制变量。I（·）为指示函数，当条件满足时取值为 1，否则取值为 0。u_{it}表示各个省不随时间变化而变化的个体效应，例如：各个省的文化传统、风俗习惯等因素。

（二）门槛效应检验与门槛值

分别运用面板门槛模型对融资结构、银行业结构和资本市场结构做门槛效应检验。

融资结构和银行业结构只存在单一门槛值。由表 9-4 可知，在单一门槛的设定下，融资结构和银行业结构的 F 值分别为 35.37 和 26.04，各自大于 1%和 5%临界值 16.34、19.58，自抽样 P 值趋近于 0，可基本确定融资结构和银行业结构存在单一门槛效应。双重门槛和三重门槛模型没有通过检验，故不存在双重门槛和三重门槛效应。

对资本市场结构的检验发现，无论在单一门槛、双重门槛还是三重门槛的假设下，检验统计量 F 值和自抽样 P 值都是显著的，自抽样 P 值分别为 0.007、0.013 和 0.033，因此可以确定资本市场结构存在显著的门槛效应。综

合考虑，本章将使用双重门槛模型对资本市场结构进行讨论。

表 9-4 融资结构的门槛效应检验

结构		临界值				
		F 值	P 值	1%	5%	10%
融资结构	单一门槛	35.368***	0.000	16.341	10.939	7.635
	双重门槛	8.422	0.117	25.671	13.061	10.185
	三重门槛	5.526	0.173	17.356	10.894	7.839
银行业结构	单一门槛	26.035**	0.023	30.800	19.579	14.942
	双重门槛	12.865	0.127	27.761	19.744	13.777
	三重门槛	6.357	0.170	17.352	13.006	9.928
资本市场结构	单一门槛	22.845***	0.007	19.997	13.100	9.434
	双重门槛	17.341**	0.013	18.535	7.795	5.882
	三重门槛	9.944**	0.033	12.425	8.066	6.108

注：1. P 值与临界值均是“自抽样法”（Bootstrap）抽样 300 次的结果。

2. ***、**、*分别表示 1%、5%和 10%水平下显著。

表 9-5 列出了金融结构的门槛值估计结果。

融资结构的单一门槛估计值为 9.178，以 9.178 为门槛值将人均真实 GDP 的对数值划分为低水平发展阶段（小于 9.178）和高水平发展阶段（大于 9.178）。转换为非对数形式后，单一门槛值为 9659.53 元。结合六阶段理论，我们发现低水平发展阶段只与农业社会阶段相对应，高水平发展阶段意味着经济社会开始进入工业化阶段。

银行业结构的单一门槛估计值为 10.429，与融资结构类似，门槛值 10.429 将人均真实 GDP 的对数值划分为低水平发展阶段（小于 10.429）和高水平发展阶段（大于 10.429）。转换为非对数形式后，单一门槛值为 33840.04 元。结合六阶段理论，我们发现：对银行业结构而言，低水平发展阶段意味着经济社会基本处于工业化中期以前，高水平发展阶段意味着经济社会开始进入工业化后期阶段。

资本市场结构的双重门槛估计值分别为 9.797 和 10.444。以 9.797 和 10.444 为门槛值将人均真实 GDP 的对数值划分为三个区间：低水平发展阶段（小于 9.797）、中水平发展阶段（9.797 ~ 10.444）和高水平发展阶段（大于

10.444)。转换为非对数形式后，两个门槛值分别为 17972.53 元和 34343.5 元。结合六阶段理论，我们发现：对资本市场结构而言，低水平发展阶段意味着经济社会位于工业化初期以前，中水平发展阶段恰好对应于工业化中期阶段，高水平发展阶段意味着经济社会开始进入工业化后期阶段。

融资结构、银行业结构和资本市场结构对技术进步均存在门槛效应，门槛变量是人均真实 GDP，这就证明了理论假说 1 的正确性。金融结构对技术进步的作用确实会受到经济发展阶段的影响，经济发展阶段不同带来了不同的资源禀赋和产业结构，从而对金融结构提出匹配性要求。

表 9-5 金融结构的门槛估计结果

结构	门槛值 1 和区间	门槛值 2 和区间
融资结构	9.178 [9.037, 9.354]	
银行业结构	10.429 [10.333, 10.586]	
资本市场结构	9.797 [9.686, 9.829]	10.444 [10.401, 10.552]

(三) 金融结构——技术进步模型的设定与选择

融资结构与银行业结构只有单一门槛效应，资本市场结构有双重门槛效应，为了进一步证明假说 2 和假说 3，本章将金融结构对技术进步的模型设定如下。

式 (9-2) 表示融资结构与技术进步之间的回归方程，*ml* 表示直接融资与间接融资的相对比例。根据理论假说 2，我们预期 $\beta_1 < 0$ 且 $\beta_2 > 0$。

$$lninno_{it} = u_{it} + \theta' x_{it} + \beta_1 lnml\_1_{it} \times I(lny_{it} < \gamma) + \beta_2 lnml\_2_{it} \times I(lny_{it} > \gamma) + e_{it} \tag{9-2}$$

式 (9-3) 表示银行业结构与技术进步之间的回归方程，*big* 表示大银行资产占银行业总资产的比重。

$$lninno_{it} = u_{it} + \theta' x_{it} + \beta_1 lnbig\_1_{it} \times I(lny_{it} < \gamma) + \beta_2 lnbig\_2_{it} \times I(lny_{it} > \gamma) + e_{it} \tag{9-3}$$

式 (9-4) 表示资本市场结构与技术进步之间的回归方程，*cap* 表示二板市场与主板市场的市值比。式 (9-3) 和式 (9-4) 用于证明无法用逻辑推导验证的理论假说 3。

$$lninno_{it} = u_{it} + \theta' x_{it} + \beta_1 lncap\_1_{it} \times I(lny_{it} < \gamma_1) \quad (9-4)$$
$$+\beta_2 lncap\_2_{it} \times I(\gamma_1 < lny_{it} < \gamma_2) + \beta_3 lncap\_3_{it} \times I(lny_{it} > \gamma_3) + e_{it}$$

按照面板数据计量经济学理论，分别用混合回归、固定效应回归和随机效应回归估计式（9-2）、式（9-3）和式（9-4），根据样本数据特点在三种模型之间进行选择。

表 9-6 融资结构对技术进步的参数估计结果

	混合回归	固定效应回归	随机效应回归
变量	lninno	lninno	lninno
lny	1.383*** (10.66)	1.593*** (11.59)	1.383*** (10.66)
lncity	0.522*** (4.11)	0.632*** (5.09)	0.522*** (4.11)
lnopen	0.180** (2.57)	0.249*** (3.43)	0.180** (2.57)
lnfdi	-0.254*** (-3.92)	-0.154** (-2.34)	-0.254*** (-3.92)
lngov	-0.0116 (-0.11)	0.00184 (0.01)	-0.0116 (-0.11)
rd_score	0.314*** (6.11)	0.197*** (3.50)	0.314*** (6.11)
lnmem	0.387** (2.47)	0.163 (1.04)	0.387** (2.47)
lnml_1	-0.120*** (-2.66)	-0.122*** (-2.86)	-0.120*** (-2.66)
lnml_2	0.0515 (1.36)	0.0737** (2.03)	0.0515 (1.36)
_cons	-8.141*** (-7.17)	-8.805*** (-7.28)	-8.141*** (-7.17)
R^2	0.912	—	—
R^2_w	0.910	0.912	0.910
N	450	450	450
F	473.1	—	—

注：***、**、* 分别表示 1%、5% 和 10% 水平下显著。

表9-6列出了融资结构对技术进步的参数估计结果，表9-7列出了融资结构的模型选择过程。

首先利用 *LR* 统计量对混合回归和固定效应回归进行检验。*LR* 检验的原假设为模型不存在个体固定效应。*LR* 检验卡方统计量为670.89大于1%的临界值，*P* 值趋近于0，说明在混合回归和固定效应回归之间应选择固定效应回归。

然后利用 *BP* 检验对混合回归和随机效应回归进行检验。*BP* 检验的原假设是模型不存在个体随机效应。*BP* 检验卡方统计量为1210.37，*P* 值趋近于0。因此，应拒绝原假设，在混合回归和随机效应之间应选择随机效应模型。

最后利用 Hausman 检验在固定效应和随机效应之间做选择。Hausman 检验的原假设是：当不随时间变化的扰动项与解释变量不相关时，随机效应估计结果更优。Hausman 检验的卡方统计量为101.81，*P* 值趋于0，故应拒绝原假设选择固定效应模型。

表9-7　融资结构的模型选择结果

待选模型	检验方式	检验统计量	*P* 值	两两选择	最终选择
混合回归 vs 固定效应	*LR* 检验	chi2（29）=670.89	0.0000	固定效应	固定效应
混合回归 vs 随机效应	*BP* 检验	chibar2（01）=1210.37	0.0000	随机效应	
固定效应 vs 随机效应	Hausman 检验	chi2（9）=101.89	0.0000	固定效应	

综合以上分析以及表9-7的选择结果，我们选择固定效应模型估计融资结构与技术进步的关系。银行业结构和资本市场结构的模型选择过程类似。

表9-8　银行业结构对技术进步的参数估计结果

	混合回归	固定效应回归	随机效应回归
	lninno	lninno	lninno
lny	1.186*** (6.38)	1.139*** (5.93)	1.186*** (6.38)
lncity	-0.145 (-0.33)	0.777* (1.68)	-0.145 (-0.33)
lnopen	0.221*** (3.20)	0.221*** (3.23)	0.221*** (3.20)
lnfdi	-0.0452 (-0.73)	-0.0311 (-0.51)	-0.0452 (-0.73)

续表 9-8

	混合回归	固定效应回归	随机效应回归
	lninno	lninno	lninno
lngov	0.172 (1.45)	0.221 (1.26)	0.172 (1.45)
rd_score	0.339*** (7.20)	0.275*** (5.32)	0.339*** (7.20)
lnmem	0.331** (2.18)	0.162 (1.09)	0.331** (2.18)
lnbig_1	-0.434** (-2.11)	-0.330* (-1.66)	-0.434** (-2.11)
lnbig_2	-0.362* (-1.76)	-0.249 (-1.26)	-0.362* (-1.76)
_cons	-5.441** (-2.36)	-4.422* (-1.94)	-5.441** (-2.36)
R^2	0.924		
R^2_w	0.922	0.924	0.922
F	353.6		

注：***、**、*分别表示1%、5%和10%水平下显著。

对表 9-8 所示结果做模型筛选，结果列于表 9-9。首先利用 *LR* 统计量对混合回归和固定效应回归进行检验。*LR* 检验的原假设为模型不存在个体固定效应。*LR* 检验卡方统计量为 643.58 大于 1% 的临界值，*P* 值趋近于 0，说明在混合回归和固定效应回归之间应选择混合回归。

然后利用 *BP* 检验对混合回归和随机效应回归进行检验。*BP* 检验的原假设是模型不存在个体随机效应。*BP* 检验卡方统计量为 736.64，*P* 值趋近于 0。因此，应拒绝原假设，在混合回归和随机效应之间应选择随机效应模型。

最后利用 Hausman 检验在固定效应和随机效应之间做选择。Hausman 检验的原假设当不随时间变化的扰动项与解释变量不相关，则随机效应估计结果更优。Hausman 检验的卡方统计量为 190.44，*P* 值趋于 0，故应拒绝原假设选择固定效应模型。

表 9-9　银行业结构模型选择结果

待选模型	检验方式	检验统计量	P 值	两两选择	最终选择
混合回归 vs 固定效应	*LR* 检验	chi2（29）= 643.58	0.0000	固定效应	固定效应
混合回归 vs 随机效应	*BP* 检验	chibar2（01）= 736.64	0.0000	随机效应	
固定效应 vs 随机效应	Hausman 检验	chi2（9）= 190.44	0.0000	固定效应	

综合以上分析结果，本文选择固定效应模型估计银行业结构与技术进步的关系。

对式（9-4）分别使用混合回归、固定效应回归和随机效应回归估计，参数估计结果见表 9-10。

表 9-10　资本市场结构对技术进步的参数估计结果

变　量	混合回归	固定效应回归	随机效应回归
	lninno	lninno	lninno
lny	0.604*** (2.59)	0.780*** (3.26)	0.604*** (2.59)
lncity	1.010* (1.83)	1.670*** (3.06)	1.010* (1.83)
lnopen	0.120* (1.75)	0.0798* (1.61)	0.120* (1.75)
lnfdi	-0.118 (-1.16)	-0.128 (-1.18)	-0.118 (-1.16)
lngov	0.601*** (4.49)	0.712*** (3.59)	0.601*** (4.49)
rd_score	0.374*** (6.96)	0.250*** (4.11)	0.374*** (6.96)
lnmem	0.327** (2.03)	0.00563 (0.03)	0.327** (2.03)
lncap_1	0.0289*** (4.56)	0.0036 (0.12)	0.0289*** (4.56)
lncap_2	0.107*** (3.49)	0.0830*** (2.79)	0.107*** (3.49)

续表 9-10

变　量	混合回归	固定效应回归	随机效应回归
	lninno	lninno	lninno
lncap_3	0.1605*** (3.50)	0.1384*** (4.55)	0.1605*** (3.50)
_cons	-4.218* (-1.82)	-5.273** (-2.22)	-4.218* (-1.82)
R^2	0.947	—	—
R^2_w	0.944	0.947	0.944
F	296.2	—	—

注：***、**、*分别表示1%、5%和10%水平下显著。

对表9-10所示结果做模型筛选，结果列于表9-11。首先利用*LR*统计量对混合回归和固定效应回归进行检验。*LR*检验的原假设为模型不存在个体固定效应。*LR*检验卡方统计量为2613.73大于1%的临界值，*P*值趋近于0，说明在混合回归和固定效应回归之间应选择混合回归。

然后利用*BP*检验对混合回归和随机效应回归进行检验。*BP*检验的原假设是模型不存在个体随机效应。*BP*检验卡方统计量为383.58，*P*值趋近于0。因此，应拒绝原假设，在混合回归和随机效应之间应选择随机效应模型。

最后利用Hausman检验在固定效应和随机效应之间做选择。Hausman检验的原假设当不随时间变化的扰动项与解释变量不相关，则随机效应估计结果更优。Hausman检验的卡方统计量为77.3，*P*值趋于0，故应拒绝原假设选择固定效应模型。

表9-11　资本市场结构模型选择结果

待选模型	检验方式	检验统计量	*P*值	两两选择	最终选择
混合回归 vs 固定效应	*LR*检验	chi2（29）=2613.73	0.0000	固定效应	固定效应
混合回归 vs 随机效应	*BP*检验	chibar2（01）=383.58	0.0000	随机效应	
固定效应 vs 随机效应	Hausman检验	chi2（9）=77.30	0.0000	固定效应	

综合以上分析结果，本书选择固定效应模型估计资本市场结构与技术进步的关系。

五、金融结构对技术进步实证结果与分析

（一）金融结构对技术进步的参数估计结果

模型筛选完毕后，将金融结构对技术进步的估计结果列入表 9-12 中。

融资结构方面，直接融资与间接融资的比例（lnml_1 和 lnml_2）是我们最为关注的变量。不难看出，lnml_1 和 lnml_2 的系数为-0.122 和 0.074，分别在 1% 和 5% 的水平下显著。这说明：当人均真实 GDP 小于 9659.53 元，经济社会处于农业发展阶段时，直接融资与间接融资的比例每增加 1%，技术进步水平会平均下降 0.122%；当人均真实 GDP 超过 9659.53 元时，经济社会步入工业化阶段后，直接融资与间接融资的比例每增加 1%，技术进步水平会平均提高 0.074%。显然，随着经济发展水平的提高，在对技术进步的贡献方面，直接融资的促进作用会逐步增强，间接融资的促进作用会逐步减弱。

银行业结构方面，无论是经济发展的何种阶段，银行业集中度与技术进步基本呈负向相关关系。lnbig_1 和 lnbig_2 的系数为-0.33 和-0.249，前者在 10% 的水平下显著，后者在统计上没有显著关系。这说明，当人均真实 GDP 小于 33840.04 元，经济社会处于工业化中期左右，银行业集中度每增加 1%，技术进步水平平均下降 0.33%；当人均真实 GDP 大于 33840.04 元后，经济社会开始步入工业化后期阶段，这时增加 1% 的银行业集中度虽对技术进步仍有负向影响，但这一影响并不显著。因此，对我国而言，过于集中的银行业对技术进步产生了消极的影响，但随着经济发展水平的提高，受产业规模效应的影响，这一消极影响有所减弱。

资本市场结构方面，二板规模与主板规模的比例（lncap_1、lncap_2 和 lncap_3）对技术进步基本呈正向相关关系。lncap_1、lncap_2 和 lncap_3 的系数分别为 0.0036、0.083 和 0.1384，其中，lncap_2 和 lncap_3 在 1% 水平下显著，lncap_1 的系数不显著。这说明，当人均真实 GDP 小于 17971.53 元，经济社会处于工业化初期以前，二板规模与主板规模的比例与技术进步没有显著关系；当人均真实 GDP 位于 17971.35 和 34343.5 之间，经济社会处于工业化中期阶段时，二板规模与主板规模的比例每增加 1%，技术进步水平平均提高 0.083%；当人均真实 GDP 大于 34343.5 元时，经济社会开始进入工业化后期

阶段，二板规模与主板规模的比例每增加 1% 会带来技术进步水平平均提高 0.1384%。很显然，cap 的提高对技术进步水平不仅有持续的积极作用，而且这一积极作用会随着经济发展阶段的提升而逐步增强。由此可见，降低主板市场比重、提高二板市场比重、发展多层次的资本市场，对我国的技术进步有正向影响，且随着经济发展水平的提高，受产业风险效应影响，这一促进作用在不断增强。

控制变量中，lny、lncity、lnopen 和 rd_score 这四个变量无论在融资结构模型、银行业结构模型还是在资本市场结构模型中均对技术进步具有正向显著影响，只是显著性水平有所差异。该结果具有稳定性，这说明，经济发展水平、城市化水平、国际贸易发展水平和创新投入水平对技术进步水平均有积极促进作用。但 lnfdi 在三个模型中均对技术进步有负向影响，且这一影响在融资结构模型中显著。这说明，在本章研究中，外资依赖度对技术进步水平呈现消极影响。

表 9-12　模型的最终估计结果

参　数	融资结构	银行业结构	资本市场结构
	lninno		
lny	1.593*** (11.59)	1.139*** (5.93)	0.780*** (3.26)
lncity	0.632*** (5.09)	0.777* (1.68)	1.670*** (3.06)
lnopen	0.249*** (3.43)	0.221*** (3.23)	0.0798* (1.61)
lnfdi	-0.154** (-2.34)	-0.0311 (-0.51)	-0.128 (-1.18)
lngov	0.00184 (0.01)	0.221 (1.26)	0.712*** (3.59)
rd_score	0.197*** (3.50)	0.275*** (5.32)	0.250*** (4.11)
lnmem	0.163 (1.04)	0.162 (1.09)	0.00563 (0.03)
lnml_1	-0.122*** (-2.86)	—	—

续表 9-12

参　　数	融资结构	银行业结构	资本市场结构
	lninno		
lnml_2	0.0737** (2.03)	—	—
lnbig_1	—	-0.330* (-1.66)	—
lnbig_2	—	-0.249 (-1.26)	—
lncap_1	—	—	0.0036 (0.12)
lncap_2	—	—	0.0830*** (2.79)
lncap_3	—	—	0.1384*** (4.55)
_cons	-8.805*** (-7.28)	-4.422* (-1.94)	-5.273** (-2.22)
r2	0.912	0.924	0.944

注：***、**、*分别表示1%、5%和10%水平下显著。

（二）模型结果分析

1. 不同的经济发展阶段对应了不同的最优融资结构

经济发展水平较低时，间接融资对技术进步有较大的促进作用，直接融资的贡献度不高；但随着经济发展水平的提高，直接融资与间接融资的相对地位发生逆转，更高比重的直接融资更加有利于促进技术进步。通过门槛回归，我们找出了经济发展的相对区间，即人均真实 GDP 小于 9659.53 时对应了经济发展低水平阶段，人均真实 GDP 超过 9659.53 时对应了经济发展的高水平阶段，这基本与农业社会和工业社会的节点相吻合。农业社会更需要银行为主的间接融资，工业社会更需要股票市场为主的直接融资，为什么会产生这一现象呢？由上文理论机制可知，经济发展阶段对金融结构的匹配性作用是通过产业规模效应和产业风险效应传导的。农业社会的产业规模和产业风险都小于工业社会，农户是最主要的融资主体，他们对资金的需求往往是小额的，生产的风险往往是自身风险，技术风险和产品风险几乎为 0。这种情况下，银行中介即可满足他们的融资需求，资本市场对他们而言过犹不及。

2. 无论经济处于何种发展阶段，集中型银行业结构对技术进步具有抑制作用，但这一抑制作用随着经济发展水平的提高会不断减弱

我们可以从产业规模效应角度解释这一现象。当人均真实 GDP 小于 33840.04 时，经济社会基本处于工业化中期以前，受产业规模效应影响，集中型银行业结构与中小企业为主的产业结构不相适应，直接阻碍了技术进步水平的提高。但随着经济发展水平的提高，进入工业化后期阶段后，大企业比重增加导致银行业结构与产业规模结构更加匹配，集中型银行业结构对技术进步的阻碍作用有所减弱。

3. 二板规模与主板规模的比例提高对技术进步基本有正向影响，且这一影响随着经济发展水平的提高而逐步强化

我们可以从产业风险效应角度解释这一现象。当人均真实 GDP 小于 17972.53 时，经济社会基本处于农业阶段和工业化初期阶段，这一时期产业风险较低，企业的外部融资主要通过银行中介，对资本市场的要求较低，资本市场结构对技术进步的影响不显著。但是，当人均真实 GDP 超过 17972.53，甚至超过 34343.5 后，经济社会步入工业化中后期乃至发达经济阶段，产业风险的提升对外部融资的抗风险要求更高了，更复合、更多元的资本市场结构越来越有利于技术进步水平的提高。

4. 城市化水平的提高能显著地促进技术进步

城市化包括产业的城市化和人的城市化。产业的城市化意味着产业集聚作用增强，前后向企业的生产性联系更加紧密。地理上的集聚会促进先进生产技术的传播，并淘汰技术落后的企业，进而提高技术进步水平。人的城市化意味着农业人口向非农人口转变，这一转变过程中再就业培训发挥了重要作用，通过学习新技术新工艺，提高人口素质，为技术进步提供有利的社会文化环境。

5. 提高国际贸易水平、降低外资依赖度有助于促进技术进步

国际贸易水平越高，意味着地区更开放、国际合作和交往更频繁。在与外资企业交往过程中，国内企业能够通过行业前后向联系和人才引进，学习、模仿外资企业优秀的管理经验和生产技术，从而促进技术进步水平。至于外资依赖度，许多研究都认为外商直接投资能促进技术溢出、提高技术进步水平。但本章的实证结果并不支持这一结论。本章的研究结论与平新乔（2007 年）、邢斐等（2009 年）一致，认为外资依赖度与技术进步存在负向或不显著的关系，

这可能是因为外资进入会对内资企业技术创新活动产生挤出效应，当这一挤出效应大于技术溢出效应时，引入外资会阻碍技术进步，换而言之，用“市场换技术”的战略并不成功。

6. 提高研发投入对技术进步会产生积极影响

技术研发投入包括研发人才投入和研发经费投入。人才方面，科研人员直接从事技术活动，直接产生技术成果提高技术进步水平；经费方面，研发经费投入量的多少直接反映了地区对于技术活动的重视程度。经费投入越多，越有实力从事复杂的技术活动，提高技术进步水平。

六、结论

结合以上理论分析和实证结果，我们发现金融结构与实体经济相适应，才能促进技术进步。产业结构不同，意味着经济社会具有不同的技术特征，进而决定了产业中的企业在规模特征和风险特征上有差异。金融结构只有与产业结构相匹配，才能满足实体企业的融资需求，以适应企业差异化的规模特征和风险特征。综合以上分析，本章得出如下的结论：

（1）为促进技术进步，农业社会应发展银行主导型结构，工业社会以后应发展市场主导型结构。对于农业社会而言，产业结构以劳动力—资源密集为主，企业规模偏小、风险较低。在这种产业规模和风险特征下，监督资金的优势越发明显，其融资成本相对更低，更有利于技术进步。但经济社会进入工业化社会之后，产业结构逐步向资本—技术密集过渡，企业朝着大型化的趋势发展，企业家风险、市场风险和技术风险均显著提高，直接融资对风险的驾驭优势凸显，提高直接融资比重更有利于促进技术进步。

（2）银行业集中度对技术进步具有负向影响，但随着经济发展水平提高，负向影响不断减弱。由于历史原因，我国是典型的集中型银行结构。实证表明，工业化中期以前，集中型银行结构对于技术进步水平有显著的抑制作用；但自工业化后期开始，这一阻碍作用变得不显著。这一现象与产业规模效应直接相关。工业化中期以前，经济发展水平相对较低，中小企业比重较高，大银行的信贷审批链条长，服务中小企业的成本较高，所以过高的银行集中度会阻碍技术进步的发展；但自工业化后期开始，经济发展水平提高后，大企业的比重相对上升，集中型银行业结构更适合服务于大企业，从而减弱了银行业集中度对技术进步的负向影响。

（3）复合型资本市场结构对技术进步具有正向影响，且随着经济发展水平提高，正向影响不断强化。实证表明，农业社会和工业化初期以前，复合型资本市场结构对技术进步没有显著关系；但到了工业化中后期乃至发达经济阶段，复合型资本市场结构对技术进步具有不断加强的正向影响。这一现象与产业风险效应直接相关。农业社会和工业化初期，产业中以低风险的劳动力—资源产业为主，对于融资风险的分化要求不高，单一型资本市场结构也能满足技术进步的需要；但经济发展水平提高后，产业风险变高了，需要复合型资本市场处理更加多样的融资风险，复合型资本市场结构对技术进步的作用变得越来越重要。

第十章 政府补贴是否能有效促进企业研发投入

一、引言

知识型经济时代，“大众创业万众创新”背景下，依靠创新要素投入促进产业转型升级已经成为保障国民经济行稳致远的重要手段，创新不仅能突破技术瓶颈制约，也能创造新的需求。实现创新过程中研发费用投入是必不可少的一环，2013 年我国 R&D 经费支出 11846.6 亿，同比增长 13.07%，其中企业资金投入 8837.7 亿，占全国 R&D 经费支出的比例高达 74.6%，在国家技术创新体系中，企业在技术创新决策、研发投入和成果转化中发挥着主体作用。虽然当前我国研发投入总量稳步增长，但研发投入强度仍然较低，2013 年 R&D 经费支出占国内生产总值之比仅为 2.08%，规上企业中进行研发活动的企业研发经费支出与主营业务收入之比不足 1%，企业研发投入强度不足依然是阻碍我国经济增长方式转变、产业结构升级的关键因素。

为了提高企业研发投入强度，增强企业创新能力，政府层面通过多种多样的手段支持企业开展研发活动，从实践上来看直接补贴是最常用的手段。政府作为国家技术创新体系中的重要一环，可以为企业创新营造宽松的环境、提供资金补贴、实行产权保护等，其中资金补贴对企业绩效的影响最为直接。规模庞大的创新扶持资金直接补贴给企业，有利于缓解企业研发投入资金压力，激励企业研发创新活动，间接地促进企业创新能力提高。但同时政府补贴也会对企业自有研发资金投入造成挤出效应，补贴过多可能会导致企业研发投入强度减弱，并对公司绩效产生不良影响。而且由于政府和企业之间的信息不对称，政府的补贴行为很容易促发企业的道德风险和逆向选择，难以达到理想的补贴效果。因此如何合理确定政府对企业研发活动的补贴力度区间成为政府必须考虑的问题。本章研究政府补贴与企业研发投入强度之间的关系，有利于政府更好地把握对企业创新补贴的力度，合理有效配置资金来正确引导企业研发行为。

在讨论环节增加对两个案例的讨论，从不同地区角度和不同行业类型角度出发，探究政府补贴在不同分类下对企业研发投入的促进效果的差异。在地区方面，本章将样本分为东、中西部分别进行探讨；在行业角度，本章加入高端制造业与传统制造业的分析，另还从高端制造业中挑取两个有代表性的细分行业：航空航天和其他运输设备制造业和高新电子设备制造业，进行实证分析。

第二个案例①是全文分析的亮点，紧跟政策动向，加入了对刚刚落幕的十八届五中全会提出的“如何扶持高端装备制造业发展”话题的探究。在补充讨论中将继续探讨：是否政府可以通过对其进行补贴以促进其对研发的投入，以增强高端制造业企业创新活力；若补贴方法有效，那么促进效果最优的补贴强度应该是在什么范围，着重应在什么细分行业进行补贴；若补贴方法无效，是存在何种原因使其机制失灵，政府该如何应对？

二、国内外对政府补贴和研发投入强度的研究综述

国内外对政府补贴和研发投入强度关系研究的文献主要分为两类。

第一类主要是关于政府补贴对企业研发创新活动促进作用的研究。Griliches（1980 年）考察了以色列制造业部门的情况，通过比较有无政府补贴时的企业研发投入数据，发现政府补贴对企业研发投入具有明显的促进作用，能够显著地激发企业开展研发活动的积极性；Segerstrom（1991 年）的研究发现政府研发补贴对企业的研发投资具有促进作用，并且能够带动整个社会福利水平的提高；Oliviero A，Carboni（2011 年）利用意大利制造业部门企业层面的综合数据，发现非参数估计下政府补贴对私人研发投入有正向的作用，受补贴资助的企业比未受资助的企业有更多私人研发投入；Kris Aerts，Tobias Schmidt（2008 年）用德国和弗兰德斯的微观工业数据（CIS Ⅲ and Ⅳ），选择合适的非参数性估计量和条件差分估计量进行模型建立，结果发现接受政府补贴的公

① 第一个案例在“对民营企业的进一步分析”章节；第二个案例在“补充讨论”章节。

司更显著地进行研发活动。王文煜和朱卫东（2015 年）基于 2008 年 ~ 2013 年中国上市公司数据，运用广义倾向得分匹配方法刻画了政府补贴对企业创新投入和产出之间的因果效应，发现政府补贴能够显著促进企业研发创新行为，但两者之间呈倒“U”形关系，只有适度的政府补贴才能产生最大的创新激励效应，补贴过高则会弱化这一作用；朱平芳和徐伟民（2003 年）的研究也都表明政府补贴能够显著的促进企业增加研发资金投入。

第二类主要是关于政府补贴对企业研发资本投入挤出效应的研究。杨晔、王鹏等（2015 年）选取了在深交所创业板上市的企业作为样本，采用单变量和控制多因素影响的检验模型，发现财政补贴对企业绩效有促进作用，但财政分配和研发效率还有待提高，直接财政补助形式对企业的研发投入具有负向调节作用；Levy D M，Terleckyj N E（1983 年）通过建立宏观经济模型，分析政府研发支出对私人研发投资和生产率的影响，发现平均每 1 美元的政府补贴，将挤出 0. 27 美元的私人研发支出；Mukoyama（2003 年）研究了政府和企业之间信息不对称情况下的创新补贴对企业研发投入的影响，结果发现在信息对称情况下政府补贴的效率较高，信息不对称可能会使政府补贴挤出企业的研发投资；Tommy H. Clausen（2009 年）将政府补贴划分为对于企业“研究”的补贴和对于企业“发展”的补贴，利用挪威 2002 年社区创新调查（CIS 3）数据建立实证模型，结果显示研究的补贴刺激了私人部门的研发投入，而发展补贴则挤出研发投入。

但以上两类文献研究中所使用的方法普遍停留在建立政府补贴与私人研发投入间线性关系模型进行回归上，但许多经验事实表明政府补贴和企业研发投入强度之间存在着非线性相关的情况，国内学者也对其做出了探讨并试图求得政府补贴强度的最佳区间。毛其淋、许家云（2015 年）采用基于倾向得分匹配的倍差法与生存分析方法，发现只有适度的补贴才能够显著激励企业新产品创新，而高额度补贴却抑制了企业新产品创新，适合的补贴强度“适度区间”为[0. 0009，0. 0399]，且呈现逐年下降的趋势。基于以上回顾，本章考虑建立政府补贴与研发投入间的非线性模型，对政府补贴对研发投入的影响进行深入探讨。

三、政府补贴和研发投入强度关系的模型设计

（一）数据处理与样本选择

为充分描述政府补贴与企业研发投入之间的关系，本章选用中国工业企业

数据库微观层面的数据进行检验。该数据库涵盖 1999 年 ~2011 年的企业数据，因为本章研究所用的研究开发费用数据仅在 2005 年 ~2007 年间有连续记录，所以选择 2005 年 ~2007 年时间区间进行研究。

为了保证数据的完整性和准确性，对数据做了以下处理：①剔除研发费用数据中的缺失值；②去除非正常营业的企业数据，由于数据库中企业状态分为营业、停业、筹建、撤销及其他，非正常营业状态下的样本不在考虑范围内；③剔除营业年龄不足 1 年的企业，由于这些企业财务指标波动严重，可信度不高。在初步数据处理后对数据进行平衡面板的处理。本章所用的数据分析处理工具为 stata 13.1。

根据研究主题我们选取如下解释变量和被解释变量：①被解释变量为研发投入强度，利用企业研究开发费与营业收入的比值进行度量；②解释变量为政府财政补贴强度，表现为企业所获得的政府补贴收入与营业收入的比值。研发投入体现了企业在从事研发活动中自有资金的投入量，而政府补贴则表现了政府对企业研发活动的资金支持额度，两者都是总量的概念。研发投入强度与财政补贴强度和总量的概念相比不仅包括了企业研究开发费与企业补贴收入的信息，还包括营业收入信息，能更好地反映企业规模、政府资金影响大小等重要信息，因而是更全面综合的指标。

除政府补贴强度外，企业规模、资金密度、人力资本投入、广告投入和杠杆率也会对企业研发投入强度产生影响。一般认为企业规模越大，研发资金投入越多，市场上大企业进行的主要是首创创新，而中小企业进行的主要是仿创创新，首创创新需要大量的资本投入，需要庞大的资金规模做支撑，而仿创创新对于研发资本金投入的要求较低，中小企业也能承担相应的研发资金规模，因此传统上企业规模和研发投入强度之间的关系直接表现为企业规模越大，研发投入强度越高，但近年来这种情况有所改变，随着 IT 创新潮流的冲击，许多中小型科技创新企业俨然成了技术创新的中坚力量，这部分企业虽然规模较小但研发投入强度大，与传统的企业规模与研发投入的关系相悖。资金密度直接反映了企业每一位员工享有的总资产额度，人力资本投入突出了企业对职工培训和再教育的重视程度，一般认为资金密度和人力资本投入与企业研发投入强度之间成正比。广告投入强度和研发投入强度之间的关系表现为广告投入强度越大企业研发投入强度越高，因为进行大量广告投入的企业具有较高的知名度，新产品能迅速得到市场的关注，企业创新活动转化为市场份额的可能性也就越高，因而对企业研发投入具有显著的激励作用。杠杆率是企业负债总额与资产总额之比，资金短缺的企业会以举债的形式筹得生产经营活动所需要的资金，杠杆率越高的企业其可用于投入研发活动的资金就越少，杠杆率和企业研发投入之间的关系可以从两个方面理解，一方面企业通过负债形式取得的资金往往具有较高的资金成本，企业需要将其投入回报稳定且见效快的生产经营活动中去，而周期长风险大的研发活动往往不是最好的选择，因此两者之间的关系直接表现为企业杠杆率越高，研发投入强度越低，另一方面过高的杠杆率会使企业过多地关注自身的运营风险，因而对研发投入有抑制作用。基于以上分析，本章最终选取企业规模、资金密度、人力资本投入、广告投入和杠杆率等5个变量作为模型的控制变量。

通过以下指标度量本章所选取的控制变量：LNSIZE 表示公司规模，取资产总额的自然对数；LEVERAGE 表示杠杆率，取负债总额与资产总额的比值；FAD 表示企业广告投入强度，是广告费与营业收入之比；zjmd 表示资本密度，为公司总资产与雇员人数的比值；jytrqd 表示人力资本投入，取教育投入费用与雇员人数的比值。

（二）模型建立与假设检验

为了研究政府补贴与研发投入强度之间的非线性关系，本章选用 1999 年 Hansen 提出的门槛回归分析方法，根据数据自身特征，依据估计得到的门槛值将样本划分为多个区间，并在各个区间内分析政府补贴、研发投入与企业绩效之间的关系。门槛自回归模型通过门限变量（Threshold variable）来决定不同的结构变化点，进而利用门槛变量的观察值估计出适合的门槛值，能有效地避免主观判定结构变化点所造成的偏误，提高分析的准确性。为了更好地理解门限回归方法的原理，首先考虑单一门槛回归模型，表达式如式（10-1）所示：

$$y_{it}=\mu_i+\beta_1{}'x_{it}I(q_{it}\leq\gamma)+\beta_2{}'x_{it}I(q_{it}>\gamma)+\varepsilon_{it} \tag{10-1}$$

其中，y_{it}是被解释变量，x_{it}是解释变量，ε_{it}是随机误差项，q_{it}是门槛变量，γ 是门槛值，β_1 和 β_2 是 x_{it}的系数。其中 $I(\cdot)$ 表示指示函数（Indicator function），当满足括号内的条件时 $I(\cdot)$ 取值为 1，不满足时取值为 0。因此可以根据门槛变量是否大于门槛值将样本数据分为两组。为了分析方便，采用简短的方式表达（10-1）式，令 $x_{it}(\gamma)=x_{it}I(\gamma)$、$\beta=(\beta_1{}', \beta_2{}')'$，因此（10-1）式等价于：

$$y_{it}=\mu_i+\beta' x_{it}(\gamma)+\varepsilon_{it} \tag{10-2}$$

假设 ε_{it}服从均值为 0，方差为 σ^2 的有限独立同分布，即 $\varepsilon_{it}\sim i.i.d(0, \sigma^2)$， *iid* 的假设使门槛回归模型中的自变量不能包含因变量的滞后期，因此建立的是一个静态模型。随后利用样本面板数据对（10-2）式所建立的模型进行模型估计，对于任何给定的门槛值 γ，我们可以采用普通最小二乘法（OLS）得到各个参数的一致估计量，对应残差平方和 $S_1(\gamma)=\hat{e}_t'\hat{e}_t$。

最优门槛估计量即等于使残差平方和 $S_1(\gamma)$ 最小的 γ 值，即式（10-3）

$$\hat{\gamma}=\operatorname{argmin}S_1(\gamma) \tag{10-3}$$

求出最优门槛估计量 $\hat{\gamma}$ 后，可以进一步得到所有参数的估计量。接下来需要进行假设检验，因为门槛回归分析模型的实质是根据门槛值不同将样本分为不同区间，在各个区间内探讨讨论变量之间的关系。在建立模型时我们假设存在门槛效应，但在运用模型之前还需要对门槛效应的存在性进行检验，假设检验的原假设和备择假设如下：

H_0：$\beta_1=\beta_2$，即不存在门槛效应

H_1：$\beta_1\neq\beta_2$，即存在门槛效应

当 H_0 为真，即不存在门槛效应时，（10-1）式等价于（10-4）式

$$y_{it}=\mu_i+\beta_1'x_{it}+\varepsilon_{it} \tag{10-4}$$

通过 OLS 回归得到 β_1 的估计量 $\widetilde{\beta}_1$，相应的残差为 $\widetilde{e}_{it}$，残差平方和 $S_0=\widetilde{e}_{it}'\widetilde{e}_{it}$。构建以下 F 统计量，以检验门槛效应的存在性，其中 n 表示公司个数，T 表示时间跨度：

$$F_1=\frac{s_0-s_1(\hat{\gamma})}{\hat{\sigma}^2}=\frac{s_0-s_1(\hat{\gamma})}{\dfrac{s_1(\hat{\gamma})}{n(T-1)}} \tag{10-5}$$

由于 F 统计量的分布是非标准的，因此无法通过查表的方式获得 F 统计量的临界值进行假设判断。需要通过“自体抽样法”（Bootstrap）获得 F 统计量的一阶渐进分布，并计算出经验 P 值来判断是否拒绝原假设。

门槛效应检验只能确定是否存在门槛值，不能确定估计的门槛值是否等于真实的门槛值。因此需要进行真实性检验，检验的原假设和备择假设如下所示：

H_0：$\gamma=\gamma_0$，门槛估计值等于其真实值

H_1：$\gamma\neq\gamma_0$，门槛估计值不等于其真实值

构建其似然比统计量如式（10-6）所示：

$$LR_1(\gamma)=\frac{s_1(\gamma)-s_1(\hat{\gamma})}{\sigma^2} \tag{10-6}$$

LR_1（γ）似然比统计量同样具有非标准的分布，Hansen 在其论文中提供了一个判断是否拒绝原假设的函数，如式（10-7）所示：

$$C(\alpha)=-2\log\left(1-\sqrt{(1-\alpha)}\right) \quad (10-7)$$

其中 α 是显著性水平，当似然统计量 LR_1（γ）$>C$（α）时，就可以在 α 显著性水平上拒绝 $\hat{\gamma}=\gamma_0$ 的原假设。

四、政府补贴对研发投入强度关系的实证检验

（一）理论机制

企业研发活动具有较强的正外部性，个体企业难以独享研发带来的成果，研发活动为企业带来的私人收益通常低于其产生的社会收益，使得企业从事研发活动的意愿降低，导致企业研发投资低于社会最优水平，Jones 和 Williams（1998 年）的研究正好证明了这一点。在以上描述的研发活动存在外部性的情况下，便需要政府补贴来改善这种状况。就政府补贴而言，补贴收入在降低企业研发成本、缓解企业资金不足、激发企业研发动力等方面发挥了重要作用，即政府补贴能够带来企业研发投入的增加。但是目前普遍的观点并未考虑政府补贴活动的适度性，我们认为，虽然政府补贴对企业研发投入强度具有正向的效应，但是这种效应受到补贴强度大小的影响，在不同的补贴强度区间内，补贴收入对企业研发投入强度具有不同的影响。对企业来说在政府补贴从无到有阶段，补贴收入对企业研发资本投入的正向作用会很明显，但随着政府补贴强度的加大，过量的补贴可能会对企业自有研发资金投入带来挤出效用，反而不利于企业研发投入强度的提高，甚至有可能催生企业道德风险和逆向选择，出现骗取政府补贴资金的行为。因此本章选取政府补贴投入强度作为门槛变量进行分析。

（二）门槛效应检验和置信区间估计

在进行门槛回归之间，首先对门槛的存在性进行检验。利用假设检验的方法构建关于门槛效应检验的 F 统计量，如式（10-5）所示，如果拒绝原假设则存在门槛效应。因为 F 统计的分布未知，因此文章通过 300 次的 Bootstrap 自抽样获得式（10-5）的渐进分布，并计算出相应的 P 值。本章利用汉森门槛回归的方法，以补贴收入强度为门槛变量，分别对全样本、民营企业样本、

国有企业样本、外资及港澳台企业样本进行回归，被解释变量是企业研发投入强度。为了保证模型回归的准确性，还加入了企业规模、资金密度、杠杆率和人力资本投入作为控制变量来拟合模型，表 10-1 分别揭示了民营企业、国有企业、外资和港澳台企业以及全样本数据的门槛效应检验结果。

表 10-1　门槛效应检验

分类	民营企业		国有企业		外资、港澳台企业		全样本	
	F 值	*P* 值	*F* 值	*P* 值	*F* 值	*P* 值	*F* 值	*P* 值
单一门槛	281.5***	0.000	4.84	0.240	56.58***	0.000	300.28***	0.000
双重门槛	52.36***	0.000	0.24	0.517	2.7	0.260	94.10***	0.000
三重门槛	48.96	0.420	0.17	0.617	4.35	0.260	42.98	0.618

注：***、**和*分别表示在 1%、5%和 10%的显著性水平下显著；*F* 统计量和 *P* 值分别由 300 次的 Bootstrap 自抽样得到。

从表 15-1 可知，以政府补贴强度为门槛变量时，对应不同的企业样本具有不同的门槛效应：民营企业样本单一门槛和双重门槛显著，对应的 *P* 值为 0.000，小于 0.01，因此在 90%、95%和 99%的置信水平下均可以拒绝原假设，民营企业中政府补贴强度对企业研发投入强度的影响存在门槛效应；国有企业样本不具有显著的门槛效应，对应的 *P* 值均大于 0.1；对外资、港澳台企业来说，一重门槛检验对应的 *P* 值为 0.000，因此在 90%、95%和 99%的置信水平下均可以拒绝一重门槛的原假设，具有显著地单一门槛效应，而双重门槛和三重门槛效应检验的结果不显著；全样本中一重门槛和双重门槛显著，对应的 *P* 值均为 0.000，因此在 90%、95%和 99%的置信水平下均可以拒绝原假设，民营企业中政府补贴强度对企业研发投入强度的影响存在门槛值，三重门槛下的 *P* 值等于 0.618，因此三重门槛效应不显著。

基于以上分析可知：民营企业、外资和港澳台企业以及全样本都具有很强的门槛效应，在 90%、95%和 99%三种置信水平下均可以拒绝原假设。而国有企业样本不具有门槛效应，即使在 90%的置信水平下也不能拒绝一重门槛、双重门槛和三重门槛效应检验的原假设，因此可以判断国有企业样本中政府补贴对企业研发投入不具备门槛效应，这可能是由于国有企业特殊的性质决定的，对国有企业而言政府更倾向于直接投入资金参与研发活动而不是以补贴的方式进行，因此不存在门槛效应。

综上，民营企业、外资和港澳台企业以及全样本在政府补贴强度对企业研发投入强度的影响上均具有较强的门槛效应，不同样本中各类门槛值 95% 的置信区间如表 10-2 所示。

表 10-2　门槛值的置信区间估计

<table>
<tr><td rowspan="2">分类</td><td colspan="2">民营企业</td><td colspan="2">外资、港澳台</td><td colspan="2">全样本</td></tr>
<tr><td>门槛值</td><td>区间</td><td>门槛值</td><td>区间</td><td>门槛值</td><td>区间</td></tr>
<tr><td>单一门槛</td><td>0.0195***</td><td>[0.0170, 0.0225]</td><td>0.0129***</td><td>[0.0129, 0.0129]</td><td>0.0467***</td><td>[0.0467, 0.4670]</td></tr>
<tr><td rowspan="2">双重门槛</td><td>0.0195***</td><td>[0.0170, 0.0225]</td><td>—</td><td>—</td><td>0.0467***</td><td>[0.0467, 0.4670]</td></tr>
<tr><td>0.0392***</td><td>[0.0321, 0.0456]</td><td>—</td><td>—</td><td>0.0214***</td><td>[0.0180, 0.0255]</td></tr>
</table>

注：***、**和*分别表示在 1%、5% 和 10% 的显著性水平下显著；*F* 统计量和 *P* 值分别由 300 次的 Bootstrap 自抽样得到。

从表 10-1 门槛效应检验的结果可知，在政府补贴对企业研发投入强度的影响上，民营企业具有双重门槛效应，外资港澳台企业具有单一门槛效应，全样本具有双重门槛效应。表 10-2 给出了对应的门槛值和置信区间估计，对民营企业来说，双重门槛下的两个门槛值分别是 0.0195 和 0.0392，对应的置信区间估计为 [0.0170, 0.0225] 和 [0.0321, 0.0456]；对外资和港澳台企业而言，单一门槛的门槛值为 0.0129，门槛值的置信区间估计为 [0.0129, 0.0129]；对于全样本来说双重门槛的第一门槛值为 0.0205，置信区间为 [0.0158, 0.0234]，双重门槛第二门槛值为 0.0467，相应的置信区间为 [0.0467, 0.4670]。图 10-1 ~ 图 10-3 分别展示了民营企业、外资和港澳台企业以及全样本各自对应的门槛值和置信区间。

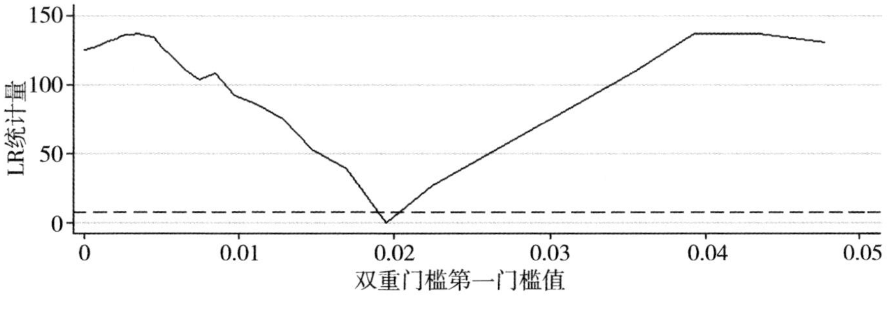

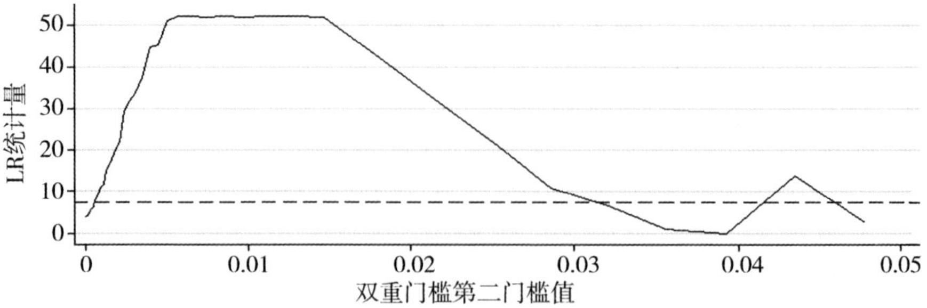

图 10-1 民营企业样本双重门槛门槛值估计

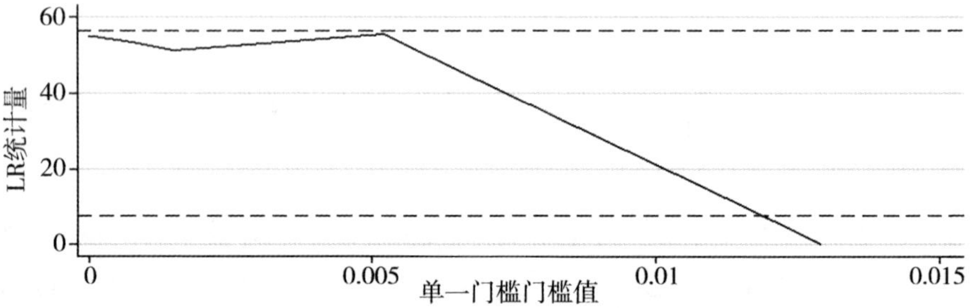

图 10-2 外资和港澳台企业单一门槛门槛值估计

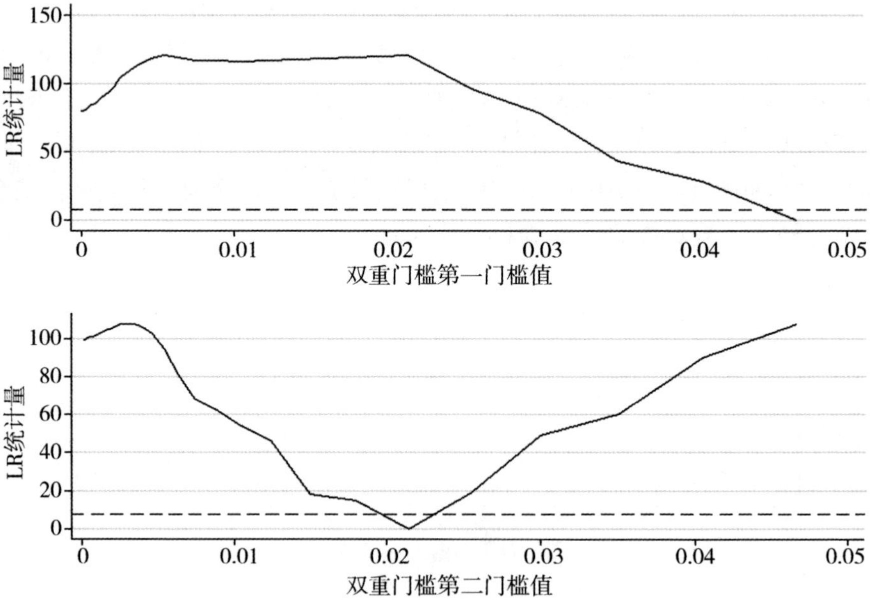

图 10-3 全样本双重门槛门槛值估计

综上，本章的对民营企业和全样本数据建立双重门槛模型，如式（10-8）所示，对外资和港澳台企业建立单一门槛模型，如式（10-9）所示：

$$y_{it}=\mu_i+\beta'_1x_{it}I(q_{it}\leqslant\gamma_1)+\beta'_2x_{it}I(\gamma_1<q_{it}\leqslant\gamma_2)+\beta'_3x_{it}I(q_{it}>\gamma_2)+contr+\varepsilon_{it} \quad (10-8)$$

$$y_{it}=\mu_i+\beta'_1x_{it}I(q_{it}\leqslant\gamma_1)+\beta'_2x_{it}I(q_{it}>\gamma_2)+contr+\varepsilon_{it} \quad (10-9)$$

其中，y_{it}是被解释变量（研发投入强度），x_{it}是解释变量（政府补贴强度），q_{it}是门槛变量（政府补贴强度），*contr* 表示控制变量组（企业规模、资金密度、杠杆率和教育投入强度等），ε_{it}是随机误差项，γ 是门槛值，β_1 和 β_2 是 x_{it}的系数。其中 I（·）表示指示函数，当满足括号内的条件时 I（·）取值为 1，不满足时取值为 0。式（10-8）和式（10-9）建立的门槛模型，将拟合数据的样本区间分为几个子区间，不同区间内具有不同的估计系数。

（三）参数估计

在实证部分，选取企业控股形式分别为民营、港澳台和外资的子样本和全样本作为研究样本，选取研发投入强度为被解释变量，政府补贴强度为门槛变量和解释变量，广告投入强度，资本密集度，人均教育投入强度等作为控制变量，进行回归的结果如表 10-3 所示。

表 10-3 政府补贴对企业研发投入影响的门槛回归结果

企业类型	民营企业		港澳台、外资		全样本	
	系数	*P* 值	系数	*P* 值	系数	*P* 值
FAD	0. 0935411***	0. 000	0. 0189285	0. 175	0. 1072982***	0. 000
LEVERAGE	-0. 0009462***	0. 000	-0. 0008781	0. 137	-0. 0003662***	0. 000
Lsize	0. 0000493***	0. 638	0. 0005777**	0. 076	0. 0006779***	0. 000
zjmd	4. 88e-07***	0. 000	0. 000000174	0. 436	0. 000000014**	0. 099
jytrqd	0. 0004105***	0. 000	0. 0006467***	0. 007	0. 0005196***	0. 000
Ginv_1	0. 2876714***	0. 000	0. 8832056***	0. 000	0. 2657699***	0. 000
Ginv_2	0. 0905566***	0. 000	0. 0021321	0. 546	0. 0923074***	0. 000
Ginv_3	0. 0311397***	0. 000	—	—	0. 0082944***	0. 000
截距项	0. 0010889	0. 289	-0. 004723	0. 175	0. 0082944	0. 000
调整 R^2	0. 0116	—	0. 0125	—	0. 004	—
样本数	273981	—	6495	—	646071	—

注：***、**和*分别表示在 1%、5% 和 10% 的显著性水平下显著；*F* 统计量和 *P* 值分别由 300 次的 Bootstrap 自抽样得到。

对于全样本企业，基于之前的门槛检验，发现其存在复杂的非线性关系，二重门槛显著，政府补贴强度的两个门槛值分别为0.0214和0.0467。因此，根据表10-3可得，政府补贴强度对研发投入强度的影响系数在三个门槛区间的值分别为0.2657699、0.0923074和0.0082944，且该结果在90%、95%和99%三种置信水平下均显著。从整体来看，政府补贴对企业的研发投入始终有显著的挤入效应。然而从趋势来看，随着政府补贴强度的提高，补贴强度水平更高的门槛内，政府补贴对研发投入强度的激励作用越小。这表明政府补贴对企业研发投入的促进存在一个最优区间，在此区间内，单位政府补贴强度对企业研发投入强度的促进作用最高。系数最高的区间是政府投入强度大于或等于0、小于或等于0.0214的区间，此时政府投入强度对研发投入强度有显著影响，且影响的系数为26.58%。即政府补贴强度每增加一单位，企业的研发投入强度平均提高26.58%。而在政府投入强度大于等于0.0214小于或等于0.0467的区间内，政府投入强度对研发投入强度的影响系数为9.23%。即政府补贴强度每增加一单位，企业的研发投入强度平均提高9.23%，比上个区间有明显降低。当政府投入大于或等于0.0467时，政府投入强度对研发投入强度影响的系数急剧下降，为0.82%，几乎趋近于0，此时可以认为，政府补贴投入对企业研发投入几乎不存在促进作用。

对于民营企业样本，政府补贴对企业研发投入的影响同样存在二重门槛效应和促进强度最大的区间。与全样本企业对比，民营企业政府补贴强度两个门槛值分别为0.0195和0.0392，均小于全样本企业的门槛值水平。说明相较于其他非民营企业，较低的政府补贴水平便可对民营资本的研发投入强度产生促进作用。该结论的发现可作为政府以民营企业作为实施创新激励政策主体的有力支撑，民营资本普遍规模较小，对研究开发的需求高，然而资金不足，因此补贴收入有效弥补研发投入的正外部性带给民营企业的负向激励，促进民营企业对研究开发的投入。另外，根据两个门槛值，政府补贴强度被分为三个补贴区间，其相对应的影响系数为0.2876714、0.0905566和0.0311397。结果表明，政府补贴对民营企业的研发投入始终有显著的挤入效应。当政府补贴强度低于第一个门槛值时，补贴对研发强度的影响系数数值为0.2876714，高于同区间的全样本水平。这说明在此政府补贴区间范围内，单位政府补贴对民营资本研发投入的促进效果相较于其他非民营资本更大。在政府补贴强度处于第一个门槛值域第二个门槛值之间时，补贴对研发投入强度的影响仍存在显著的挤入效应，影响系数数值为9.06%，但低于同一区间的全样本水平。出现该特征的可能原因为，民营企业大多为中小企业，规模较小，资金需谨慎使用。政府补贴超过一定范围后，民营企业会对资金用途进行管理，将多出的资金用于内部运营管理或对外扩张等资本回报率更高的用途，从而减少在企业研发投入上的投入，因此政府补贴对企业研发投入强度的促进效果有所降低。当政府投入强度大于第二个门槛值时，补贴对民营企业研发投入强度仍有显著的挤入效应，但是影响系数下降为 3.11%，远小于前两个阶段的系数水平。说明随着政府补贴的增加，民营企业在研发投入强度的激励越来越小。因此，同一政府的补贴强度水平下，相较于非民营企业，单位政府补贴对民营企业的激励效果最强，且激励效果最高的补贴强度区间为［0，0.0195］。

对于港澳台与外资企业样本的回归结果发现，当政府补贴强度处于 0 到 0.0129 的区间水平时，政府补贴强度对企业研发投入影响的系数十分显著，为 88.32%，显著高于民营资本及全样本水平。可能的原因是港澳台和外资企业在当地的经营受到相关部门的政策影响大，由于政府补贴是基于政策导向的补贴，有较强的定向作用，往往港澳台及外资企业会基于当地政府压力将补贴费用用于政策要求的用途，因此政府的创新补贴对港澳台与外资有极高促进作用。

而其他控制变量的系数结果来看，普遍与预期相一致。企业规模、资产密度、教育投入强度与广告投入和研发投入强度呈现正相关关系，即企业规模越大，资产密度越高，人力资本投入强度越高，提高知名度的广告投入强度越高，企业在研发投入强度也越高。人力资本的投资使得资本回报率更高，广告投入越高，公司知名度越高，研发投入的成果受到更多关注，二者对企业研发投入都有正向的激励。而资本负债率与研发投入强度呈现负相关关系，即负债比率越高，企业研发投入强度越低。过多的负债会使企业承担更多的风险，企业会花更多精力在于风险管理，降低对研发投入的关注。

表 10-4　2005 年～2007 年落在各个补贴门槛区间的企业数目

年　　份	2005 年		2006 年		2007 年	
	民营	百分比（%）	民营	百分比（%）	民营	百分比（%）
小于第一门槛	144542	95	154593	96	163720	96
介于第一门槛与第二门槛	2496	2	2429	2	2349	1
大于第二门槛	4321	3	4189	3	3630	2
合　　计	151359	100	161211	100	169699	100

综上所述，政府补贴的主体应为民营企业。整理 2005 年 ~2007 年的民营企业在不同门槛区间的数目及其占比，见表 10-4。对于民营企业，处于第一门槛的数量在 2007 年相较于 2005 年、2006 年有略微的增加，且有 96% 主要集中于最优的门槛区间上，此时政府补贴对企业研发投入的激励最强。

五、对民营企业的进一步分析

从前文的分析结果可以看出，民营企业作为政府补贴的主要对象，在促进整个社会研发投入强度提高方面具有重要作用。但上述对民营企业截面样本的估计结果很可能依赖于某些样本在单次观测中的表现，因此进一步将民营企业划分为东部样本和中部西部样本，观察门槛回归模型的表现。如表 10-5 结果显示：限制样本的情况下，政府补贴强度对企业研发投入强度的门槛效应依旧很显著，东部地区单一门槛和双重门槛效应显著，中西部地区单一门槛效应显著，双重门槛和三重门槛效应不显著。

表 10-5　民营企业分样本门槛效应检验

分　类	东　部		中　西　部	
	F 值	*P* 值	*F* 值	*P* 值
单一门槛	100.05***	0.000	9.98**	0.040
双重门槛	40.24**	0.000	5.85	0.180
三重门槛	10.84	0.700	2.17	0.300

注：***、**和*分别表示在 1%、5% 和 10% 的显著性水平下显著；*F* 值统计量和 *P* 值分别由 300 次的 Bootstrap 自抽样得到。

从表 10-6 门槛值和置信区间的估计可以看出：东部地区双重门槛效应下的第一门槛值为 0.0157，置信区间估计为［0.0134，0.0195］，第二个门槛值为 0.0358，对应的置信区间估计为［0.0358，0.0358］；对中西部的民营企业而言，只存在单一门槛，门槛估计值为 0.0425，在 5% 的显著性水平下显著，对应的置信区间估计为［0.0141，0.0790］。因此可以认为东部民营企业样本中补贴收入强度对企业研发投入强度的影响具有双重门槛效应；对中西部地区而言，门槛效应要弱于东部地区，仅一重门槛效应显著，双重门槛和三重门槛效应不显著。但无论是东部企业的双重门槛显著还是中西部企业单一门槛显著，都可以认为其政府补贴强度对企业研发投入强度具有明显的门槛效应，这与前文民营企业门槛效应显著的结论是一致的。

表 10-6　民营企业分样本门槛值及置信区间

分类	东部		中西部	
	门槛值	95%区间	门槛值	95%区间
单一门槛	0.0157***	[0.0134, 0.0195]	0.0425**	[0.0141, 0.0790]
双重门槛	0.0157**	[0.0134, 0.0195]	—	—
	0.0358**	[0.0358, 0.0358]	—	—

注：***、**和*分别表示在1%、5%和10%的显著性水平下显著；*F*值统计量和*P*值分别由300次的Bootstrap自抽样得到。

表 10-7　民营企业分样本系数估计

企业类型	东部民营企业		中西部民营企业	
	系　数	*P*值	系　数	*P*值
FAD	0.1024792***	0.000	0.4407995***	0.000
LEVERAGE	-0.0002692**	0.016	-0.0003288	0.260
Lsize	-0.0012336***①	0.000	0.0002486	0.351
zjmd	5.47e-08***	0.007	0.000000955***	0.000
jytrqd	0.0007391***	0.000	0.0003378	0.151
Ginv_1	0.4040869***	0.000	0.0855271***	0.009
Ginv_2	0.1405619***	0.000	0.000588	0.269
Ginv_3	0.0246294***	0.000	—	—
截距项	0.0138082	0.000	0.0028741	0.269
调整 R^2	0.0023	—	0.0657	—
样本数	272220	—	10995	—

注：***、**和*分别表示在1%、5%和10%的显著性水平下显著；*F*统计量和*P*值分别由300次的Bootstrap自抽样得到。

表10-7显示了东部和中西部民营企业样本门槛估计的结果，根据表10-7

① 东部民营企业中企业规模与研发投入呈现负向关系的可能原因为：东部企业存在大量中小型科技型企业，由于科技产品周期短、创新投入回报率高的特性，对技术创新的需求高，相较于规模较大、发展稳定的企业有更高的创新投入激励。因此出现东部企业规模越大，反而研发投入强度越小的特征。

可知，民营企业东部样本中，政府补贴对企业研发投入影响存在显著非线性效应，且显示为二重门槛显著。当政府补贴强度处于［0，0.0157］范围内时，此时政府补贴对企业研发投入的促进效用最强，为40.41%。而中西部样本中仅存在一重门槛显著，当政府补贴强度处于［0，0.0425］时，政府补贴对企业研发投入强度的影响系数为8.55%，且在90%、95%和99%三种置信水平下均显著。结果表明，在民营企业样本中，单位政府补贴强度对东部企业的促进作用明显强于中西部企业。由于东部企业大多地处沿海经济水平发达地区，创新活动活跃程度高，对产品技术创新有较高需求，因此企业对加大研究开发投入有较高的激励。加上企业类型以科技导向、服务导向居多，规模相较于传统制造业较小，难以承担研发成果被他人复制、窃取等降低企业预期研发收益的后果，因此政府补贴能对企业的收益进行弥补，对企业在研发投入行为上有显著的激励作用。而对中西部的企业，大多属于煤炭开采业和基础制造业，不具有增加研发投入开发创新产品的需求，所以政府补贴对中西部企业研发投入的促进效果并不明显。因此，政府应着重于对东部民营企业的补贴，以激励社会进行更活跃的创新活动。

六、补充讨论

针对高端制造业领域，党中央、国务院在2015年《中国制造2025》中指明通过政府引导、整合资源，开展设立创新中心、鼓励高端装备创新等五项重大工程，总体提升我国制造业竞争力。同年发布的《关于推进国际产能和装备制造合作的指导意见》，确立铁路、电力、工程机械、航空航天、船舶和海洋工程等12个行业作为推进国际产能和装备制造合作的重点，以促进我国高端制造业的国际合作与提升。因此，研究政府的角色定位在促进制造业创新的影响显得尤为重要。“十三五”规划纲要草案提出，为实现制造强国战略，未来五年中国将实施高端装备创新发展工程。除了政策长期利好外，随着制造业转型升级和国产化替代的推进，高端装备制造国内外市场需求巨大。高端装备制造业核心在于为传统产业转型升级和战略性新兴产业发展提供所需的高技术、高附加值装备。然而高技术、高附加值装备的开发内核在于激发人才市场与创新活力，创新投入对该领域制造业的崛起显得至关重要。因此，从我国政府角度，如何更好激发高端装备企业的创新活力，是打造中国工业、制造业4.0，推动产业结构转型的重要着眼点。

首先，如前文数据处理所述，依据中国工业企业数据库中对行业编码的类别变量，对样本进行基本统计分析（见表 10-8）。可知，细分制造业行业共有 39 个。为简化分析框架，本章将制造业分为高端制造业和传统制造业。对于全样本，选取 2011 年数据分析，其中高端制造业[①]占 31.27%，传统制造业占 68.73%。进一步分析可知，在传统制造业方面，民营企业、国有企业和外资、港澳台企业销售收入占比及就业占比分别为 63.93：16.61：7.76 和 62.39：18.68：18.93。高端制造业方面，民营、国有、外资港澳台企业销售收入和就业占比分别为 48.36：14.72：36.91 和 54.27：16.72：29.01。相比之下可知，外资与港澳台企业在资本与技术人才方面的先发优势使其在技术密集型的高端制造业上更具有优势，销售收入与就业吸纳占比比传统制造业更高，然而民营企业作为未来高端装备制造业行业竞争的主力军，却在如今的高端制造业的竞争中处于劣势，又遭遇传统制造业转型的困境。是否政府补贴能够帮助其走出困境？因而，研究政府补贴对民营高端制造业的促进作用显得更为必要。

表 10-8　传统制造业与高端制造业营业收入及劳动投入占比的对比

分　　类	传统制造业			高端制造业		
	民营	国有	外资、港澳台	民营	国有	外资、港澳台
收入占比（%）	63.9	16.6	7.76	48.36	14.7	36.91
劳动占比（%）	62.39	18.6	18.93	54.27	16.7	29.01

本章选取高端制造业的全样本数据与民营份样本数据进行门槛检验分析[②]，结果发现：全样本及民营分样本数据均显著存在二重门槛，且政府补贴对其研发投入强度的影响系数高度相似，为简化起见，并不讨论区分全样本与民营样本。

除了对企业控股性质进行深入研究外，本章还细分行业进行政府补贴对企

① 高端制造业在本章中指政府拟扶持的高端设备制造领域，包括航空航天装备、海洋工程装备及高技术船舶、先进轨道交通装备、高档数控机床、机器人装备、现代农机装备、高性能医疗机械、先进化工成套装备等行业。在数据处理中，将高端制造业范围定义为工业企业数据库中行业编码前两位为 34～41 和 43 的行业。书中对高端制造业行业范围的定义基于国务院印发的《中国制造 2025》通知的叙述进行确定。

② 作者还做过对国有、外资和港澳台行业的门槛检验，发现门槛效应不显著，可能的原因是政府对国有高端制造业的影响是直接通过人事任命或进行行政干预等方法，而非通过对企业补贴达成。对于港澳台企业，其在高端制造业中占据优势，可通过引进母国研发成果等方式达成，且其并非政府补贴政策的主要受众。

业研发创新的促进效用研究，即选取制造业中具有代表性的细分行业：铁路、船舶、航空航天和其他运输设备制造业（编码前两位为37）和计算机、通信和其他电子设备制造业（编码前两位为39）进行门槛分析。

表 10-9 高端制造业及部分分行业样本的门槛检验

分类	航空航天和其他运输设备制造业		高新电子设备制造业		高端制造业全样本	
	门槛值	95%区间	门槛值	95%区间	门槛值	95%区间
单一门槛	0.095***	[0.081，0.095]	0.011***	[0.0141，0.0790]	0.0465***	[0.0432，0.0397]
双重门槛	0.024***	[0.019，0.035]	0.002***	[0.000，0.009]	0.001***	[0.000，0.007]
	0.095***	[0.081，0.095]	0.011***	[0.0141，0.0790]	0.0465***	[0.0432，0.0397]

注：***、**和*分别表示在1%、5%和10%的显著性水平下显著；F统计量和P值分别由300次的Bootstrap自抽样得到。

航天航空和其他运输设备制造业与高新电子设备制造业均为二重门槛显著，门槛值如表10-9中所示。政府对高新电子设备制造业的补贴门槛比运输设备制造业低，在补贴强度为0.002水平时，便可产生作用；而对后者，补贴强度的门槛为0.024。

表 10-10 高端制造业及部分分行业样本的系数估计

企业类型	航空航天和其他运输设备制造业		高新电子设备制造业		高端制造业全样本	
	系数	P值	系数	P值	系数	P值
FAD	0.476***	0	0.752***	0	0.7397039***	0
LEVERAGE	-0.00404***	0	-0.00101	0.512	-0.00317	0.512
Lsize	0.000416	0.152	0.000437	0.342	-0.0006193	0.342
zjmd	0.000000118	0.273	0.00000119***	0.005	-0.00000008	0.005
jytrqd	0.000531**	0.05	0.00104***	0	0.0002881***	0
Ginv_1	0.755***	0	0.00277	0.232	-0.2334568	0.232
Ginv_2	0.251***	0	1.135***	0	0.2446295***	0
Ginv_3	0.127***	0	0.0937***	0	0.0140696***	0
截距项	0.00112	0.432	-0.00289	0.269	0.0019491	0.269

续表 10-10

企业类型	航空航天和其他运输设备制造业		高新电子设备制造业		高端制造业全样本	
	系数	*P* 值	系数	*P* 值	系数	*P* 值
调整 R^2	0.0326		0.105		0.0243	
样本数	35928		19328		912302	

注：***、**和*分别表示在1%、5%和10%的显著性水平下显著；*F* 统计量和 *P* 值分别由300次的 Bootstrap 自抽样得到。

根据表10-10系数估计的结果，对于高端制造业全样本，当补贴强度在[0.001，0.0465]区间时，政府补贴强度对研发投入强度的影响系数为0.2446，且影响系数随着补贴投入的提高而降低。因此，在补贴资金效率最大化条件下，政府补贴强度存在最佳区间，即为[0.001，0.0465]。对于航空航天和其他运输设备制造业，由二重门槛值点划分的三段区间的影响系数分别为0.755、0.251和0.127，即在达到第一个门槛值之前，政府补贴资金的效率是最大化，因此政府最优的行动应是不补贴，或是补贴强度小于第一个门槛值0.024。对于高新电子设备制造业，在政府补贴强度处于[0.002，0.011]时，对研发投入强度的影响系数达到最高点，为1.135，说明在其他条件不变情况下，政府补贴强度每提高1%，企业研发投入强度平均提高113.5%，补贴资金效率极高。该现象背后的原因是，高新电子设备对前期固定资产投入、资本规模、行业进入门槛等方面的要求较低，尤其是互联网时代下，对隐形资产或人力资本的要求更高，因此民营企业市场占有率较同等高端制造业细分行业更高。由于研发活动存在外部性，资金缺乏、研发风险和成本较高的民营企业对政府资金支持存在更高的需求，因此政府补贴在高新电子设备制造业行业效果显著。上述发现对于补贴政策的制定具有重要意义。

七、结论

由于企业研发活动具有正外部性，企业难以独享研发投入带来的收益，会导致企业在研发的投入低于社会最优水平，政府补贴能弥补企业在创新研发投入资金的不足，激励企业的研发活动。考虑到政府补贴是从无到有的过程，只有政府补贴达到一定数值才能有效对企业研发投入有正向影响，即政府补贴对研发投入的影响是非线性的关系。为了说明非线性关系，本章利用2005年~

2007 年工业企业数据库，使用门槛分析的方法，分别验证了政府补贴对民营企业、国有企业、港澳台外资企业和全样本企业的影响的非线性效应的存在性。结论如下：

首先，在验证门槛效应的存在性方面，政府补贴对民营企业、港澳台外资企业和全样本企业均存在显著的非线性效应。其中，除了港澳台外资企业存在单一门槛之外，民营企业及全样本企业都存在显著的二重门槛。而国有企业的研发投入的门槛效应不显著，说明政府不用该激励机制，而通过直接投资和任免企业负责人对企业的研发投入及管理做出影响。

其次，政府补贴对企业的研发投入始终存在显著的挤入效应，且存在补贴强度最佳区间。由于政府过度的补贴会造成企业的“搭便车”效应，将多余的政府补贴用于非研发投入方面的用途，造成政府补贴的浪费。因此，对于企业，政府补贴存在一个最佳区间，在该区间内，政府补贴对企业研发投入的激励效果最强。对于全样本企业，在［0，0.0214］范围内进行政府补贴，能够最大限度地促进全样本企业的研发投入强度，影响系数为 0.2657699。对于港澳台外资企业，仅当政府补贴强度处于［0，0.0129］区间水平时，对企业研发投入促进作用最强，影响系数为 0.8832056，在其他区间水平内则不显著。对于民营企业，当政府补贴强度处于［0，0.0195］区间范围内时，政府补贴对企业研发投入的促进效果最强，系数为 0.2876714，高于同区间全样本水平。且对民营企业样本，政府补贴对企业研发投入的促进效果呈现东部显著高于中西部的特征。

最后，从不同地区角度和不同产业类型角度出发的两个案例讨论表明：东部民营企业的政府补贴门槛值比中西部企业的门槛值低，且单位政府补贴强度对东部企业的促进作用明显强于中西部企业；政府补贴强度对高端制造业研发投入强度的促进作用存在最优区间，即在补贴强度处于［0.001，0.0465］区间时，政府对企业补贴强度平均每增加 1%，企业在研发投入强度上提高 24.46%；且尤其在高新电子设备制造业，政府补贴资金的效率最高，对企业研发投入促进效果达到 113.5%。

总结来看，政府需根据对不同企业类型、不同地区的研发投入促进效果对补贴强度进行调整，在最佳的区间进行投入，使得最大限度地提高全社会的技术创新水平与活跃度。尤其，民营企业是中国工业企业市场的主体，因此，需要制定更具针对性的补贴政策，使之更有利于市场创新投入的增加，推动社会经济的创新转型。

第十一章　制造业优先发展战略、产业驱动与区域收入收敛

在经济的持续快速增长的背景下，区域发展差距和收入分配不平等的问题愈加凸显，是政策制订者和学者们广泛关注的一个热点问题。从 1979 年 ~ 2007 年，中国经济实现了实际 GDP 年均增长 9.8% 的高速增长，GDP 总量从 4062.6 亿元增加到 257306 亿元，增加了将近 62 倍，人均 GDP 从 1980 年的 463 元增加到 2007 年的 18934 元。同时，比较 1981 年和 2006 年的人均 GDP 的增长率，西藏与上海的差距都在 1% 左右，但 2006 年的西藏人均 GDP 仅为 1524.58 元（为了便于比较，以 1978 年为基准年，以下涉及人均 GDP 作相同处理），比上海 1981 年的 2596.24 元还低。上海 2006 年的人均 GDP 是 10036.50 元，相当于西藏的 6.6 倍。由此可见，尽管从国家宏观角度来看，中国经济的确实现了高速增长，极大地提高了国民生活水平，但地区间经济增长差距依然显著，由此带来地区间人均收入差距、区域发展不平衡等问题的存在。面对以上发展现状，以及由此导致的区域间的不平衡问题，地方政府应选择怎样的发展战略，以实现地方经济的高效发展？

一、文献回顾与评论

所谓收敛也就是初始经济发展水平不同的地区，随着经济的发展，落后地区增长速度高于发达地区，从而经济一体化会自动促进各区域经济发展路径趋向一致。经济收敛性的理论可以追溯到 20 世纪 60 年代的新古典经济增长理论。Swan（1956 年）和 Solow（1956 年）的新古典增长模型认为，在假设外生储蓄率和技术进步的基础上，由于资本的边际收益递减规律，经济落后地区（较低的人均资本）具有较高的资本收益从而导致较高的资本积累速度和吸引资本流

入，最终可以提高经济增长速度，从而经济的发展会趋于稳定。因为新古典增长理论中各个国家（地区间）的均衡增长状态的人均收入水平依赖于外生的储蓄率等，因此在收敛性检验中经常要考虑政府政策、市场化程度等因素，也即考虑条件收敛性问题。而罗默（Romer，1986，1990）内生经济增长模型的提出则意味着由于存在规模效应等因素，生产要素在较为发达地区的集中，从而形成的经济一体化将会加剧不同地区的发展差距，因此将不存在区域经济的条件收敛性。

从20世纪80年代起，许多经济学家对收敛理论进行了拓展性研究，并初步形成了四种收敛理论：一是绝对β收敛。这种观点由Barro和Sala-i-Martin（1992年）提出，认为在资本边际报酬递减规律条件下，经济增长率与初始收入水平之间存在负相关关系，所有国家或地区随着时间的推移都将收敛于相同的人均收入水平。二是条件β收敛，Barro（1991年）引入“条件收敛”的概念，希望在适当控制人力资本等外生变量的基础上研究经济增长率和初始收入水平之间的相关性；BarroandSala-i-Martin（1992年）和Mankiwetal（1992年）等进一步拓展了条件收敛的概念，认为传统新古典增长模型并不意味着不同经济体最终人均收入水平都趋向相同，不同经济体可能具有各自的均衡增长路径。他们的进一步的研究还表明，各区域人均收入的增长除受初期人均收入水平的影响外，还可能受到诸如地区虚拟变量、人力资本、知识水平等因素的影响。三是俱乐部收敛，这种观点认为许多区域经济系统之间既不存在绝对收敛也不存在条件β收敛，而是在区域内部存在收敛现象，而区域之间则不存在收敛趋势。四是σ收敛，它是指不同经济单元之间人均收入的离差随着时间的推移而最终趋于下降。

在对于中国的地区经济增长收敛性的研究上，其研究内容主要集中在两个方面。一是检验中国各省、直辖市、自治区和东中西三大经济带的经济增长是否存在绝对β收敛、条件β收敛和俱乐部收敛。刘强（2001年）认为新古典的经济增长收敛机制在中国并没有起作用。张胜、郭军、陈金贤（2001年）在利用中国1952年~1998年的省际截面数据研究后，认为我国在改革开放前存在绝对收敛，而在改革开放后不存在绝对收敛。刘强（2001年）认为中国地区间经济增长的收敛性存在着明显的阶段性和区域性，并且不同地区间的产出差距与宏观经济的波动状态存在着正相关关系。沈坤荣、马俊（2002年）认为中国地区间的经济增长，不仅存在着显著的“俱乐部收敛”特征，而且存在着条件收敛的特征。此外，林毅夫和刘明兴（2003年）、彭国华（2005年）、石磊和高帆（2006年）、许召元和李善同（2006年）、龙文（2007年）、张茹（2008年）、潘文卿（2010年）等分别从城乡之间、部门之间、劳动力流动、人力资本等不同角度通过实证研究验证了中国区域经济增长存在条件收敛和俱乐部收敛现象。二是探求造成我国地区间发展差异这种现象的原因。国内学者的研究重点大都集中在基于新古典收敛理论下分析中国地区经济增长的条件收敛或俱乐部收敛情况，研究大多通过条件 β 收敛模型中控制变量对地区经济增长率的影响来寻找我国地区经济增长差异扩大的原因。韩廷春（1999 年）、蔡昉和都阳（2000 年）的研究表明，人力资本的差异是造成地区差距的主要原因。Young（2000 年）通过研究农业发展的数据，认为地区性保护政策是地区差距加大的关键。张胜等（2001 年）认为更高储蓄率与外资流入，更多的人力资本支出与较低的人口自然增长率会带来更快的经济增长速度。林毅夫、刘培林（2003 年）认为，重工业优先发展的赶超战略，是造成当前中国大陆各省区市之间发展水平差距的重要原因。刘夏明（2004 年）认为经济地理、历史等多种因素使沿海地区处在了比较高的发展起点上，同时地区发展战略、经济全球化、经济自由化、要素市场的扭曲对地区差距的形成产生了重要的影响。彭国华（2005 年）通过对全要素生产率收敛性进行分析表明，*TFP* 的收敛导致了收入的收敛。沈坤荣、马俊（2002 年）认为人力资本水平、对外开放度以及工业化进程对中国省际间经济增长的收敛作用显著，体制因素特别是市场化程度也影响了中国各省份的经济增长。赵伟、马瑞永（2005 年）认为资本收敛机制、技术收敛机制以及劳动生产率收敛机制等微观机制影响了中国经济增长。此外，李晶和汤琼峰（2006 年）、沈坤荣和唐文健（2006 年）还从劳动力跨区域流动和劳动力转移的规模等角度探究经济收敛情况等。

由上述文献综述可见，对于我国经济收敛情况学界基本能够达成的共识有两点：一是中国经济表现出“U”型收敛的特性，即在 1990 年以前中国各地区的经济增长呈现收敛的趋势，到了 1990 年以后迅速发散。二是中国的经济增长呈现出较强的地域特性，俱乐部收敛现象显著。但是，对于这些现象背后的原因，学界尚未形成统一定论。

基于此，本章拟针对东中西三个区域并从政府行为与经济增长相关性的视角，探究我国地方政府采取的经济发展战略，特别是制造业优先发展战略，对于地方经济增长的影响，并最终通过区域内收入分配的收敛情况判断政府发展战略的政策效果，同时深入探究其背后的产业驱动机制。

二、分税制、制造业优先发展战略与区域收入的理论假说

为了加强国防军工建设，巩固新中国政权，自“一五”计划以来，我国

就参照苏联模式，迅速进行工业化建设，确立了重工业优先发展的基本战略，以期迅速“追英赶美”，摆脱贫穷落后的局面。这就是著名的“赶超战略”。赶超战略建立了我国第二产业雏形，在当时的时代背景下具有一定的客观合理性。然而，赶超战略“寄予厚望”的重化工业，属于资本密集型产业，这与当时资本稀缺、劳动力丰富的禀赋结构不相适应。在正常的市场竞争下，重化工业企业不具有自身能力，必然面临着发展瓶颈。为了帮扶重化企业，我国长期以来实行计划经济，人为扭曲价格机制，压低利率、汇率等变量，增加补贴，降低重化工业的发展成本。在政府干预下，以重化工业为代表的第二产业在我国迅速发展起来。

改革开放以来，建立社会主义市场经济体制，以市场调节为主、政府调控为辅，从而激发禀赋潜能，中国经济连续30年高歌猛进。然而，受财政分权和地方官员晋升机制的影响，赶超战略并未完全退出历史舞台，而是成为拉动地方经济增长、财税收入的利器（王立国，2012）。为追求GDP高增长，地方政府绕过中央规制，与企业“合谋”，力推重化工业和落后产能，造成过度投资、重复建设和产能过剩。可以说，中央层面已经逐渐认识到赶超战略的危害时，地方层面却仍然坚持优先发展重工业的战略。例如：2008年以来，中央曾出台多项政策措施积极应对产能过剩问题，国务院出台的《关于发布实施〈促进产业结构调整暂行规定〉的决定》、《关于加快推进产能过剩行业结构调整的通知》和《关于抑制部分行业产能过剩和重复建设引领产业链健康发展若干意见的通知》等，这些措施频繁出台，但产能过剩问题并未因此缓解而有愈演愈烈之势。究其根源，这与我国分税制的财政政策密切相关。分税制大背景下，地方政府“事多钱少”，为扩大税收来源，地方政府自然会更偏好于纳税多的传统制造业，而非因地制宜地发展经济。由此提出假说1。具体来说，地方政府为了多筹集财政收入会更偏好于纳税多的传统制造业，即采取“重工业优先发展战略”而非“比较优势战略”。

假说1：分税制条件下的地方政府出于扩大政府税收的目的，有意愿采取对政府税收边际报酬更高的生产部门优先发展的战略。

美国经济学家钱纳里在对34个准工业国的经济发展进行实证研究后提出，任何国家和地区的经济发展都会规律性地经过6个阶段，这6个发展阶段由低到高依次是传统社会、工业化初期、工业化中期、工业化后期、后工业化社会、现代化社会。同时，从任何一个发展阶段向更高一个阶段的跃迁都是通过产业结构转化来推动的。因此，产业结构的变动和升级是划分区域经济发展阶段的基本依据。根据钱纳里的观点，经济增长就是生产要素从效率低的部门向效率高部门的转移。那么地方政府应采取适应于当地经济发展阶段的，且能够将其有效的生产要素资源集中到高效率的、能够起带动作用的部门的经济政策，以实现地方经济增长。如果地方政府的发展战略违背经济发展阶段，比如在制造业发展达到一定高度时，仍采取制造业赶超战略，则会造成产业结构同经济发展阶段的不匹配，产业结构扭曲，产品供过于求，出现产能过剩。产能过剩的危害，理论界探讨很多。林毅夫（2010 年）认为在微观上产能过剩会导致企业利润低下，企业倒闭或开工不足，引发员工下岗失业，宏观上会导致行业由于缺少研发资金而创新缺乏、资源浪费和环境污染，最终将阻碍经济的发展。

新中国成立后，区域发展战略作为国家经济发展整体战略中的重要组成部分，先后经历了改革开放之前的区域均衡发展战略，以及改革开放之后的区域非均衡发展战略、区域非均衡协调发展战略以及统筹区域协调发展战略。1978 年改革开放之后，我们开始进行经济体制改革和实行对外开放政策，把效率作为经济发展的首要目标。由于东部沿海地区过去工业基础较好，集中了绝大部分工业，特别是“文革”结束后经过几年的经济恢复，东部沿海地区在一定程度上具有丰富的劳动力资源、原材料和销售市场。正因如此，邓小平提出，向沿海地区倾斜，利用东部沿海地区的工业基础，加快沿海地区发展，以便于带动中西部地区发展的发展模式。在东部优先发展战略下，国家生产力布局和投资中心大规模东移，先后成立了五个经济特区，14 个沿海港口城市，五个经济开放区，形成了沿海开放地带，实现了东部地区的高速增长。在过去的 20 多年中，东部沿海地区经济发展迅速，工业化和城镇化程度均高于中西部地区。然而，随着东部地区经济的高速增长，东部与中西部区域发展不平衡、贫富差距加剧，不利于社会公平和社会稳定。基于此，2001 年 3 月 15 日第九届人大四次会议通过的“十五”计划确立了实施西部大开发战略。随着国家对西部地区政策和资金支持力度的不断加大，西部地区生产生活条件不断改善，基础设施建设、生态环境保护与建设显著加强，实现了西部地区经济的平稳较快增长。然后，随着东部地区优先发展战略、西部大开发战略以及振兴东北老工业基地战略的先后实行，中部地区与周边地区发展差距明显，中部地区发展边缘化倾向甚至中部塌陷已成事实。为此，2006 年 3 月，十届人大四次会议通过的“十一五”规划中正式将“中部崛起”战略确立为国家战略。自此，中部地区经济增长开启了稳中加速的发展态势。

在东部优先发展战略、西部大开发战略以及中部崛起战略的先后提出的国家政策背景下，不可避免地造成了东部地区相较于中西部地区经济发展的先发优势。同时，为了加强国防军工建设，巩固新中国政权，自“一五”计划以来，我国就参照苏联模式，迅速进行工业化建设，确立了重工业优先发展的基本战略，以期迅速“追英赶美”，摆脱贫穷落后的局面。在政府干预下，以重工业为代表的第二产业在我国迅速发展起来。在重工业优先发展战略和区域不协调发展战略的推动下，东部地区相较于中西部地区其工业部门劳动生产率水平较高，工业化程度较高，第二产业发展处于相对高位。因此，东部地区经济发展水平更接近于钱纳里发展六阶段的工业化后期阶段，即第二产业在经历了迅速发展后，随着经济水平的进一步发展，第二产业创造财富的比重开始下降，而第三产业逐渐成为经济发展的主体。相应地，中西部地区则更接近于钱纳里发展六阶段的工业化中期阶段，即产业结构不断向以现代工业为主的工业化结构转变，第二产业占比增长显著，并且在制造业内部也将由轻型工业的迅速增长转向重型工业的迅速增长。在这个阶段，制造业的大规模发展促进并支撑了区域经济以较高速度的增长，从而实现区域经济的高速发展。因此，对于东部地区的地方政府，应采取制造业高效发展以及大力发展服务业的战略，引导生产要素逐步向第三产业流动，以便于适应东部地区面临的产业结构由第二产业主导向第二、三产业协调发展以及第二产业内部结构优化的现状。对于中西部地区的地方政府，则应继续采取优先发展制造业战略，以便于进一步释放第二产业的发展潜力，实现区域经济的高效增长。具体来说：三大经济区域内部各省处在相近经济发展阶段，产业结构趋同明显；东中西三大经济区域之间处在不同经济发展阶段，具有不同产业结构。东部地区经济发展水平高于中西部地区，第二产业发展已相对成熟，在经济发展阶段上处于工业化后期，而中西部地区第二产业潜力有待进一步释放，尚处于工业化中期，故中西部地区相比东部更有理由大力推进制造业优先发展战略。

基于钱纳里经济发展六阶段论，以及历史上我国采取的经济发展战略，我们提出假说 2。

假说 2：地方政府应依据各自所处的经济发展阶段，针对其具有的产业结构，采取适应于当地经济发展水平的经济发展战略。

库兹涅茨在《经济增长与收入分配不平等》一文中，对英国、美国、德国的个人收入分配的长期变动趋势进行观察后指出，“在由前工业社会向工业社会急速变动的早期，伴随经济增长的是收入分配不平等程度的急速扩大；此后，收入不平等程度渐趋稳定，并在后期开始缩小”。这说明在经济发展的过程中，特别是在工业化阶段，收入分配差距将先扩大并在经过一段稳定后逐步缩小，经济增长将收敛于平衡增长路径。

若地方政府采取的发展战略适应当地经济发展阶段，将引导生产要素流向生产效率更高的生产部门，实现产业结构优化，将促进经济增长，在经过了收入分配差距随经济增长而扩大的过程后，终将实现收入收敛。若地方政府采取的发展战略违背当地经济发展阶段，导致生产要素留在生产效率较低的生产部门，无法实现生产要素的最优配置，造成产业结构扭曲，将阻碍经济增长，导致经济增长无法收敛于平衡增长路径。具体来说，东部地区经济发展阶段处于工业化后期，面临第二产业内部优化即第二产业向第三产业转型的状况，同时，随经济的进一步增长，区域内各省收入分配差距将逐步缩小，并均向均衡点收敛。因此，东部地区采取制造业高效发展以及大力发展服务业的战略将实现产业结构升级，促进其经济增长，并加速区域内部的收入收敛速度。而中西部地区经济发展处于工业化中期，第二产业仍对经济增长起主要带动作用，同时，随经济的继续增长，区域内各省收入分配差距将继续扩大。因此，中西部地区应继续采取制造业优先发展战略，从而促进第二产业高效发展，推动经济迅速发展，并将在区域内各省收入分配继续扩大一段时间后，逐步转向收入差距缩小，并最终实现收入收敛。

基于库兹涅茨经济增长与收入分配的表述，我们提出假说 3。

假说 3：在地方政府依据当地经济发展水平确定其发展战略的情况下（假说 2），尽管均将对当地经济增长起到促进作用，但区域内部收入分配差距将因其所处经济发展阶段不同而表现为扩大或缩小。

以上是本章的理论逻辑，现将本章提出的 3 个假说汇总如下：

假说 1：分税制条件下的地方政府出于扩大政府税收的目的，有意愿采取对政府税收边际报酬更高的生产部门优先发展的战略。

假说 2：地方政府应依据各自所处的经济发展阶段，针对其具有的产业结构，采取适应于当地经济发展水平的发展战略。

假说 3：在地方政府依据当地经济发展水平确定其发展战略的情况下（假说 2），尽管均将对当地经济增长起到促进作用，但区域内部收入分配差距将因其所处经济发展阶段不同而表现为扩大或缩小。

三、制造业优先发展战略、区域收入及其主要控制变量选取

考虑到财政分税制改革，本章所选取数据的时期为 1994 年 ~2012 年。纳

入样本的省份为28个，西藏自治区和海南省的各经济变量的异常值点比较多，其统计数据的真实性与可靠性受到学术界质疑，按照学术惯例，我们将其剔除；同时将1996年以后重庆市的相关数据并入到四川省；考虑到数据的可比性，依照惯例港、澳、台不包括在本章的样本中。文中所使用的主要经济指标包括人均实际GDP、第二产业增加值、地区GDP、第二产业就业量、各产业就业量总计等，原始数据来源于中经网统计数据库、国家统计局等。

按照全国人大六届四次会议通过的“七五”计划公告，在剔除西藏、海南，合并重庆后，本章将全国分成东中西三个经济区域。东部地区包括北京、天津、河北、辽宁、上海、江苏、浙江、福建、山东、广东等10个省级单位；中部地区包括黑龙江、吉林、山西、安徽、江西、河南、湖北、湖南等8个省级单位；西部地区包括内蒙古、广西、四川、贵州、云南、陕西、甘肃、青海、宁夏、新疆等10个省级单位。

Lin和Lin（2004年）构造了一个技术选择指数 TCI 来度量制造业发展战略。其基本思想是：一国的禀赋结构决定了该国的比较优势，进而决定了该国的最优产业结构。不顾禀赋结构，一味强调制造业优先发展是对最优产业结构的扭曲，因此，产业结构的扭曲程度可以作为发展战略一个合意的代理变量。按照惯例，技术选择指数 TCI 定义如下：

$$TCI_{it}=\frac{AVM_{it}/GDP_{it}}{LM_{it}/L_{it}}$$

其中，AVM_{it} 表示第 i 个经济体在时期 t 的制造业增加值，GDP_{it} 表示第 i 个经济体在时期 t 的三大产业增加值总和，LM_{it} 表示第 i 个经济体在时期 t 的制造业就业人数，L_{it} 表示第 i 个经济体在时期 t 的三大产业从业人数总和。

按 TCI 的表达式可知，分子是制造业对GDP的贡献比重，分母是制造业吸纳劳动力占劳动力总数的比重，二者相除表示一经济体的制造业产值密度。如果一个经济体制造业优先发展程度越高，说明该经济体制造业产值密度越大，TCI 会越高。这是因为：第一，相比于农业和服务业，制造业是资本密集型产业，资本替代劳动的现象明显，优先发展制造业，会导致制造业就业比重下降，TCI 分母减小，在其他条件不变的情况下，TCI 比值上升；第二，如果采用制造业优先发展战略，为了解决制造业部门企业的自生能力（林毅夫，2002年），政府会采取税收减免、信贷扶持等政策增加制造业产值，导致 TCI 分子增大，在其他条件不变时，TCI 比值上升。

按照Lin和Lin（2004年）和林毅夫（2009年）定义，在其他条件不变时，实际 *TCI* 对于最优 TCI^* 的偏离可以衡量一经济体的赶超程度，用 *DS* 表示。

$$DS_{it} = | TCI_{it} - TCI^*_{it} |$$

$DS_{it}=0$ 表示实际 *TCI* 等于最优 TCI^*，该经济体是按照资源禀赋来选择发展战略，$DS_{it}>0$ 表示该经济体实行制造业优先发展战略，战略选择偏离资源禀赋。我们采用林毅夫（2009 年）的方法，假设最优 TCI^* 为常数，则最优 TCI^* 在回归方程中可以并入常数项。

本章考察的重点是区域发展战略对收入收敛的影响。我们用人均真实 GDP 作为各区域收入的衡量。我们认为人均真实 GDP 是衡量区域收入较好的指标，它反映了各个区域居民真实的购买力水平。

参照已有文献，本章的控制变量及其含义如表 11-1 所示。

表 11-1 主要控制变量

控制变量	表达式
城乡消费差距（*RUCI*）	城乡消费差距＝城镇居民平均每人全年生活性消费支出/农村居民家庭平均每年全年生活性消费支出
市场化程度（*MKT*）	市场化程度＝1－国企产值/地区 GDP
人口密度（*DEN*）	人口密度＝人口数/国土面积
政府干预程度（*GOVO*）	政府干预程度＝财政支出/地区 GDP
财政收入比重（*GOV*）	财政收入比重＝财政收入/地区 GDP
区域虚拟变量（v_1、v_2）	$v_1=1$ 表示中部；$v_2=1$ 表示西部

四、理论假说的验证及实证结果

按照假说 1：分税制导致地方政府“事多钱少”，地方政府为了扩大税源，满足当地公共品的供给有大力发展制造业的内在动力。为了证明假说 1，我们建立如下模型：

$$\ln GOV_{it} = a + (b_1 + v_1 b_2 + v_2 b_3) \cdot \ln TCI_{it} + u_{it}$$

其中，TCI_{it}表示实际发展战略，GOV_{it}表示财政收入比重，v_1 和 v_2 表示区域虚拟变量，v_1 取 1 表示中部地区，v_2 取 1 表示西部地区，b_1、b_2 和 b_3 表示战略收入弹性。政府作为一个理性人，如果发展制造业会导致财政收入增加，政府就会大力发展重工业，反之，政府就不会大力发展重工业。因此，如果 $\ln TCI_{it}$前面的符号为正，就表明政府会采取“制造业优先发展战略”，反之，就表明政府不会采取“制造业优先发展战略”。

对 $\ln TCI_{it}$和 $\ln GOV_{it}$做平稳性检验，发现原序列都存在单位根，不平稳，但一阶差分后的序列都是平稳的。故 $\ln TCI_{it}$和 $\ln GOV_{it}$是一阶单整序列。对其进一步做协整检验，发现 KaoADF 统计量为-2.77，故应拒绝“变量不协整”的原假设，即 $\ln TCI_{it}$和 $\ln GOV_{it}$之间具有协整关系。

用 Eviews 做面板数据回归，在固定效应和随机效应模型间选择。Hausman 检验的 P 值趋于0，应当拒绝“选择随机效应模型”的原假设。回归结果如下：

表 11-2 假说 1 回归结果

变量名	系数	标准误	t 统计量	P 值
常数项 a	-2.777242	0.046210	-60.10053	0.0000
b_1	-0.658692	0.141958	-4.640049	0.0000
b_2	1.235094	0.196217	6.294539	0.0000
b_3	0.941641	0.167223	5.631038	0.0000

由上表可知，东中西部的地方发展战略对地方财政收入都有非常显著的影响。但各地发展战略对财政收入的影响方向和大小是不同的。对东部地区而言，战略收入弹性 $b_1=-0.66<0$，这说明：如果东部地区优先发展制造业，会导致地方财政收入下降。因此，对东部政府而言，“制造业优先发展战略”不利于增加财政收入，不是东部政府的最优选择。对西部地区而言，战略收入弹性 $b_1+b_3=0.28>0$，这说明“制造业优先发展战略”符合西部政府利益，政府会大力推动。中部地区的战略收入弹性最大，为 $b_1+b_2=0.58>0$，这说明中部政府最有动力发展“制造业优先发展战略”。

据此，假说 1 基本得到证明，但考虑区域之间的差异性，我们对假说 1 进行修正：分税制条件下的地方政府有意愿采取对政府税收边际报酬更高的生产部门优先发展的战略。具体来说，为了增加地方财政收入，东部政府没有激励优先发展制造业，但中西部政府主观上更有动力优先发展制造业。

基于经验事实对假说 2 加以进行证明。本章重点探讨产业结构与经济发展水平指标的相关性，如图 11-1 ~ 图 11-3 所示。其中，以真实人均 GDP 对数值衡量经济发展水平指标，以第一、二、三产业增加值占总增加值的比重衡量产业结构。最终，分别从三大经济区域之间和区域内部通过画图对比分析得到两大经验事实，从而证明了假说 2，即地方政府各自所处不同经济发展阶段，具有不同的产业结构，应采取不同经济发展战略。

经验事实 1：东中西三大经济区域经济发展水平差别较大，具有不同的产业结构。

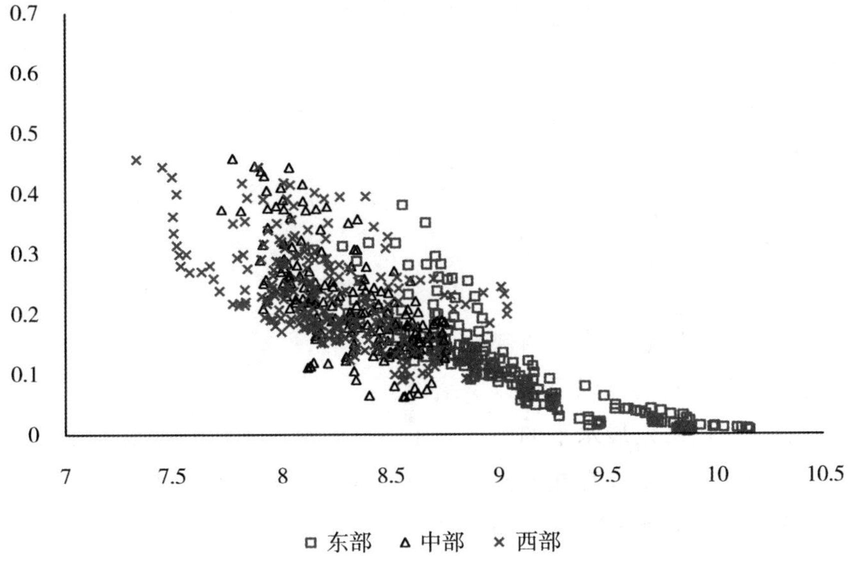

图 11-1　第一产业占比情况

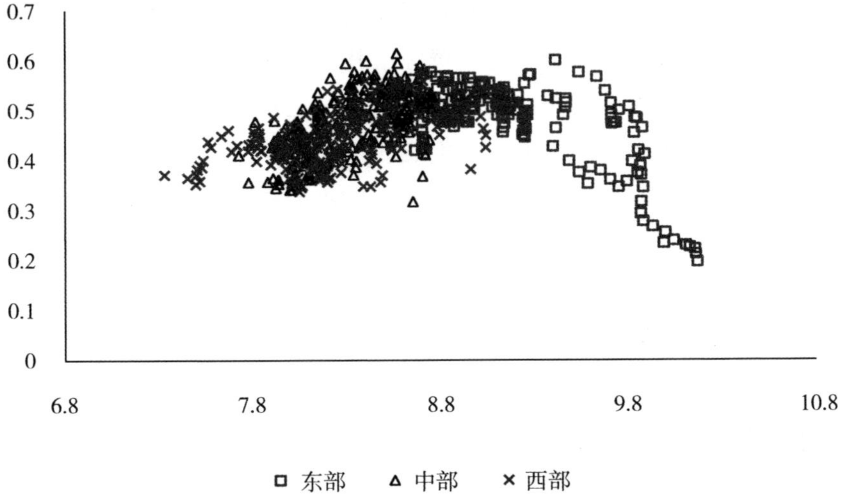

图 11-2　第二产业占比情况

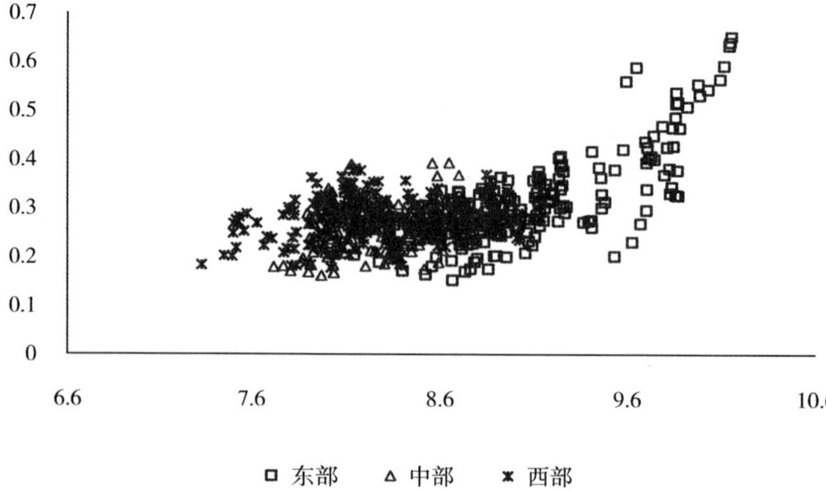

图 11-3　第三产业占比情况

以上 3 张图分别表示东中西部地区之间第一、二、三产业占比随经济增长的变化情况。由此我们可以得出以下结论：

一方面，从经济发展水平的角度，东中西部地区经济发展水平存在分层现象，其所处经济发展阶段存在差异。其中，东部地区经济发展水平最高，表现在东部地区的真实人均 GDP 对数值基本处于 8.0～9.6 范围内，均值约为 8.6。相比之下，中西部经济发展水平近似度较高，且相对处于低位，其真实人均 GDP 对数值基本处于 6.6～8.6 之间，均值仅约为 7.8。东部地区经济发展水平显著高于中西部地区，这是由于在我国长期以来的东部优先发展战略下，东部地区积累了更多的资本、劳动力等资源，其先发优势明显。

另一方面，东部地区与中西部地区产业结构差异明显，且产业结构变动趋势不同。由于东中西部地区采取经济发展政策的差异性，东部地区在经历了早期制造业起步以及迅速发展阶段之后，其制造业水平达到了较高的水准，在其优先发展制造业带来环境污染等弊端显现的过程中，东部地区开始逐步向发展服务业转型，在上图中表现在，东部地区第一产业占比急剧下降，第三产业占比迅速上升，第二产业占比则基本高位持稳，占比保持在 40% 以上，其中以北京地区升降变化最为剧烈。相比之下，中西部仍处在大力发展制造业阶段，表现为虽然中西部第二产业比重相对较低，但增长迅速，第一产业比重在逐步下降，第三产业比重则相对稳定在 30% ～40% 之间。

经验事实 2：三大经济区域内部，各省经济发展水平差别较小，产业结构趋同明显。

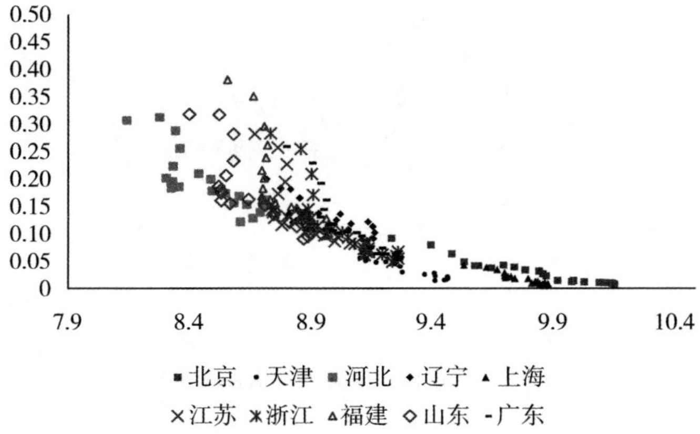

图 11-4　东部地区第一产业占比情况

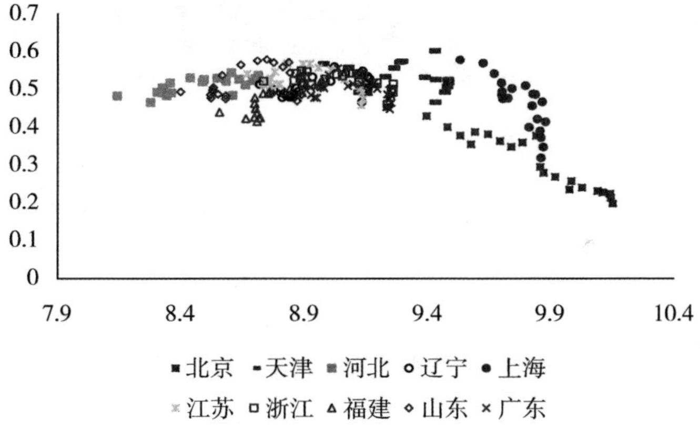

图 11-5　东部地区第二产业占比情况

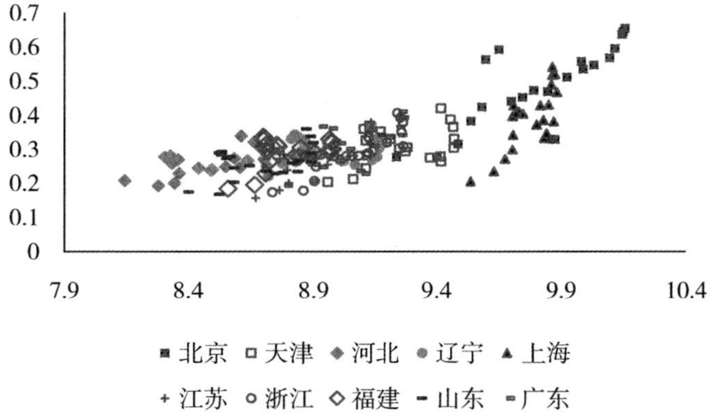

图 11-6　东部地区第三产业占比情况

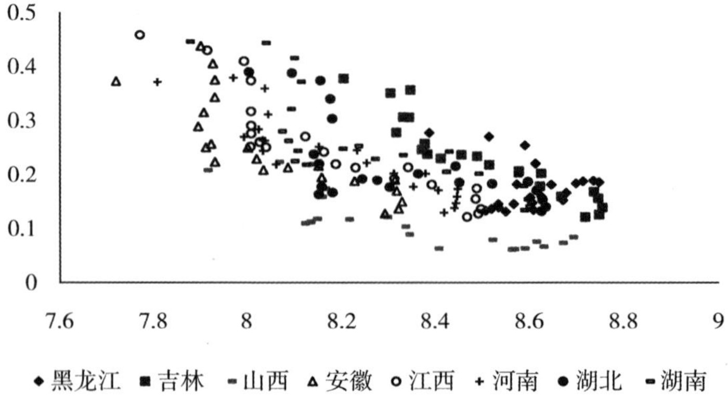

图 11-7 中部地区第一产业占比情况

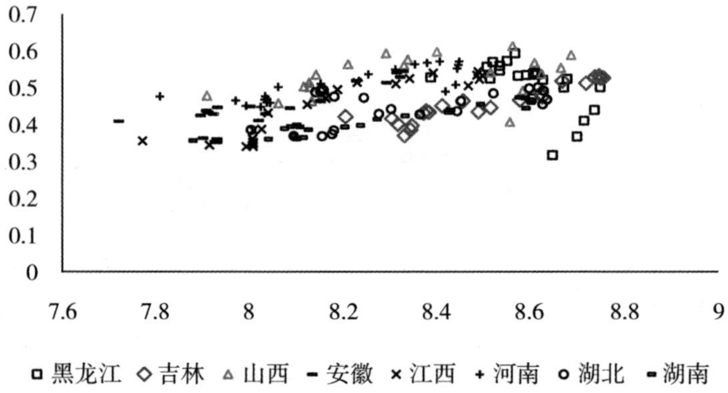

图 11-8 中部地区第二产业占比情况

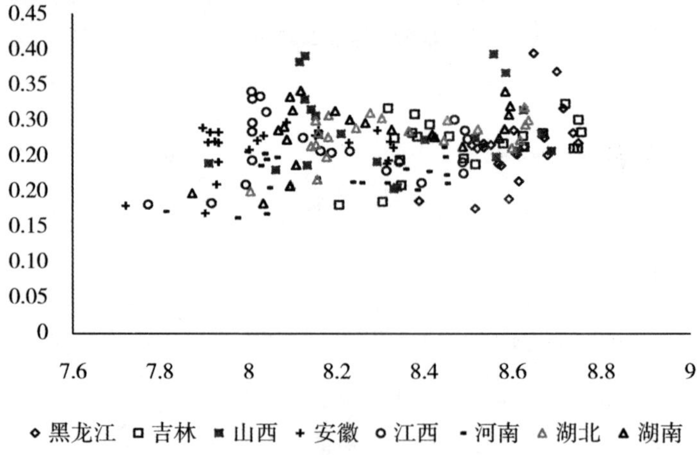

图 11-9 中部地区第三产业占比情况

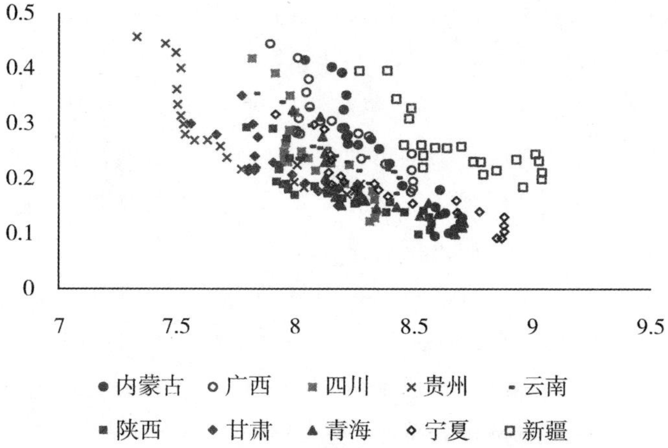

图 11-10 西部地区第一产业占比情况

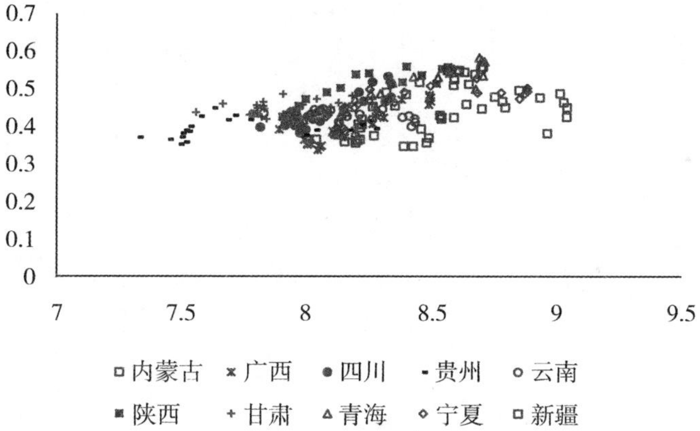

图 11-11 西部地区第二产业占比情况

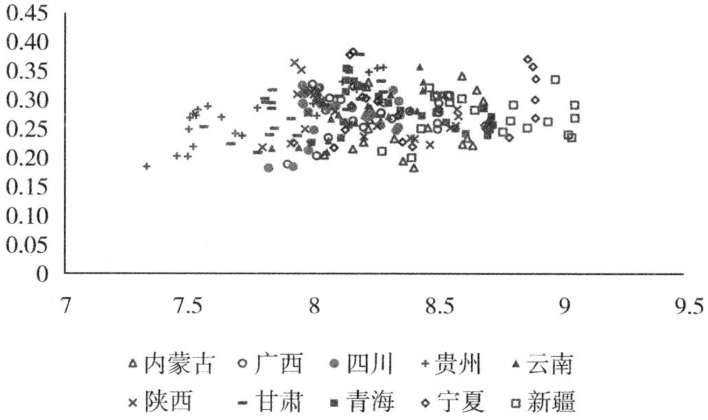

图 11-12 西部地区第三产业占比情况

以上9张图分别表示东中西部地区内部第一、二、三产业占比随经济增长的变化情况。由此我们可以得出以下结论：

一方面，当经济发展水平相对滞后，区域内各省产业结构尚存在一定差异，但随经济增长区域内产业结构迅速收敛，区域内各省之间产业结构差异明显缩小。在图形上表现就是经济发展相对不足的中西部地区，随真实人均GDP的增加，区域内各省三大产业占比差异均由发散逐步聚敛，区域内各省三大产业各自比值变化趋势一致，且产业结构差异缩小。

另一方面，当经济发展水平处在高位时，区域内产业结构将显著趋同。在图形上表现为发展水平较高的东部地区，其区域内各省处在同一经济发展水平下，各省三大产业占比量值极为接近。

综合以上分析，本章基于钱纳里发展六阶段做出的区域发展阶段及产业结构现状的判断得到了经验事实的证实，假说2成立。

为了证明假说了，我们先对地方采取的发展战略进行描述，如下图所示：

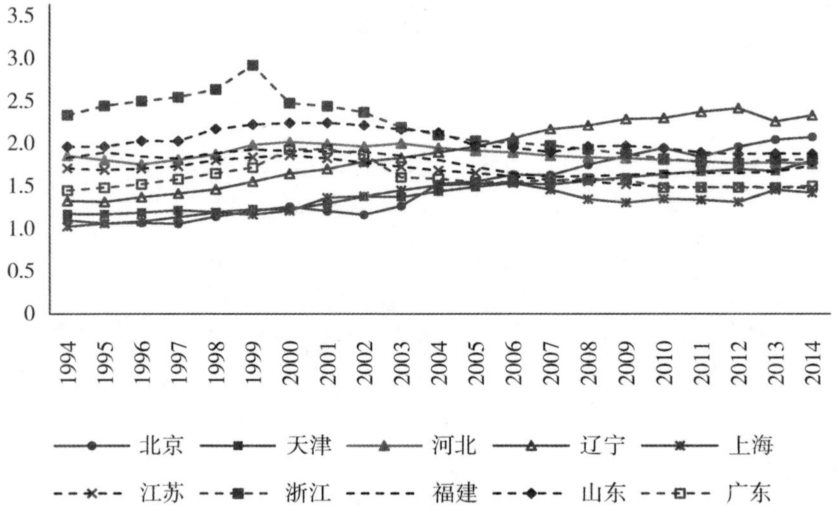

图 11-13　东部地区制造业发展TCI概况

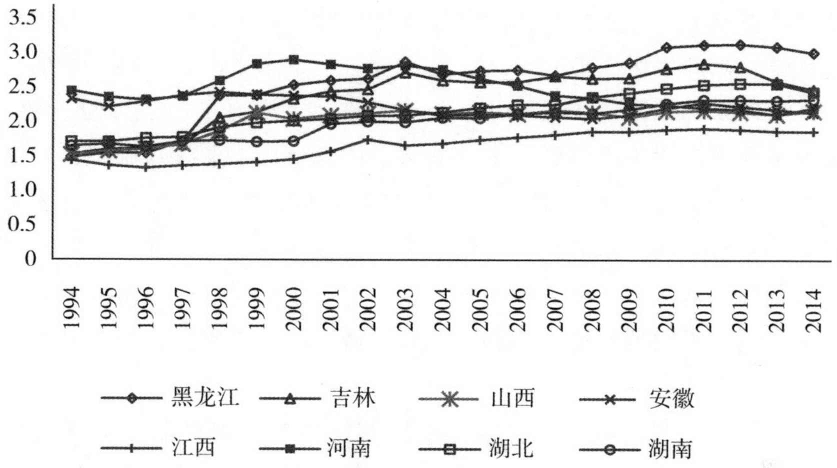

图 11-14 中部地区制造业发展 TCI 概况

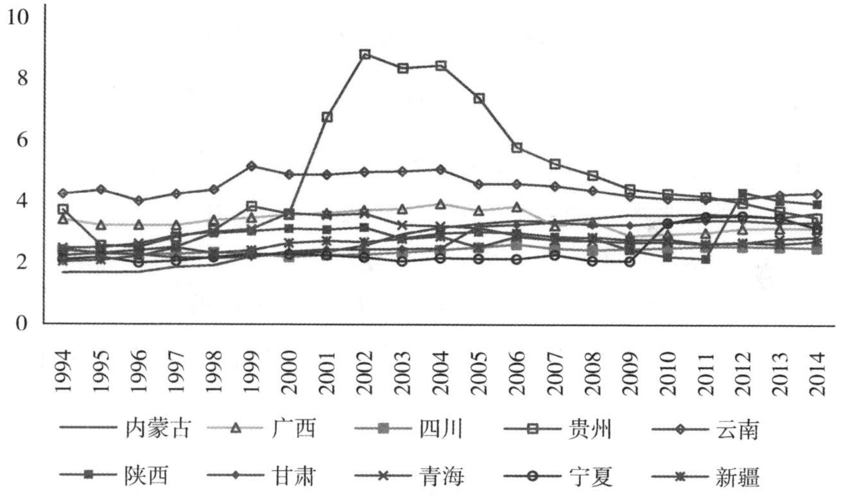

图 11-15 西部地区制造业发展 TCI 概况

从以上图中可知，东中西部的 *TCI* 出现明显的分层现象。其中，东部地区的 *TCI* 最小，基本在 1 ~2 之间箱体波动，均值位于 1.5 左右，基本没有大于 2 的省份出现。相比之下，中西部地区的 *TCI* 大体高于东部。中部地区的 *TCI* 主要在 1.5 ~2.5 之间变动，且有逐年上升趋势；西部地区的 *TCI* 均大于 2，均值是在 3 左右，2008 年以前，贵州、云南的 *TCI* 远高于西部其他地区，但 2008 年之后两省 *TCI* 呈现下降收窄趋势。

这说明，对于制造业，东中西部采取了不同的发展战略。东部地区制造业起步早，又是改革开放最前沿的地区，历史上曾经大量承接全球产业链转移，使我国成为享誉世界的“世界工厂”，对国家经济增长发挥了巨大作用。然而，近年来，东部地区人力、土地、资源等各项成本上升，出现严重的环境污染问题，所以东部地区逐步放弃了制造业优先发展战略，致使 *TCI* 水平较低。中西部地区的工业化进程落后于东部地区。中部地区工业化基础好，自然资源和环境的支撑能力强，人口丰富，科技实力雄厚，具有发展制造业的独特优势，所以 *TCI* 水平高于东部且在逐年上升。西部地区地广人稀，工业化基础不足，自然资源丰富，但环境承载力相对不足。为了尽快摆脱经济落后地位，西部地区更加偏好于发展制造业，推动地方经济的振兴。因此，西部地区 *TCI* 水平最高。

综上可知，当前经济时期，东部地区实际并没有采取制造业优先发展战略，中西部则大力推动制造业的发展，以期短时间实现经济赶超。

假说 3 中，我们猜想东部政府会放弃“制造业优先发展战略”，中西部政府会坚持“制造业优先发展战略”，为证明假说 3，我们建立如下模型：

$$\frac{\ln y_{i(t+T)}-\ln y_{it}}{T}=a+[(b_1+b_2v_1+b_3v_2)+(b_4+b_5v_1+b_6v_2)\cdot(\ln TCI_{it}-\ln TCI_{it}^*)^2]\ln y_{it}$$

其中，$\ln y_{it}$和 $\ln y_{i(t+T)}$分别表示 i 经济体 t 时期和 $t+T$ 时期的人均真实 GDP，用以衡量经济发展水平，$(\ln TCI_{it}-\ln TCI_{it}^*)^2$ 表示 i 经济体 t 时期的实际 *TCI* 相对于最优 *TCI* 的偏离程度。$v_1=1$ 表示中部地区，$v_2=1$ 表示西部地区。

按照经济收敛的一般理论，初始人均 GDP 水平低的经济体比初始人均 GDP 水平高的经济体有更高的人均 GDP 增长率，即经济增长率与初始的经济发展水平呈负相关。按照该理论，模型两边对 $\ln y_{it}$求偏导，可以求出各区域收入增长的加速度。

以东部地区为例，东部地区收入增长的加速度为：

$$\frac{\partial\Delta\ln y_{it}}{\partial\Delta\ln y_{it}}=b_1+b_4\cdot(\ln TCI_{it}-\ln TCI_{it}^*)^2$$

其中，$\Delta\ln y_{it}=\frac{\ln y_{i(t+T)}-\ln y_{it}}{T}$表示 T 时期的人均 GDP 的平均增长率。收入收敛有如下几种情况：

（1）若 $b_1<0$ 且 $b_4<0$，表示东部地区收入收敛，且发展制造业对收入收敛起促进作用；

（2）若 $b_1<0$ 且 $b_4>0$，表示东部地区收入收敛，且发展制造业对收入收敛起抑制作用；

(3) 若 $b_1>0$ 且 $b_4<0$，表示东部地区收入发散，且发展制造业对收入收敛起促进作用；

(4) 若 $b_1>0$ 且 $b_4>0$，表示东部地区收入发散，且发展制造业对收入收敛起抑制作用。

由以上分析可知，对东部而言，b_1 反映其收入收敛的情况，b_4 反映制造业发展对收入收敛的影响方向，因此称 b_1 为收敛系数，b_4 为战略系数。同理，对于中部地区，其收敛系数为 b_1+b_2，战略系数为 b_4+b_5；对于西部地区，其收敛系数为 b_1+b_3，战略系数为 b_4+b_6。

为增加数据样本，对模型进行变形，应变量取 $T=1$，即用当期增长率代替多期的平均增长率；将 $(\ln TCI_{it}-\ln TCI_{it}^*)^2$ 展开，$\ln TCI_{it}^*$ 取为常数，可以与常数项合并。变形后模型为：

$$\Delta\ln y_{it}=a+(b_1+b_2v_1+b_3v_2)\ln y_{it}+(b_4+b_5v_1+b_6v_2)\cdot\ln y_{it}\ln^2 TCI_{it}$$
$$+(d_1+d_2v_1+d_3v_2)\cdot\ln y_{it}\ln TCI_{it}+CX+u_{it}$$

对 $\Delta\ln y_{it}$、$\ln y_{it}$、$\ln y_{it}\ln^2 TCI_{it}$、$\ln y_{it}\ln TCI_{it}$ 做平稳性检验，发现原序列都存在单位根，不平稳，但一阶差分后的序列都是平稳的。故 $\ln\Delta\ln y_{it}$、$\ln y_{it}$、$\ln y_{it}\ln^2 TCI_{it}$、$\ln y_{it}\ln TCI_{it}$ 都是一阶单整序列。对其进一步做协整检验，发现 KaoADF 检验 P 值趋于 0，故应拒绝"变量不协整"的原假设，即 $\Delta\ln y_{it}$、$\ln y_{it}$、$\ln y_{it}\ln^2 TCI_{it}$、$\ln y_{it}\ln TCI_{it}$ 之间具有协整关系。

在固定效应和随机效应模型间选择，Hausman 检验的 P 值趋于 0，应当拒绝"选择随机效应模型"的原假设。回归结果如下：

表 11-3 假说 3 回归结果

区 域	收敛系数	系数	战略系数	系数
东部	b_1	-0.02744***	b_4	0.001897**
中部	b_1+b_2	0.013617***	b_4+b_5	-0.61874**
西部	b_1+b_3	0.050926***	b_4+b_6	0.005207**

注：***表示在1%的水平下显著，**表示在5%的水平下显著。

由以上回归结果可知，东部地区的收敛系数为负，战略系数为正，表明它已经处于收入收敛的阶段，发展制造业对它的经济收敛反而会产生抑制作用。因此，东部地区放弃"制造业优先发展"战略是其正确选择。

中部地区的收敛系数为正，战略系数为负。这表明中部地区目前仍处于收入发散阶段，但是发展制造业对它的经济收敛有促进作用。因此，中部地区确实优先发展制造业。

西部地区的收敛系数为正，说明西部地区同中部地区一样，目前也处于收入发散阶段。但是战略系数为负，说明与中部地区的不同在于，西部地区发展制造业会抑制它的经济收敛，因此，现阶段西部地区采取大力发展制造业的战略是不可取的。

五、结论及建议

本章首先阐述了地方政府选择区域发展战略的主客观原因，进而讨论了东、中、西部采取不同的发展战略对区域经济收敛的影响。

我们认为：在分税制条件下，地方政府会为了扩大财源而大力发展制造业。但实证检验表明：现阶段，只有中西部政府有动力为了扩大税源而发展制造业，东部地区发展制造业对财政收入有不利影响，东部政府从主观上无激励发展制造业。

东、中、西部现处于不同的经济发展阶段，产业结构差异明显。东部制造业结构已趋于成熟，产业发展重心向服务业转移，如果再强调制造业发展，将资源禀赋锁在制造业，会对东部经济产生不利影响，因此，东部已经逐渐放弃优先发展制造业。相比之下，中西部地区的制造业结构落后于东部地区，仍在优先发展制造业。

因此，三大区域既定的战略格局已经形成，即东部放弃优先发展制造业，中西部坚持发展制造业。然而，通过实证检验，我们发现这样的战略格局并非最优格局，主要问题出在西部地区。西部地区的制造业产值密度 *TCI* 已经超过其最优 *TCI*，如果再大力发展制造业，只会导致产业结构更加偏离其最优水平，收入发散速度加快。因此，西部地区不应再采取“制造业优先发展”战略。对于其他两个地区，既定的发展战略都很合意：放弃优先发展制造业有利于东部的经济收敛，坚持优先发展制造业有利于中部经济收敛。

第十二章 基于国际视角的中国产业结构转型的特征

一、引言

众所周知，单部门增长模型的流行源自于它以一种简单的方式抓住了现代经济增长的本质，即技术进步是劳动效率和生活水平提高最重要的源泉（Kuznets，1973）。然而，由于该模型的单部门结构必然会抽象掉经济增长过程中其他重要的特征事实，结构转型即伴随着现代经济的增长，经济资源在三大部门间不断优化再配置。Kuznets 把结构转型称为现代经济增长的六大特征事实之一。[①] 此外，结构转型也受到许多发达国家政策干预者的关注，他们发现经济资源在不同部门间存在错配，呼吁政府对此进行干预，以促进经济增长。因此，如果要理解均衡增长路径上的结构转型，就必须要把单部门模型扩张为多部门模型（Greenwood et al.，1997；Uzawa，1963）。而第一步就是使扩展的单部门模型与结构转型的特征事实相吻合，因此全面而系统地研究结构转型的特征事实就十分必要了。为此，自 20 世纪 50 年代起，有学者陆续运用发达国家的结构转型数据提炼出几个结构转型的经验事实（Chenery，1960；Clark，1957；Kuznets & Murphy，1966；Kuznets，1973；Maddison，1980）。其中，Kuznets（1966 年）指出劳动会随时间在各个部门之间重新配置，其中农业的就业比重会系统地下降，服务业的就业比重则稳步上升，而工业的就业比重则是一个驼峰形状，即早期工业部门的劳动份额会上升，后期会下降。另一

① 其他五个特征事实也被称为 Kaldor 事实，即真实利率为常数，资本和产出的增长率为常数，资本与产出的比值以及资本的回报份额为常数（Kaldor，1961）。

个重要的发现是，服务业部门的劳动生产率的增速比一个经济中其他部门的增速都要慢，因此，服务业的产出价格倾向于增长更快。这一结构转型事实被称为“Kuznets”特征事实。进入21世纪后，由于数据质量的改善以及新的数据库出现，[①] 涌现出一批学者运用新的数据和方法再次研究和总结了现代国家的结构转型的特征事实（Duarte & Restuccia，2010；Jorgenson & Timmer，2011）。他们发现：随着人均GDP的增加，农业的就业比重和产值比重不断下降，服务业的就业比重和产值比重不断上升。然而，工业的就业比重和产值比重变化却为一个驼峰，即在发展水平低的时候上涨，在发展水平高的时候下跌。由此可以看出，他们的研究进一步强化和丰富了之前有关产业结构的特征事实研究。

国内学者也注意到合理的结构转型对经济增长具有促进作用，他们不仅注意到产业间的比例关系，即构成的产业结构的量的均衡问题，而且着眼于产业间的关联方式，即构成的产业结构的质的结构高度和结构效益问题（干春晖、郑若谷，2009；林毅夫等，1994；刘伟、杨云龙，1992；刘伟、张辉，2008；周林等，1987；朱喜等，2011）。另一类文献的主要贡献是测算和比较分析了我国三次产业的全要素生产率（TFP）的现状（陈宏伟等，2010；张辉，2014）。总而言之，上述文献主要从以下两个方面来探讨了中国的结构转型的特征事实：一是从结构转型的数量角度来探讨结构转型与经济增长等经济变化的关系，主要研究三次产业的就业比重和产值比重的变化情况；二是从结构转型的质量演变角度研究了中国三次产业的全要素生产率（TFP）的变化情况。然而，国内很少有学者全面且详细地考察和研究当前我国的结构转型的特征事实，并从国际对比的视角来指出当前我国结构转型面临的问题，以及阐述背后理论机制。

本章主要目的是探讨多部门增长模型下，各部门的技术进步率在满足什么条件时，才会存在一条唯一的广义均衡增长路径，而沿着该路径，会实现农业产值比重下降，服务业产值上升，工业产值比重呈驼峰状这一现象。在理论探讨的基础上，我们运用结构转型数据，从产业结构转型和各产业技术进步率的差别以及演变两个维度来分别探讨近30年来我国结构转型的新特点和新趋势，以检验这些新变化和新趋势是否符合世界各国结构转型的“Kuznets”特征事

① 如：United Nations Statistics Division，World Development Indicators，Total Economy Database of Groningen Growth and Development Centre，etc.

实，并进行异质性分析，以考察当前我国结构转型可能存在的结构性问题。最后，我们分别从劳动生产率和全要素生产率（TFP）两个角度测算我国各产业的生产效率及演变，以检验我国各产业生产效率是否满足 Kuznets 的各产业生产效率的特征事实。我们研究发现两个重要结论：①从产业结构的数量演变来看，在我国经济发展阶段正处于工业化中后期时，第二产业产值比值出现了下降趋势，第三产业产值比重则快速上升，这与 Kuznets 所证实的在经济体完成工业化前第二产业的产值比重会一直上涨、第三产业的产值比重几乎保持不变经济特征事实相左；且在进行国际对比分析时，我们发现当前我国的产业结构的数量变化趋势与陷入“陷入中等收入陷阱”的拉美国家比较相似。②从各产业技术进步率的差别及其演变来看，我国 1980 年 ~2011 年期间的三次产业的年均劳动生产率最高为工业，其服务业其次，农业最低，这与一个经济中服务业部门的劳动生产率的增速最慢的 Kuznets 事实不一致；而从各年的劳动效率或者全要素生产率 TFP 来考察，2002 年以后我国出现了逆“Kuznets”特征事实的经济现象。这种各产业间劳动效率倒置可能是导致目前我国第二产业产值比重下降，服务业产值比重快速上升的根本原因。

二、结构转型的测量方法

（一）产业结构转型的测量方法

在进行相关数据分析之前，我们首先需要定义经济发展和结构转型的测算指标。通常有两种主要的方式来测量经济的总体发展水平，一种为人均 GDP，另一种为效率指标，即每小时产出和人均产出。在进行国际比较时，我们需要考虑各测算指标数据的可得性，以及货币单位的换算问题。尽管这两类测量方式的结果常常是一致的，但是如果用人均产出来测量效率的话，可能会高估发展中国家的劳动效率，因为发展中国家的工人的劳动时间相对而言会较长。尽管如此，对于大多数国家和时间段来说，人均 GDP 是唯一能够获得的测量一国的发展水平的指标；此外，标准的结构转型模型通常会抽象掉各国间的工作时间差异。因此，为了保持数据国际间的可比性，本章选择用 2005 年美元的人均 GDP 来衡量一国的经济发展水平。

产业结构转型的测量方法包括两类，一类是测量结构转型的数量变化的指标体系，一类为测量结构转型的质量状况的指标体系。测量三次产业变化的指标通常有三种，它们分别是部门净增加值份额、就业份额和最终消费支出份额。[①] 产值比重和消费比重通常会名义价格来计算，即称为“名义比重”，除此之外它们也可以用不变价格来测量，即称为“实际比重”，但是由于它们表示的是一个相对量，即无量纲，因此如果用同一价格指数进行平减的话，则不改变它们的数值，即使不同的指标使用不同的价格指数进行平减，其差别也非常小，因此用名义比重和实际比重作分析时会得出类似同质的特征事实。就业份额可以通过部门的就业人数或者部门的工作小时数来衡量，这一般取决于数据的可得性。尽管当前文献在证明经济资源随着时间在不同部门间重新配置时，把三种不同测量指标看作是可以互换的，但是它们还是存在事实上的差别。其中最为重要的原因在于净增加值份额和就业份额是与生产相关联的，而最终消费支出份额则与消费相关联。由于净增加值不完全等于最终产出，产出和消费的测量方法会呈现出不同产业结构变化特征。一个简单的例子是从零售商那里购买棉衬衫，从最终消费支出的角度来说，它是“工业品”，而不是“服务品”，因此整个支出被测算为工业部类；[②] 然而，基于生产视角的增加值的测算，对于同样的购买则被拆分为三个部分：来自农业的部分增加值，即棉花；来自制造业的部分，即衬衫的生产；来自服务业部分，即衬衫的配送与分销。也就是说，尽管把 GDP 拆分为净增加值和最终消费额时使用了相同的部门标签，但是它们从概念上就存在根本差别。因此，在增加值和最终支出之间，由于增加值与最终支出间的数量和价格各异，必然导致其表示的份额不能反映部门间同样的经济行为。由于中国的消费数据的缺失，我们只能从生产角度来进行比较研究。即便如此，我们认为这并不妨碍我们对中国产业结构的特征事实的探讨，而且这与本章从生产角度来探讨产业结构转型具有一致性。需要强调的是，尽管净增加值份额法和就业份额法都是基于生产视角来测算经济资源在不同部门之间的配置，但是它们还是有一定区别的。同时，我们还应该注意的是，作为单个指标来说，它们各自都存在一定的局限性。就拿各部门就业份额法来说，就业并不能“真正”反映劳动投入的变化。例如，在不同发展水平的产业间，工作小时或者每工人的人力资本都会存在着系统的差别。就

---

① 文中的净增加值份额、就业份额和最终消费支出份额也可简称为产值比重、就业比重和消费比重。

② 我们遵照大多数中文文献对三次产业的称谓，在本章中我们使用工业这一术语来表示除农业和服务业外的行业，但是在外文文献中，制造业这一称谓则更为常用，这可能源于制造业是工业的最大组成部分。

净增加值而言，一个显而易见的问题就是需要区别这种变化究竟是由数量还是价格变化造成的，然而，由于各国间可信的且可比较的相对价格数据很难获得，因此相关的经验研究常常是非常困难的。

（二）三次产业生产效率的测量方法

为了比较各国的三次产业的效率状况，我们分别采用两种方式来对农业、工业、服务业的生产效率进行测算。其中，一种最为简单和直观的方式是测算各产业的劳动生产率，另一种更为精确但也更为复杂的测算方式是测算各产业的全要素生产率的增长率，我们认为这两种方法得出的研究结果应该基本吻合。对于各产业的劳动生产率的测算最为准确的方法为各产业的净增加值与劳动时间之比，但是由于我们无法获得中国各产业的劳动时间的数据，所以我们选取另一个指标，即各产业净增加值与各产业就业人数之比，来衡量各产业的劳动生产率。因此，使用该指标可能会高估我国的各产业的劳动生产率。以 2012 年劳动者平均工作时间为例，中国为 2207 个小时，然而当今绝大多数发达国家全年实际工作时间约为 1800 小时（中山大学社会科学调查中心，2013），因此不难发现中国的每个劳动工人的平均劳动时间较长。尽管如此，我们还是能观察到与用劳动时间来测量的类似的一致的经济现象。其中，t 到（$t+T$）期内各产业劳动效率的年增长率的计算公式为 $[(x_{t+T}/x_t)^{1/T}-1]$。

为了使我们研究更为全面和稳健，本章还考察了我国三次产业的全要素生产率的变动情况，其中全要素生产率是指资本和劳动投入之外由技术进步和能力实现等因素所导致产量增加的部分，即为剔除要素投入贡献后所得到的残差，也被称为索罗残差。如果我们能够估算出资本和劳动的产出弹性，那么我们就很容易地估算出全要素生产率（TFP），如（12-2）式所示：

$$y_{it}=\alpha_0+\alpha_i k_{it}+\beta_i l_{it}+u_{it},\ i=1,\ 2,\ 3 \tag{12-1}$$

$$TFP_{it}=\exp\left(y_{it}-\widehat{\alpha_i} k_{it}-\widehat{\beta_i} l_{it}\right),\ i=1,\ 2,\ 3 \tag{12-2}$$

基本思路是假设各部门只有两种生产要素，资本和劳动，并都采用 $C-D$ 生产函数，取对数形式后，y_i 表示各部门的增加值，k_i 和 l_i 分别表示各部门的资本和劳动投入，α_i 和 β_i 分别表示各产业的资本和劳动弹性，引入随机项 u，估算出各部门净增加值，在这里本章借鉴既有的研究还假定生产函数具有报酬不变的性质（郭庆旺、贾俊雪，2005）来估计模型（12-1）。其中，增加值中不能被资本和劳动解释的部分全部归结为 TFP。

其中资本存量是采用永续盘存法来进行估算，测算公式为：

$$k_{it}=I_{it}/P_{it}+(1-\delta_{it})k_{it-1},\ i=1,2,3,\cdots \tag{12-3}$$

其中 k_{it} 为 t 年的第 i 部门实际资本存量，k_{it-1} 为 $t-1$ 年的实际资本存量，P_{it} 为固定资本投资价格指数，I_{it} 为 t 年的名义固定资本投资完成额，δ_{it} 为 t 年的固定资产折旧率。在确定资本存量的初始值以及实际净投资后，便可以利用（12-3）式给出各年的实际资本存量。

三、多部门的经济增长模型

本节将对结构转型背后的经济动力进行理论探讨。许多学者所进行的大量实证研究表明，经济资源持续地跨部门地再配置与均衡增长路径下各总体变量保持稳定增长并行不悖。因此，出现了许多结构转型理论文献来探索沿着一条广义增长路径下结构转型发生的理论机制。[①] 一种是从消费角度来研究收入效应与结构转型（Kongsamut et al.，2001），另一种则是从生产角度来探讨相对价格效应与结构转型（Ngai & Pissarides，2007）。相对于前一类文献，我们认为后者更有解释力，因为该非位似偏好亘古不变，然而结构转型却出现在工业革命后。相较之下，我们更强调技术进步对经济增长的作用，这也符合当代经济增长理论的核心思想，即技术进步是人均收入改善的唯一动力。因此，我们在借鉴 Uzawa（1963 年）和 Greenwood 等（1997 年）的两部门增长模型的基础上，构造一个仅有相对价格效应的结构转型模型。

假定一个存活无穷期的家户，其偏好如（12-4）式所示，它有 1 单位时间和初始的资本禀赋 k_0。为了探讨结构转型，我们设定 t 期消费 C_t 由农业品消费 c_{at}、工业品消费 c_{mt} 和服务业消费 c_{st} 构成：

$$C_t=[\omega_a^{\frac{1}{\varepsilon}}(c_{at})^{\frac{\varepsilon-1}{\varepsilon}}+\omega_m^{\frac{1}{\varepsilon}}(c_{mt})^{\frac{\varepsilon-1}{\varepsilon}}+\omega_s^{\frac{1}{\varepsilon}}(c_{st})^{\frac{\varepsilon-1}{\varepsilon}}]^{\frac{\varepsilon}{\varepsilon-1}} \tag{12-4}$$

其中，参数 ω_i 表示三个部门在总消费中的权重，即 $\omega_i>0$，且它们之和等于 1；参数 ε 表示三种商品的替代弹性，即 $\varepsilon>0$，因此也反映了名义支出份额的相对价格效应。

---

① 广义均衡增长路径只要求真实利率为常数，而标准的均衡增长路径则要求所有的内生变量的增长率为常数。

为了更一般化两部门增长模型，我们假设存在四个 Cobb-Douglas 生产函数，[①] 一类是生产三种消费品的厂商，一类是生产投资品的厂商。生产函数的准确表达如下：

$$c_{it}=k_{it}^{\theta}\ (A_{it}n_{it})^{1-\theta},\ i\in\ \{a,\ m,\ s\} \tag{12-5}$$

$$X_t=k_{xt}^{\theta}\ (A_{xt}n_{xt})^{1-\theta} \tag{12-6}$$

资本积累采取通常如下的形式：

$$K_{t+1}=\ (1-\delta)\ K_t+X_t \tag{12-7}$$

同时，我们假定资本和劳动可以自由流动。对于四个部门来说，可行性条件采取如下形式：

$$K_t=k_{at}+k_{mt}+k_{st}+k_{xt} \tag{12-8}$$

$$1=n_{at}+n_{mt}+n_{st}+n_{xt} \tag{12-9}$$

此外，基于已有的实证文献，我们还假设各部门的技术进步为常数，进步率 $r_i>0$，$i=a,\ m,\ s,\ x$，且 $r_a>r_m>r_s$（Duarte & Restuccia 2010；Herrendorf et al.，2013）。

多部门模型的均衡特性：

厂商最优化问题：

在一系列竞争市场均衡条件下，可以把每期的投资品的价格标准化为 1。消费品相对投资品的价格被记为 p_{it}，$i\in\ \{a,\ m,\ s\}$，资本的回报率记为 R_t，工资的回报率记为 W_t。假设家户拥有并积累资本，同时把它出租给厂商。由于资本和劳动可以自由流动，因此均衡状态是要素在四个部门获得的收益也应相同。也就是说，对（12-5）式和（12-6）式关于各要素求一阶导，则必相等：

$$R_t=p_{it}\theta\left(\frac{k_{it}}{n_{it}}\right)^{\theta-1}A_{it}^{1-\theta},\ i=a,\ m,\ s,\ x \tag{12-10}$$

$$W_t=p_{it}\ (1-\theta)\ \left(\frac{k_{it}}{n_{it}}\right)^{\theta}A_{it}^{1-\theta},\ i=a,\ m,\ s,\ x \tag{12-11}$$

（12-10）式比（12-11）式，整理后可得：

$$\frac{k_{it}}{n_{it}}=\frac{\theta}{1-\theta}\frac{W_t}{R_t},\ i=a,\ m,\ s,\ x \tag{12-12}$$

---

① 传统文献中一般只有三个部门，但是本章是借鉴了 Ngai & Pissarides（2007 年）对生产函数的假定，理由有二：一是软件研发作为服务业，其在投资中的比重越来越大，使得投资部门的数据与工业的数据存在巨大的差距；二是投资部门的技术进步率要快于其他部门。

因此，各部门的资本劳动比相同，且等于总的资本劳动比：

$$\frac{k_{it}}{n_{it}}=K_t,\ i=a,\ m,\ s,\ x \tag{12-13}$$

如果对各部门的一阶条件进行整理，并（12-13）式的条件，容易发现均衡的相对价格 p_{it}是由技术决定的，其表达式为：

$$p_{it}=\left(\frac{A_{xt}}{A_{it}}\right)^{1-\theta},\ i=a,\ m,\ s \tag{12-14}$$

因此，由式（12-13）和式（12-14）式可得：

$$p_{at}c_{at}+p_{mt}c_{mt}+p_{st}c_{st}=K_t^{\theta}A_{xt}^{1-\theta}\ (n_{at}+n_{mt}+n_{st}) \tag{12-15}$$

根据上面的等式，多部门产出加总等于总产出：

$$Y_t=p_{at}c_{at}+p_{mt}c_{mt}+p_{st}c_{st}+x_t=K_t^{\theta}A_{xt}^{1-\theta} \tag{12-16}$$

由式（12-13）和式（12-14），可以推出资本的租金率和工资率是由总生产函数的边际产出决定：

$$R=\theta K_t^{\theta-1}A_{xt}^{1-\theta} \tag{12-17}$$

$$W_t=\ (1-\theta)\ K_t^{\theta}A_{xt}^{1-\theta} \tag{12-18}$$

家户最优化问题：

$$\max_{\{c_{at},c_{mt},c_{st},k_{t+1}\}_{t=0}^{\infty}}\sum_{t=0}^{\infty}\beta^t\log[\omega_a^{\frac{1}{\varepsilon}}\ (c_{at})^{\frac{\varepsilon-1}{\varepsilon}}+\omega_m^{\frac{1}{\varepsilon}}\ (c_{mt})^{\frac{\varepsilon-1}{\varepsilon}}+\omega_s^{\frac{1}{\varepsilon}}\ (c_{st})^{\frac{\varepsilon-1}{\varepsilon}}]^{\frac{\varepsilon}{\varepsilon-1}} \tag{12-19}$$

$$s.t.\ p_{at}c_{at}+p_{mt}c_{mt}+p_{st}c_{st}+K_{t+1}=\ (1-\delta+R_t)K_t+W_t \tag{12-20}$$

令 λ_t 为 t 期约束方程的 Lagrange 乘子，一阶条件为：

$$\frac{1}{C_t}\omega_a^{\frac{1}{\varepsilon}}c_{at}^{\frac{1}{\varepsilon}}C_t^{\frac{1}{\varepsilon}}=\lambda_t p_{at} \tag{12-21}$$

$$\frac{1}{C_t}\omega_m^{\frac{1}{\varepsilon}}c_{mt}^{\frac{1}{\varepsilon}}C_t^{\frac{1}{\varepsilon}}=\lambda_t p_{mt} \tag{12-22}$$

$$\frac{1}{C_t}\omega_s^{\frac{1}{\varepsilon}}c_{st}^{\frac{1}{\varepsilon}}C_t^{\frac{1}{\varepsilon}}=\lambda_t p_{st} \tag{12-23}$$

如果对（12-21）式~（12-23）式乘以 $1-\varepsilon$ 幂，并相加，再使用（12-1）式 C_t 的定义，则可得：

$$\frac{1}{C_t}=\lambda_t[\omega_a\ (p_{at})^{1-\varepsilon}+\omega_m\ (p_{mt})^{1-\varepsilon}+\omega_s\ (p_{st})^{1-\varepsilon}]^{\frac{1}{1-\varepsilon}} \tag{12-24}$$

不难发现，等式的左边是一单位复合商品的消费所带来的效用。由于 λ_t 是 t 期额外支出一单位货币所带来的价值，因此右边的其他部分自然可以被理解为一单位复合商品的销售价格。因此，可以通过如下方式来定义总的价格指数：

$$P_t \equiv [\omega_a (p_{at})^{1-\varepsilon} + \omega_m (p_{mt})^{1-\varepsilon} + \omega_s (p_{st})^{1-\varepsilon}]^{\frac{1}{1-\varepsilon}} \tag{12-25}$$

如果把三个一阶条件（12-21）式～（12-24）式相加，并使用 P_t 定义，我们可以得到：

$$p_a c_{at} + p_m c_{mt} + p_s c_{st} = P_t C_t \tag{12-26}$$

于是，家户最优化问题可以拆分为以下两个子问题：

（1）跨期最优化问题：总收入如何在复合商品消费与储蓄之间进行配置。

$$\max_{\{c_t, k_t+1\}_{t=0}^{\infty}} \sum_{t=0}^{\infty} \beta^t \log C_t \tag{12-27}$$
$$s.t.\ P_t C_t + K_{t+1} = (1-\delta+R_t) K_t + W_t$$

上述处理方式很好地把模型中的增长成分从结构转型中分离出来。因此，从均衡增长的角度来看，我们只需探讨总资本 K_t 和总消费 C_t，其欧拉方程为：

$$\frac{1}{\beta} \frac{P_t C_t}{P_{t-1} C_{t-1}} = 1 - \delta + R_t \tag{12-28}$$

（2）静态问题：t 期消费支出 $P_t C_t$ 如何在三个消费部门之间进行分配。

$$\max_{\{c_{at}, c_{mt}, c_{st}\}} [\omega_a^{\frac{1}{\varepsilon}} (c_{at})^{\frac{\varepsilon-1}{\varepsilon}} + \omega_m^{\frac{1}{\varepsilon}} (c_{mt})^{\frac{\varepsilon-1}{\varepsilon}} + \omega_s^{\frac{1}{\varepsilon}} (c_{st})^{\frac{\varepsilon-1}{\varepsilon}}]^{\frac{\varepsilon}{\varepsilon-1}} \tag{12-29}$$
$$s.t.\ p_{at} c_{at} + p_{mt} c_{mt} + p_{st} c_{st} = P_{at} C_{at}$$

上述处理方式意味着我们只需关注每一期消费支出是如何在三个消费部门间配置，即把一个动态问题静态化，且一阶条件式（12-21）～式（12-24）与该静态方程的解具有相同的特点。为了进一步推理，我们使用相对价格的等式（12-18），可以对其一阶条件进行如下变换：

$$\frac{c_{at}}{c_{mt}} = \frac{\omega_a}{\omega_m} \left(\frac{A_{at}}{A_{mt}} \right)^{\varepsilon(1-\theta)} \tag{12-30}$$

$$\frac{c_{st}}{c_{mt}} = \frac{\omega_s}{\omega_m} \left(\frac{A_{st}}{A_{mt}} \right)^{\varepsilon(1-\theta)} \tag{12-31}$$

$$\frac{P_t C_t}{p_{mt} c_{mt}} = \frac{\omega_a}{\omega_m} \left(\frac{A_{mt}}{A_{at}} \right)^{(1-\varepsilon)(1-\theta)} + 1 + \frac{\omega_s}{\omega_m} \left(\frac{A_{mt}}{A_{st}} \right)^{(1-\varepsilon)(1-\theta)} \tag{12-32}$$

由于 $c_{it} = k_{it}^{\theta} (A_{it} n_{it})^{1-\theta}$，$i \in \{a, m, s\}$，因此我们有：

$$\frac{n_{at}}{n_{mt}} = \frac{\omega_a}{\omega_m} \left(\frac{A_{mt}}{A_{at}} \right)^{(1-\varepsilon)(1-\theta)} \tag{12-33}$$

$$\frac{n_{st}}{n_{mt}} = \frac{\omega_s}{\omega_m} \left(\frac{A_{mt}}{A_{st}} \right)^{(1-\varepsilon)(1-\theta)} \tag{12-34}$$

假定 $\varepsilon<1$，$r_i>0$，$i=a$，m，s，x，且 $r_a>r_m>r_s$，即技术进步在农业部门更快，而在服务业部门更慢的话，则由上面的等式可以推出：在广义的均衡增长路径上，[①] n_{it}，$p_{it}c_{it}/P_tC_t$ 和 $p_{it}c_{it}/Y_t$ 等内生变量在农业部门会下降，在服务部门上升，而在工业部门这些变量的变化方向具有不确定性，但其变化的规模限定在其他两个部门之间。

因此，如下命题成立：如果效用函数是位似的，$\varepsilon<1$，$r_a>r_m>r_s>0$ 且 $r_x>0$，则存在一条唯一的广义均衡增长路径，沿着该路径，投资部门的雇佣份额和名义增加值为常数；各消费部门的雇佣份额和名义增加值则表现为：农业份额会下降，服务业份额会上升，工业下降的份额比农业份额小，增加的份额比服务业小。

四、我国产业结构的演变

基于第三部分的模型分析，我们不难发现：一国的结构转型内生化其三次产业的技术水平，而三次产业的技术水平的加权和等于一国的总的技术水平（Duarte & Restuccia，2010）。因此，只有在控制一国总的技术水平下，来探讨一个国家的结构转型，以及在此基础上进行的国际对比研究才会有理论价值。本节在研究我国产业结构的演变的特征以及国际对比时，用横轴来表示技术水平，并用人均 GDP 作为其替代变量（林毅夫，2014），纵轴为三次产业的产值比重和就业比重。在这一前提下，探讨我国的结构转型是否符合被其他学者用历史数据验证的结构转型的特征事实；与此同时，为了进行差异性分析，我们将所选取的样本国家分类为西方经济体、东亚经济体、东南亚经济体和拉丁美洲经济体，[②] 以方便考察我国产业结构转型可能存在的问题。

---

① 如果广义均衡增长路径存在，那么沿着均衡增长路径“卡尔多”事实也成立，相关的证明请参考 Greenwood et al.（1997 年）。

② 西方经济体（统称 Western）包括：澳大利亚、加拿大、丹麦、法国、德国、西班牙、英国、美国。日韩（统称 Eastern Asian）包括：日本、韩国（日本和韩国是目前世界上少有的由发展中国家成功发展进入发达国家的国家，它们的发展路径被主流经济学界大量研究，因此可以作为很好对照组）。东南亚经济体（统称 Southeast Asian）包括：印度尼西亚、马来西亚、泰国，它们常作为新兴经济体而成为发展经济的主要研究对象。拉丁美洲国家（统称 Latin American）：巴西、阿根廷、哥伦比亚、乌拉圭、智利、墨西哥，它们因“拉美现象”而被大家所熟知。

（一）各产业产值比重的国际对比

为了对各国的各产业产值比重进行国际对比，我们从联合国统计局（United Nations Statistics Division，UNSD）的数据库中获得各国从 1970 年～2012 年的细分产业增加值，分别加总即得第一产业、第二产业和第三产业的增加值；[①] 并从世界发展指标（World Development Indicators，WDI）数据库中获得各国从 1970 年～2012 年的人均国内生产总值（Gross Domestic Product，GDP）。为了各国数据的可比性，我们直接选用数据库提供的以 2005 年美元为基准价格的相关统计指标。其数据点可以通过图 10-1～图 10-3 来表示。其纵轴是我们关心的三次产业产值比重，横轴为以 2005 年美元为货币单位的人均 GDP 的对数。

1. 农业产值比重的国际对比

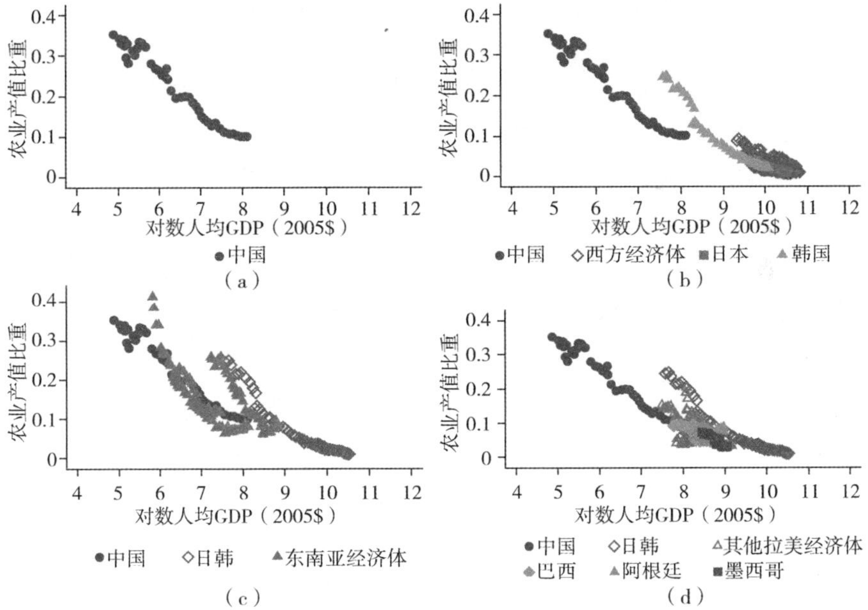

图 12-1 1970 年～2012 年间各国农业产值比重

图 12-1（a）显示，在我国人均 GDP 从 1970 年的 131 美元增加到 2012 年

---

① 根据国际标准产业分类（International Standard Industrial Classification，ISIC），将分类为 ISIC A-B 的加总得到第一产业增加值，将分类为 ISIC C-F 的加总得到第二产业增加值，将分类为 ISIC G-P 的加总得到第三产业增加值。

的3345美元的43年间，我国农业产值比重从原来的35%下降到现在的10%。具体来说，我国在1970年~1978年间经济缓慢发展，农业产值比重缓慢下降；1979年~1982年间，包产到户、家庭联产责任承包制等政策原因极大地释放了第一产业生产力，但由于户籍制度的存在，使得第一产业的剩余的劳动力不能转移出去，进而出现了农业产值比重出现了逆“库兹涅茨”的经验事实，即随人均GDP的提高其份额反而上升；之后除个别年份外，农业产值比重均随经济发展而下降，不过下降幅度逐年下降，近年已趋于平缓，总之基本符合库兹涅茨关于农业产值比重随着经济的发展而不断下降的经验事实。

在进行国际对比分析时，如果我们控制一国的经济发展水平，不难发现我国农业产值比重的下降速度要慢一些。一方面，如图12-1（b），与西方发达国家，以及作为目前世界上少有的由发展中国家成功发展进入发达国家的日本和韩国相比，可以看出我国第一产业比重仍然较高，与日本韩国相比也存在一定的差距，而且这些国家第一产业产值比重并没有趋于平缓，仍处于下降趋势。特别值得注意的是，在对数人均GDP为7~8时，韩国的农业产值比重一直高于我国，不过差距一直在缩小，而韩国之后一直保持着下降趋势，因此，我国的农业产值比重可能仍有较大的下降空间。从图12-1（c）也可以看出，东南亚赶超迅速的国家马来西亚、泰国和印度尼西亚的农业产值比重在同等发展水平时，其数据点的斜率比我国的更为陡峭，因此说明其下降速率要比我国快很多。即便与陷入“中等收入陷阱”的拉美国家相比，我们发现绝大多数这些国家的农业产值比重的下降速度也比我国快。

2. 工业产值比重的国际对比

图12-2（a）中展示了我国工业产值比重随经济发展的变化趋势。可以看出我国的第二产业发展并不像（Simon Kuznets，1966；Herrendorf et al.，2013）所证实的产业结构转型的特征事实，也就是说，在工业化完成之前，即人均GDP达到9000美元~10000美元之前（以2005年美元计），第二产业比重会不断上升，在工业化完成后会下降，即工业产值比重会随着经济的发展呈现出一个驼峰的形状。在我国，即便在经济发展水平较低时，我国的工业产值比重仍比较高，这源于当时实行的重工业优先发展战略，使我国的第二产业水平被人为拔高，所以在1980年之前，我国的工业产值比重随经济发展而上升，并在1980年达到了最大值，超过了48%。之后随着国家改革开放推进和市场化程度的提高，第二产业发展水平的虚高被打破，工业产值比重开始下降，尽管在此期间经济水平一直在提高，在1990年时跌到40%，回到1970年的水

平。1990年后工业产值比重开始反弹，这可能得益于1992年邓小平南方谈话，1993年的第二产业增加值相较于1992年更是增加了约3%，在1993年之后并没有明显的增长趋势，一直在约46%左右波动，其间由于受到1997年亚洲金融危机的冲击，第二产业发展变得疲软，1998年相较于1997年有一个较大的降幅，直到2002年这一下降趋势才终止，加入世界贸易组织的第二年，我国的第二产业增加值于2003年重新变成上升趋势，但2007年又再次受到世界金融危机冲击，终止了上升趋势，目前处于下降的趋势。

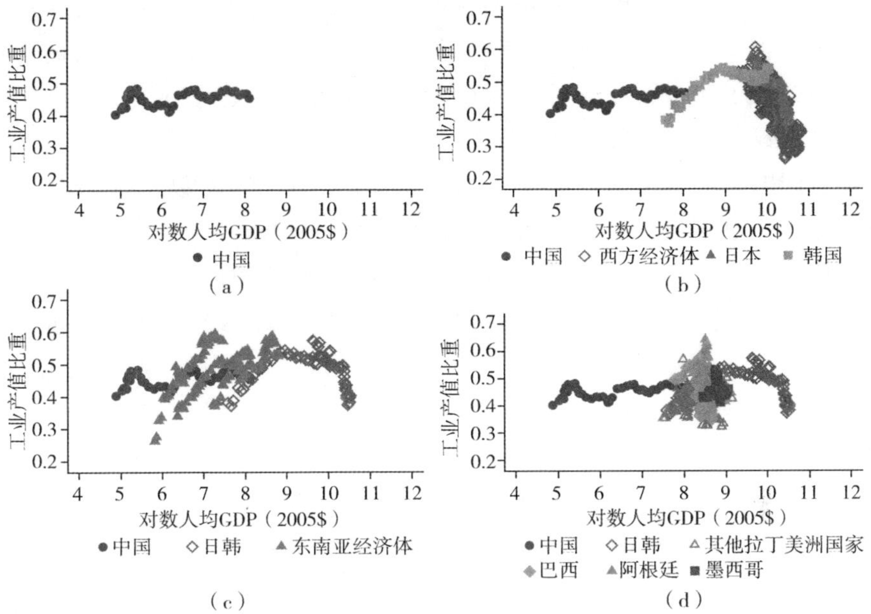

图12-2　1970年～2012年间各国工业产值比重

根据图12-2（b）中，目前西方和日韩等发达国家均已处于经济水平发展较高的阶段：从1970年开始，除了韩国之外的其他国家工业产值比重已经随经济发展而下降，这些国家在1970年时的工业产值比重大约在55%～60%之间，由此我们不难推出，它们在工业化完成之前，即以2005年美元来计算的人均GDP取对数9之前，其工业产值比重应该一直处于一个上升过程；韩国，作为赶超特别成功的国家，其工业产值比重先是随着经济的发展从38%左右提高到了约55%，在完成工业化后开始下降，但下降幅度比其他发达国家小，这与库兹涅茨关于第二产业的经验事实非常吻合，这也揭示了一个非常深刻的经济现象，即工业的发展对于一个实现成功赶超的国家来说是极为重要的。目前，我国工业产值比重大约在46%左右，而西方发达国家以及赶超特别成功的国家日本和韩国的工业产值比重在开始下降时都达到了 55% 以上，因此，对于还未完成工业化的我国来说，工业产值比重大约还有 10% 以上的上升空间。

从图 12-2（c）中，在与东南亚国家的对比中我们可以看出，这些赶超迅速的发展中国家的工业产值比重正如库兹涅茨的产业结构特征事实那样，在经济发展水平较低时，随着经济的发展而增加。早期由于我国的重工业优先发展策略，尽管我国人均 GDP 比这三个国家低，但工业产值比重远远大于印度尼西亚、泰国和马来西亚，然而这三个国家随着经济的发展，其工业产值比重现已超过我国。目前，人均 GDP 不如我国且农业产值比重比我国高的印度尼西亚的工业产值比重已经达到了 57% 左右，人均 GDP 小于我国的泰国的工业产值比重也达到了 53% 左右。因此可以看出，快速的工业化对于一个发展迅速的经济体来说其贡献是巨大的。

结合图 12-2 中（c）和（d）两幅图来看，对于自然对数人均 GDP 在 8 ~ 9 之间的陷入“中等收入陷阱”的拉美国家来说，它们的工业产值比重在此期间有一个比较显著的下降，有的甚至出现了几乎垂直下降的趋势，（c）中巴西的工业产值比重就从约 53% 迅速下降到约 35%，这一结构变化是不是造成它们的人均 GDP 的增长缓慢的原因呢？值得注意的是，当前我国的工业产值比重的趋势与陷入“中等收入陷阱”的拉美国家比较相似，这需要我们保持高度的警惕。总之，与第一产业相反，我国的工业产值比重的发展趋势与其他发展快速且成功的国家存在着较大区别，当前的发展趋势有点类似于拉美经济体，早期可以归因于国家的工业优先发展策略，后期的发展乏力可能是由于人口红利和资源红利已基本释放完毕和环境承载力显著下降，且技术创新乏力等原因。

3. 服务业产值比重的国际对比

图 12-3（a）是我国的服务业产值比重随人均 GDP 增长的变化趋势，总体符合产业结构特征事实，即服务业产值比重随着经济水平的提高而提高，但是最近几年的加速趋势非常显著。早期，国家为了发展重工业，可能抑制了第三产业的发展，在 1982 年之前，不仅服务业产值比重只在 23% 左右，甚至是随着经济的发展呈现出缓慢下降的趋势。随着国家改革的进行，被过分压抑的第三产业很快得到了释放，1985 年我国的服务业产值比重已经超过了 29%，之后第三产业仍保持着一个相对较快的增速。这一上涨趋势持续到了 1992 年，当年超过了 35%，但是 1992 年国家开始大力促进第二产业发展，第三产业发展的速度没有跟上国家经济发展的速度，开始了一段缓慢下降阶段，直到 1997 年亚洲金融危机的爆发使得第二产业发展开始疲软，第三产业增加值才

重新随着人均 GDP 的增长而快速增长。在 2002 年，由于加入世界贸易组织的影响，第二产业发展又开始抬头，服务业产值比重上涨趋势开始变慢。目前，服务业产值比重呈快速上升趋势。

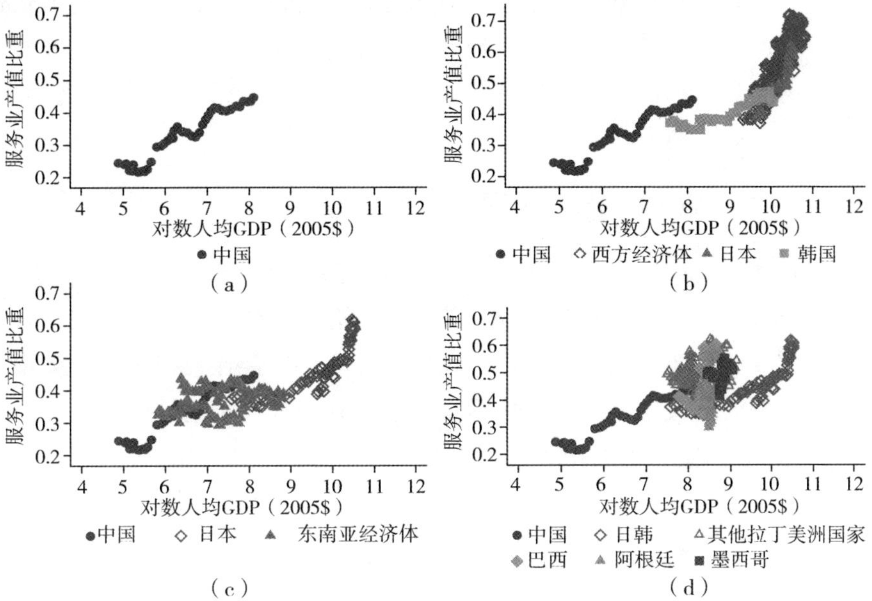

图 12-3　1970 年 ~2012 年间各国服务业产值比重

图 12-3（b）呈现了发达国家服务业产值比重随经济发展的变化。日本和西方发达国家在完成工业化后服务业产值比重的增速飞快。作为赶超成功的韩国的服务业产值比重在工业化完成之前先保持一段平稳的发展期，到自然对数人均 GDP 为 9 时，即人均 GDP 约为 8100 美元，服务业增速显著加快，目前服务业产值比重大约为 45%，人均 GDP 大约为 18000 美元。然而，我国的人均 GDP 离这些发达国家 1970 年时的人均 GDP 仍有一段不小的距离，但我国目前的服务业产值比重已经跟这些发达国家 1970 年的水平相差无几，因此，我国可能存在服务业过度赶超的问题。

图 12-3（c）加入了东南亚国家和金砖国家的服务业产值比重。印度尼西亚、泰国、马来西亚这三个东南亚国家在工业化的过程中，第三产业的发展趋势与早期的韩国比较相似，即随经济增长保持较为平稳的发展态势：人均 GDP 不如我国的印度尼西亚大约在 34% 上下波动；人均 GDP 跟我国差不多的泰国大约在 41% 波动；人均 GDP 高于我国的马来西亚目前大约在 37% 上下波动，均小于目前我国的 45%。从图 12-3（d）可以看出，陷入“中等收入陷阱”

的拉美国家的服务业产值比重同工业产值比重一样，尽管人均 GDP 的增加很小，却增速迅猛。图 12-3（d）中巴西几乎出现了垂直上升的走势，目前巴西的第三产业增加值大约在 60% 附近，几乎和日本差不多，但日本的人均 GDP 大约为巴西的 6 倍。可见，服务业产值比重快速上升并不意味着经济能快速增长。与第二产业一样，我国的第三产业发展也与其他国家存在较大差异，与第二产业不同的是，目前我国的第三产业可能并不是发展不够而是发展超前了，走在了经济发展的前面。

（二）各产业就业比重的国际对比

为了对各国的各产业就业比重进行国际对比，我们从世界发展指标（World Development Indicators，WDI）获得各国从 1980 年 ~2012 年间的农业、工业和服务业的就业比重，其中部分国家在某些年份存在数据缺失，其中样本国家与上一节的产值比重的选取的样本国家一致，且做了同样的分组。

1. 农业就业比重的国际对比

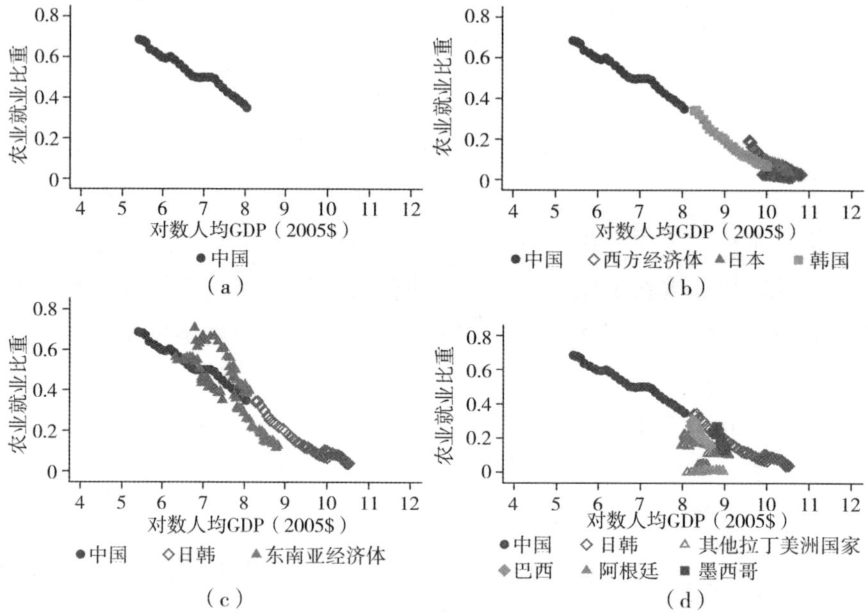

图 12-4　1980 年 ~2012 年间各国第一产业就业比重

图 12-4（a）是我国第一产业就业比重随人均 GDP 的变化趋势，基本符合产业结构转型的库兹涅茨的特征事实。我国第一产业就业比重在 1980 年时超过了 68%，当年公安部推行“农转非”政策，再就是 1982 年家庭联产承包

责任制的确立，农业的生产效率得到恢复和提高，出现第一产业的剩余劳动力向非农产业转移的趋势，但在1986年~1990年间，第一产业就业比重几乎没有变化。1992年，公安部颁布《关于实行当地有效城镇居民户制度的通知》，进一步放宽了户籍制度的限制，进而出现了1992年~1995年间就业人数的一个较大的减少，但在1996年~2002年的六年间，第一产业就业比重又再次维持稳定，直到2002年加入世界贸易组织后，2003年又重新开始下降且减速较大，在2011年时我国的第一产业就业比重已经下降到了35%。因此，在30多年间我国在第一产业就业比重减半，可以说我国的第一产业就业人数的发展是符合经济转型的规律。

在进行国际对比分析时，基本与农业产值比重展现出的趋势大同小异，即我国农业的就业比重的下降速度要其他快速发展的经济体要稍慢一些。与东亚国家相比，在人均GDP相同时，我国的第一产业就业比重与这些国家相差不大，其中与韩国几乎可以连成一条线。图12-4（c）也可以看出，东南亚赶超迅速的国家马来西亚、泰国和印度尼西亚的农业的就业比重在同等发展水平时其下降速率要比我国快很多，即使陷入“中等收入陷阱”的拉丁美洲的国家在第一产业就业比重其下降的速度也要比中国迅速，因此说明中国农村劳动力转移还可以发展得更好。

2. 工业就业比重的国际对比

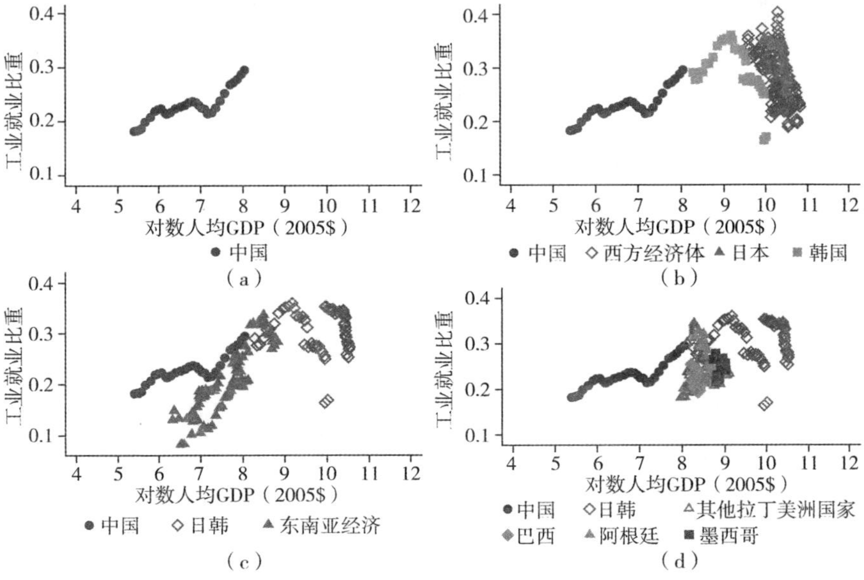

图12-5 1980年~2012年间各国第二产业就业人数比重

图 12-5 反映了我国第二产业就业比重总体上随着人均 GDP 的增长而增长：1980 年～1982 年改革初始，第二产业就业比重增长缓慢；在家庭联产责任承包制使得第一产业就业比重大幅下降的同时，也使得第二产业就业比重大幅上升，同样，这次大幅上升并未持续较长时间，从 1986 年开始增长乏力，甚至在 1988 年～1991 年间出现了下降；1992 年的南方谈话给第二产业发展带来了巨大的契机，直到 1997 年亚洲金融危机之前，第二产业就业比重一直保持着小幅上升；由于亚洲金融危机的影响，从 1997 年开始第二产业就业比重开始下降，直到 2002 年，即自加入世界贸易组织后的第一年之后，我国的第二产业就业比重一直保持着一个较快的增速。2011 年，我国的第二产业就业比重大约为 30%。这基本上符合库兹涅茨的特征事实。

在与世界各国的第二产业就业比重进行对比分析时，我们发现：尽管我国第二产业的就业比重随人均 GDP 增长的变化趋势与西方发达国家和亚洲国家的差别并不大，但是我国工业产值比重随人均 GDP 增长的变化趋势与西方发达国家和亚洲国家差别较大，这说明我国第二产业的劳动力效率可能出现了问题。具体就业情况对比如下：西方发达国家和日本从 1980 年就已经完成了工业化，其第二产业就业比重随经济增长而不断下降。韩国一开始还处于工业化中后期时第二产业就业比重随经济增长而上升，目前也进入随经济增长而下降的阶段。东南亚国家印度尼西亚、泰国和马来西亚的第二产业就业比重在很多时候都保持着较快的增长速度。处在中等收入的拉美国家，虽然其人均 GDP 与日本相差了 6 倍左右，但是其第二产业就业比重比日本还低。从图 12-5（d）中可以看到，巴西的第二产业就业比重走势前期出现了几乎垂直下降的情况，可见其第二产业就业比重的下降、第二产业劳动力转移并没有给巴西带来经济增长，而随后巴西的第二产业就业比重再次开始增长时，人均 GDP 的增速有明显加快，可见第二产业的就业比重需要与其经济水平相适应可能更有利于经济增长。

3. 服务业就业比重的国际对比

图 12-6 中呈现了各国第三产业就业比重随人均 GDP 增长的变化趋势。在 1980 年～2011 年这段时间内，我国第三产业就业比重一直在稳步上升，其中各个时间段的增长率有着较大的区别，1992 年～1996 年间的增长率比较高，2003 年～2006 年间的增长率也相对较高。2011 年，我国的第三产业就业比重约为 35%，大于第二产业的就业比重。其他国家的第三产业就业比重总体上也是一直在随着经济水平的提高而提高。发达国家第三产业就业比重非常高，

西方发达国家和日本的第三产业就业比重在1980年时几乎全都超过了50%，2012年时均在70%左右，也就是说，即便发达国家的第三产业就业比重已经很高了，然而其增长率同时也很高。在此期间，韩国的第三产业就业比重增加了近40%。三个东南亚国家中，印度尼西亚和马来西亚的第三产业就业比重较高，一直比同人均GDP时期的我国要高，马来西亚还一直比同GDP时期的韩国要高，泰国在20世纪80年代初的第三产业就业比重低于我国同人均GDP时期的比重，但是发展很快，现在已经高于我国。尽管如此，它们的服务业产值比重基本保持不变。这正如Kuznets（1966年）用部分早期的美国数据所证明的那样：服务业的就业比重在大幅度地提高同时其增加值的比重几乎保持不变。相反的是：陷入"中等收入陷阱"的拉美国家在进入工业化后期时，其第三产业的就业比重不断地提高，与此同时服务业产值比重也在迅速地上涨，目前它们的就业比重约为70%，产值比重在60%以上，与发达国家处于同一水平，这与美国结构转型的事实以及赶超成果的韩国和发展迅速的东南国家的结构转型事实相悖。虽然目前我国第三产业就业比重总体上相对较小，但发展趋势和增速与世界上其他经济体比较相似。然而我国服务业产值比重相对于赶超成功的国家来说明显过快，且这一趋势与陷入"中等收入陷阱"的拉美国家比较相似。因此，这背后的原因和机制值得我们去探讨与研究。

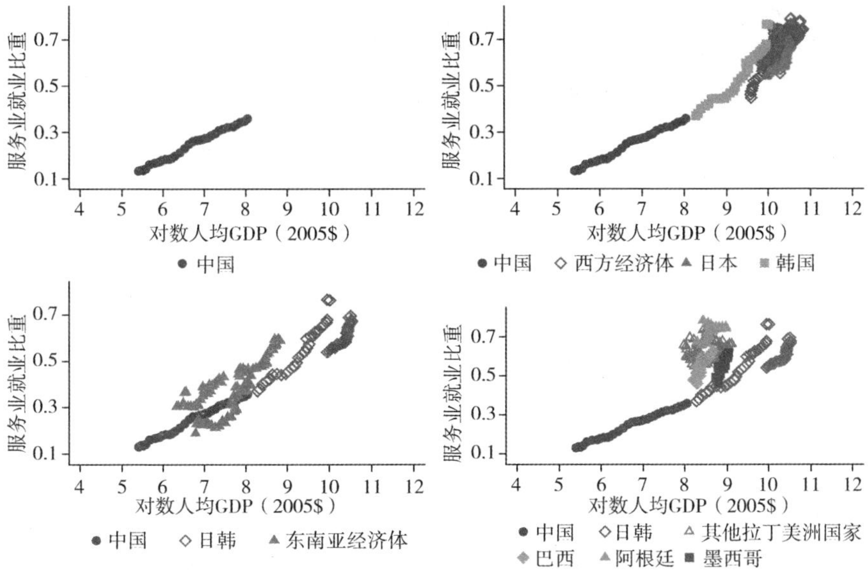

图12-6 1980年~2012年间各国第三产业就业人数比重

五、我国各产业的生产效率以及演变

正如本章在多部门增长模型中所论证的，一个能在均衡增长路径上实现结构转型的经济体，需要各产业 *TFP* 的增长率不同且满足农业大于工业，工业大于服务业这一关系，因此研究一国各产业的生产效率状况就显得尤为重要。Kuznets（1966 年）对结构转型特征事实的另一重要发现就是服务业部门的劳动生产率的增速比该经济中其他部门的增速都要慢，而服务业价格的增速则更快。这一特征事实也被许多其他学者所证实，如 Duarte 和 Restuccia（2010 年）和 Herrendorf et al.（2013 年）分别从劳动生产率和全要素生产率（TFP）两个角度来检验了这一事实。本节也将从这两个维度来测算我国各产业的生产效率以及演变，以检验是否满足结构转型关于各部门不同效率的特征事实。

（一）各产业的生产效率的差异以及演变

由于我们无法获得中国以及拉丁美洲等国家的劳动时间数据，因此，本节选用人均产出作为替代指标，而非用劳动时间来准确地测算总劳动生产率和各产业劳动生产率。[①] 数据来源于格罗宁根增长与发展研究中心（Groningen Growth 和 Development Centre）的总经济数据库（Total Economy Database）中 1980 年～2012 年间各国总就业人口数量的数据，以及 WDI 中各国分产业就业人口比例的数据，二者相乘得到各国各产业的就业人口；而各产业产值则采用联合国统计局（United Nations Statistics Division，UNSD）所提供的数据。此外，为了剔除经济波动的影响，我们用 Hodrick–Prescott 滤波法对所有的时间序列数据进行平滑处理，其中对于年度数据我们选取的平滑参数为 $\lambda = 100$。由于在本节的分析中需要连续时间数据，剔除数据缺失的经济体后，有效样本

---

① 本章的人均产出为 GDP 与总就业人数的比值，各产业人均产出则为各产业增加值与各产业就业人口之比。如本章第二节所论述的，这种方法可能高估发展中国家的劳动效率。

国家为 18 个。[①]

在图 12-7 中，相对于所有样本国家的总的年均劳动生产率，我们考察了三个部门的年均劳动生产率。并且把美国作为一个参照国，即在图 12-7 的每一个子板块里，我们用水平短划线标示美国部门的增长率，用垂直的短划线来表示美国的总的劳动生产率的增长率。我们可以看到在 1980 年 ~2010 年间美国总的年均劳动生产率的增长率为 1.72%，其中农业的增长率最高（2.77%），其次工业（2.4%），服务业最低（0.90%）。我们测量的结果与 Duarte 和 Restuccia（2010 年）测算的结果有些出入，但结论保持一致。他们测算 1956 年 ~2004 年间美国年均劳动生产率的增长率为 1.8% 左右，其中农业的增长率最高为 3.8%，其次为工业 2.4%，最低为 1.3%。在他们研究 29 个样本国家中有 23 个国家的三次产业的劳动生产率的增长率满足上述关系，并且在除委内瑞拉外的所有国家中，服务业的劳动生产率的增长率最低。图 12-7 证明了多数国家具有如下共性：农业的劳动生产率的增长率高于工业，工业高于服务业。在我们选取的 18 个样本国家里，有 7 个国家不满足上述关系，即在多数国家，特别是在美国、加拿大以西欧经济体中其农业的劳动生产率的增长率大于工业，工业大于服务业；中国、泰国、马来西亚、印度尼西亚以及拉丁美洲国家在追赶美国时却没有满足这一特性。可能原因有：一方面是我们选取的样本期数不一样，在我们的样本期数里发生了 2008 年金融危机，这对各个经济体产生了巨大影响；另一方面，我们样本新增了中国和一些东南亚迅速发展的经济体。此外，Duarte 和 Restuccia（2010 年）还实证得出：相较于美国来说，那些总生产率较低的国家其各部门的生产率倾向于更低，如拉美国家；然而，那些总生产率较高的国家其各部门的生产率倾向于比美国的农业，尤其工业要高一些，如赶超特别成功的日本和韩国，它们在追赶过程中其工业部门的劳动效率的增速是最快。通过图 12-7 我们也验证了同样的经验事实，即那些总生产率较美国高的国家，比如：中国、韩国、泰国、马来西亚等

---

① 这些国家名称及其在图 12-7 中的缩写、样本期数如下：阿根廷（AR，1990 ~ 2010）、澳大利亚（AU，1980 ~ 2009）、加拿大（CA，1980 ~ 2008）、智利（CL，1980 ~ 2011）、中国（CN，1980 ~ 2011）、丹麦（DK，1983 ~ 2010）、法国（FR，1980 ~ 2010）、德国（GE，1991 ~ 2010）、印度尼西亚（ID，1985 ~ 2010）、日本（JP，1980 ~ 2010）、韩国（KR，1980 ~ 2010）、马来西亚（MY，1995 ~ 2010）、墨西哥（MX，1995 ~ 2010）、西班牙（ES，1980 ~ 2010）、泰国（TH，1986 ~ 2010）、土耳其（TR，1988 ~ 2010）、英国（GB，1980 ~ 2010）、美国（US，1980 ~ 2010）。

这些新兴经济体，其工业的劳动效率要比美国高出许多；然而陷入“中等收入陷阱”低增长的拉丁美洲国家，比如墨西哥、阿根廷和智利，其各部门的劳动生产率倾向于都比美国低。平均而言，对于那些总劳动生产率比美国增长更快的国家，其农业的劳动生产率比美国高 3.95%，工业比美国高 3.58%，服务业比美国高 2.31%。从而再次证实了多数国家在农业领域相对于美国而言较快，而在服务业领域赶超美国相对会比较困难。

具体到中国，我们测算 1980 年 ~ 2011 年期间中国的总的劳动生产率为 8.63%，其分部门来看：年均劳动生产率最高为工业（8.48%），其次为服务业（6.10%），最低为农业（5.26%）。不难发现我国农业的劳动生产率的增长率最低，而不是像其他发达经济体位于最高的位置。并且在我国总劳动生产率远高于美国的背景下，我国的农业劳动生产率的增长率比美国还要低，这说明在过去的 30 多年里我国的农业的发展相对工业和服务业来说，还是非常滞后，导致其潜在的增长潜力没有充分地释放出来。尽管如此，我们发现在过去 31 年的经济追赶过程中，我们的工业的劳动效率的增量一直保持高速的增长，这可能是我国为什么能实现经济快速发展的根本原因。然而，如果我国的农业实现规模化、机械化及信息化，以促进农业的劳动生产率大幅度的提高，使其增长率超过工业以及服务业，那么我国的第一产业中将会有更多劳动力释放出来，并转移到非农产业中，从而促使我国的经济增长速度更上一个台阶。

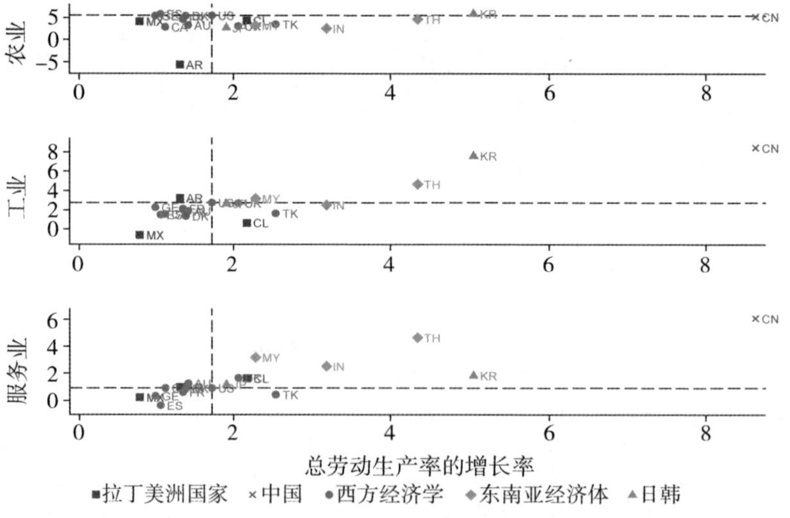

图 12-7 三部门劳动生产率的增长率（%）

随着中国经济增长从高速转为“新常态”下的中高速，产业结构也发生了许多巨大的变化。图 12-7 考察的是在样本期间里各部门的劳动生产率的平均增长率的情况，而忽视了各年不同的变化，因而不能很好反映当前我国的各产业的劳动生产率的变化情况，特别是在结构转型中所遇到的根本性问题。鉴于此，我们对平滑后的中国各产业的数据重新绘图，以反映从 1980 年～2010 年各年我国分产业的劳动生产率的增速情况，见图 12-8。

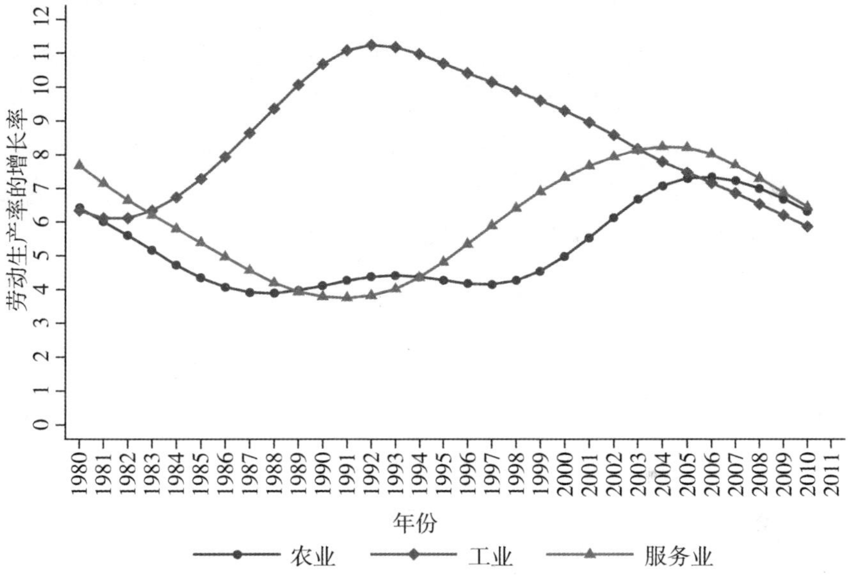

图 12-8　中国三部门劳动生产率的增长率（%）

我们可以发现在过去 30 多年里，我国工业的劳动生产率的增速在多数年份里都高于服务业和农业，这为我国的经济发展奠定了非常好的工业基础，为服务业和农业的发展提供了非常好的技术准备。而最近我国经济增长乏力，也正由于我国的工业的劳动效率的增速出现非常大的问题，主要表现在 2002 年，即我国加入 WTO 后，我国的工业部门效率低于服务业，随后其下降的速度比农业还要快；在 2008 年金融危机后，我们看到之前增长较快的服务业也开始出现了下降，其中工业的下降速度最快。更值得我们注意的是，我国服务业在 1992 年后，其劳动生产率快速增加，这固然有利于经济增长，但是我们需要警惕其背后的制度扭曲所带来的资源错误，比如资本过度向第三产业集中，特别是金融服务业集中，进而挤出了其他产业的资本，特别是第二产业的资本。因此不难发现当前我国经济在由工业化中期向工业后期转型的过程中，面临主要问题有两个：一是三大部门的劳动效率都开始下降；二是三大部门的劳动生产率的增长率排序出现了扭曲，即服务业的劳动生产率的增速大于农业，农业大于工业，而不是之前我们证实的农业大于工业大于服务业，也不是我国在过去30多年里的工业大于服务业大于农业；总而言之，在我国的工业化的道路上，由于工业的劳动效率的下降，使得我国经济增长面临前所未有的挑战。也就是说，我国第二产业发展陷入瓶颈，成本优势逐渐丧失，同时又未能进入中高端制造业发展阶段，进而导致经济发展的畸形。所以，我们认为当前阶段正是应该鼓励第二产业发展，支持制造业转型升级，促进工业内部结构升级，加速我国工业化进程，以便为第一产业的发展提供更廉价和高效的机器装备，以提供农业的劳动效率，为服务业发展提供技术支持和服务对象。而对于作为未来产业发展方向的第三产业，政府固然可以持鼓励态度，但也不可拔苗助长，舍本逐末。只有这样，我国的经济才能真正实现又好又快的可持续发展。

（二）各产业全要素生产率的差别与演变

本小节运用1990年～2012年三次产业增加值数据，并以1990年为基期的城镇居民消费价格指数对上述指标进行平减。考虑到兼顾劳动力数量和质量的数据不可得，本章使用三次产业就业人数作为劳动力投入数据，记为L_1、L_2、L_3。资本存量是采用永续盘存法对实际资本存量进行估算。使用固定资产投资完成额作为当年新增投资，固定资本形成总额的折旧率为11%，[①] 1990年资本存量采用杨东亮（2011年）使用的数据，为35942.89亿元，固定资产投资价格指数以1990年为基期。

在计算三次产业资本存量时，陈宏伟、李桂芹、陈红（2010年）使用各次产业在全社会新增固定资产累计总额中的比重作为各次产业资本存量在全社会资本总额中的比重。因为当年新增投资采用固定资产投资额数据，所以使用三次产业固定资产投资占全社会固定资产投资总额比重作为三次产业资本存量比例比较妥当，使之分别乘以全社会总资本存量得到各产业资本存量（分别用表示K_1、K_2、K_3）。本章数据来源于2005年～2013年《中国统计年鉴》，各年《中国固定资产投资统计年鉴》，其中1991年、1992年三次产业固定资产投资比重采用移动平均法获得。

---

① 考虑到我国正处于工业化加速阶段，因此折旧率相对来说会高一些，而一般文献为9%左右。

根据第二节介绍的索罗残差法，我们可以根据收集整理的数据，估计出中国三次产业全要素生产率。其中，图 12-9 给出了我国三个部门 *TFP* 的增长率的关系图。由于我们关心的是 *TFP* 的增长率，所以我们把 2000 年我国的三个部门的 *TFP* 标准化为 1，以方便我们比较其斜率和趋势。从图 12-9 我们可以看出，三个部门的 *TFP* 的增长率存在较大差别。更为重要的是我国关于三次产业的技术进步率的条件，即农业部门的技术进步率大于工业的技术进步率，工业的技术进步率大于服务业在中国不成立，特别是 2002 年前后的 10 多年里我国三次产业的全要素生产率的增长率是反过来的，即服务业的全要素增长率大于工业的增长率，工业的全要素的增长率大于农业的增量率，其中农业的全要素生产率的增长率在样本期数里多数时期为负值，与已有文献的测算结果类似（陈宏伟等，2010），即关于三次产业的全算生产率的增长率的条件在中国不成立，其中 1992 年 ~2002 年，工业的 *TFP* 增长率大于服务业，服务业大于农业；2003 年 ~2007 年，服务业的 *TFP* 增长率大于农业，农业大于工业。此外，与 Kuznets（1971 年）发现的服务业部门的劳动生产率的增速是一个经济中增速最慢的特征事实相比，我国服务业却在样本期里的绝对大多数年份里是最快的，即存在逆库兹涅茨事实。然而，国外的研究如 Herrendorf et al.（2013 年）和 Timmer et al.（2010 年）用 EU KLEMS 数据库验证 Ngai 和 Pissarides（2007 年）关于三次产业全要素生产率的增长条件。他们计算了澳大利亚、加拿大、日本、韩国、美国以及欧盟 10 国的从 1970 年 ~2007 年的农业、工业和服务业的 *TFP* 的增长率。他们研究发现：一方面，各部门的 *TFP* 的增长率存在巨大差异；另一方面，澳大利亚、加拿大、欧盟 10 国在 1970 年 ~2007 时期农业的 *TFP* 的平均增长率最快，工业其次，而服务业增长率最慢。因此，这种与国际发达国家各部门生产率关系相悖的事实可能会阻碍我国各产业间的要素优化配置，进而制约我国经济的可持续发展。

从我国三次产业 *TFP* 增长率在 1990 年 ~2012 年波动与趋势来看，可以将其划分为三个阶段：第一阶段为 1990 年 ~2001 年左右，工业的 *TFP* 增长率较高，服务业 *TFP* 先是下降，到 1998 年金融危机以后开始增速，其增长率超过工业，农业 *TFP* 有小幅上升后处于负增长；第二阶段是 2002 年 ~2007 年，工业的 *TFP* 增长率一直处于负增长，服务业和农业的 *TFP* 的增长率基本为正，且服务业的 *TFP* 增长率大于农业的 *TFP* 的增长率；第三阶段为 2008 年至今，受经济危机影响，我国的三次产业的生产效率都处于下降的趋势。由此，我们不难发现，当前我国的结构转型面临的最主要的困难是各部门之间的全要素生

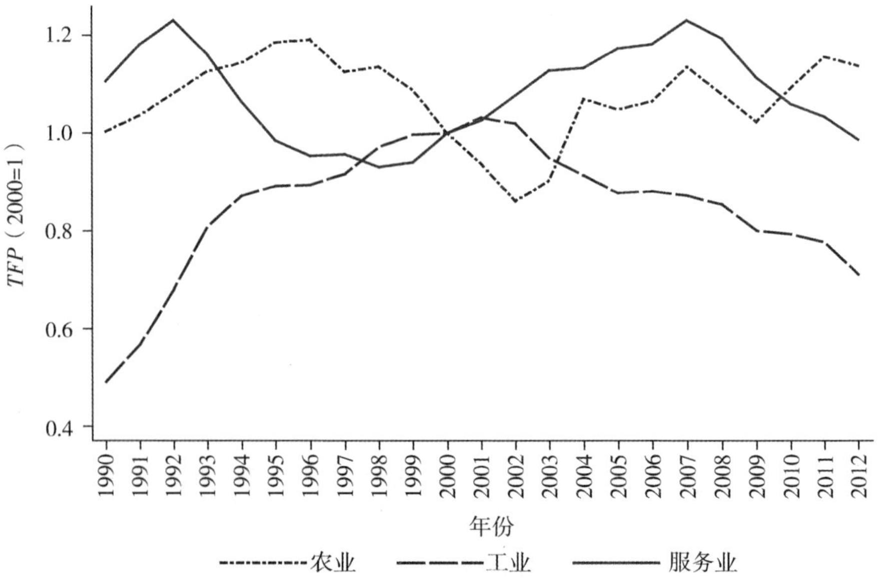

图 12-9 中国三次产业的全要素生产率

产率不断下跌的威胁，即各部门生产效率失速的危险，而全要素生产率下降又是多方面原因造成的，比方说我国技术创新性不足和激励机制等；其次，我国的结构转型面临的另一个挑战是：我国的各产业 *TFP* 的增长率存在逆“库兹涅茨”特征事实的现象，即在当前多数时期里，我国的第三产业的 *TFP* 的增长率大于第二产业的 *TFP* 的增长率，更为突出的是 2002 年后，我国的工业的 *TFP* 的增长率为一直为负值，最近基于工业企业数据库的研究也支持这一结论（杨汝岱，2015）。这可能是制约我国各要素在各产业优化配置一个至关重要的因素，也是阻碍我国成功穿越“中等收入陷阱”的关键所在。因此，当务之急就是积极改善各部门的生产效率，特别是改善工业部门的生产效率，这不仅包括引进、消化吸收外国的技术，而且在外国技术封闭的条件下我国已经到了从引进吸收消化再创新转为大力提倡集成创新和原始创新的时候了，只有工业的生产效率的提高，才会真正给我国产业结构转型提供源源不断的动力。

六、结论

本章在借鉴 Ngai 和 Pissarides（2007 年）的多部门增长模型基础上，从生产角度来探讨相对价格效应所导致的结构转型模型。如果技术进步在农业部门更快，而在服务业部门更慢的话，其位似效用函数的替代弹性 $\varepsilon<1$ 时，则存

在一条唯一的广义均衡增长路径。沿着该路径，投资部门的雇佣份额和名义增加值为常数；消费部门的雇佣份额和名义增加值则表现为农业份额会下降，服务业份额会上升，工业下降的份额比农业份额小，增加的份额比服务业小。基于上述的理论的框架，我们运用国际通行的结构转型数据，从产业结构的数量和质量演变两个维度来分别探讨近 30 多年来我国结构转型的新特点和新趋势，以检验这些新变化和新趋势是否符合世界各国结构转型的 Kuznets 事实，并与发达国家、转型成功的国家、东南亚新兴经济体以及陷入“中等收入陷阱”的拉美国家做对比分析，以考察当前我国结构转型可能存在的结构性问题。主要结论如下：第一，从产业结构的数量演变来看，我们产业结构存在如下几个问题：①在我国经济发展阶段正处于工业化中后期，第二产业产值比值出现下降的趋势，而第三产业产值比重则快速上升，并领先于第二产业，这与 Kuznets 所证实的第二产业的产值比重在工业化完成前会一直上涨，第三产业产值比重几乎保持不变经济特征事实相左；②在进行国际对比分析时，我们发现当前我国的产业结构的数量变化趋势与陷入“中等收入陷阱”的拉美国家比较相似，即在工业化中后期时，第二产业产值比重迅速下降，第三产业产值比重迅速上升。第二，从产业结构的质量演变来看：①从我们测算 1980 年 ~ 2011 年期间中国的三次产业的年均劳动生产率来看，最高为工业（8.48%），其次为服务业（6.10%），最低为农业（5.26%），这与既有文献所证实的服务业部门的劳动生产率的增速比一个经济中其他部门的增速都要慢的事实不太一致。尽管如此，我们发现在这 31 年的经济追赶过程中，我国工业的劳动效率的增速非常快，这可能是我国为什么能实现经济快速发展的根本原因。②从我国各年的劳动效率或者全要素生产率 *TFP* 考察，当前出现了反“Kuznets”事实的现象，即 2002 年以后第三产业的劳动效率的增速大于第二产业，并在 2008 年后都出现了负增长，而第一产业的生产效率的增速基本维持在一个较低水平，有别于世界一般国家的三部门的技术进步率的经验事实，即技术进步在农业部门最快，而在服务业部门最慢，这可能是新常态下我国的经济面临的最主要问题之一。因此，为了实现我国经济又好又快的可持续发展，从产业结构转型的角度，我们认为当前我国应加快推进土地制度改革和推进机械化以及信息化，以提高农业的劳动生产率进一步释放更多的人口红利。其次，我们认为当前阶段还应鼓励第二产业发展，支持制造业转型升级，促进工业内部结构升级，加速我国工业化进程，为第一产业的发展提供更廉价和高效的机器装备，以提供农业的劳动效率，同时也为服务业发展提供技术支持和服务对象。

而对于作为未来产业发展方向的第三产业，政府固然可以持鼓励态度，但也不可拔苗助长，舍本逐末。

关于第二产业的全要素生产率（*TFP*）的下降，我们认为可能存在如下两种解释：①第二产业生产效率的下降，可能是由于我国2002年加入WTO后，市场的扩大，使得低效率的企业通过简单的模仿、复制就可以盈利，这样就稀释了第二产业的整体生产率，与此同时，可能由于重复建设而带来了过度竞争，进而不利于该行业厂商的资本积累与创新，可能的表象为中国行业内的出口企业生产率均值普遍低于内销型企业，即“生产率悖论”（戴觅等，2014；李春顶，2010；李春顶、尹翔硕，2009）。②第二产业生产效率下降的另一种可能的解释是我国的刘易斯拐点的到来，推高了第二产业的劳动成本，降低了第二产业的增加值。而刘易斯拐点的到来可能源自我国的第一产业的技术进步率有限，导致释放出来的劳动力不断递减，进而间接地推高了制造的成本，降低了第二产业的生产效率，可能的表象为2004年以来的“民工荒”（蔡昉、王美艳，2005；蔡昉，2007）。

本章再次强调了各部门技术进步对于增长与结构转型的是重要作用。在我国产业结构转型的特征事实研究方面，本章全面且详细地研究了我国结构转型的经验事实，为研究我国多部门增长模型提供全面且较为准确的数据支撑；此外，本章的研究也有助于我们从更深的层面理解中国结构转型面临的问题和挑战，为新常态下调结构促增长提供一定的参考。未来的研究方向包括各部门生产效率对结构转型以及经济增长的作用和对上述的宏观问题进行微观机制探讨。

第十三章　国际视野下的我国产业结构改革的推进战略

克鲁格（Kruger，1984）指出新古典贸易政策的支持者和反对者之间的争论，不是应否实现工业化，而是应以何种形式实现工业化。因此，为了找出工业化过程中的共同规律及背后的经济动力，我们在本章将探讨美国、英国、日本和韩国等发达经济体工业化的成功经验，研究在工业化过程中经济结构发生了哪些变化，以及在细分行业中哪些产业脱颖而出。在长周期中，结构转型的经济动力又有哪些？在新技术的推动下，产业的更替与升级又有哪些新特点？同时，我们考察了发生在几个不同历史时期和不同国家的结构转型“失败”的案例，一方面总结这些国家在结构转型方面存在的问题，另一方面有助于我们认识政府应如何发挥在结构转型与经济增长中的作用。

一、主要发达经济体结构转型的过程与经济动力

本章纵向剖析了美国、英国、日本、韩国等发达经济体在特定历史时期产业结构转型的经验，由此可以发现：经济发展的本质是结构的不断变迁，而结构变迁背后的逻辑是市场作为主导力量不断优化配置资源。但是，政府在研发与创新、人才培育和人才结构的优化等方面也扮演着至关重要的作用。

（一）美国：高效率农业与关键产业领域内技术不断创新

美国作为当今世界第一大经济体，工业革命后，其发展经历了赶超英国、第二次工业革命时期由技术推动的发展、战争期间飞速发展、战后领先的科学技术推动发展等阶段：美国于1872年GDP总量（107065国际元，1990年国际元）

超过英国 GDP 总量（105795 国际元，1990 年国际元）；[①] 1880 年～1940 年第二次工业革命中美国凭借技术提升带来的生产效率的提高形成了以钢铁、汽车、电力等为支柱的工业体系；二战更是促使美国形成了极高的生产能力及研发水平，战争期间原子能、计算机、雷达等方面的突破对战争起到了极大的作用，也进一步确立了科学技术在美国经济中的重要地位；战后电子技术、信息技术、化工、生物技术等领域的发展带动美国成为第一科技强国。分析研究中国与美国的发展对比及美国成功发展经验对推进我国产业结构转型与升级具有重要借鉴意义。

从发展阶段上看，2014 年，中国人均 GDP 为 12150 美元（2009 年不变国际元计算），介于美国 1941 年（11171 美元）～1942 年（13138 美元）间的水平；在 GDP 增加值占比上，2015 年我国三次产业增加值构成为 9.0：40.5：50.5，第三产业占比首次突破 50%，2014 年我国三次产业增加值构成为 9.2：42.7：48.1，1948 年美国私人部门三产增加值占比为 9.6：38.8：51.6，我国与美国战后初期产业结构较为相似；在 GDP 增长率上，二战后美国 GDP 增长率波动幅度与战前及战中的高速发展期相比明显收窄，处于增速高点的几个年份的 GDP 增长速度也就在 7% 左右。因此我们先对我国与美国战后一段时间的发展状况进行对比。

从产业与劳动力结构上看，2014 年我国三次产业增加值占比（9.2：42.7：48.1）与 1948 年美国（9.6：38.8：51.6）较为相似，然而在就业结构上，2014 年我国三产劳动力占比为 29.5：29.9：40.6，与 1948 年美国三产占比（5.8：42.5：51.7）相比，我国第一产业投入的劳动力比重是美国的 5 倍，可见我国大量的劳动力没有释放出来投入到二产、三产等附加值更高的产业中去。

进一步从劳动生产率上看（见表 13-1），我国 2014 年三大产业人均生产率都要低于美国 1948 年水平，特别在第一产业上生产率差距高达 8.5 倍。

表 13-1 以 2009 年国际元衡量的单位劳动力产出（千美元）

年份 / 产业	美国		中国	
	1948	1962	2010	2014
第一产业	67.22	55.74	122.89	7.88
第二产业	37.36	56.13	158.63	36.22
第三产业	40.75	55.39	104.52	30.01

数据来源：美国经济分析局（BEA）、中国国家统计局。

① 数据来源：maddison。

从制造业细分类别来看（见表13-2），美国木材制品、初级金属制品、食品饮料烟草、纺织、服装、石油煤炭产品在战后1948年~1962年间呈下降态势，而计算机电子产品、电器设备、汽车、化工产品在美国制造业内部占比呈上升态势。

表13-2 美国制造业内部细分产业结构占比（%）

细分产业	1948年	1962年	2014年
木材制品	2.75	1.71	1.37
非金属矿物制品	3.31	3.59	2.21
初级金属	8.25	7.74	2.85
金属制品	7.38	7.46	6.97
机械	8.07	8.58	7.21
计算机与电子产品	4.17	6.24	12.77
电器设备及部件	3.04	4.22	2.56
汽车	7.40	9.54	6.69
其他运输部件	3.04	6.59	5.99
家具等	2.00	1.73	1.20
杂项制造	2.49	2.34	3.83
食品饮料烟草产品	17.00	13.72	11.68
纺织	7.00	3.36	0.83
服装皮革产品	6.44	4.28	0.51
纸制品	3.78	4.09	2.64
印刷及相关支持产业	2.13	2.16	1.83
石油煤炭产品	3.01	1.21	8.11
化工产品	6.26	8.37	17.18
塑料橡胶产品	2.47	3.07	3.57

数据来源：BEA。

从美国工业化进程来看：18世纪60年代，英国开始第一次工业革命，大约半个世纪后，美国开始了第一次工业革命。美国工业革命由纺织业开始，扩展到面粉、烟草、食品等其他轻工业部门，机器开始被普遍使用，机器制造业迅速发展，进一步推动了炼铁、采煤、采矿业等重工业的发展。该阶段，美国产业发展模式主要为引进、模仿和改进英国技术，该模式使得美国工业革命进程大大加速。当时美国劳动力和利息率水平均高于英国，与英国相比，美国人更注重技术创新，走的是高工资、高生产率之路。[①] 这些技术创新使美国劳动生产率在19世纪初的几十年里就已经超过了英国，到1860年，已经比英国高出了一倍多。[②] 据maddison统计，1872年，美国GDP总量（107065美元，1990年国际元）超过英国GDP总量（105795国际元，1990年国际元）。在制造业上，1870年英国在全球制造业中占近1/3的份额、美国占比不足1/4，到19世纪80年代末，美国的份额达到了36%左右，英国的份额则下降到不足15%。[③]

19世纪后期~20世纪30年代末，美国发生了以电力技术为标志的第二次工业革命。该阶段美国由“蒸汽时代”、“纺织时代”，进入了“电气时代”、“钢铁时代”、“化工时代”：贝塞麦炼钢法的引入大大提高了美国钢铁产业的产量；亨利·福特建立了世界上第一条流水装配线，并施以泰勒的管理方式，流水线的“大量生产方式”使得美国汽车迅速普及，汽车成为美国经济的引擎；到20世纪30年代，美国以电力、电气、冶金、汽车、飞机、石油等重工业为主体的产业结构确立。20世纪30年代，美国制造业的生产率成为全球领导者，1935年~1936年美国制造业工人的平均产量相当于德国工人的2倍，1935年，美国制造业的劳动生产率为日本的5倍、中国的14倍。该阶段美国技术已由单纯模仿阶段进入应用和独创时期，科技水平迅速提高。1900年，通用电气成立美国第一个现代意义上的工业研究室，应于技术创新的工业内部研究机构得以兴起，工业研究不再局限于单个“天才”的发明或技术发现，而是依靠组织内的科学家和工程师，由他们专门负责将科学知识转化为公司技术和产品。美国高中教育也迅速普及，14岁~17岁青少年高中在校比重在1890年仅为6.7%，到1940年已达73.3%。[④]

应用科学和技术在美国发展迅速，然而直到20世纪40年代，美国基础科

---

① 引自：李明传．美国技术创新的历史考察［M］．武汉大学出版社，2013。

② 引自：瓦克拉夫·斯米尔．美国制造——国家繁荣为什么离不开制造业［M］．机械工业出版社，2014。

③ 引自：瓦克拉夫·斯米尔．美国制造——国家繁荣为什么离不开制造业［M］．机械工业出版社，2014。

④ 数据来源：Higher Education for American Democracy，President's Commission on Higher Education，1947，Vol. VI。

学研究仍依赖并落后于欧洲。二战期间，万尼瓦尔·布什创立并领导美国科学研究局（OSDR，Office of Scientific Research and Development）在大学和企业内部建立了雷达中心实验室、辐射实验室等一系列实验室，国家组织的大规模研究开始进行，以原子能、电子计算机和空间技术为标志的第三次科技革命首先在美国兴起，美国科学技术水平跃居世界首位。[①] 二战期间军方高科技的发展与应用使美国人意识到了科学事业的重要性，科学研究在大学的地位大幅提升，美国大学重技术轻理论的传统得以扭转。

美国在计算机等高科技领域的领先为其战后发展提供了强大的推动力，而在汽车制造业、钢铁业、消费电子业等领域则因缺乏创新而被日本、欧洲赶超。美国从 20 世纪 80 年代初开始大力调整产业结构，增加对信息产业的投资。[②] 1990 年美国在信息产业方面的投资首次超过其他基础工业的投资，到 1997 年平均增长率一直保持在 20% 以上。到 20 世纪 90 年代，美国从过去以汽车制造业、建筑业和化学工业为主的经济技术基础逐步向以信息产业、金融保险和国内贸易为主的经济技术基础转变。

纵观美国的工业发展历程，由工业革命早期在纺织工业等领域的技术引进、模仿再创新，到 19 世纪末 20 世纪初在钢铁领域引进技术创新、汽车领域创新生产流程、电气领域进行技术原始创新，再到二战后加大基础研究投入、在计算机等领域组织大规模研究到信息技术领域大学与企业创新相结合的"硅谷模式"，美国始终是通过在相应发展时期在关键产业领域内不断提升技术水平、带动生产率的提高，从而驱动经济发展。而在汽车制造等制造领域的创新不足也使美国在汽车领域被日本、欧洲赶超，并重新提出提振制造业计划。

与美国相比，我国 2014 年第一产业单位劳动力产出仅为美国 1948 年的 11.7%、第二产业为美国 1948 年的 97%、第三产业为美国 1948 年的 74%；2014 年我国第一、第二、第三产业单位劳动力产出分别为美国 2014 年的

① 二战期间，万尼瓦尔·布什推动、创建、领导了美国战时科学研究与发展局（OSDR），被认为是有可能"决定战争胜负的人"；他是"曼哈顿工程"难以替代的推动者、个人计算机和因特网的思想先去；是硅谷的教父；制定了美国第一份科技政策《科学——没有止境的前沿》。

② 信息产业包括信息设备制造业、信息网络业、信息服务业。信息设备制造业指计算机设备、通信设备、遥感观测设备、电子控制设备的产销等；信息网络业分为公用网和专用网两类；信息服务业包括信息处理服务、信息提供服务、软件开发服务、信息咨询服务等。

6.4%、22.8%及28.7%。我国在第一产业生产率上与美国的差异尤其大，我国可以借鉴美国“农业教育、科研和推广”体系提高科学理念在农业的应用、提升农业区域化和专业化水平、进而提升机械化水平等。对于第二产业而言，我们承接的转移过来的产业不仅要模仿外国技术、利用我国廉价劳动力产出大量在价格上有竞争力的产品，还要将引进的技术再创新，不断提高产品质量及生产效率，也就是我国传统制造业的升级；同时，加大研发投入、促进大学研究与企业相结合、鼓励企业发挥在技术发展中的研发力量，也将为我国提高生产效率奠定基础。在第一、第二产业繁荣发展的前提下，第三产业的发展也会释放更多的活力。

（二）英国：快速工业化

1782年，以蒸汽机出现为标志，英国揭开了工业革命序幕。随着蒸汽机的广泛使用，纺织、机械行业生产效率提高，带动了英国经济增长。20世纪初，以电气化和化学化为标志的第二次工业革命开始，英国进入工业化的中期阶段。该时期工业化进程不断推进，工业分工逐步深化。一方面资本密集型工业不断发展，第二产业得到迅速发展，另一方面随着交易成本的不断提高，对第三产业的需求也不断增加。但20世纪50年代以后，英国经济发展处于停滞状态，从高增长型转向为低增长型轨道。从人均GDP增速上看，英国1950年至1955年平均增速为3.5%，美国为5%，欧共体为8.2%，经济合作发展组织国家为5.7%，日本达到了18%；1955年至1960年英国增速为2.3%，美国为2.4%，欧共体为6.7%，日本为16%。[①] 1970年，英国制造业劳动生产率年增长率仅为1.6%，在西方七个国家中排居末位。从人均GDP增速，人均GDP（2011 PPPs），产业结构等多重指标上看，我国现阶段与英国20世纪60年代末70年代初相类似。2014年我国人均GDP增速为7.6%，进入降速换挡期。人均GDP（2011 PPPs）上，中国2014年为12599.18美元，与1968年英国12505.01美元相类似。从产业结构上看，2012年我国服务业增加值占比首次超过工业增加值占比，英国于1974年服务业增加值占比首次超过工业增加值占比，出现结构转型拐点。

随着工业化进程不断推进，纺织业等轻工业不足以支撑英国经济长期增长，如表13-3所示，纺织、传统金属制造、食品饮料等轻工业产值占比逐渐

---

① D·Coates, *The Context of British Politics*, Hutchinson, 1984. p. 27.

降低，1970年三个行业产值占比分别为2.44%、6.74%、4.16%，1985年则下降至1.26%、3.24%、3.48%。因而英国政府鼓励发展重工业加速资本积累，1967年英国政府实施了一项30亿英镑的钢铁现代化改造10年计划，同时大力鼓励钢铁行业积极创新，增加研发投入。英国钢铁行业由粗放型大批量生产，转型为精细型小批量生产。1971年钢铁业增长率仅为2.47%，1973年达到了15.94%，并在随后的几年保持了10%以上的增速。1970年前，英国GDP增长率在2%左右浮动，1971年为3.48%，1972年为4.23%，1973年达到了6.54%。[①] 1980年，英国钢铁制造业就业人数从26.8万锐减至13万。1980年～1988年，英国制造业劳动生产率年均增长5.2%，美、日、德、法、意、加则分别为4%、3.1%、2.2%、3.1%、3.5%、3.6%。我国2015年上半年粗钢产量出现了近20年来的首次下降，我国钢铁业转型迫在眉睫。

研究与开发方面，政府给予民用企业的研发补贴和民用经费的比例逐步上升。1961年～1962年，民用经费仅占36.2%，1964年～1965年民用占比40.3%，1967年～1968年民用部分为53.5%，1970年～1971年民用部分继续上升至60.3%。同时英国政府为促进信息技术业发展，采取了“1英镑对1英镑”的鼓励政策：电子业每投入1英镑用于研究开发，政府也投入1英镑。信息技术业高速发展：1971年产值增长率为14%，1972年为17%，1973年为21%，1985年高至52%。

在人才培养方面，20世纪50年代开始，英国开始着重培养高级技术人才。1956年下发技术教育白皮书，提议在现有的技术学院开设高级技术课程，将部分技术学院发展成为高级工程技术学院，专业培养技术人才。1961年，据《罗宾斯报告》，10所高级技术学院已经升格为大学。1971年，专业化劳动力和技术岗位为1600万，占英国总职业的65.6%。[②] 同时，英国也积极引入外来技术人员，实施就业许可证制度，其中85%的就业许可证颁发给了科学家等技术类移民，技术人才占1990年英国就业的外籍劳工的1/3以上，英国本土劳工中研发人员的比例也达到了21.6%。[③] 可以看出，英国政府逐步将产业发展重心转移到信息产业和信息服务业等高新技术产业，其中软件和信息服务领域已成为就业人员增长最快的领域。据经济合作与发展组织（OECD）

---

① 世界银行数据库。

② DFES（2004）Working Futures：National Report 2003-2004，p57.

③ 梁茂信．二战后专业技术人才跨国迁移的趋势分析．史学月刊。

的推算，信息产业在经合组织成员国的制造业总产值、就业人员和贸易中，已占到 10%；1970 年，在全部生产耐用设备的投资中，信息产业占 10%，1980 年上升到 20%，1995 年已上升到 45%。截至 1995 年，全世界有 1000 多万人从事软件的研制、开发和生产的经济活动，其中 65 万多人集中在英国。

纵观英国工业化的过程（见表 13-4）：工业化初期英国在轻工业等领域广泛使用蒸汽机提高行业生产效率，带动英国经济增长；工业化中期英国大力促进劳动密集型工业及第三产业的发展；工业化后期英国政府投入大量精力、资本，实施相关政策鼓励研发以推动新兴产业技术进步，加速资本积累。目前我国正处于工业化中后期，应当借鉴英国转型时的经验，重视研究开发，对于农业要引进、开发新技术以提高其生产效率，使之可以释放大量劳动力到二、三产业中。我国 2015 年上半年粗钢产量出现了近 20 年来的首次下降，对传统制造业如钢铁业要转型升级，同时政府要加大研发投入，鼓励企业、大学、社会研究机构发挥研究优势，带动技术进步，推动我国产业结构转型进程。

表 13-3 英国第二产业主要分行业产值结构（%）

年份	纺织	传统金属制造	食品饮料	电子通信业	信息科学技术
1970 年	2.44	6.74	4.16	3.94	4.54
1985 年	1.26	3.24	3.48	4.38	6.13

资料来源：EUKLEMS database。

表 13-4 1970 年～1992 年增加价值和劳动生产率增长（%）

行业	增加价值	劳动生产率 Y/L	劳动	资本	*TFP*
整个制造业	-0.2	3.2	-2.2	0.6	1.4
食品与饮料	-0.2	2.1	-1.2	1.2	-0.3
纺织与服装	-1.5	3.0	-3.1	-0.1	1.8
纸与印刷	0.9	3.0	-1.4	1.0	1.3
矿业	-2.3	1.4	-2.1	0.8	-1.1
钢铁	-4.2	3.2	-6.5	0.0	2.2
金属制品	0.0	3.6	-2.6	0.5	2.1
机械	-1.5	2.5	-2.7	0.5	0.7
计算机	7.6	9.4	-1.2	3.1	5.7
电子产品	1.9	5.2	-2.3	1.2	3.0

续表 13-4

行业	增加价值	劳动生产率 Y/L	劳动	资本	TFP
航天	2.6	4.6	-1.5	-0.1	4.2
仪器	2.2	4.5	-1.7	0.9	3.0

数据来源：加文·卡梅伦，詹姆斯，等．英国制造业 1970 年～1992 年间的增长［J］．经济资料译丛，1999（2）：56～67。

（三）日本：积极的产业政策与人力资本培育

日本是战后从低收入国家进入中等收入国家而后顺利进入高收入国家行列的典型经济体，人均 GDP 由 1960 年的 478 美元增长到 2014 年的 36194 美元，远远高于世界银行 12736 美元的高收入国家最低标准。从经济增长的发展阶段看，在二战后的崛起历程中，日本大致经过了 20 世纪五六十年代的高速增长期、20 世纪七八十年代的中速增长期和 20 世纪 90 年代以来的低速增长阶段。从 GDP 增速、人均 GDP、产业结构等多重指标看，我国现今经济发展阶段相当于日本 20 世纪 70 年代水平：GDP 增速上，2015 年我国 GDP 增长 6.9%，进入降速换挡期，与日本从 20 世纪 60 年代的高速增长期（1960 年～1969 年平均增长 10.4%）进入 20 世纪 70 年代的平稳增长期（1970 年～1979 年平均增长 4.6%）类似；人均 GDP 上，2015 年我国人均 GDP 约合 8016 美元，介于日本 1977 年（6230 美元）、1978 年（8675 美元）之间；产业结构上，2015 年我国三次产业增加值构成为 9.0：40.5：50.5，接近日本 1970 年 5.1：43.7：51.2 水平。70 年代的日本经济在石油危机、经济危机等外部危机叠加，出口导向型经济发展受阻、劳动资本密集型经济优势缩小等内部问题深化的背景下，通过实施产业结构优化升级，成功实现了经济的平稳过渡。

从经济发展阶段看，1973 年～1985 年，在多重因素的影响下，日本由 20 世纪 60 年代资本密集型产业主导的高速增长期进入技术知识密集型产业主导的平稳增长期。国际环境上，1973 年和 1979 年两次石油危机给日本依赖进口廉价能源的重工业化道路带来巨大打击；国内环境上，国内城市化进入后期使得投资型内需增长乏力，20 世纪 60 年代的重化工业带来了严重的环境污染和公害问题。在这一大背景下，为振兴经济，日本通过调整产业政策、鼓励技术创新和培育人力资本等多重手段并举，促进了经济的平稳发展。

在产业政策上，为解决经济危机、生态危机和能源危机等多重问题，日本产业结构向节能型、技术密集型以及高附加值型转变，钢铁业、有色金属制造业和金属制品制造业等重化工业比重下降，汽车在内的运输机械制造业、电子计算机及其零部件为主的电动机械制造业、精密仪器制造业等技术密集型产业得到发展。针对重化工业等产能过剩的萧条产业，日本政府实施积极的去产能政策，加速处理过剩生产设备，促进传统制造业合并重组，促进高污染、高耗能产业转移。在新动能的培育上，日本大力扶植汽车、电子、精密机械、航空、原子能等工业部门的发展，同时还积极开发新能源，推行节能政策。到20世纪80年代中期，日本产业结构转型取得了不错的经济成就。1973年~1985年日本GDP年均增长3.8%，顺利实现经济的平稳过渡。从三次产业结构上看，农业持续下降，工业停止上升势头转而下降，第三产业占比不断上升，至1985年，三次产业产值比重已由1970年5.1：43.7：51.2转变为2.7：27.5：38.2，就业比重已由1970年19.3：34.1：46.6转变为9.3：33.2：57.5。[①] 从日本制造业主要分行业产值结构来看（见表13-5），知识密集型产业取代重化工业成为支柱产业。

在鼓励技术创新上，日本不断加大科研投资力度，努力迈向“自立自主技术时代”。一方面，日本加快技术引进和改造创新，技术引进数量由1973年的5513件增加到1985年的7619件，技术引进费用由2278亿日元增加到2932亿日元。在技术分类上，20世纪60年代日本已经开始注重通讯设备、航天、汽车制造、电子机械等知识密集型工业技术的引进，到20世纪70年代后，宇宙开发、电子计算机、半导体、生物工程等尖端技术的引进和改造奠定了日本在全球的技术领先地位。另一方面，日本积极推动自主创新，1980年正式提出“技术立国”口号，尤其是重点发展微电子和计算机技术，推动筑波科学城为代表的自主科学园区的发展。日本的科技发展取得了巨大成功，全要素生产率（*TFP*）对经济增长的贡献率由1970年~1975年的14.6%增加到1975年~1980年的18.3%，远高于同期劳动和资本的贡献率。[②]

在培育人力资本上，日本大力发展教育事业。从教育投入看，日本教育公共开支占GDP比重由1971年的3.72%上升到1987年的5.67%，高于同期美

① 数据来源：以上日本数据来自世界银行数据库，中国数据来自国家统计局官网。

② 数据来源：JIP Database 2013。

国（4.68%，1988）、英国（4.40%，1987）、法国（4.60%，1987）、中国（1.41%，1971；1.82%，1987）等主要国家的平均水平。在高等教育建设上，1990 年日本接受过高等教育的劳动力比重为 21.2%，高于德国（19.8%，1990）、英国（18.8%，1992）等发达国家水平。

表 13-5 日本制造业主要分行业产值结构（%）

年份	纤维	造纸	一般机械	电气机械	输送机械	精密机械
1973 年	4.4	3.2	7.4	3.0	8.8	1.0
1985 年	2.8	2.7	12.7	10.2	9.6	1.9

资料来源：Historical Statistics of Japan。

（四）韩国：改革要素市场与分配制度

韩国经济放缓普遍被认为是发生在 1997 年～1998 年金融危机之后，但从年均 GDP 增长率看，拐点出现在 1989 年，从 11.9% 降为 7.03%，[①] 且 1982 年～1988 年韩国年均 GDP 增长为 10.76%，拐点特征显著。[②] 购买力平价（PPP）衡量的人均 GDP（2011 年不变价美元）角度，[③] 我国 2011 年、2014 年水平分别与韩国 1989 年、1991 年相当；[④] 降速拐点方面，我国 2006 年～2008 年正式步入转档期，韩国为 1989 年前后；产业结构方面，2011 年我国三产产出和劳动占比比值分别为 8.1∶49.3∶42.6 和 29.5∶29.9∶40.6，对应韩国 1989 年数据分别为 6.6∶32.1∶61.3 和 16.3∶36∶47.7，[⑤] 上述分析可见，我国现今经济发展阶段相当于韩国 1989 年～1991 年阶段。

---

① 学者也对该经济放缓转折点提供证明。Barry，Dwight 计算 1989 年的 Chow 检验，发现 p 值是 0.0006，表明在 1989 年存在 GDP 拐点的可信度很高。Chow 检验方法能有效判断结构在预先给定的时点是否发生了变化。

② 学者普遍认为中国拐点出现在 2006 年～2008 年。

③ 若不采用购买力平价处理，以 2005 年不变价美元计算得到的人均 GDP 衡量两国发展水平，我国 2011 年水平约为韩国 1976 年水平。而 2011 年我国与 1976 年韩国在产业结构（8.1∶49.3∶42.6 比 13.6∶23.9∶62.5）及制造业出口占比（93.3∶84.7）等方面均存在巨大差距。同时，如正文所述，2011 年购买力平价指标得到的分析结果与实际情况更为相符（2005 年购买力平价相关数据未取得），因此我们选取购买力平价指标进行分析。

④ 2011 年我国 10274 美元，1989 年韩国为 10476 美元；2014 年我国为 12599 美元，1991 年韩国为 13019 美元。

⑤ 数据来源：以上韩国和中国数据来自世界银行、韩国统计局、中国统计局和 Penn World Table 6.2 网站。

表 13-6　韩国制造业主要分行业产值结构（%）

年份	传统金属制品	纺织制品	食品饮料	汽车与交通运输设备	计算机、通信和其他电子设备制造业
1989 年	8.82	7.22	11.43	7.87	7.84
1997 年	6.77	4.07	7.62	10.95	7.82
1999 年	6.9	4.37	7.76	10.88	11.21

资料来源：Asia KLEMS 数据库。

1989 年~20 世纪 90 年代初期，韩国政府未正视转型拐点信号，对内政策仍加大杠杆刺激，贸然取消外汇管制，开放外汇市场和资本账户，推升无风险利率，导致企业疯狂借短期外债，甚至 1996 年 30 大财阀资产负债率高达 80%；对外出口政策调整滞后，牺牲资本项目逆差以维持经常性项目顺差，1989 年经常账户顺差额从 53 亿下跌为-14 亿美元，资本项目余额自 1987 年始持续为负，国际收支双逆差为金融危机埋下祸根。因此，遵循短期刺激及旧增长模式虽使得韩国经济 20 世纪 90 年代初期仍保持 9% 增长，亦使其内外经济矛盾四伏。1997 年，累积的经济矛盾在金融危机中爆发，韩国股市、汇市、资本市场一蹶不振。除了 1997 年遭受到金融危机冲击导致经济下行的影响外，韩国产业与经济在过去一个世纪呈现平稳的上升与过渡。其成功转型主要归因于正确、适时的产业政策、出口调整、技术创新新动能培育和科技人力资本培养。

在产业政策上，1960 年~2000 年韩国产业政策先后经历劳动力密集型、资本密集型和知识、技术密集型的转型，成功完成工业化。[①] 韩国建立出口导向型产业政策，给予出口企业补贴和低信贷利率的优惠，并利用低劳动力成本的优势，集中发展劳动力密集型轻工业产品，如纺织业、[②] 饮料行业，二者净附加值占比超过 50%。1960 年后期，随着国内对进口中间产品、设备、仪器的需求逐渐增加，产业政策转向支持资本密集型的重化工产业，[③] 如钢铁、机器、造船、汽车、石油化工和精密仪器的行业。1973 年建立重工业发展署，确立六大战略型产业，分别是钢铁，非铁金属，机器，船舶制造，电子和化工产业，提供以适

① 如果工业化完成的定义是农业就业占比从 50% 以上水平降低至 20% 以下水平，则韩国完成工业化花了 19 年，日本花了 39 年，美国花了 54 年。

② 1973 年，纺织业净附加值占比为 32.4%，纺织业与食品饮料业净附加值总占比超过制造业的 50%。

③ 颁布一系列支持机器设备（1967 年）、船舶制造（1967 年）、现代化纺织业（1967 年）、钢铁业（1967 年）、电子产业（1969 年）、石油化工（1970 年）、非金属制造（1971 年）产业发展的法案。

当的新进入企业保护政策，并设立政府主导的研究基金，培训熟练劳动力并提供教育进修的支持。轻工业产值占比逐渐降低，[①] 采掘业及制造业部门的就业占比从1963年8.7%锐增为1988年的28.5%，化工产业占制造业总产出比重从1971年的43%增加到1981年的60%，就业占比从39%上升到53%，电力及电子设备业产值占比由1970年的4.3%增加至2000年24.8%。20世纪80年代~20世纪90年代早期产业政策由重工业导向转向技术密集型产业支持政策，注重产出效率，针对破产企业和过剩产能进行部门合并，支持中小企业成为经济发展新动能主体力量，大力发展通信技术行业。在此阶段，中小企业占所有制造业的数量占比、就业占比和附加值占比均有巨大提升。[②]

受产业政策影响，其出口结构亦自1980年来发生巨大变化，出口产品先后经历1960年代早期原材料为主、1960年中后期劳动密集型轻工业产品为主、20世纪70年代~20世纪80年代以资本密集型重工业机械产品为主和20世纪90年代以来以技术密集型产品为主的历程。排名前列的出口细分产品方面，1961年为铁矿（13%）、钨（12.6%），1970年为纺织品（40.8%）、夹板（11%），1980年为服装（16%）、铁制品（5.4%），[③] 船舶，1990年为服装（11.7%）、半导体（7%），2000年为半导体（15.1%）、计算机（8.5%）、移动通信设备（7.7%）、化工（5.3%）、船舶（4.9%），2012年为石油产品（10.2%），半导体（9.2%）、通用机械设备（8.7%）、移动通信设备（8.6%），明显可见经历1997年金融危机的产业调整后，韩国已经成功由以高耗能的资本密集型主导产业转型为以高附加值的技术、知识密集型主导的产业结构。

1980年以来，韩国将技术创新作为助推经济增长的新动能，不断加大对技术、科学研发的投资力度，成功向技术密集型产业升级。一方面韩国政府积极推进产业创新，设立科技研发创新机构，推出区域创新集聚政策，[④] 研发资金投入占GDP比重逐年上升，1980年为0.54%，1985年为1.34%，1990年为1.68%，2006年为3%，2011年为4%。自1980年中期，研发主体逐渐由政府向私人转

---

① 2012年，轻工业净附加值仅占总体制造业的4%。

② 中小企业企业数量占比1980年为96.6%，1990年为98.3%，2000年为99.2%；劳动就业占比1980年为49.6%，1990年为61.7%，2000年为69.7%；附加值占比1980年为35.2%，1990年为44.3%，2000年为41.9%。

③ 数据源于韩国国际贸易署。

④ 主要政策内容是：一、设立区域创新系统（RIS）；二、增加各区域高校研究联动性；三、促进区域科学技术研究力度；四、建立产—学—研体系。

移。私人部门研发投入占比由1970年的30%上升为2011年的70%，公共部门研发投入占比由1970年的50%下降为2011年的13%。在此阶段内，整体研发投入支出增加1170倍，私人部门的研发投入增加3100倍。另一方面，韩国企业加大研发投入比重，从1995年占GDP比重的1.62%，持续上涨为3.36%；同时注重自我技术提升，将重心由产品模仿转向技术的引进、消化再创新，年均授权专利数由1983年的年均1件上涨为2013年的11942件，尤其是高科技技术部门，如ICT部门从1985年的3件上涨为2013年的5457件，纳米技术部门从1991年的2件上涨为2012年的127件。韩国的创新产业政策取得了巨大成功（见表13-7），1981年~2010年，汽车、铁路和半导体、船舶制造、办公及计算机设备等技术密集型产业的全要素生产率（*TFP*）显著增长，推动韩国走向高技术、高附加值的产业发展之路，科技创新政策成效显著。

表13-7 韩国制造业分时期的全要素生产率情况

产业	1971年~1980年	1981年~1990年	1991年~2000年	2001年~2010年	40年（1971年~2010年）
纺织业	1.66	-0.08	0.06	-0.88	0.19
化工业	3.34	0.14	1.20	0.47	1.29
汽车、铁路和半导体业	-2.73	2.00	0.48	1.00	0.19
船舶制造业	0.74	0.32	2.15	1.85	1.27
办公、计算机设备	1.89	1.57	5.70	-0.04	2.28
电力机械和仪器	6.01	2.67	1.52	0.53	2.68
电信设备	2.71	0.90	4.09	2.83	2.63

数据来源：韩国产业生产效率研究中心，2011。

在人力资本培养上，韩国的持续高速增长离不开人才团队的受教育程度的快速提升。1965年韩国适龄儿童仅27%上过高中，只有6.9%上大学或接受其他高等教育。到20世纪90年代，几乎100%的是适龄人都至少获得高中教育，甚至到2000年以后87%的适龄人都受过高等教育，其高等教育普及程度位居世界前列，大量高素质受教育群体为科技人才的培养提供强大的群体基础。此外，在科技研究人才方面，韩国高校、企业的相关科技研发团队规模增长迅速，从1995年的100456人增加至2014年的345463人，增加了2倍；研发方面的人才从1995年的52247人增加至2014年的430868人，增加了近7倍；其国际合作水平亦有明显提高，国际联合开发专利授权数从1977年的1件增加至2012年的250件，超过美国、日本和欧盟的平均水平。①

① 数据来源：OECD Science，Technology and Patents.

韩国政府危机后在采取投放货币大规模求助计划同时，推动金融改革、国企改革、劳动力市场改革以及公共财政改革等改革，经济增长动力来源从要素驱动转向创新驱动，产业结构由重工业为主转向高新技术产业为主。一系列的改革措施的推行，韩国在 1999 年走出困境，经济增长稳定过渡到 5.04%，产业结构升级（见表 13-6）。无效资金需求和无风险利率均大幅下降，经济增速换挡成功。参考韩国国际收支经验，我国资本项目 2014 年～2015 年出现逆差，经常性项目顺差额降低，疑似出现双逆差信号，对我国是个重要警示。如果中国经济转型成功，可以预期的是，未来我国经济结构应与韩国 21 世纪初的产业结构相类似，主要是发展高端制造业以及现代服务业。

二、结构转型与经济增长"失败"的若干案例

（一）创新不足与墨西哥产业结构转型的困境

20 世纪 50 年代至今，墨西哥经济总体特点表现为"不稳定的增长"，期间还发生过数次较大的经济危机。学界基本公认，墨西哥从 20 世纪 80 年代末至今一直身处中等收入陷阱，经济增长乏力。2014 年，中国的人均 GDP 与墨西哥 1990 年的水平相当（2005 年不变美元），而墨西哥的经济于 1990 年开落入"中等收入"陷阱。

二战后，墨西哥推行了"进口替代"为主的国民经济全面工业化方针，初步建立了现代化的工业体系，并逐渐完成了由较为落后的农业—矿业国家向具备初步现代工业体系的工业—农业国家转变。同时，为了保护本国工业产品的国内销售市场，墨西哥政府也颁布了一系列的税收保护政策。但这也带来了诸多问题：首先是工业对农业的剥削。墨西哥政府为了保证工业的发展，长期实行农产品的低价政策，挫伤了农业人员的积极性，1970 年前后，墨西哥由农业出口国变为农业进口国。其次，尽管"进口替代"战略很大程度上促进了墨西哥工业发展，但并没有像预期的那样建立起一个自给自足的工业体系。到 20 世纪 60 年代末，本国企业尚且只能满足生产资料需求的 30%，每年必须大量进口机器设备和工业原材料。在这样的情况下，墨西哥政府仍然大力进口技术设备，国内工业进步更为缓慢。1982 年墨西哥政府由于制定了过于乐观的石油经济发展计划，忽视了风险，引发债务危机，从此陷入了数十年的经济发展停滞期。从细分产业来看，主要表现在新兴制造业发展慢，如具有高附加

值的石油化工及塑料制品、金属制品、设备及机械在过去20年里只增长了2%左右，而之前具有比较优势的劳动密集型行业的产值比重则出现了快速下滑（见表13-8）。这标志着“进口替代”战略破产，而农业扶持力度不足，工业创新乏力，则可能是经济危机爆发的深层次原因。

从墨西哥的经验中我们看到，为了避免跌入“中等收入陷阱”，应当提高工业生产率，鼓励创新，以增加工业产品竞争力，以避免被低收入国家“追击”而丧失发展机遇。例如，中国在改革开放后利用劳动力比较优势，在出口贸易上“抢”走了很多墨西哥的贸易份额，同时，墨西哥没能及时提高工业生产率并转变经济结构。因此，可以认为中国的崛起无意间促成了墨西哥跌入“中等收入陷阱”。另一方面，在20世纪50年代~20世纪70年代，中国隔绝于世界贸易体系之外，生产率很低，未能在“亚洲四小龙”及日本经济腾飞期间形成“追逐效应”，一定程度上有利于这些经济体安然通过“中等收入陷阱”。

表13-8 墨西哥制造业分行业产值结构（%）

细分（百分比）	1980年	1999年	细分（百分比）	1980年	1999年
食品、饮料和烟草	10.37	9.52	非金属矿产品（石油除外）	3.06	1.90
纺织、服装及鞋帽	2.01	1.75	基础金属业	8.79	3.13
木材加工	0.31	0.24	金属制品、设备及机械	11.24	14.04
造纸及印刷业	2.54	1.90	其他	0.04	0.08
石油化工及塑料制品	5.38	7.10			

数据来源：INEGI，Anuario de estadisticas por entidad federative，（Mexico），edicpn 2000. p. 356；以及世界银行（Worldbank）。

（二）贸易壁垒与阿根廷产业结构转型的困境

综合人均GDP（购买力平价不变价）指标、产业产值结构等指标看，我国现今经济发展水平相当于阿根廷80年代至今经济转型过程中的发展水平：购买力平价（PPP）衡量的人均GDP（2011年不变价美元）角度，我国2008年、2014年水平分别与阿根廷1989年、2010年水平相当；[①] 从产业结构看，

① 购买力平价（PPP）衡量的人均GDP（2011年不变价美元）看，我国2008年、2014年分别为7317.65美元、12599.18美元，对应阿根廷1989年、2010年的7081.51美元和12862.44美元。

我国2008年三产产值占比为11.33%：46.76%：42.91%，十分接近于阿根廷1989年的9.61%：48.04%：42.35%水平。但自1913年始，阿根廷陷入长期的经济增长乏力困境。1913年，阿根廷人均GDP达到3797美元，是日本1334美元水平的2.84倍（1990年盖—凯美元），是我国663美元水平的5.73倍；1989年，人均GDP为6655美元，是日本17757美元的37.48%，是我国2649美元水平的2.65倍；而2011年，其仅为我国2倍。阿根廷自1960年进入发展中国家行列后，平均人均GDP（2005年不变价）增长率仅为1.53%，严重低于平均发展中国家3.75%水平，经济增长指标波动显著，时常为负，表明其深陷中等收入陷阱。

1930年~1980年，阿根廷奉行极致的贸易保护及国有部门优待政策，延误产业结构转型最佳时机：对内保护垄断性民族经济产业，支持纺织、水泥、电力等传统工业行业，不鼓励新兴产业发展；对外实施“进口替代政策”，大规模提高进出口关税壁垒，期间关税平均达84%，致使1961年出口额占GDP仅为5.99%水平，远低于同时期发展中国家平均的9.84%水平。20世纪80年代到21世纪初，一方面持续受政治选举民粹化影响，选举当局为争取选民投票，过早实行繁重的高福利政策,[①] 提高企业赋税、对外债台高筑，恶化经济商业环境；另一方面以巨额资金补贴低效率国有部门,[②] 甚至对部分私营经济进行国有化，致使国有部门外无竞争，内无转型压力，社会全要素生产率从1960年占美国的73.4%迅速降为2010年的52%水平,[③] 相比之下，发展起点相似的东亚从仅占美国的49.9%上升为66.7%水平。从表13-9可见，在细分产值方面，公共管理部门占比提高，从1990年16.47%上涨至2014年27.6%水平，而制造业占比下降，从23.15%降为2014年14.5%。在低GDP增长速度、低私营企业活跃度、高福利政策和低生产效率多重作用下，大量失业劳动力无法被市场吸收，再加上外比索贬值、内物价上涨等经济因素影响下，2002年失业率达到1980年以来历史最高水平19.7%，地区平均贫困率达

---

① 北欧高福利国家的福利制度始于1960年前后，人均GDP（2005年不变价）达16586.23美元，而20世纪中叶阿根廷实行高福利制度时，人均GDP仅为3698.15美元，为北欧国家的22.30%。

② 根据World Bank，2002年~2004年政府补贴和其他拨款占支出比例平均高达46.03%。

③ 数据源于IDB（Inter-American Development Bank）中名为的“对生产效率的进一步思考”报告的内容。

到峰值41%，[1] 外债规模占当年GDP水平从2001年的52.7%锐增为2002年的128.3%，暴乱事故频发。为逃离困境，阿根廷接受国际紧急援助，放宽出口限制，适逢农产品价格上涨，出口增加，经济回暖。然而，其制造业出口仍不见起色，1989年和2010年阿根廷制造业占出口商品比重分别为35.08%和32.59%，远低于同时期发展中国家平均水平55.48%和68.75%，到2014年，阿根廷主要出口结构仍以其优势资源型产业为主：农产品作物等行业占56%，油、气行业占5%，制造业占32%，其他占7%。主要出口产品见表13-10，从1960开始，油籽、小麦和其他蔬菜油行业由6.01%上升到2014年的34.29%，畜牧肉制品等则从21.74%下降到2014年的3.04%。总结来看，阿根廷在过去半个世纪的产业改革失败，产业结构未得到优化，社会、政治制度成为经济发展负担，因而近百年持续陷入中等收入陷阱。

表13-9 主要细分产业产值占比（%）

年份	公共管理行业	金融中间产业	制造业	零售贸易业	农林牧渔业	交通运输及仓储	建筑	电力、煤气、水供应
1990年	16.47	16.88	23.15	20.89	6.80	6.09	4.70	2.44
2002年	16.83	16.00	21.90	16.32	8.44	7.71	5.19	1.72
2014年	27.6	15.80	14.50	13.00	8.30	6.60	5.50	3.70

资料来源：ECLAC-CEPALSTAT，拉美地区经济发展研究中心数据库。

表13-10 部分主要产品出口占总主要产品出口总额百分比（%）

年份	油籽、小麦和其他蔬菜油	大豆	玉米、小麦制品	牛等牲畜肉制品	小麦及混合物
1966年	6.01	—	18.03	21.74	25.18
1978年	8.21	14.95	19.37	12.63	5.68
1990年	20.62	12.42	5.99	7.98	15.74
2002年	22.46	9.50	7.78	—	9.29
2014年	34.29	10.86	10.10	3.04	—

资料来源：ECLAC-CEPALSTAT，拉美地区经济发展研究中心数据库。

阿根廷的反面教训提醒我国：一是，稳步推进国有企业改革试点，逐步提

① 数据来源于CEPALSTAT Argentina：NATIONAL NATIONAL ECONOMIC PROFILE，且1990年~2014年阿根廷平均贫困率约为19.4%水平。

高全要素。二是，不可过早去工业化，应降低制造业出口的关税，降低贸易壁垒，促使制造业带动出口，进一步促进经济稳定增长。三是，不应过早进行福利政策，应在工业化完成、产业结构成功转型、人均 GDP（2005 年不变价）达到 15000 美元以上水平后，再予以考虑。

（三）制造业及高端技术产业止步不前与巴西经济的停滞

1975 年前后，经过 20 世纪六七十年代的“经济奇迹”高速发展后，巴西经济进入了中等收入水平。但在此之后，经济面临的一些问题逐渐浮出水面。包括国企效益低下、外资依存度大、贫富差距悬殊等。1974 年巴西政府认为要解决面临的诸多问题，前提是要维持较高的经济增速。因此 1975 年～1979 的国家发展计划将年均经济增速设定在 10% 水平。但是当时情况下，经济高速增长就意味着外债的迅速增加，如果不从国际借贷，巴西就会难以支付其石油进口，从而影响到工业生产。同时，这一期间的大规模基础设施投资计划也需要大量资金，也需要国际借贷。这一系列的举措，都使得巴西国家负债持续增长，随着 20 世纪 70 年代后期国际利率上升，以及紧随其后的石油危机，巴西国家负债更加高企，终于在 1982 年爆发债务危机并陷入了 10 多年的经济负增长，深陷中等收入陷阱不能自拔。负债发展策略一般被认为是巴西陷入中等陷阱的主要原因。

20 世纪 80 年代～20 世纪 90 年代中期，巴西经济都深陷在负增长和恶性通货膨胀之中。多次经济改革尝试都未收获成效，直到 1994 年的“雷亚尔计划”之后，巴西才逐渐控制住恶性通货膨胀并重现经济增长态势。

1982 年巴西债务危机后，经历了 15 年的停滞，巴西经济又重新进入了增长期。虽然增速不如 20 世纪 70 年代，但也让人看到了希望，以至于高盛公司在 2001 年将巴西归入了金砖四国之列。但在增长的背后，更应该关注增长的持续性。目前巴西经济结构存在的最大隐忧，就在于其工业份额的不断下降，有很大可能会使得经济发展难以持续。从表 13-11 中可以发现，自 1994 年往后，巴西的工业增加值份额就呈现为一个持续下降的趋势。

表 13-11 中国—巴西工业增加值（占 GDP 百分比）变化趋势（%）

国别	1960 年	1970 年	1980 年	1990 年	2000 年	2010 年	2014 年
中国	44.49	40.49	47.91	40.90	45.43	46.17	42.72
巴西	37.07	38.30	43.83	38.69	26.49	27.36	23.41

数据来源：世界银行（World bank）数据库。

值得关注的是，巴西工业增加值比率和GDP增加比率一直保持着相同的趋势。说当经济衰退时，制造业往往衰退更多，而经济增长时，制造业也同时得到了更大的增长。一般认为经济增长与工业增长水平是密切相关的，而巴西经济增长的同时，制造业水平却在降低，这让人难以信任巴西经济能持续稳定的增长。另一方面，从国际贸易的角度来看，巴西的出口产品表现为制造业出口比重下降，而初级产品出口比重上升的趋势，这样的趋势在近年来表现愈加明显。根据表13-12的数据可以发现，巴西制造业出口占比从1992年以来逐年下降，而食品、矿石、金属、燃料等资源性产品的出口却逐年上升，以至于食品出口在近年就将超过制造业出口份额。巴西整体外贸情况自1992年以来都表现为基础资源出口增长，工业及信息通信技术领域等高附加值出口下降的态势。该国经济自1994年后恢复增长，但工业比重却持续下降，因此认为增长动力主要来源于出售自然资源。

表13-12 巴西外贸出口情况统计（%）

外贸出口	1964年	1974年	1984年	1994年	2004年	2010年	2014年
农业原材料出口	17.44	5.99	3.08	3.41	3.98	3.94	4.01
食品出口	69.29	57.89	38.77	29.07	27.99	31.08	35.39
燃料出口	0.19	1.39	6.77	1.81	4.57	10.14	9.25
信息和通信技术（ICT）	—	—	—	—	2.08	1.01	—
产品出口	—	—	—	—	—	—	—
保险与金融服务	—	—	—	—	—	8.28	4.70
制造业出口	5.34	24.16	41.33	55.06	53.35	37.06	34.80
矿石和金属出口	7.41	8.68	8.90	9.61	8.57	17.79	14.39

数据来源：世界银行（World bank）数据库。

总而言之，巴西经济近年的增长动力，有大比例来源于自然资源产业，而制造业和高端技术产业却止步不前。这样的经济增长以“量”为主，而却没有提升“质”，让人难以相信巴西经济能够持续稳定的增长。当然出于巴西幅员较大的考虑，来源于出售自然资源的增长还能坚持一定时间，但长期来看，这样的发展方式只能让巴西沦为发达国家的原材料供应地，利润微薄。与此同时，巴西贫富差距悬殊，基尼系数常年维持在0.5～0.6的高位，也成为了经济发展的另一个障碍。

（四）亚洲金融危机前后泰国的结构转型的困境

泰国 1997 年金融危机的事实暴露了其经济发展模式的诸多弊端，正确认识泰国经济发展教训对中国而言显得尤为重要。从人均 GDP 来看，2014 年中国与泰国经济发展水平相似，但在产业结构上中国要优于泰国：2014 年中国人均 GDP 为 3862.91 美元、泰国为 3768.79 美元（以 2005 年不变美元计），两国相距甚微。产业结构上，2014 年中国农业、工业和服务业产值比重为 9.17%、42.72% 和 48.11%，同期泰国为 10.48%、36.85% 和 52.67%，两国产业结构均呈现出"三、二、一"的特征，但中国农业产业比重更低，工业产业比重更高，工业和服务业产业发展差距更小，中国服务业发展的工业基础雄厚，产业结构更协调。国际收支上看，2014 年中国经常性账户余额和资本金融账户余额分别为 2196.78 亿美元和 382 亿美元，而泰国分别为 131.29 亿美元和−145.64 亿美元，中国为经常性账户和资本金融账户双顺差，且国际收支余额为正，有利于增加国家外汇储备，提高政府稳定金融环境的能力。此外，中国经济发展速度要快于泰国，人均 GDP 从 370 美元左右提升到 3800 美元左右，中国用了 29 年的时间，但泰国用了将近 54 年的时间，与泰国相比，中国成功实现快速赶超。

1997 年泰国金融危机爆发时，泰国人均 GDP 水平为 2377.79 美元，约是中国 2008 年的水平，可见金融危机对泰国经济的冲击是巨大持久的。导致这一结果的原因可能有：①资本市场过早开放，引入外资结构失衡，证券投资和短期投资过多，1995 年和 1996 年短期投资额分别为 117.58 亿美元和 69.61 亿美元，是直接投资额度的 9.9 倍和 4.9 倍；②产业结构失衡，1997 年泰国农业、工业和服务业产值比重分别为 9.1%、36.8% 和 54.1%，服务业的发展要胜于工业，但服务业部门产品较工业部门产品而言可贸易性差，在工业发展相对落后的情况下导致出口弱于进口，最终造成泰国较大规模的经常性账户逆差，从 1990 年～1996 年，泰国经常性账户逆差由 71.37 亿美元增加至 143.5 亿美元；③泰国金融自由化导致国际资本流入，大量以证券投资和短期投资方式进入的资本造成了泰国资本金融账户较大的顺差规模，但也导致外债规模激增，同期政府外汇储备尚不足以覆盖外债规模，增加了货币投机的机会和金融崩溃的风险。

结合两国当前和历史情况的分析可以看出，无论是 2008 的中国还是 2014 年的中国，都不具备 1997 年泰国发生金融危机的条件。从泰国金融危机的爆发中必须认识到：①资本市场开放不宜过早，应该与金融体制改革相配套，由点及面逐步放开；②在具备一定工业基础的前提下发展服务业，重视对外贸易的商品结构和市场结构，避免过度依赖国外市场，提高出口商品竞争力，注重国际收支平衡；③重视对外资结构的引导，加强对短期投机性资本和热钱的监控，确保金融环境的稳定。

（五）印度经济的高速增长是否可以持续

从经济体量来说，印度同中国相似也是经济发展大国。且印度官方披露的数据显示，2015 年第二季度经济增长速度为 7%，首次超越中国。对比中印两国的经济发展状况和结构特征，并在此基础上对印度经济增速反超中国的现象做出合理判断。

1. 中印人均 GDP、产业构成及产业合理化对比

从人均 GDP（以 2005 年不变价计）来看，1960 年印度人均 GDP 为 228.3 美元，约是中国 1981 年的水平（229.81 美元），2014 年印度人均 GDP 为 1233.95 美元，约是中国 2001 年的水平（1212.47 美元），2014 年中国人均 GDP 高达 3862.92 美元，是同期印度的 3.13 倍。以上数据对比可以看出如下两点：①中国经济发展阶段要领先印度，2014 年印度人均 GDP 相当于中国 2001 年的水平，中国领先印度近 13 年；②中国经济发展后发优势明显，人均 GDP 从 220 美元左右到 1230 美元左右，印度花费将近 54 年的时间，而中国仅用了 20 年的时间。

从产业结构纵向比较看：①中国三次产业结构在历史上发生过三次重要转变，1966 年工业产值比重首次超越农业，1985 年服务业产值比重超越农业，2012 年服务业产值比重首次超越工业，自 1960 年以来中国经济发展伴随着一产比重下降、二三产比重交叉上升；②印度三次产业结构在历史上出现过两次重大转变，1975 年第三产业增加值比重超越第一产业，1995 年第二产业增加值比重超越第一产业，印度二三产比重保持平行上升趋势，总体而言 1960 年以来印度经济增长伴随一产比重下降、二三产比重平行上升。从横向比较来看，印度农业、服务业产业比重更高，工业产值比重更低；2014 年印度农业产值比重高于中国 8.66 个百分点，工业产值比重低于中国 12.63 个百分点，服务业产值比重高于中国 4.79 个百分点。

从产业结构的合理化指标来看，采用泰尔指数衡量中印两国产业合理化程

度比较合理。[①] 整体看来中印两国产业结构都朝着合理化的方向发展，但中国进展更为迅速，且产业结构合理化程度要高于印度。2000 年中印两国产业合理化程度处于相似的水平，泰尔指数仅相差 0.004 个单位，随后差距开始扩大，到 2012 年中印两国泰尔指数差异已经达到 0.038 个单位，印度泰尔指数是中国的 1.25 倍，泰尔指数越大产业结构越不合理。从趋势上看，2000 年～2012 年间中国泰尔指数是不断降低的，产业结构合理化程度逐步提升，而印度在 2000 年～2005 年间泰尔指数出现短暂上升，产业合理化程度恶化，2005 年后才渐渐改善，但产业合理化程度仍低于中国。

2. 印度资源禀赋与经济发展模式

中印两国经济发展模式具有显著差别，中国实行“率先工业化”的经济发展模式，而印度采取的则是“跨工业化”的经济发展模式。“率先工业化”通过快速的工业化积累达到经济增长的目的，中国政府长期以来以工业化促进经济发展，推进经济服务化进程。印度“跨工业化”的经济发展模式绕过工业化发展阶段，直接进入服务业主导的经济增长，印度跨工业化的经济发展模式是由其“基础设施薄弱、精英人才涌现”的资源禀赋结构决定的：①基础设施薄弱，印度落后的基础设施建设抑制了工业的发展，在基础设施处于弱势的情形下，印度经济发展的重心逐渐向资源依赖性较低和资源消耗较少的服务业倾斜；② 20 世纪中后期的印度错过了国际产业结构调整和劳动力密集产业转移，因此印度政府将大量资金投入大学，着力重视精英教育，出色的大学体系使印度培养了大量的精英人才，从而为 IT 业和软件外包业的发展奠定了良好的基础，促使印度“跨工业化”的经济发展模式出现。

3. 跨工业化经济发展模式弊端

印度率先工业化的经济发展模式导致了诸多弊端：①国际收支失衡：工业基础欠发达直接影响印度进出口结构，进而对国际收支状况产生影响，2015 年印度经常性账户逆差规模为 17004.9 亿印度卢比，约为资本金融账户顺差规模的三分之一，近年来经常性账户逆差规模持续增加，经常项目赤字不断增大；②基础设施落后，工业薄弱导致基础设施建设不完善，资料显示 2014 年印度人均资本存量（剔除折旧后的净资本存量/总人口数）不到中国的三分之

① 泰尔指数 = $\sum_{i=1}^{n}\left(\frac{Y_i}{Y}\right)\ln\left(\frac{Y_i}{L_i}/\frac{Y}{L}\right)$，$Y$ 表示产值，L 表示就业，i 表示产业，n 表示产业部门数。

一，最集中体现在电力和铁路系统，印度人均电力消费量不足中国的四分之一，而铁路系统人均货物运力也只有中国的30%左右；③率先工业化模式下的人口红利损失：印度采取了以软件业和其他现代服务业为主导的“跨工业化”的发展道路，软件、IT和通信等行业劳动力准入门槛较高，而印度劳动力构成中存在大量的文盲和半文盲，因此雇佣市场和劳动力市场的不匹配，导致非农业部门不能提供足够的就业机会以分流农业部门的劳动力，造成印度人口红利的损失；④制造业对服务业外部性作用不显：制造业的发展能为服务业提供物质基础、技术支持和运作平台，从而提高服务业的生产效率，但是印度的服务业是直接从高端市场进入发达国家的，并不服务于国内农业和制造业，因此导致服务业与国内农业、制造业衔接不畅，从而使服务业的发展失去了可持续增长的基础。

综合来看，中国经济发展阶段要领先印度，产业结构合理化程度更高，虽然印度服务业更为发达，但可持续发展基础不强，因此印度经济增速的反超只是一时之势而不能形成长久之态。印度经济发展模式对中国具有如下启示：①经济发展模式不仅要与资源禀赋相一致，更要综合考虑国内各方面的情况，印度跨工业化的经济发展模式取决于“基础设施薄弱、精英人才涌现”的禀赋结构，虽然与资源禀赋结构相一致，但是也导致人口红利损失的弊端；②加强三次产业间的衔接，促进产业融合、协同发展，催生新业态，着力发挥制造业对服务业的外部性影响，为服务业提供物质基础、技术支持和运作平台，从而提高服务业的生产效率；③发挥“工科人口红利”的促进作用，印度人口中位数仅为25.7岁，年轻中国近10岁，同时印度50岁~64岁的人口比重要少于中国，劳动力人口结构更趋年轻化，和中国相比印度具备更多的“数量人口红利”，因此对中国而言可以通过创造“工科人口红利”促进经济发展，在科技力量不断发展的同时中国已经开始跨入“工科人口红利”时代，针对我国人口老龄化、数量人口红利不足的情况，政府需要进一步加强人才培养工作，重视科研教育投入，避免过度依赖“数量人口红利”，建立由“数量人口红利”与“工科人口红利”双轮驱动经济增长的新模式。

三、结论

通过对美国、英国、日本和韩国等发达经济体的分析，我们可以发现其结构转型的经济动力可以归纳为以下几点：

第一，在主要发达国家结构转型中，我们发现不同部门的技术进步差异起到重要的决定作用，特别在美国、英国等经济体中，其农业的全要素生产率的增长率最高，而服务业的增长率最低，从而保证劳动从农业向制造业和服务业再配置。

第二，这些经济体特别重视研发与创新，纵观其工业发展历程，它们都经历了由技术引进、模仿再创新，到集成创新，再到技术原始创新的过程。通过在相应发展时期在关键产业领域内不断提升技术水平、带动生产率的提高，驱动经济发展。从制造业细分行业来看，则体现为发达经济体的工业化过程是一个不断从初级产品向高附加值产业更替的过程。

第三，特别重视人才培育和人才结构的优化，包括重培养高级技术人才。积极发布技术教育白皮书，提议在现有的技术学院开设高级技术课程，将部分技术学院发展成为高级工程技术学院，专业培养技术人才。同时，英国也积极引入外来技术人员，实施就业许可证制度，其中绝大部分的就业许可证颁发给了科学家等技术类移民。

第四，通过纵向剖析了美国、英国、日本、韩国等国家在特定历史时期产业结构转型的经验，可以发现：经济发展的本质是结构的不断变迁，而结构变迁背后的逻辑是市场作为主导力量不断优化配置资源。也就是说，政府通过鼓励创新以及加快要素市场的改革等政策措施，使资源配置到最有效率的行业中去，促进产业的集聚，获得规模效应，以实现生产效率的提高和新兴主导产业的形成与发展，进行结构转型的同时实现经济的增长。

但是在一些要素市场非均衡的发展中国家，如墨西哥、阿根廷、巴西和泰国等，虽然在一定时期内，产业结构的快速转型往往伴随着经济的快速增长，但长期来看，与实际需求脱离、缺乏强大的工业化基础及技术支撑而发生快速转型的这些国家，在经历了短暂的快速增长之后，往往面临着增长乏力、经济长期停滞等问题。可见，产业结构的转型不能操之过急，即结构的变化不仅要适应需求的变化，增进消费者的福利，更要与技术进步紧密结合，才能带来经济的快速增长。

当前，我国经济增长进入从高速向中高速的换挡期，各国的经济发展案例给我们提供了可行的有益的启示，这些政策在提升我国当前经济发展的质量，实现调结构促增长的战略目标时值得借鉴。

一是，加大研发投入，特别是基础性研究的投入。基础研究是提高原始性创新能力、积累智力资本的重要途径，也是建设创新型国家的重要动力，基础研究的发展也同时可以促进应用研究的深入。因而新常态下，应加大基础研究经费投入，完善各学科人才队伍，造就一支具有世界影响力的基础研究人才队伍。与此同时，盘活现有人力资本，提高人均资本存量，充分发挥现有人才的创造力和活力。首先，促进劳动这一要素在全国的自由流动，以实现人力资本在区域之间、产业之间的最优配置；其次，实施各类柔性引才融智政策，不求所有，但求所用，充分发挥人力资本的外部性，以人才引领产业、区域经济发展。

二是，要以知识产权密集产业为载体，提升产业知识产权密集度的相关政策方面进行大胆的制度创新。如：第一，优先建立知识产权密集型产业创新成果的保护机制；第二，优先尝试知识产权发展的激励机制；第三，改革现有科技成果评价体制，避免由于评价体制的严重落后对创新的误导，以及由此带来的巨大浪费。促进我国由模仿创新、集成创新向原始创新转变，加快产业的转型升级的同时，也会促进其他产业生产效率的提高。

三是，借鉴美国“农业教育、科研和推广”体系提高科学理念在农业的应用、提升农业区域化和专业化水平、进而提升机械化水平等经验；同时，加大研发投入、促进大学研究与企业相结合、鼓励企业发挥在技术发展中的研发力量，也将为我国提高生产效率奠定基础。在第一、第二产业繁荣发展的前提下，第三产业的发展也会释放更多的活力。此外，来自美国的经验表明：尽管美国主导产业“三产化”趋势较为明显，一些传统工业部门也确实逐渐在产业结构转型中遭到淘汰，但仍然有部分传统工业部门保持了强劲的增长势头，如：化工业、汽车工业等。这些工业具有一个共同点，行业内产成品之间的技术水平差异很大，导致行业内存在“低中高端”的差别。因此，我国在持续注重发展第二产业的同时，还要注重提高二产优势产业的“质量”，发展高端工业，提升科技附加值。

四是，借鉴韩国政府在经济换档期的做法，在采取投放货币大规模求助计划的同时，推动金融改革、国企改革、劳动力市场改革以及公共财政改革等改革，经济增长动力从要素驱动转向创新驱动，产业结构由重工业为主转向高新技术产业为主。

第十四章　经济新常态与供给侧结构性改革

一、新常态下的经济失衡的特点与供给侧结构性改革

进入新常态的中国经济具有一系列新的特点，经济发展达到了新的水平，面临新的机遇和挑战，尤其是约束经济发展的基本经济条件发生了深刻而系统的变化，因而使得经济失衡有了新特征。正是新常态下经济失衡的新特征，使总需求管理的宏观调控方式和宏观政策面临严重的挑战，具有极大的局限性。这种局限性的存在，要求引入供给侧结构性改革。

到 2015 年末，中国 GDP 总量达到 67.7 万亿元，在改革开放以来的 37 年里年平均增长 9.6%，按汇率折合为美元达到 11 万亿。从改革开放初期占全球 1.8%、列 10 名之外，上升为 14% 左右。自 2010 年起超过日本，成为世界第二大经济体（列首位的为美国，以 17 万亿以上、总量占全球 23%，我国相当于美国的 60%）。人均 GDP 水平达到 4.9 万元，年均增长 7% 以上，折成美元达到 7600 美元以上，从改革开放初期全球末端上升至 80 名左右。从改革开放初期的 200 美元左右居世界低收入贫困状态，上升为当代上中等收入水平，按世界银行的划分，我国 1998 年人均 GDP 水平自低收入进入下中等收入阶段（从贫困进入温饱），2010 年自下中等收入阶段进入上中等收入阶段（跨越温饱）。

进入上中等收入阶段的社会经济的结构性特征，突出地表现在农业现代化水平、工业化的程度、城镇化水平和三大产业结构的变化上。在这期间，我国农业劳动力就业比重从 70% 以上（当代低收入穷国平均水平为 72% 左右）降至 30% 左右；工业化水平从初期体系构建阶段进入到工业化后期，工业在国民经济中占比程度以及工业制造业内部结构高度显著提升，预计到 2020 年有

望实现工业化；城镇化水平从初期不到 20% 上升为接近 40%（按户籍计，若按通常的常住人口计则已达到 56%），进入了通常所说的城镇化加速期（30% ~70%）；三大产业结构变化上开始出现“后工业化社会”阶段性迹象，第三产业的比重和增长速度均列首位。上述结构性变化特征，一方面表明中国经济改革开放以来在规模上显著增长，同时在质态上有深刻变化；另一方面表明中国经济无论是从人均 GDP 水平上还是从结构高度上，已达到了上中等收入阶段。

达到上中等收入阶段的中国经济有新的机遇，根据经济发展史的趋势，我国经济有可能在 2020 年实现向当代高收入阶段的跨越。当代世界 70 个高收入国家，在其进入上中等收入阶段总体平均用 12 年 ~13 年时间，其中人口大国平均用 11 年 ~12 年。我国自 2010 年进入上中等收入阶段，根据经济史的趋势，完全有可能用 10 年时间，到 2020 年实现向高收入阶段的跨越。若实现预定的 2020 年 GDP 总量和城乡居民收入按不变价格比 2010 年增长一倍的目标，人均国民收入的水平即达到高收入阶段的起点水平。在此基础上，到 2050 年前后，我国人均国民收入的水平有可能赶上发达国家的平均水平，实现社会主义现代化。因此说我们距离现代化的目标，从来没有像今天这样近。这是前所未有的历史机遇。

但在新阶段，约束经济发展的基本条件发生了深刻变化。从供给侧来看，国民生产的总成本相对前期显著上升。包括劳动力成本、土地和自然资源成本、环境与生态成本、技术进步和创新成本等，进而要求发展方式发生根本变化，从以往主要依靠要素投入量扩张拉动经济高速增长，转变为主要依靠创新驱动效率提升带动经济持续增长。否则，经济不具竞争力无以持续发展，成本推动通货膨胀导致经济失衡。从需求侧来看，相对于显著扩张的供给能力而言，包括投资需求、消费需求在内的总需求可能出现长期疲软。由于创新力不足、产业结构升级动力不足，导致投资机会减少，投资需求疲软；由于收入分配扭曲分化严重，导致消费倾向下降，消费需求疲软。必须根本改变经济增长方式，寻求新动力，否则，经济增长乏力，产能严重过剩，经济衰退，失业压力上升，包括总量性失业和结构性失业矛盾突出。

因而，有可能形成“中等收入陷阱”，即社会经济发展长期滞留在中等收入阶段，难以穿越，社会矛盾不断加剧，甚至发生深刻危机。事实上，在当今世界 70 个高收入国家中，发展中国家经过发展穿越中等收入阶段进入高收入阶段的只有十几个，大部分发展中国家未能穿越。诸如 20 世纪 70 年代达到当时上中等收入水平的拉美国家，到目前大部分仍未进入高收入阶段，并且危机连续发生，在中等收入阶段已滞留40多年了，人们称之为“拉美旋涡”。西方学者所谓“华盛顿共识”起初就是针对“拉美旋涡”提出的对策。又如20世纪80年代达到上中等收入阶段的东亚几国，至今也未能实现穿越，算起来也有30多年了。特别是在1997年亚洲金融危机之后，依靠低水平规模扩张形成的过剩产能被危机淘汰，经济严重衰退，人们称之为“东亚泡沫”（世界银行2006年的一份研究报告提出“中等收入陷阱”就是针对“东亚泡沫”的概括）。再如20世纪90年代达到上中等收入阶段的西亚北非诸国，发展方式转变迟缓，在2008年世界金融危机打击下，经济危机加剧，在经济危机的基础上爆发政治、社会、文化、军事全面危机，进入上中等收入阶段20多年后，不仅未能穿越，而且危机何时结束还未知，人们称之为“西亚北非危机”。

我国经济发展进入上中等收入阶段，约束经济发展的基本条件已发生系统性变化，“中等收入陷阱”的威胁十分现实，经济增长失衡出现了一系列新的特点，进而使传统的增长方式面临根本性挑战，总需求管理的宏观调控方式的局限性日益突出。从长期发展而言，伴随我国经济发展进入上中等收入阶段，约束经济增长的基本经济条件，不论是需求侧还是供给侧相应地发生着深刻变化；从宏观总量调控而言，伴随2010年底我国率先从反危机的政策轨道退出，从2008年底开始采取的“更加积极的财政政策和适度宽松的货币政策”的全面扩张政策，退回到反危机之前的“积极的财政政策和稳健的货币政策”；我国经济增长的失衡产生了新的变化。改革开放以来，自1978年~1998年上半年近20年的时间里，除中间少数年份外，我国宏观经济失衡的总体特征是需求膨胀，供给不足，整个国民经济表现为严重的短缺经济。主要原因在于：一方面从经济发展来看，长期忽视经济发展，发展水平落后；另一方面从经济体制来看，市场约束不力，软预算约束严重；因而短缺严重。与之相适应宏观经济失衡的突出矛盾，集中在通货膨胀压力巨大，先后发生了1985年（CPI上涨9.3%以上）、1988年（CPI上涨18%以上）和1994年（CPI上涨24%以上）三次严重的通货膨胀。因而，宏观经济政策长期采取紧缩政策，以遏制通胀。从1998年下半年到2010年底，我国宏观经济失衡发生新变化，除少数年份外，这一阶段失衡的突出特点在于需求疲软，供给过剩，经济增长动力减弱，与前一阶段失衡的方向恰恰相反。就内需不足来看，主要原因在于，经济发展带来产能的显著扩张和体制改革深入带来的市场约束加强，因而相对于市场需求而言，产能出现过剩。与此同时，又经受了1997年亚洲金融危机和

2008年世界金融危机的冲击，总需求不足的矛盾更加尖锐。因此，如何应对金融危机的影响，缓解内需疲软的压力，稳定经济增长以保障就业目标实现，成为这一阶段宏观调控的首要目标。相应地，宏观经济政策转变为围绕扩大内需的扩张性政策，自1998年下半年起为克服内需不足及工业消费品产能过剩矛盾，为缓解亚洲金融危机的冲击，放弃了长期坚持的紧缩性政策，开始采取积极的财政政策和稳健的货币政策。到2008年为缓解从工业消费品逐渐深入到工业投资品领域的严重的产能过剩，为应对世界金融危机冲击，进一步采取“更加积极的财政政策，适度宽松的货币政策”，强力刺激经济，直至2010年底。

2010年底，我国自全面反危机的政策轨道率先退出，重回积极的财政政策、稳健的货币政策轨道至今，宏观经济失衡出现了新特点。首先是经济增长速度开始由高速增长进入中高速，甚至可能相对更低的增速，即经济增长速度的换档期；其次是自2008年下半年全面反危机的刺激政策形成较严重的代价，这些代价作为反危机的成本，特别是强力扩张刺激起来的低效率重复投资的过剩产能，以及强力扩张形成的超量M2供应对通货膨胀的拉上压力等等，需要逐渐消化，即经济进入对反危机成本的消化期；最后是长期累积的结构性矛盾益发突出，并且已经成为经济失衡的主要原因，需要做存量的结构性调整，因而经济进入结构调整的阵痛期，“三期叠加”的宏观态势再加进入上中等收入阶段后供给侧及需求侧条件的变化，使得中国宏观经济失衡不同于以往。既存在潜在的通货膨胀的巨大压力，又面临经济下行的严峻威胁。双重风险并存成为经济进入新常态以来的突出特点。这就使宏观总需求调控面临严重困难。针对总需求，宏观经济政策不同于以往，既不能全面收缩（如1978年~1998年），又不能全面扩张（如1998年~2010年），全面收缩虽然有利于扼制潜在通胀压力转变为显性的通胀，但同时会加剧需求疲软、内容不足的矛盾，导致经济下行压力上升。全面扩张虽然有利于缓解经济“下行”，但势必加剧通胀压力。因此，当经济失衡出现通胀和下行双重风险并存格局时（类似20世纪60年代末西方发达国家出现的所谓“滞涨”），总需求管理就会产生严重的局限性，以总量均衡为目的的宏观调控逻辑，自然需要引入供给管理。

从当代发达国家的宏观调控实践和正统的宏观经济理论来看，需求侧调控和管理政策是主要的方式和手段，但在存在“滞涨”风险的背景下，这种调控方式和手段出现了严重的缺陷。第一，长期使用传统的凯恩斯主义需求管理会导致金融及经济危机。2008年爆发的金融危机产生根源，重要的便是自20

世纪70年代以来西方发达国家为缓解"滞胀"采取需求管理政策调整形成的积弊所致。从货币政策来说，通过降低利率或量化宽松政策刺激出来的投资需求大都是低效率的劣质需求，看起来低利率、放宽要求标准，能够把原本不被市场竞争承认的项目作为机会，既刺激了投资需求，又降低了企业的融资财务成本。从而一方面缓解了停滞，同时又降低了成本拉动的通胀压力。但实际上这是以降低投资效率和竞争力为代价的。一旦利率上升，低利率刺激起来的企业投资及产能就会因缺乏市场竞争力而难以生存，企业经营本身会遇到严重挫折，进一步扩展便会引发金融危机和经济危机。美国2007年开始发生的次贷危机便是典型。从财政政策来看，通过财政扩张刺激经济增长会导致巨额债务，长期积累下来会形成政府债务危机。如果财政扩张未经市场竞争，所形成的投资需求本身也难以保证有效，即使投资于长期发展所需要的基础设施，也还存在如何平衡预算的问题，都会形成政府债务危机的压力。如果是在现代西方民主政体下，政府对选民的福利等承诺，本身就会不断加剧财政矛盾，欧洲债务危机便是典型。总体上看，传统的凯恩斯主义需求管理不仅不能从根本上克服"滞胀"，而且会导致经济出现"肥胖症"，其典型特征表现为：一是巨大的资本泡沫，二是严重的产能过剩，三是巨额政府债务，进而形成金融经济危机的隐患。第二，在创新力及相应的科技进步率下滑的条件下，传统的凯恩斯主义需求管理政策的效力会不断降低，由于科技进步率下滑，经济中缺乏有效的投资机会和好的消费热点，缺乏优质需求，从而使得财政政策和货币政策刺激投资者需求的效率下降，消费者的边际消费倾向也下降，政策的有效性会持续降低；同时，随着货币政策刺激出来的投资的预期收益率不断降低，投资者的投资积极性会不断减弱，最终经济将陷入流动性陷阱。到利率降无可降，甚至连预期收益率接近于零的投资机会都被利用完后，货币政策的扩张效应便无法奏效了。欧洲、日本等国目前采取了负利率政策，就是在正常的货币政策失效的情况下，不得已而采取的办法。第三，经济全球化也在抑制货币政策的效果。需求管理政策即使刺激出需求，但在经济全球化背景下，这种需求未必是对本国产品的需求，完全可能是对外国产品的需求。一国刺激需求的政策，使本国居民购买力提高（有效需求增长），但本国居民可能或者在本国市场购买外国进口品，或者到国外去购买和消费，结果本国扩张性的刺激政策带来的却是对别国的拉动效应，这就使得宏观政策的效应更具不确定性。可见，西方正统宏观经济政策理论强调以总需求管理为主要的甚至是唯一的调控模式，在其自身的实践中也面临一系列矛盾。

我国新常态下的宏观调控，就不仅不能照搬套用西方正统宏观经济理论和政策，而且要特别强调供给侧调控方式的引入。虽然在20世纪80年代美国里根政府期间，面对长期严重的“滞胀”，提出过供给管理主张及所谓“供给学派革命”，但并未成功且很快便停止了。根本原因在于，在体制机制上难以确立政府与市场的关系，引入供给管理，其政策包括财政政策、货币政策等宏观政策和产业结构、产业组织、区域结构等结构性及微观性质的政策，作用的对象是生产者和劳动者，而不是传统需求管理政策的购买者和消费者，因此，担心由于政府政策会直接干预市场生产者、劳动者主体，进而否定市场竞争，甚至担心形成“计划经济”。所以特别强调经济自由主义的私有化、市场化、自由化，但市场化和自由化的强调，又会影响和限制政府对生产者、劳动者的供给管理政策作用的有效性，从而难以实现政策的供给效应。由此陷入两难，即经济自由主义和国家干预主义孰为主的两难选择。这种两难在资本主义私有制的市场经济制度中是难以克服的。在中国特色社会主义市场经济制度中，公有制为主体多种所有制经济共同发展的基本制度与市场机制作为资源配置的决定性作用，有可能统一为整体。因而在经济调节机制上才更能协调好政府与市场的相互关系，为有效地协调需求管理和供给管理创造制度和体制条件。新常态下的双重风险并存的宏观经济新失衡，使需求管理面临严重的困难，需要引入供给侧结构性改革，而中国特色的社会主义市场经济体制培育又为这种供给侧结构性改革创造着制度可能和基础。

二、新常态下经济失衡的动因与供给侧结构性改革

新常态下经济失衡的双重风险并存的特征，看起来是总量失衡问题，实际上根本动因在于一系列结构性矛盾。需要缓解和克服这一系列结构性矛盾，依靠需求侧调控和管理是难以奏效的，需求侧的管理影响的是需求总量，或者扩张，或者抑制，难以深入到结构。而供给侧结构性改革的调控目的、着眼点和政策作用，恰恰是通过影响生产者和劳动者，提高其效率和积极性，使得竞争力和劳动生产率不断提升，在效率提升的基础上推动产业结构升级，本质上结构演进是效率上升的函数，而效率上升是创新的函数。市场创新的主体恰是企业和劳动者，因此，供给侧结构性改革对于新常态下从根本上克服失衡，推动结构升级以缓解结构性矛盾具有极为重要的意义。

新常态下经济双重风险并存，重要的风险是经济下行压力不断增大，改革

开放（1978年~2015年）37年中国经济增长平均增长率高达9.6%，但进入新常态以来（2011年~2015年）年均为7.9%左右，近年更是降至7%以下，主要原因首先在内需增长动力不足，包括投资需求和消费需求。投资需求改革开放以来年均增长在20%以上，进入新常态以来持续下降，2013年起降至20%以下，近年仅为13%左右。以社会消费品零售总额增长率体现的消费需求增长率也由年均15%左右，降至近年的10%左右，特别是2013年以来形成趋势性下滑，给经济增长带来严峻的下行威胁。

究其原因，需求疲软的深层原因在于结构性矛盾。就投资需求而言，关键在于产业结构升级动力不足和资本金融市场结构性扭曲。从国有企业的投资需求增长动力不足来看，并不是缺乏资金，无论是直接融资还是间接融资，对于绝大多数国有企业，尤其是大型和特大型国有企业来说，渠道是畅通的，问题在于由于自主研发和创新力不足，特别是关键技术、核心技术的自主创新力不足．在经济发展进入上中等收入阶段，技术进步的基本方式正从模仿为主向自主研发为主转型，与此前相比，总体上技术水平与先进技术之间的差距在缩小，可模仿的空间日益缩小，越来越需要自主创新和自主研发，特别是具有强烈竞争性的核心关键技术。一旦自主研发和创新力提升缓慢，又无外来先进技术的引进，产业结构的升级便受阻。国民经济中缺乏新的有效的投资机会，如果在结构不变、技术不变的基础上，强行扩大投资规模，只能是低水平的重复投资，加剧低质量低竞争力的产能过剩。在存量中劣质产能过剩矛盾已经十分尖锐，特别是在消化反危机强行扩张形成的过剩产能压力巨大的条件下，这种低水平的重复投资不可能再继续。因此，便表现为国有企业的投资需求增长乏力，尤其是伴随改革的深化，国有企业受市场约束的程度不断提高，这种不顾市场约束的低水平的重复投资的扩张更加不可能持续。从民间民营企业投资需求增长乏力来看，一方面，在自主研发和创新力不足的条件下，民间资本同样存在有效投资机会难寻的问题；另一方面，更重要的是面临资本和金融市场结构性扭曲，在一定程度上民营企业大都是中小企业，面临中小企业融资难的全球性矛盾；同时，即使是民营大企业，在制度和体制上也面临资本金融市场的制度性歧视。国有制银行为主体的金融市场与非公经济的民营企业的融资需求之间，存在一定的机制障碍，加剧了民营企业融资困难。若依靠民间借贷，则又面临很高的融资成本和无序，这就使得民间民营投资需求增长乏力，甚至出现持续下滑的势头。

就消费需求而言，之所以出现增长乏力，根本原因并不在于国民收入水平增长迟缓，而在于国民收入分配结构性扭曲。一是国民收入宏观初次分配上的结构性扭曲。初次分配在直接参与生产活动的政府、企业、劳动者三者之间进行，分别获取税收、资本盈余、工资报酬。长期以来，三者增长速度上，税收增速最快（年均增长18%以上，按当年价计），其次是企业资本盈余，劳动者工资报酬增速最迟缓，因而在国民收入总构成中占比不断下降，而恰是这一部分支撑消费需求。虽然在“十二五”期间强调城乡居民收入增速不能低于GDP增速，在初次分配中工资增速及份额比重有所提高，但变化并不显著，且近期以来工资增速又出现低于GDP增速的迹象。这是导致我国城乡人均居民收入增速放缓的直接原因，也是为何我国经济增长长期主要依靠投资拉动，消费需求拉动作用相对较弱的重要原因。二是国民收入分配在区域间的结构扭曲。发达与落后地区差异显著，导致消费需求增长在区域间的失衡，严重限制了消费需求总量的扩张。而区域间国民收入分配的差距，首要原因在于城乡差距，城市居民人均可支配收入与农村居民人均纯收入间相差三倍以上，从而使得城市化水平不同的地区之间差距拉开；城乡间的差距重要的原因又在于产业劳动生产率间的差距，农业劳动生产率明显低于非农产业，在GDP的构成中，农产业占比为9%，而在就业结构中，农业就业比重达30%，意味着若按市场贡献进行分配，那么30%的从事农业生产的劳动者分享9%的GDP，而70%的非农产业生产者分享90%以上的GDP，这种源自于产业相对劳动生产率差距的城乡差距及相应的地区间居民收入分配的差距显著，会从总体上降低国民经济中的消费能力。三是居民之间的收入分配结构失衡，包括城市居民及农村居民在内的城乡居民收入差距较大，且长期难以明显缩小。根据国家统计局公布的相关数据，自2002年以来，我国城乡居民基尼系数始终在0.4以上，很多年份在0.45%以上，有时甚至超过0.49（2007年），近年来虽有所下降但幅度微弱，这就会进一步降低社会消费倾向。

可见，我国进入经济新常态内需不足进而“下行”压力增大的深层原因在于结构性矛盾。尤其是由于自主创新力不足导致产业结构升级动力不足，形成投资需求增长乏力。由于收入分配结构性扭曲导致消费需求增长乏力。要从根本上扼制经济下行，仅仅从总需求方面刺激经济是难以奏效的。问题的症结不在于扩大投资支出规模，而在于从供给侧创造有效的高质量的投资机会，使产业结构得以升级；不在于增长居民收入总量，而在于改善收入分配结构，使社会消费倾向得以普遍提高，这就需要供给侧结构性改革。供给侧结构性改革的关键在于创新驱动效率提升，推进产业结构升级，真正为投资者创造优质机会，使投资需求得以有效扩张；供给侧结构性改革要求必须把克服收入分配结构性扭曲作为重点，使消费需求的增长与国民经济增长切实相适应。就存量上来说，从供给侧“去产能、去库存、去杠杆、降成本、补短板”成为结构调整的迫切任务；就增量来说，从供给侧深化大众创业、万众创新，以创新驱动引领产业结构升级成为关键问题。供给侧结构性改革全面提升供给质量，不仅能为投资创造好的机会，使之更具竞争力，而且能够吸引并创造需求，包括投资需求和消费需求。劣质的供给不仅抑制投资需求的有效增长，同时也会抑制消费需求的扩张。

新常态下宏观经济失衡双重风险的另一重风险在于潜在的通货膨胀压力。实际上，这种潜在通胀压力主要原因并不是来自诸如经济增长速度过快等总量失衡，而是来自结构性失衡。从我国实际市场价格水平来看，PPI 已经长期处在通货紧缩状态，CPI 也已处在通缩的临界水平（考虑到统计误差的存在，CPI 上涨率低于 2% 就应注意防止通缩）。通货膨胀的压力总体上还是潜在的，并未真正表现出来，也正是由于这种潜在的压力，使得宏观政策特别是货币政策选择上难以实施全面反通缩措施。这种潜在的压力来自两方面，一方面是需求拉上，另一方面是成本推动，而这两方面压力的深层原因重要的在于结构性失衡。

就需求拉上的压力来看，并非是由于经济增速过高带来的总需求扩张形成的拉动通胀的压力。流通中货币 M2 存量之所以较大，与总量政策特别是反危机时期更加积极的财政政策与适度宽松的货币政策有关，但真正难以根本性扭转的在于国际收支长期结构失衡。由于长期收大于支的国际收支领域的结构性失衡，在定期结汇的体制下，使得国家外汇储备规模大且不断上升，在汇率不变的条件下，结汇量的扩张意味着“外汇占款”规模扩张，由此增大基础货币供应量。在相当长的时期里，外汇占款成为货币供应量不断增大的首要原因，进而形成潜在的需求拉上的通胀压力。

就成本推动的压力来看，主要原因在于要素成本结构的变化。国民生产的总成本下降，在其他条件不变的条件下，可以形成良性通缩。一般而言，通货紧缩现象可以分为良性与恶性两大类，如果是因为供给侧成本下降形成的通缩，相应地可以推动经济增长，提高竞争力，增加就业，因而称之为良性通缩；如果是因为需求疲软经济增长乏力形成的通缩，相应伴随经济衰退和失业率上升，称之为恶性通缩。通缩现象的出现，需要做客观全面的分析，对良性与恶性通缩加以区分。我国经济进入新常态以来，从实际现象看，存在需求疲软所形成的恶性通缩压力，也存在供给侧方面生产成本下降，如国际原油价格的下跌等因素形成的良性通缩效应。但从潜在压力上看，成本推动的通胀潜在压力依然存在，主要原因在于经济进入新常态后，国民生产供给侧各方面要素成本系统性的上升。如果经济增长方式转变迟缓、效率提升滞后，全面上升的要素成本便会成为推动价格上升的重要动因。这种动因的存在根源在于投入产出结构变化不适应要素成本结构的变化，产业结构难以在创新驱动要素效率提升的基础上实现升级，难以消化要素成本的上升，从而使之进入价格，成为潜在的成本推动的压力。总体上看，供给侧的成本推动通胀的压力更为持久，短期里难以克服，而原油价格下降等良性通缩效应更具短期效应，并且也不稳定。所以，我国经济潜在的通胀压力，是需求拉上和成本推动的共同作用下的压力，这一压力之所以表现为潜在而还未成为现实，主要是由于实际市场需求疲软，内需扩张不足，世界经济复苏迟缓，缺乏优质的投资机会和足够的消费热点，因而没有形成现实的通胀冲击。

既然进入新常态后中国经济总量失衡的根本原因在于结构性矛盾，那么，宏观调控就不仅需要从总需求入手，而且更需要从总供给入手。供给侧的调控强调的重点恰恰是一系列结构性调控，对于我国新常态下的经济失衡更具针对性。而无论是导致经济下行的内需不足，还是导致通货膨胀的潜在压力，主要都是源于结构性矛盾。就克服经济下行压力而言，若不在创新驱动下提升效率，创造优质投资机会，进而推动产业结构升级，就不可能真正活跃有效的投资需求，强行刺激只能是刺激劣质低效的过剩产能；若不根本扭转国民收入分配结构性失衡，提高收入分配合理性，进而提升社会消费倾向，就难以使消费需求增长与国民经济发展要求相适应；而产业结构升级和分配结构调整，都不是需求侧管理能够有效实现的，都需要供给侧结构性改革。就控制潜在通胀而言，若不扭转国际收支领域长期存在的结构性失衡，有效地实现国际收支结构再平衡，外汇占款形成的基础性货币供给压力难以缓解，潜在需求拉上的通胀压力会不断上升；若不在创新驱动基础上调整投入产出结构，难以适应要素成本结构变化，潜在的成本推动的通胀压力会持续加剧；而国际收支结构和投入产出结构的调整，关键同样在于供给侧结构性改革。可见，供给侧结构性改革对于进入新常态的中国经济之所以迫切需要，重要的在于新常态下经济失衡的新动因，在于克服新动因的需要。

三、新常态下宏观调控方式的转变与供给侧结构性改革

经济新常态下的新失衡首先要求宏观经济政策作出调整。但在双重风险并

存的条件下，总需求侧的宏观政策调整在方向上和作用有效性上均面临极大的局限，要求宏观调控方式发生根本变化，特别是需要在实施需求侧政策管理的同时，引入供给侧政策管理。而供给侧管理的结构性特征等又要求全面深入推动一系列制度改革，否则，供给侧结构性改革难以奏效。从一定意义上说，虽然需求侧的政策调控不可或缺，但所起的作用更多的是对短期总量失衡程度的缓解，而不是长期深层结构性矛盾的克服，更多的是为克服深层结构性失衡赢得时间、创造条件，而不是真正从动因上缓解矛盾。从根本动因上缓解矛盾必须依靠供给侧结构性改革，而这种宏观调控方式和政策的系统性变化，又必须建立在制度创新基础上，尤其是需要以全面深化社会主义市场经济改革培育的经济机制和全面推进依法治国创造的法制条件为基础。

首先，从宏观政策的调整来看，进入新常态针对双重风险并存的总量失衡新格局，我国宏观经济政策从全面反危机的扩张性政策调整为反危机之前的松紧搭配的积极的财政政策与稳健的货币政策。这种松紧搭配的政策组合表明财政政策与货币政策之间，在政策目标和政策方向上存在差异，这种差异的存在会使政策的有效性受到削弱。之所以难以采取“双松”或“双紧”的统一组合，根本原因在于总量失衡双重风险并存的新特点。双松则意味着全面扩张，尽管可能短期里有利于扼制下行，但不利于稳定通胀；双紧则短期里可能有利于稳物价，但会加剧下行压力。宏观调控不能只顾一种风险的防范而置另一重风险不顾，只能以这种松紧搭配的宏观政策组合来兼顾双重风险，即在宏观调整的有效性和风险性之间，首先要保证风险性可控，为此不惜降低政策的有效性，即所谓“稳中求进”。

这种政策目标和方向选择上的矛盾，本身表明总需求管理在双重风险并存条件下面临的局限性，财政和货币政策在目标和方向上难以统一，只能在松紧搭配的反方向组合过程中调整所谓松紧力度，根据双重风险变化的状态努力实现松紧适度。在经济增长政策目标的选择上，一方面考虑稳增长保就业的目标要求（城镇登记失业率控制在4.5%以下），确立经济增长下限目标，根据我国现阶段的经验（奥肯定律在我国现阶段的经验体现），若实现4.5%以下的城镇登记失业率控制目标，GDP的年增长率不低于6.5%；另一方面考虑防止潜在的通胀压力转为现实的物价上涨（CPI上涨率控制在3%左右），确立经济增长上限目标，根据我国现阶段的实际（菲利普斯曲线在我国现阶段的反映），GDP增长率不超过7%即可；此外，考虑到中长期经济增长目标的变化，特别是2020年GDP总量比2010年翻一番的增长目标要求，年均增长率要达到7.2%，在2011年~2015年经济平均增长7.9%的基础上，2016年~2020年年均达到6.5%即可实现GDP总量较2010年按不变价格翻一番目标。总之，在“十三五”期间，我国GDP年均增长率保持在6.5%~7%是适应我国现阶段就业目标、物价目标和中长期增长目标的要求的，松紧搭配的宏观经济政策可以围绕6.5%~7%的增长目标以及波动幅度，从总需求侧调整松紧力度。

但这种需求侧入手的宏观政策松紧力度的调整，至少存在两方面的问题。一方面，从需求侧调整经济增长速度，以控制总需求变化，进而实现预定的就业政策目标和通胀控制目标，双重目标实现的过程是矛盾的，甚至是互为代价的，扩张需求拉动经济增长，在其他条件不变的条件下，意味着通胀压力上升，这种增长是以通货膨胀为代价的。如果从供给侧加以宏观调控，提高企业（生产者）效率和劳动者劳动生产率，降低企业成本，推动产业结构升级，改善供给质量和竞争效率，那么，即使需求不变，也同样可以扩大产出，实现经济有效增长，不仅产出规模可以扩张，而且是建立在效率提升条件下的供给增加，更具竞争力，同时，不必支付通货膨胀的代价，而是无通胀的有效增长。在既有经济下行又存在通胀压力的双重风险并存的时候状态下，尤其需要这种无通胀代价的有效增长，才能有效克服严重的失衡。另一方面的问题是，这种松紧搭配的宏观经济政策组合，即使能够实现松紧适度，也只是从需求侧缓解总量失衡的程度，而不可能真正从结构上克服失衡的动因。而从结构上控制或改变导致失衡的动因，需要从供给侧展开结构性改革。因此，松紧搭配的宏观需求管理政策只能缓解矛盾，但并不能真正解决矛盾。供给侧结构性改革作为长期持续的国民经济结构演进过程，需要实现需求侧的短期政策目标，为长期供给侧结构性改革目标创造宏观经济条件，把总量失衡控制在一定的可承受的范围之内，为从深层结构性改革赢得必要时间，但总需求管理本身并不直接触及结构性矛盾。

双重风险的并存以及需求侧管理的局限，要求宏观调控方式必须改变，在运用需求管理的同时，必须引入并且更加重视供给侧结构性改革，协调供给管理与需求管理，进而使宏观调控在供求两侧、在长期与短期、在总量与结构、在生产者与消费者之间得以协调。当然，引入供给侧结构性改革，不是说可以忽略需求侧宏观调控，事实上，需求管理是宏观调控的前提内容，尤其是就短期均衡目标而言，更具现实意义。并且，只要潜在经济增长率水平高于实际增长率，需求管理本身就有有效增长的意义。问题在于，不能脱离效率目标，强行刺激劣质需求拉动增长，这种劣质需求的增长会从根本上否定供给侧结构性改革。

这种宏观调控方式的改变，首先需要改革并完善宏观经济政策和一系列政府经济政策的体系及传导机制。由于供给侧结构性改革的政策作用对象不同于一般的需求管理，不是直接作用于消费者和购买者，而是作用于生产者和劳动者，因此政策的着眼点和着力点方面也有所不同。就一般宏观经济政策而言，包括财政政策和货币政策，更强调对企业（生产者）创新的支持，更强调效率提升和成本降低等方面的政策引导，或者说，在实施财政政策及货币政策时，除关注其需求效应，同时更强调其供给效应，总之，更关注企业竞争力的提高。因而，短期中减税、降息等直接关系企业成本变化的政策举措往往成为供给侧宏观调控的重要手段；长期里扶持企业自主研发，鼓励技术创新，实施产业政策包括产业结构政策和产业组织政策及区域结构政策，以及制定相应的科技发展战略，增强持续有效的人力资本投入，构建合理的国民教育发展体系等成为供给侧结构性改革的重要战略举措。

但是，正由于供给侧结构性改革的调控方式及政策体系和传导机制上的特点，使之对制度创新，特别是政府与市场机制间相互关系的协调有了更高要求。原因有二：一方面，供给侧结构性改革的政策直接作用对象是生产者和劳动者，因此在体制机制上若协调不好政府调节与市场调节间的关系，那么，或者政府过度直接干预企业行为，甚至否定企业的市场权利，破坏市场机制公平竞争秩序导致市场失灵；或者政府缺位，导致政府失灵。另一方面，供给侧结构性改革的举措，在相当大的程度上具有长期性和战略性，有些方面还存在明显的市场失灵，不是依靠市场自发竞争便可实现的，这就要求政府调节与市场调节更有效更协调地统一起来。实现这种有机统一，这就需要相应的经济制度和体制改革，通过深化经济改革使市场在资源配置的竞争性领域切实发挥决定性作用，使政府在宏观领域和社会长期发展目标引导以及市场失灵领域切实发挥主导作用。事实上，20 世纪 60 年代末，西方发达国家经济出现“滞胀”，依靠传统的凯恩斯主义需求管理产生严重的失灵，又不可能重新回到自由竞争的古典经济自由主义的时代，因而，美国里根政府依据供给学派理论提出所谓“供给革命”，但很快便失败了。重要原因就在于，在实践上难以协调政府与市场的关系，单纯依靠市场对供给方面难以发生有效调节，过多引入政府又担心对市场经济产生否定；在理论上陷入经济自由主义与国家干预主义两难选择的矛盾。事实上这种实践与理论上的矛盾，根源于资本主义生产方式，资本主义所有制基础上的市场经济社会是难以克服这种矛盾的，资本私有制下市场这只“看不见的手”难以自发地形成均衡，马克思的《资本论》深刻揭示了这一矛盾。这也是资产阶级正统经济学围绕国家理性干预与经济自由主义长期争论不休而又始终未能统一认识的根本原因。

进入新常态的中国经济，引入供给侧结构性改革必须以全面深化改革为基础。就经济制度创新而言，坚持中国特色社会主义市场经济的改革方向，努力探索社会主义公有制为主体多种所有制经济共同发展的基本制度与市场经济机制有机统一的道路和方式，这是新常态下引入供给侧结构性改革的根本条件。由于供给侧结构性改革要求有效统一社会生产的社会性、自觉性和市场竞争的自发性、盲目性，而这种统一在资本主义私有制基础上的市场经济机制中是难以真正实现的，这种矛盾根源于资本主义私有制本身规定的市场竞争的自发和盲目性，只有在公有制为主体的所有制基础上构建竞争性的市场经济机制，才有可能把生产的社会性、自觉性与市场竞争的自发性、盲目性协调起来。就经济调节机制创新而言，处理好政府与市场调节机制之间的相互关系，切实使市场机制在资源配置中发挥决定性作用，使政府在宏观调控和市场失灵领域及社会长期全面发展等多方面起主导作用，这是有效实施供给侧结构性改革的机制条件。由于供给侧结构性改革对政府调节与市场调节之间的协调提出了更高的要求，只有在机制上协调好政府与市场的关系，才可能使总需求侧的调节与总供给侧的调节、使克服总量失衡与结构性失衡、使短期目标与长期目标、使针对生产者的政策与针对消费者的政策、增量调整与存量调整、中央政府与地方政府行为等等相互之间，切实有机统一，至少不发生严重冲突。

因此，深化中国特色社会主义市场化和法治化就有着特殊的意义。市场化的深入重要的在于：一方面使市场在资源配置方面发挥决定性作用，特别是需要推动要素市场化，包括劳动、资本、自然资源、技术专利、环境生态等要素的市场化；另一方面，不断完善市场经济竞争秩序，特别是市场经济的内在竞争秩序，包括市场竞争的主体秩序（企业产权制度），市场竞争的交易秩序（价格决定制度）。这两方面的深化改革，分别从程度和质量上提升市场化的水平。

法治化的深入重要的在于：一方面，推动法治制度的完善，建立健全较完备的法律制度体系，提高法律供给的充分性和有效性，提高立法的效率和质量，即所谓“良法”；另一方面，推动社会法治精神的弘扬，提高全社会尊法守法的自觉，即所谓法治的权威。对市场竞争主体的权利提供公平公正的法制保护，对政府的公权加以有效有序的规范。法治不同于法制的重要区别在于，法治是运用法律制度治理社会、国家、政府，法制则是法律制度的建设体系，有法律未必是法治。法治需要自觉遵法守法的“法治精神”，而这种自觉重要的在于对政府公权、对立法、执法者本身权力运用的法律约束。特别是供给侧结构性改革具有结构性差异化效果，更需强调法治化，强调政府对公平竞争秩序的维护，否则，可能产生歧视性调控，严重破坏公平竞争，进而损害效率。

否则，政府和市场的关系难以协调，供给侧结构性改革难以奏效。显然，供给侧结构性改革是适应我国经济发展进入新常态、经济发展面临新挑战、宏观经济失衡出现新特征、总需求侧入手的宏观调控产生新局限等方面的新变化提出的新命题；供给侧结构性改革所要处理的问题并非一般性的总量失衡问题，而是针对总量失衡之所以发生的深层原因，特别是针对我国经济新常态下出现的一系列结构性失衡提出的新策略；供给侧结构性改革所运用的政策手段与总需求管理有很大的不同，政策的作用对象首先是生产者和劳动者，而不是需求侧管理政策作用的购买者和消费者，运用货币和财政政策的着力点在于强调政策对企业（生产者）的影响，即供给效应，除财政与货币政策外，针对供给侧管理所需要处理的结构性失衡问题，强调一系列结构政策的运用；供给侧结构性改革对制度创新提出了新的要求，只有在社会主义公有制为主体基础上建立市场经济机制，才能真正从根本上处理好调节机制上的政府与市场的关系，只有在坚持中国特色的社会主义市场化和法治化的进程中，才能为处理好政府与市场的关系创造必要的制度环境，才能为有效地推进供给侧结构性改革创造制度保障。

第十五章　协调发展新理念，经济结构合理发展新格局

“十三五”规划建议提出，为实现“十三五”时期发展目标，破解发展难题，厚植发展优势，必须牢固树立“创新、协调、绿色、开放、共享”五大发展理念。其中，协调是持续健康发展的内在要求。现代协调发展理论是人类文明进程中对发展模式不断总结和反思形成的产物，其思想渊源最早可以追溯到农业社会，并随着工业文明的发展而逐渐形成。

一、协调发展理念由来

农业社会早期注重对人与自然关系的哲学思考，中国古代的“天人合一”、“中庸之道、兼容并包”的哲学思想就是对协调发展理念的阐释。这一时期，协调发展侧重于人与自然的可持续发展，例如孟子“数罟不入洿池”、“斧斤以时入山林”的农业发展观①，李悝“尽地力之教”的农业经济思想②。古典经济学时期，协调发展由从人与自然关系转向社会关系的探讨。英国古典政治经济学创始人威廉·配第认为协调意味着等价交换③，法国重农学派创始人魁奈提出的“纯产品”学说④表达了平衡就是协调的思想。亚当·斯密的理论框架中，协调意味着经济人在专业分工基础上的自由选择、自愿交换，“看不见的手”是协调的最好工具⑤。马歇尔运用供求理论，开辟了以边际分析为

① 参见朱熹：《四书章句集注·孟子·梁惠王上》，中华书局，1983 年。

② 参见班固：《汉书·食货志》，中华书局，1962 年。

③ 参见威廉·配第：《赋税论》，商务印书馆，1978 年。

④ 参见魁奈：《魁奈经济著作选集》，商务印书馆，2009 年。

⑤ 参见亚当·斯密：《国富论》，商务印书馆，2008 年。

特征的新古典经济学，均衡价值论成为协调发展的主流理论[①]。在这一基础上，新古典经济学提出帕累托最优的协调标准，并通过瓦尔拉斯的拍卖人机制论证了局部协调到瓦尔拉斯一般均衡意义上的全局协调的可能性[②]。

然而1929年的全球经济危机表明协调问题无法依靠市场自发解决。在这一背景下，凯恩斯提出有效需求不足理论，论证了市场缺陷导致市场失灵，因此政府必须干预经济，从宏观领域发展了协调理论[③]。与此同时，里昂惕夫提出著名的投入产出分析法，将协调与协调发展的研究深入到产业内部和方法层次上[④]。20世纪70年代西方滞胀使得凯恩斯主义面临重大危机，在弗里德曼为代表的货币主义学派和卢卡斯为代表的理性预期学派的影响下，协调发展理论进入新古典主义经济学时期，有限理性、产权、博弈论、信息不对称等理论被引入经济学主流范畴，微观协调与宏观协调并重成为近些年来协调发展理论的共识。

从我国发展实践的角度来看，改革开放之前，我国的区域发展战略与政策主要受平衡发展思潮影响，平衡发展、平衡布局、缩小差距是该阶段基本特征。1950年~1952年国民经济恢复期，区域发展以东北地区为核心；“一五”时期，内地占总投资68%”；“二五”时期，投资进一步向内地倾斜，沿海和内地投资比由“一五”0.75∶1下降到0.69∶1；“三五”、“四五”时期，区域发展战略以备战为中心，以建设三线地区为重点[⑤]。在城乡发展战略上，为了快速实现工业化，建国初期我国采取苏联社会主义工业化模式，优先发展重工业，农业只是作为工业的补充。

改革开放之初，区域发展战略与政策主要受不平衡发展思潮影响，国家投资布局和区域政策强调效率目标，向条件较好的沿海地区倾斜，同时对贫困落后地区和少数民族地区给予一定补偿。1979年~1991年，东部沿海地区GDP年均增长15.71%，占全国GDP总量由50.24%上升到53.88%；同期东部与中部人均地方生产总值差距由31.1%上升到43.5%，东部与西部差距则由43.3%上升到49.9%[⑥]。

---

① 参见马歇尔：《经济学原理》，商务印书馆，2010年。

② 参见瓦尔拉斯：《纯粹经济学要义》，商务印书馆，1989年。

③ 参见凯恩斯：《就业，利息和货币通论》，商务印书馆，1999年。

④ 参见里昂惕夫：《投入产出经济学》，中国统计出版社，1990年。

⑤ 参见魏后凯：《现代区域经济学（修订版）》，经济管理出版社，2011年。

⑥ 数据来源：《新中国60年统计资料汇编》。

1992年邓小平南巡之后，中共十四大报告提出要促进地区经济的合理布局和健康发展，正式确立了地区经济协调发展的指导方针。1997年，中共十五大报告进一步强调要促进地区经济合理布局和协调发展，逐步缩小地区发展差距。2007年中共十七大报告提出要继续实施区域发展总体战略，深入推进西部大开发，全面振兴东北地区等老工业基地，大力促进中部地区崛起，积极支持东部地区率先发展。2015年中共十八届五中全会在此基础上提出培育若干带动区域协同发展的增长极，推动京津冀一体化、长江经济带在内的增长引擎发力。

随着改革开放的深入，国家对三农问题的重视程度和支持力度与日俱增。2003年中国共产党十六届三中全会正式提出“城乡统筹发展”概念，并置于五个“统筹”的首位。2006年“十一五”规划提出建设社会主义新农村目标，同年农业税被正式废除。2007年中共十七大报告提出要着力构建以工促农、以城带乡长效机制，形成城乡经济社会发展一体化新格局。2011年“十二五”规划首次提出基本公共服务均等化，逐步缩小区域间人民生活水平和公共服务差距。2015年中共十八届五中全会提出要坚持工业反哺农业、城市支持农村，健全城乡发展一体化体制机制，推进城乡要素平等交换、合理配置和基本公共服务均等化。

总而言之，自马歇尔以来，协调主要体现为均衡，不同协调理论的差别主要集中在对协调的决定力量、影响因素及其实现机制上的不同认识。从我国发展实践角度来看，协调发展的领域划分主要集中于区域协调、城乡协调和可持续发展等方面。因此，本章在梳理中国协调发展战略变迁的基础上，结合现阶段协调发展的特征，提出了五点策略建言。

二、中国经济结构发展现状

（一）产业结构转型

根据国家统计局2014年《国民经济和社会发展统计公报》，2014年国内生产总值为636463亿元比上年增长7.4%。我国改革开放以来，除1989年和1990年以外，其中经济增长最低的一年，比1999年亚洲金融危机的7.6%还要低0.2个百分点。此外经济出现了连续5年下滑，即由2010年10.6%的增长率下滑到2014年7.4%，其中2012年和2013年的增长率都为7.7%。由此可以看出，我国经济增长已经从之前的高速转为中高速这一新常态。在这一背景下，我国产业结构也发生了许多巨大的变化，2014 年我国的第一产业增加值为 58332 亿元，增长 4.1%，占国内生产总值的比重为 9.2%；第二产业增加值 271392 亿元，增长 7.3%，占国内生产总值的比重为 42.6%；第三产业增加值 306739 亿元，增长 8.1%，占国内生产总值的比重为 48.2%。其中，第三产业比重自 2012 年首次超过第二产业以后，有一个飞速的增长（45.5%：45%）。然而，自 2008 年全球金融危机以后，受短期波动和中长期下行双重影响，中国经济增长进入换挡期：年均 GDP 增速从 2007 年的 14.2% 快速下滑至 2008 年的 9.6%，到 2014 年放慢至 7.4%，到 2015 年跌破 7% 降至 6.9%，为近 20 年来的最低值。在经济增速放缓的大背景下，我国的产业结构也发生着一系列深刻变化：2006 年，第二产业增加值占 GDP 比重达到峰值 47.95%，随后开始下降；到 2013 年，第三产业占比（46.09%）首次实现对第二产业占比（43.89%）的赶超。

（二）区域协同

近年来我国区域发展相对差距总体呈缩小趋势，经济群、城市群经济支撑能力明显提高，但发展不平衡现象依然存在，协调发展仍然存在较大空间。西部地区、东北地区、东部地区和中部地区等四大板块的发展差距缩小。从 GDP 总量上看，中部和西部地区占全国比重上升，由 2005 年的 18.78%、17.11% 增加到 2014 年的 20.27%、20.18%。东部地区比重有所下降，由 2005 年的 55.49% 下降至 2014 年的 51.16%。而东北地区在波动中下降，占全国 GDP 比重由 8.62% 降至 8.40%。“从 GDP 增速看，近年来我国经济进入新常态，2014 年全国 GDP 增速为 7.4%，但大部分地区仍保持较高增长速度。其中，东部、中部、西部、东北平均增速分别为 7.96%、7.83%、9.24% 和 5.01%，西部地区增速最快，东中部其次，而东北地区则落后于全国水平[①]。近年来，尤其是 2014 年至今，受国内外经济增长乏力的影响，以资源、能源输出为主，产业结构单一，主导产业多处于产业链的上游，深加工能力相对薄弱的省份的经济增速下滑明显。

（三）城乡一体

从城乡一体发展看，目前，城乡统筹发展的制度框架初步形成，促进了农

① 数据来源：国家统计局网站，以下未列明数据来源均来自国家统计局网站。

村地区的社会经济发展，但城乡二元结构依然存在，城乡差距仍处较大区间。2003 年～2014 年，农村居民人均可支配收入由 2622.2 元增加到 10489 元，年均增长率为 13.43%，比城镇居民高 1.65 个百分点。城乡恩格尔系数差距缩小，由 2003 年的 37.1：45.6 下降到 2013 年的 35.0：37.7；农民工数量由 2008 年的 2.2542 亿人增加到 2014 年的 2.7395 亿人，占总就业人数比重由 30.35% 上升到 35.46%①；农业总产值由 2003 年的 1.4870 万亿元增长到 2014 年的 5.4772 万亿元，年均增长 12.58%。在农业机械化发展上，2014 年中国农机化水平已经达到 61% 以上。但同时城乡失衡问题依然十分严重。城乡居民收入和支出仍存在巨大差距，农村整体生活水平远低于城镇。2014 年城乡居民收入比为 2.75，甚至高于 1978 年的 2.37。城乡居民消费支出比为 2.38，仍然处于高位②；城乡公共服务发展失衡，城乡社会保障覆盖水平和公共服务水平上的差距远远大于收入差距。义务教育方面，我国农村中小学生人数占全国中小学生人数 80% 左右，而农村义务教育经费占 GDP 比重不到 1%，低于发达国家 2%～5% 的水平③。医疗卫生服务上，2014 年城乡每万人拥有卫生技术人员数比为 2.56，高于 1998 年的 2.21。最低生活保障上，2013 年城乡低保平均标准比为 1.84，农村相对滞后④；土地问题成为城乡统筹发展中新的问题聚焦点，土地市场双头垄断使得政府享受土地增值收益的大部分，被征地农民的补偿标准不合理，失地农民的长远生计缺乏保障。

（四）工业化与信息化

当前我国两化深度融合已取得一定进展，但仍面临一系列突出问题。在产业演进层面，1952 年～1978 年，工业占全国 GDP 的比重在震荡中上升，在 1978 年和 1980 年达到顶峰 44%。自 2002 年以来，工业占总 GDP 比重稳步下降，2014 年下降到了 36%⑤。工业对 GDP 增长率的贡献和拉动数据自 1978 年开始统计，1995 年以前，二者数据均呈现大幅度的震荡。1995 年后，二者在

---

① 数据来源：农民工数据来自历年《全国农民工监测调查报告》，总就业人数数据来自国家统计局网站。

② 数据来源：2014 年数据来自国家统计局网站，1978 年数据来自《新中国 60 年统计资料汇编》。

③ 数据来源：《中国教育统计年鉴》。

④ 数据来源：《中国民政统计年鉴》。

⑤ 数据来源：《新中国 60 年统计资料汇编》。

波动中下降。2014 年，工业对 GDP 增长的拉动下降至 2.6 个百分点，工业对 GDP 增长的贡献下降至 35.40。在生产环境层面，根据《2014 年中国信息化与工业化融合发展水平评估报告》，2014 年全国两化融合发展总指数为 66.14，与 2013 年相比增长了 4.19。其中，基础环境指数为 71.71，增长了 6.84；工业应用指数为 59.70，增长了 2.36；应用效益指数为 73.43，增长了 5.16[①]。总之，2011 年 ~2014 年我国两化融合总指数及各项分指数每年均有不同幅度增长。

（五）物质文明与精神文明

从物质文明与精神文明建设看，我国精神文明建设取得重大进展，但仍存在较大发展空间。从文化事业资金投入看，全国人均文化事业费由 2000 年的 5.11 元增加到 2014 年的 42.65 元。从公共图书馆建设看，人均公共图书藏量由 2006 年的 0.38 册增加为 2014 年的 0.58 册，每万人公共图书馆建筑面积由 2006 年的 54.7 平方米增加到 2014 年的 90 平方米。从群众文化机构看，全国平均每万人群众文化设施面积由 2006 年的 123.46 平方米增加到 2014 年的 269.15 平方米，组织活动 147.2 万场次，服务人次 5.1 亿人。从文化遗产保护看，截至 2014 年，国务院共公布了 1372 个国家级非物质文化遗产名录项目，文化部共认定了 1986 名国家级非物质文化遗产项目代表性传承人[②]；文化产业加速发展，2013 年，我国文化产业增加值为 2.1351 万亿，占 GDP 比重为 3.63%。但是，我国的精神文明仍然落后于物质文明的需求。例如我国的文化产业仍然处于较低水平。世界知识产权组织的数据显示，2013 年，全球文化产业增加值占 GDP 的比重平均为 5.26%，约 75% 的经济体在 4.0% ~6.5%。其中最高的美国达到 11.3%[③]。因此中国的文化产业发展仍然相对滞后。

（六）经济建设与国防建设

从经济建设与国防建设融合发展看，我国两大建设融合发展取得了一定成就，但军民融合度仍然处于较低水平，落后于主要发达国家。近年来，随着科技革命、产业革命和军事变革的加快发展，国防经济与社会经济、军用技术与

---

① 参见中国电子信息产业发展研究院：《中国信息化与工业化融合发展水平评估报告（2014）》，人民出版社，2015 年。

② 数据来源：文化部《中华人民共和国 2014 年文化发展统计公报》。

③ 数据来源：世界知识产权组织网站。

民用技术、军队建设与社会发展的结合面越来越广、融合度越来越深，世界主要国家纷纷把国防科技工业领域作为重点，采取了各具特色的军民统筹发展模式。目前我国正处于从初步融合向深度融合的过渡阶段，各主要领域的军民融合度只有30%左右[①]。因此，以下问题值得我们关注：第一，军工企业相对独立封闭，不适应开放式发展。我国军工企业与民用企业技术资源交流较少，阻断了社会中军民技术间的横向协同和互动。而国外军工企业与民用企业高度融合已经成为趋势，例如美国近1/3的民用企业与军工技术研制有关，美国最大的军火供应商主要是洛克希德·马丁、波音、通用动力等军民兼营公司。第二，军民用技术融合程度不高，技术兼容性差，军工企业竞争意识不强且缺乏沟通的平台。而发达国家在这一方面做的相对较好。例如美国军民两用技术中大部分技术来自民用企业，因此除特殊军用专用技术外，大部分技术来自民用企业。

三、构筑经济结构合理发展的新格局

（一）调结构促发展

为了尽快穿越“中等收入陷阱”，我国的产业结构转型和升级的方向应该是：一方面，工业支持农业仍应保持循序渐进。“以工哺农”不应该是拿工业的资金直接来补贴农业。行政式的转移支付可能会带来资源分配的不合理，从而在农业领域造成新的过剩产能。相反地，应发挥工业在资本和技术上的优势，促进农业的资本深化，提高农业生产效率，进一步释放人口红利，为工业发展提供进一步动力成为现阶段保持经济发展速度的重要问题之一。另一方面，进一步鼓励第二产业由低端制造业向高技术产业、装备制造业转型升级，以进一步拉动第二产业比重的上升，从而尽快实现工业化，并为本世纪中叶人均GDP达到中等发达国家水平奠定良好的工业基础。相反，如果脱离当前我国现有的经济发展水平而片面地追求服务业赶超则不利于我国经济长期健康稳定发展。

新古典主义关于经济增长的共识，即现代经济增长的本质就是技术进步，它是劳动效率和生活水平提高最重要的源泉（Kuznets，1973）。由于企业研发

① 参见国防大学：《中国军民融合发展报告2014》，国防大学出版社，2015年。

活动具有正外部性，企业难以独享研发投入带来的收益，会导致企业在研发的投入低于社会最优水平，政府补贴能弥补企业在创新研发投入资金的不足，激励企业的研发活动。考虑到政府补贴是从无到有的过程，只有政府补贴达到一定数值才能有效对企业研发投入有正向影响，即政府补贴对研发投入的影响是非线性的关系。根据我们的研究，政府需根据对不同企业类型、不同地区的研发投入促进效果对补贴强度进行调整，在最佳的区间进行投入，使得最大限度提高全社会的技术创新水平与活跃度。尤其，民营企业是中国工业企业市场的主体，因此，需要制定更具针对性的补贴政策，使之更有利于市场创新投入的增加，推动社会经济的创新转型。

为促进技术进步，我国还需要进一步完善金融结构。截止 2014 年，我国已全面进入工业化中期社会，在这一经济发展阶段，产业结构逐步向资本-技术密集过渡，企业朝着大型化的趋势发展，企业家风险、市场风险和技术风险均显著提高，直接融资对风险的驾驭优势凸显，提高直接融资比重更有利于促进技术进步。直接融资的发展能极大地促进技术进步的提高。然而，我国目前的融资结构依然以间接融资为主，直接融资规模较小。据悉，2014 年我国的社会融资规模存量为 122.86 万亿元，人民币及外币贷款规模达 84.6 万亿元，占社会融资规模比高达 68.86%，而企业债券和非金融企业境内股票规模合计 15.49 万亿元，仅占融资存量的 12.61%。可见，我国的融资结构仍是银行主导型。然而，实证研究表明：中介型融资结构与工业化中期的发展阶段并不适应，这说明我国在发展直接融资方面仍然大有可为。因此，调整融资结构，努力提高直接融资比重，是未来宏观金融改革的必由之路。

（二）推动区域协同发展

“十三五”时期，区域协调中要均衡不同区域人群实现发展的协调性，区位和功能定位的差异不能成为发展差异的硬约束。在总体空间布局上要继续统筹实施“四个板块”和“三大支撑带”的战略组合，推动西部基础设施在内的重大项目建设、东北老工业基地振兴、中部地区崛起，充分发挥“一带一路”、“长江经济带”、“京津冀协同发展”三大经济带的枢纽网络和支撑带动作用。在具体的区域发展战略中，要坚持轴带结合，加强轴带引领。将沿海地区打造成更具国际影响力的沿海经济带；在沿江地区，依托长江经济带发展，打造中国经济新支撑带，建设陆海双向对外开放新走廊；在内陆地区，努力构建横贯东中西、联结南北方的对外经济走廊；在沿边地区，推进基础设施互联互通和国际大通道建设，共同建设国际经济走廊。

在区域空间组织形态上，要加强城市群建设，提高城市群的辐射力和带动力。在国家级城市群建设上，继续提升优化已有的长三角、珠三角、京津冀三大都市群，努力打造长江中游城市群和成渝都市群；在区域性城市群建设上，要积极推动中原城市群、山东半岛城市群、辽中南城市群在内的九大城市群；在地区性城市群建设上，引导培育晋中城市群、宁夏沿黄城市群、滇中城市群在内的六大城市群。在城市群建设中，依托区域中心城市及其周边地区，加强城镇之间的要素流动和功能联系，促进产业协作、功能互补，推进区域经济协调发展。

（三）加快城乡统筹发展

城镇化对于促进工农和城乡协调发展、提高劳动生产率和城乡居民收入具有重要意义，但同时城镇化也需要相应的产业支撑。因此城乡统筹发展需要协调推进城镇化和产业发展转型升级。一方面，科学规划城镇规模和布局，尤其要重视中小城市在规划布局、基础设施建设、公共服务覆盖和就业等方面的具体工作。另一方面，加快产业发展壮大，改造提升传统产业，加快发展战略性新兴产业，为转移人口提供充足优异的就业机会。

全面推进以人为核心的新型城镇化。一方面要深化户籍制度改革，推进农民工市民化，加大公共财政对农村的投入。另一方面要深化土地制度改革，明晰土地产权，赋予农民土地的使用权、收益权、处分权和发展权，使农民合理合法地分享土地增值收益，保障农民权益。加快实现城乡基本公共服务均等化。在缩小城乡公共服务差距方面，首先要优先发展教育，加大对农村义务教育经费投入，提高农村师资队伍水平，改善中小学校办学条件和基础设施。其次要提高农村医疗卫生水平，进一步提升合作医疗服务水平。再次要统筹推进城乡社会保障体系建设，尽快构建覆盖城乡居民的社会保障体系。最后要促进城乡文化事业发展，使城乡居民共享文化发展的成果。

（四）加快工业化与信息化融合

一方面，要通过信息产业对传统产业（农业、工业和服务业）的改造，利用先进信息技术渗透传统产业，全面优化产业结构；另一方面，要大力发展智能装备和智能产品，推进生产过程智能化，全面提升企业研发、生产、管理和服务的智能化水平。其次，做好产学研相结合，即技术研发、人才培养、产品生产等不同社会分工在功能与资源优势上的协同与集成化，以及技术创新及应用上、中、下游的对接与耦合。最后，政府的作用是完善制度建设、制定相关政策、给予资金支持、加强网络与信息安全等，以便于在强有力的政策保证下使产学研协同创新体系进一步得到完善，创造宽松的创新环境，释放创新活力，推动工业化和信息化深度融合进程。

信息化与工业化的融合也离不开人才的作用，因此，需要加快人力资本储备，尤其注重培养大量的科学（Science）、技术（Technology）、工程（Engineering）、数学（Mathematics）等方面的人才。因此要发挥高校的作用，一方面鼓励科研理论创新，特别是电子信息科学与技术的理论创新，为信息化奠定坚实的理论基础；另一方面加大人才培养，为两化融合输送高素质的专业人才，满足两化融合带来的行业内升级转型的人才需求。要发挥科研机构作为高校与生产企业之间的桥梁和纽带的作用，将高校科研成果进行转化，使其满足企业实际需求。此外，也要发挥企业作为两化融合实现的微观主体的能动性。总之，要构建以企业为主体、市场为导向，产学研相结合的协同创新体系，推动工业化和信息化的深度融合。

（五）厚植精神文明建设

在宏观决策上，要将精神文明建设放在推动“四个全面”战略布局的重要位置，坚持“两手抓、两手都要硬”。在文化事业建设上，要深化各类群众性精神文明创建活动，加强群众思想道德建设，传承中华优秀传统文化的同时积极借鉴国外优秀文化。在文化产业培育上，应积极促进文化产业发展，并给予政策、资金、人才等方面的支持。在文化对外传播上，要积极推动中华文化走出去，展示中华文化精神内涵、传播当代中国价值观念。

在网络日益发达的今天，还要注重网络精神文明建设，在积极利用网络传播正能量的同时，净化网络环境，构建文明规范的网络空间。

（六）促进军民融合发展

从指导思想上，推进经济建设与国防建设融合发展，要以五大发展理念为指引，从供给侧和需求侧两端同时发力，实现军民协同创新，增强融合发展的包容性。因此，军民融合发展要在产业链培育、人才培养等方面全面推进。

在产业链培育上，应充分发挥市场机制，加强军工企业与高校及民用企业之间的合作关系，大力发展军民两用技术，培育开放型产业链。在人才培养上，要加强军民融合人才队伍建设，探索军地共享的人才流动保障机制。通过制定合理的激励措施和便利的人才管理制度，引导军地人力资源适时、有序、双向流动。

四、国际新常态与中国应对之策

截止 2016 年，国际金融危机已经过去 8 年了，如今全球经济依然低迷，很多国家的宏观经济政策并没有起到应有的效果，全球经济治理体系面临多重困境。中国经济 2010 年的增长速度为 10.6%，2015 年下降 6.9%，同中国处于相同发展程度的其他所谓新兴市场经济体，它们在这一时期的经济增长同样出现了大幅度下滑，其中巴西 2010 年经济增长率为 7.5%，到 2015 年的时下降到-3.8%；俄罗斯 2010 年的经济增长率为 4.5%，2015 年下降为-3.7%；经济表现抢眼的印度也经历了一个显著的下滑，从 2010 年的经济增长率为 10.3%下降到 2015 年的 7.6%。即使那些高收入、高增长的东亚经济体，其经济也经历一个大幅度下降的过程。比如新加坡 2010 年的经济增长率高达 15.2%，但 2015 年经济增长率只有 5.92%；韩国经济同样也经历一个大幅下滑，其在 2010 年的增长速度为 6.5%，但 2015 年的经济增长速度下滑到只有 2.6%。此外，以往时期发达国家的经济增长率平均每年能达到 3% 多点，但到现在多数发达国家经济的增长率只是 2% 或者 2% 以下。因此，不难看出发达国家并没有从 2008 年爆发的经济危机中完全走出来，即经济没有完全恢复过来。

在此背景下，当前国际经济增长速度必然放慢，而且国际贸易的增长速度比国际经济增长速度更慢，因此中国的出口增长率从 2001 年 ~2007 年的年均 26%降到 2008 年 ~2015 年的年均不足 5%，由此可以看出投资、消费和外需三驾马车中外需受到了巨大的冲击。其中以第二产业受到的冲击最为巨大，我国正在经历一个快速的去工业化过程，即第二产业产值比重从 2008 年的 46.9%下降到 2015 年 40.9%，下降了 6 个百分点。与之相伴随的是国内制造业的产能过剩、工业生产价格持续下降以及企业生产经营困难等一系列难题。相反地，我国第三产业比重自 2012 年首次超过第二产业以后，即 45.5% : 45%，有一个飞速的增长，从 2008 年 42.8% 上升到 2015 年 50.2%，上升了 7.4 个百分点。这可能是我国经济大大放缓的一个重要的原因。

面对当前国际新常态，中国如何进行反危机管理，如何进一步打开国际市场，深化同世界各国的经贸往来，这对于熨平经济周期就显得尤为重要。事实上，如今的中国不断提出新理念、新思路，贡献中国方案、中国智慧，这些不仅得到了国际社会的普遍认可，而且正在重塑着全球经济治理体系。例如，中国的反危机举措正被世界所参考。面对经济危机，西方国家的办法通常是增加货币供给，但当实体经济缺乏相应的货币需求时，大量货币却在银行体系中滞留，并未有助于恢复经济元气。而中国的经验则是在需求侧、供给侧同时寻找答案。尤其是中国提出供给侧结构性改革，显然是中国在对宏观经济失衡特点的认识逐渐加深过程中总结出来的综合措施。与此同时，中国的改革动力释放出全球溢出效应。中国的改革开放是一个既“走出去”又“请进来”的过程，也是“中国走向世界”和“世界走向中国”的过程。现在，中国正在从货物出口大国发展为对外投资大国，中国的开放水平正在从沿海扩大到内陆，从货物深入到服务，从交流升级到全球融合。根据中国人民大学相关研究报告，目前已有100多个国家和组织表达了支持和参与“一带一路”倡议，这已经超出了传统“一带一路”的地理范围，真正形成了具有广泛影响的国际合作框架。因此，我们不难判断：中国的开放将带来“新全球化”进程。这是在新兴市场国家和发展中国家的共同参与下，世界经济出现的新趋势。与过去的全球化不同，“新全球化”不是仅惠及发达国家10亿人口的局部现代化，而是可持续发展的普惠式新型现代化。比如，中国主导建立的亚洲基础设施投资银行、金砖国家新开发银行等金融机构，已成为中国参与全球金融治理规则制定、调整，并使之发挥重要作用的新平台，弥补了现有体系的不足，并且正在改善全球民众的福祉。可以说，“新全球化”显得更加和平、共赢、协调，也更注重生态文明。中国是当下全球治理机制的受益者，同时也是改革者、完善者。可以预见的是，中国将继续本着“共商、共建、共享”的理念，加强国际合作，助力构建更加公平、公正、合理的国际经济新秩序。

参考文献

[1] Aerts K. and Schmidt T. , 2008, *Two for the price of one?: Additionality effects of R&D subsidies: A comparison between Flanders and Germany*[J], Research Policy, 37(5), 806-822.

[2] Allen F. and Gale D. , 2000, *Financial Contagion*[J], Journal of Political Economy, 108(1), 1-33.

[3] Allen J. , 1979, *Information and subsequent migration: Further analysis and additional evidence*[J], Southern Economic Journal, 1274-1284.

[4] Banerjee B. , 1983, *Social networks in the migration process: empirical evidence on chain migration in India*[J], The Journal of Developing Areas, 17(2), 185-196.

[5] Baumol W. J. , 1967, *Macroeconomics of unbalanced growth: the anatomy of urban crisis*[J], The American Economic Review, 57(3), 415-426.

[6] Beck T. and Levine R. , 2002, *Industry growth and capital allocation: does having a market-or bank-based system matter?* [J], Journal of Financial Economics,64(2), 147-180.

[7] Boot A. W. and Thakor A. V. , 2000, *Can relationship banking survive competition?* [J], The Journal of Finance, 55(2), 679-713.

[8] Brandt L. and Zhu X. , 2010, *Accounting for China's growth*[J].

[9] Brandt L. , Hsieh C. and Zhu X. , 2008, *Growth and structural transformation in China*[J], China'S Great Economic Transformation, 683-728.

[10] Bryan G. , Chowdhury S. and Mobarak A. M. , 2014, *Underinvestment in a profitable technology: The case of seasonal migration in Bangladesh*[J], Econometrica, 82(5), 1671-1748.

[11] Carboni O. A. , 2011, *R&D subsidies and private R&D expenditures: evidence from Italian manufacturing data* [J], International Review of Applied Economics, 25

(4), 419-439.

[12] Chenery H. B., 1960, *Patterns of industrial growth*[J], The American Economic Review, 50(4), 624-654.

[13] Chenery H. B. and Taylor L., 1968, *Development patterns: among countries and over time*[J], The Review of Economics and Statistics, 391-416.

[14] Chenery H., Robinson S. and Syrquin M. 1986. *Industrialization and Growth: A Comparative Study, published for the World Bank by Oxford University Press* Oxford.

[15] Clark C. W. 1957. *The conditions of economic progress* Macmillan.

[16] Clark C., 1967, *The conditions of economic progress.* [J], The Conditions of Economic Progress.

[17] Clausen T. H., 2009, *Do subsidies have positive impacts on R&D and innovation activities at the firm level?* [J], Structural Change and Economic Dynamics, 20(4), 239-253.

[18] Coates D., 1984, *The context of British politics*[J].

[19] Coleman J. S., Katz E. and Menzel H. 1966. *Medical innovation: A diffusion study* Bobbs-Merrill Co.

[20] Commission Z. 1948. *Higher education for American democracy. President's Commission on Higher Education* Harper and Brothers.

[21] DaVanzo J. S. and Morrison P. A., 1981, *Return and other sequences of migration in the United States*[J], Demography, 18(1), 85-101.

[22] de Estadística I. N. and Mexico I. 2000. *Anuario de estadisticas por entidad federativa* INEGI.

[23] Dekle R. and Vandenbroucke G., 2010, *Whither Chinese growth? A sectoral growth accounting approach*[J], Review of Development Economics, 14(3), 487-498.

[24] Duarte M. and Restuccia D., 2010, *The role of the structural transformation in aggregate productivity*[J], Quarterly Journal of Economics, 125(1).

[25] Eaton J. and Kortum S., 2002, *Technology, geography, and trade*[J], Econometrica, 70(5), 1741-1779.

[26] Goldsmith R. W. 1969. *Financial structure and development.*

[27] Greenwood J., Hercowitz Z. and Krusell P., 1997, *Long-run implications of investment-specific technological change*[J], The American Economic Review, 342-362.

[28] Griliches Z., 1957, *Hybrid corn: An exploration in the economics of technological change*[J], Econometrica, Journal of the Econometric Society, 501-522.

[29] Griliches Z., 1980, *R & D and the Productivity Slowdown*[J], The American Economic Review, 70(2), 343-348.

[30] Gurley J. G. and Shaw E. S., 1967, *Financial structure and economic development*[J], Economic Development and Cultural Change, 15(3), 257-268.

[31] Hansen B. E., 1999, *Threshold effects in non-dynamic panels: Estimation, testing, and inference*[J], Journal of Econometrics, 93(2), 345-368.

[32] Hellmann T., Murdock K. and Stiglitz J., 1997, *Financial restraint: toward a new paradigm*[J], The Role of Government in East Asian Economic Development: Comparative Institutional Analysis, 163-207.

[33] Herrendorf B., Rogerson R. and Valentinyi Á. 2013. *Growth and structural transformation* National Bureau of Economic Research.

[34] Jones C. I. and Williams J. C., 1998, *Measuring the social return to R & D*[J], Quarterly Journal of Economics, 1119-1135.

[35] Jorgenson D. W. and Timmer M. P., 2011, *Structural change in advanced nations: a new set of stylised facts*[J], The Scandinavian Journal of Economics, 113(1), 1-29.

[36] Kaldor N. 1961. *Capital accumulation and economic growth The theory of capital.* Springer, 177-222.

[37] Kapur B. K., 1976, *Alternative stabilization policies for less-developed economies*[J], The Journal of Political Economy, 777-795.

[38] Kempe D., Kleinberg J. and Tardos É. 2003. *Maximizing the spread of influence through a social network Proceedings of the ninth ACM SIGKDD international conference on Knowledge discovery and data mining.* ACM, 137-146.

[39] Knight F. H. 2012. *Risk, uncertainty and profit* Courier Corporation.

[40] Kongsamut P., Rebelo S. and Xie D., 2001, *Beyond balanced growth*[J], The Review of Economic Studies, 68(4), 869-882.

[41] Kuznets S. S. and Murphy J. T. 1966. *Modern economic growth: Rate, structure, and spread* Yale University Press New Haven.

[42] Kuznets S., 1949, *National income and industrial structure*[J], Econometrica: Journal of the Econometric Society, 205-241.

[43] Kuznets S., 1957, *Quantitative aspects of the economic growth of nations: II. industrial distribution of national product and labor force*[J], Economic Development and Cultural Change, 1-111.

[44] Kuznets S., 1973, *Modern economic growth: findings and reflections*[J], The American Economic Review, 63(3), 247-258.

[45] Lall S. V., Selod H. and Shalizi Z., 2006, *Rural-urban migration in developing countries: A survey of theoretical predictions and empirical findings*[J], World Bank Policy Research Working Paper, (3915).

[46] Levine R., 1997, *Financial development and economic growth: views and agenda*[J], Journal of Economic Literature, 35(2), 688-726.

[47] Levy D. M. and Terleckyj N. E., 1983, *Effects of government R&D on private R&D investment and productivity: a macroeconomic analysis*[J], The Bell Journal of Economics, 551-561.

[48] Lewis W. A., 1954, *Economic development with unlimited supplies of labour*[J], The Manchester School, 22(2), 139-191.

[49] Liang P. C., 1998, *The role of the financial sector in industrial upgrading in Taiwan*[J], Journal of Asian Economics, 9(1), 95-102.

[50] List F. and Colwell S. 1856. *National system of political economy* JB Lippincott & Company.

[51] Love I. and Zicchino L., 2006, *Financial development and dynamic investment behavior: Evidence from panel VAR*[J], The Quarterly Review of Economics and Finance, 46(2), 190-210.

[52] Lucas R. E., 1972, *Expectations and the Neutrality of Money*[J], Journal of Economic Theory, 4(2), 103-124.

[53] Maddison A., 2010, *Statistics on world population, GDP and per capita GDP, 1-2008 AD*[J], Historical Statistics.

[54] Maier G., 1985, *Cumulative causation and selectivity in labour market oriented migration caused by imperfect information*[J], Regional Studies, 19(3), 231-241.

[55] Massey D. S., 1987, *Understanding Mexican Migration to the United States*[J], American Journal of Sociology, 1372-1403.

[56] Matsuyama K., 2009, *Structural change in an interdependent world: A global view of manufacturing decline*[J], Journal of the European Economic Association, 7(2-3), 478-486.

[57] McKenzie D. and Rapoport H., 2007, *Network effects and the dynamics of migration and inequality: theory and evidence from Mexico*[J], Journal of Development Economics, 84(1), 1-24.

[58] Morck R. and Nakamura M. , 1999, *Banks and corporate control in Japan*[J], The Journal of Finance, 54(1), 319-339.

[59] Mukoyama T. , 2003, *Innovation, imitation, and growth with cumulative technology*[J], Journal of Monetary Economics, 50(2), 361-380.

[60] Myers S. A. , Zhu C. and Leskovec J. 2012. *Information diffusion and external influence in networks Proceedings of the 18th ACM SIGKDD international conference on Knowledge discovery and data mining.* ACM, 33-41.

[61] Nematzadeh A. , Ferrara E. , Flammini A. and Ahn Y. , 2014, *Optimal network modularity for information diffusion*[J], Physical Review Letters, 113(8), 88701.

[62] Ngai L. R. and Pissarides C. A. , 2007, *Structural change in a multisector model of growth*[J], The American Economic Review, 97(1), 429-443.

[63] Peneder M. , 2003, *Industrial structure and aggregate growth* [J], Structural Change and Economic Dynamics, 14(4), 427-448.

[64] Poot J. , 1996, *Information, communication and networks in international migration systems*[J], The Annals of Regional Science, 30(1), 55-73.

[65] Prebisch R. 1949. *The economic development of Latin America and its principal problems* UN.

[66] Rogers Everett M. , 1995, *Diffusion of innovations*[J], New York, 12.

[67] Rosenstein-Rodan P. N. 1963. *Problems of industrialization of eastern and south-eastern Europe* Center for International Studies, MIT Boston.

[68] Saccone D. and Valli V. , 2009, *Structural change and economic development in China and India*[J], University of Torino Department of Economics Research Paper, (7).

[69] Schwartz A. , 1973, *Interpreting the effect of distance on migration*[J], The Journal of Political Economy, 1153-1169.

[70] Segerstrom P. S. , 1991, *Innovation, imitation, and economic growth*[J], Journal of Political Economy, 807-827.

[71] Singer H. W. , 1950, *The distribution of gains between investing and borrowing countries*[J], The American Economic Review, 40(2), 473-485.

[72] Stalker P. 1994. *The work of strangers: a survey of international labour migration* International Labour Organization.

[73] Todaro M. P. , 1969, *A model of labor migration and urban unemployment in less developed countries*[J], The American Economic Review, 59(1), 138-148.

[74] Uy T., Yi K. and Zhang J., 2013, *Structural change in an open economy*[J], Journal of Monetary Economics, 60(6), 667-682.

[75] Uzawa H., 1963, *On a two-sector model of economic growth II*[J], The Review of Economic Studies, 30(2), 105-118.

[76] Viner J., 1952, *America's aims and the progress of underdeveloped countries*[J], The Progress of Underdeveloped Areas, 175-202.

[77] Wei S., Wei Z. and Xu J., 2014, *Assessing Market Failures in Export Pioneering Activities: A Structural Estimation Approach*[J].

[78] Wenger E. and Kaserer C. 1997. *The German system of corporate governance-A model which should not be imitated.*

[79] Wurgler J., 2000, *Financial markets and the allocation of capital*[J], Journal of Financial Economics, 58(1), 187-214.

[80] Zhao Y., 1999, *Labor migration and earnings differences: the case of rural China*[J], Economic Development and Cultural Change, 47(4), 767-782.

[81] Zhiqiang L., 2008, *Human capital externalities and rural-urban migration: Evidence from rural China*[J], China Economic Review, 19(3), 521-535.

[82] Zingales L. and Rajan R. G. 2001. *The great reversals: the politics of financial development in the 20th century* National Bureau of Economic Research.

[83] 班固:《汉书·食货志》,中华书局,1962。

[84] 北京大学国民经济核算与经济增长研究中心:《中国经济增长2015》,北京大学出版社,2015。

[85] 蔡昉:《"刘易斯转折点"近在眼前》[J],《中国社会保障》2007年第5期。

[86] 蔡昉、都阳:《中国地区经济增长的趋同与差异——对西部开发战略的启示》[J],《经济研究》2000年第10期。

[87] 蔡昉、王美艳:《"民工荒"现象的经济学分析——珠江三角洲调查研究》[J],《广东社会科学》2005年第2期。

[88] 蔡红艳、阎庆民:《产业结构调整与金融发展——来自中国的跨行业调查研究》[J],《管理世界》2004年第10期。

[89] 陈宝明:《资本市场与产业结构调整》,中国市场出版社,2008。

[90] 陈和、隋广军:《产业结构演变与三次产业发展的关联度》[J],《改革》2010年第3期。

[91] 陈宏伟、李桂芹、陈红:《中国三次产业全要素生产率测算及比较分析》[J],《财经问题研究》2010年第2期。

[92] 陈佳贵、黄群慧、钟宏武：《中国地区工业化进程的综合评价和特征分析》[J]，《经济研究》2006 年第 11 期。
[93] 陈元：《发挥开发性金融作用 促进中国经济社会可持续发展》[J]，《管理世界》2004 年第 7 期。
[94] 陈桢：《产业结构与就业结构关系失衡的实证分析》[J]，《山西财经大学学报》2007 年第 10 期。
[95] 戴觅、余淼杰、Madhura Maitra：《中国出口企业生产率之谜：加工贸易的作用》[J]，《经济学（季刊）》2014 年第 2 期。
[96] 道格拉斯·盖尔、富兰克林·艾伦：《比较金融系统》中国人民大学出版社，2002。
[97] 董明欣：《对中国产业结构调整金融支持不力的分析》[J]，《山东经济》2002 年第 3 期。
[98] 段军山、余点点：《市场化改革与城乡收入差距收敛——基于中国省级面板数据的经验研究》[J]，《统计与信息论坛》2013 年第 11 期。
[99] 范方志、张立军：《中国地区金融结构转变与产业结构升级研究》[J]，《金融研究》2003 年第 11 期。
[100] 方福前：《中国居民消费需求不足原因研究——基于中国城乡分省数据》[J]，《中国社会科学》2009 年第 2 期。
[101] 冯军旗：《新化复印产业的生命史》[J]，《中国市场》2010 年第 13 期。
[102] 傅进、吴小平：《金融影响产业结构调整的机理分析》[J]，《金融纵横》2005 年第 2 期。
[103] 干春晖、郑若谷：《改革开放以来产业结构演进与生产率增长研究——对中国 1978~2007 年“结构红利假说”的检验》[J]，《中国工业经济》2009 年第 2 期。
[104] 干春晖、郑若谷、余典范：《中国产业结构变迁对经济增长和波动的影响》[J]，《经济研究》2011 年第 5 期。
[105] 高桂珍：《我国银行业市场结构的实证分析与信贷资源配置研究》[J]，《经济问题》2006 年第 10 期。
[106] 顾海峰：《技术创新视角下产业结构高级化的金融支持机理研究》[J]，《软科学》2010 年第 1 期。
[107] 郭杰、于泽、张杰：《供给侧结构性改革的理论逻辑及实施路径》[M]，中国社会科学出版社，2016。
[108] 郭克莎：《中国工业化的进程、问题与出路》[J]，《中国社会科学》2000

年第 3 期。
[109] 郭庆旺、贾俊雪：《中国全要素生产率的估算：1979 年～2004 年》[J]，《经济研究》2005 年第 6 期。
[110] 国防大学：《中国军民融合发展报告 2014》，国防大学出版社，2015。
[111] 何菊莲、李军、赵丹：《高等教育人力资本促进产业结构优化升级的实证研究》[J]，《教育与经济》2013 年第 2 期。
[112] 赫希曼、曹征海：《经济发展战略》[M]，经济科学出版社，1992。
[113] 洪银兴：《工业和城市反哺农业、农村的路径研究——长三角地区实践的理论思考》[J]，《经济研究》2007 年第 8 期。
[114] 胡金华、陈丽华、应瑞瑶：《农村劳动力迁移的影响因素分析——基于社会网络的视角》[J]，《农业技术经济》2010 年第 8 期。
[115] 加文、卡梅伦、詹姆斯、斯蒂芬、雷丁、沈思：《英国制造业 1970 年～1992 年间的增长》[J]，《经济资料译丛》1999 年第 2 期。
[116] 姜大源：《现代职业教育体系构建的理性追问》[J]，《教育研究》2011 年第 11 期。
[117] 凯恩斯：《就业、利息和货币通论》，商务印书馆，1999。
[118] 康志勇、张杰：《中国金融结构对自主创新能力影响研究》[J]，《統計與決策》2008 年第 19 期。
[119] 魁奈：《魁奈经济著作选集》，商务印书馆，2009。
[120] 李春顶：《中国出口企业是否存在"生产率悖论"：基于中国制造业企业数据的检验》[J]，《世界经济》2010 年第 7 期。
[121] 李春顶、尹翔硕：《我国出口企业的"生产率悖论"及其解释》[J]，《财贸经济》2009 年第 11 期。
[122] 李广众：《银行，股票市场与经济增长》[J]，《经济科学》2002 年第 2 期。
[123] 李明传：《美国技术创新的历史考察》武汉大学出版社，2013。
[124] 李蔚、苏振天：《区域金融结构与产业结构互动关系的实证分析》[J]，《统计教育》2008 年第 8 期。
[125] 里昂惕夫：《投入产出经济学》中国统计出版社，1990。
[126] 连玉君、程建：《投资——现金流敏感性：融资约束还是代理成本》[J]，《财经研究》2007 年第 2 期。
[127] 梁茂信：《二战后专业技术人才跨国迁移的趋势分析》[J]，《史学月刊》2011 年第 12 期。
[128] 林毅夫：《发展战略、自生能力和经济收敛》[J]，《经济学（季刊）》2002

年第 1 期。
[129] 林毅夫:《有关当前农村政策的几点意见》[J],《农业经济问题》2003 年第 6 期。
[130] 林毅夫:《新结构经济学——重构发展经济学的框架》[J],《经济学(季刊)》2011 年第 1 期。
[131] 林毅夫:《中国经济专题》北京大学出版社, 2012。
[132] 林毅夫:《中国经济的后发优势》[J],《理论学习》2014 年第 4 期。
[133] 林毅夫、蔡昉、李周:《对赶超战略的反思》[J],《战略与管理》1994 年第 6 期。
[134] 林毅夫、蔡昉、李周:《中国经济转型时期的地区差距分析》[J],《经济研究》1998 年第 6 期。
[135] 林毅夫、陈斌开:《重工业优先发展战略与城乡消费不平等——来自中国的证据》[J],《浙江社会科学》2009 年第 4 期。
[136] 林毅夫、陈斌开:《发展战略、产业结构与收入分配》[J],《经济学(季刊)》2013 年第 4 期。
[137] 林毅夫、刘明兴:《中国的经济增长收敛与收入分配》[J],《世界经济》2003 年第 8 期。
[138] 林毅夫、巫和懋、邢亦青:《"潮涌现象"与产能过剩的形成机制》[J],《经济研究》2010 年第 10 期。
[139] 刘建丰:《致力于更具国际竞争力——美国高等教育改革发展的动向与启示》[J],《教育研究》2014 年第 5 期。
[140] 刘健、宗平华:《我国教育人力资本促进产业结构优化路径分析》[J],《南昌大学学报:人文社会科学版》2013 年第 3 期。
[141] 刘璐宁:《社会网络视角下农村劳动力非农转移的代际比较》[J],《农村经济》2013 年第 4 期。
[142] 刘品、王维平、马承新、何茂强:《山东省宏观经济水资源投入产出分析》[J],《灌溉排水学报》2011 年第 1 期。
[143] 刘起运:《关于投入产出系数结构分析方法的研究》[J],《统计研究》2002 年第 2 期。
[144] 刘仁伍:《区域金融结构和金融发展理论与实证研究》,中国社会科学院研究生院, 2001。
[145] 刘田:《中国城乡收入差距收敛性及倒 U 形检验》[J],《当代经济科学》2013 年第 1 期。

[146] 刘伟:《工业化进程中的产业结构研究》,中国人民大学出版社,1995。

[147] 刘伟、杨云龙:《工业化与市场化:中国第三次产业发展的双重历史使命》[J],《经济研究》1992 年第 12 期。

[148] 刘伟、张辉:《中国经济增长中的产业结构变迁和技术进步》[J],《经济研究》2008 年第 11 期。

[149] 刘伟、张辉、黄泽华:《中国产业结构高度与工业化进程和地区差异的考察》[J],《经济学动态》2008 年第 11 期。

[150] 刘伟、苏剑:《供给管理与我国现阶段的宏观调控》[J],《经济研究》2007 年第 2 期。

[151] 刘伟、苏剑:《从就业角度看中国经济目标增长率的确定》[J],《中国银行业》2014 年第 9 期。

[152] 刘伟、苏剑:《良性与恶性通缩冲击下的中国经济增长和宏观调控对近期中国经济趋势的考察》[J],《经济学动态》2014 年第 12 期。

[153] 陆益龙:《关系网络与农户劳动力的非农化转移——基于 2006 年中国综合社会调查的实证分析》[J],《中国人民大学学报》2011 年第 1 期。

[154] 罗斯托:《从起飞进入持续增长的经济学》四川人民出版社,1988。

[155] 马克思,恩格斯:《资本论》第一卷、第三卷,人民出版社,1975。

[156] 马晓河、蓝海涛、黄汉权:《工业反哺农业的国际经验及我国的政策调整思路》[J],《管理世界》2005 年第 7 期。

[157] 马歇尔:《经济学原理》,商务印书馆,2010。

[158] 毛其淋、许家云:《政府补贴对企业新产品创新的影响——基于补贴强度"适度区间"的视角》[J],《中国工业经济》2015 年第 6 期。

[159] 穆月英、崔燕、曾玉珍:《我国城乡居民收入差距成因和收敛趋势分析》[J],《经济问题》2010 年第 7 期。

[160] 钱水土、江乐:《浙江区域金融结构对产业集聚的影响研究》[J],《统计研究》2009 年第 10 期。

[161] 沈利生:《重新审视传统的影响力系数公式——评影响力系数公式的两个缺陷》[J],《数量经济技术经济研究》2010 年第 2 期。

[162] 沈琦:《金融中介发展与产业结构变动关系的实证分析》[J],《金融与经济》2010 年第 4 期。

[163] 宋德勇、姚洪斌、郭涛:《工业与农业相互依存的内生增长模型——工业反哺农业的理论基础》[J],《经济学家》2007 年第 4 期。

[164] 谈儒勇:《金融发展理论在 90 年代的发展》[J],《中国人民大学学报》2000

年第 2 期。
[165] 谈儒勇:《金融发展与经济增长:文献综述及对中国的启示》[J],《当代财经》2004 年第 12 期。
[166] 唐旭:《金融理论前沿课题》,中国金融出版社,1999。
[167] 瓦尔拉斯:《纯粹经济学要义》,商务印书馆,1989。
[168] 瓦克拉夫·斯米尔:《美国制造——国家繁荣为什么离不开制造业》,机械工业出版社,2014。
[169] 王冰、孙文:《我国省际人均收入收敛性问题实证检验》[J],《商业时代》2012 年第 1 期。
[170] 王磊:《职业教育对经济增长贡献研究——基于省际面板数据的实证研究》[J],《中央财经大学学报》2011 年第 8 期。
[171] 王韧、王睿:《二元条件下居民收入差距的变动与收敛——对我国"倒 U"假说的存在性检验》[J],《数量经济技术经济研究》2004 年第 3 期。
[172] 王维安:《金融结构:理论与实证》[J],《浙江大学学报:人文社会科学版》2000 年第 1 期。
[173] 王文煜、朱卫东:《政府补贴对企业创新投入及创新产出的影响研究》[J],《合肥工业大学学报(社会科学版)》2015 年第 4 期。
[174] 王小平:《地方财政收入的空间非均衡、收敛性与极化研究》[J],《统计与信息论坛》2014 年第 9 期。
[175] 威廉·配第:《赋税论》,商务印书馆,1978。
[176] 魏后凯:《现代区域经济学(修订版)》,经济管理出版社,2011。
[177] 项俊波:《中国经济结构失衡的测度与分析》[J],《管理世界》2008 年第 9 期。
[178] 肖强:《基于投入占用产出技术的水资源合理配置研究》,湖南农业大学,2010。
[179] 肖兴志、彭宜钟、李少林:《中国最优产业结构:理论模型与定量测算》[J],《经济学(季刊)》2012 年第 1 期。
[180] 邢丙银:《为攸县的哥闯出致富路》,深圳特区报,2013。
[181] 亚当·斯密:《国富论》商务印书馆,2008。
[182] 闫广芬、吴俊:《大学生就业背景下的美国高等教育改革及其启示》[J],《中国高教研究》2011 年第 5 期。
[183] 阳智波:《深圳市"攸县的哥"的身份建构研究》,华东师范大学,2013。
[184] 杨开忠:《中国区域经济差异变动研究》[J],《经济研究》1994 年第

12 期。

[185] 杨汝岱：《中国制造业企业全要素生产率研究》[J]，《经济研究》2015 年第 2 期。

[186] 杨汝岱、陈斌开：《高等教育改革、预防性储蓄与居民消费行为》[J]，《经济研究》2009 年第 8 期。

[187] 杨晔、王鹏、李怡虹、杨大楷：《财政补贴对企业研发投入和绩效的影响研究——来自中国创业板上市公司的经验证据》[J]，《财经论丛》2015 年第 1 期。

[188] 姚耀军：《金融中介发展与技术进步——来自中国省级面板数据的证据》[J]，《财贸经济》2010 年第 4 期。

[189] 余源源：《安徽省金融发展对产业升级支持作用的研究》合肥工业大学，2009。

[190] 张辉：《中国产业结构与经济增长研究：1990-2012》[J]，《华东经济管理》2014 年第 12 期。

[191] 张辉、黄泽华：《北京市工业化进程中的产业结构高度》[J]，《北京社会科学》2009 年第 3 期。

[192] 张辉、任抒杨：《从北京看我国地方产业结构高度化进程的主导产业驱动机制》[J]，《经济科学》2010 年第 6 期。

[193] 张健、何彬：《中国地区收入差距趋于收敛还是发散》[J]，《学习与探索》2007 年第 3 期。

[194] 张军、陈诗一、Gary H. Jefferson：《结构改革与中国工业增长》[J]，《经济研究》2009 年第 7 期。

[195] 张军洲：《区域金融分析》，中国经济出版社，1995。

[196] 张守祥：《中等和高等职业教育衔接的制度研究》[J]，《教育研究》2012 年第 7 期。

[197] 张应强：《高等教育全面深化改革需要对高等教育改革进行改革》[J]，《中国高教研究》2014 年第 10 期。

[198] 赵杨、刘延平：《我国产业结构与就业结构的关联性分析》[J]，《经济学动态》2010 年第 12 期。

[199] 赵耀辉：《中国农村劳动力流动及教育在其中的作用——以四川省为基础的研究》[J]，《经济研究》1997 年第 2 期。

[200] 赵颖：《城乡居民收入的收敛性分析》[J]，《农业技术经济》2011 年第 7 期。

[201] 中国投入产出学会课题组、许宪春、齐舒畅、杨翠红、赵同录:《我国目前产业关联度分析——2002 年投入产出表系列分析报告之一》[J],《统计研究》2006 年第 11 期。

[202] 中国投入产出学会课题组、许宪春、齐舒畅、杨翠红、赵同录:《我国能源部门产业关联分析——2002 年投入产出表系列分析报告之六》[J],《统计研究》2007 年第 5 期。

[203] 中山大学社会科学调查中心:《中国劳动力动态调查:2013 年报告》,社会科学文献出版社,2013。

[204] 钟秉林、赵应生、洪煜:《我国高等教育研究的现状分析与未来展望——基于近三年教育类核心期刊论文量化分析的研究》[J],《教育研究》2009 年第 7 期。

[205] 周昌林、魏建良:《产业结构水平测度模型与实证分析——以上海、深圳、宁波为例》[J],《上海经济研究》2007 年第 6 期。

[206] 周建松:《高等职业教育人才培养目标下的课程体系建设》[J],《教育研究》2014 年第 10 期。

[207] 周林、杨云龙、刘伟:《用产业政策推进发展与改革——关于设计现阶段我国产业政策的研究报告》[J],《经济研究》1987 年第 3 期。

[208] 朱平芳、徐伟民:《政府的科技激励政策对大中型工业企业 R&D 投入及其专利产出的影响——上海市的实证研究》[J],《经济研究》2003 年第 6 期。

[209] 朱熹:《四书章句集注·孟子·梁惠王上》,中华书局,1983。

[210] 朱喜、史清华、盖庆恩:《要素配置扭曲与农业全要素生产率》[J],《经济研究》2011 年第 5 期。